Drogenfreigabe – Kapitulation oder Ausweg?

Pro und Contra zur Liberalisierung
von Rauschgiften als Maßnahme zur
Kriminalitätsprophylaxe

von

Berndt Georg Thamm

VERLAG DEUTSCHE POLIZEILITERATUR
GMBH

CIP-Titelaufnahme der Deutschen Bibliothek

Thamm, Berndt Georg:
Drogenfreigabe – Kapitulation oder Ausweg? : Pro und Contra
zur Liberalisierung von Rauschgiften als Massnahme zur
Kriminalitätsprophylaxe / von Berndt Georg Thamm. –
Hilden/Rhld. : Verl. Dt. Polizeiliteratur, 1989
  (Polizei und Politik ; 2)
  ISBN 3-8011-0183-5
NE: GT

©VERLAG DEUTSCHE POLIZEILITERATUR GMBH, Hilden/Rhld. 1989
Alle Rechte vorbehalten
Gesamtherstellung: Bonner Universitäts-Buchdruckerei, Bonn
Printed in Germany
ISBN 3-8011-0183-5

Persönliches Vorwort

Nicht wenigen Isländern verging das Lächeln, als im Jahre 1908 per Volksabstimmung der Inselbevölkerung ein totaler Alkoholverzicht verordnet wurde. Das Verbot unterliefen die Isländer durch Alkoholschmuggel; solange, bis 1934 das totale Alkoholverbot per Parlamentsbeschluß eingeschränkt wurde. Wein und Schnaps waren fortan wieder legal zu haben. Nur das schale Dünnbier blieb noch weitere 55 Jahre verboten. Dieses Bierverbot wurde Anfang März 1989 – nach 74 Verbotsjahren – als skurrilstes Alkoholverbot Islands aufgehoben. Diese Aufhebung beging Island mit einer Art nationaler Bierorgie. Auf der Insel blieb es friedlich und die Polizeizentrale in Reykjavik meldete keinerlei Zwischenfälle.

Im 20. Jahrhundert ging nicht nur die Droge Alkohol den Weg der Verbreitung, des Verbots, der illegalen Herstellung und des illegalen Einschmuggelns, der Aufhebung der Total-Prohibition und der Freigabe unter staatlicher Kontrolle.

Mit Beginn dieses Jahrhunderts fing die internationale Ächtung verschiedener Drogen an. Auf sogenannten Opiumkonferenzen wurden zwischen 1909 und 1925 Opiate (insbesondere das Heroin), Kokain und Cannabisprodukte geächtet. Diese Ächtung fand Ausdruck in den jeweiligen nationalen Drogengesetzen. Die polizeiliche Bekämpfung der nun verbotenen Drogen setzte ab der zweiten Hälfte der 20er Jahre ein und zog sich – vom Weltkrieg unterbrochen – über sechzig Jahre bis zum heutigen Tage hin.

In den 60er und 70er Jahren eskalierte die Drogenproblematik in Nordamerika und Westeuropa. In den 80er Jahren breitete sie sich in den Ländern der Dritten Welt und in Osteuropa aus.

Weltweit rauchen heute mehrere Hundert Millionen Menschen Marihuana oder Haschisch; rauchen und essen Millionen Menschen Opium; kauen Millionen Menschen Cocablätter; spritzen Millionen Menschen Heroin und andere Betäubungsmittel; schnupfen Millionen Menschen Kokain. Dieses Millionenheer wird Jahr für Jahr mit Zehntausenden von Tonnen Cannabisprodukten und Hunderten von Tonnen Kokain und Heroin professionell versorgt. Verschiedene Gruppen des organisierten Verbrechens, ob Kokainkartelle in Lateinamerika oder Heroinsyndikate in Asien, kontrollieren heute von der Anbauplanung bis zum Endverkauf in den Abnehmerländern das illegale Drogengeschäft mit einem geschätzten Jahresumsatz von mehreren Hundert Milliarden Dollar im Jahr. Die Drogenmultis sind in ein industrielles Stadium getreten, dessen Angebotsdruck sich kaum noch ein Land entziehen kann.

Als Drogenerzeuger oder Drehscheiben im Drogenhandel sind zum Ende der 80er Jahre 47 (!) Staaten bekannt. Rund 20 Millionen Menschen leben heute direkt und indirekt weltweit von verbotenen Drogengeschäften.

Die Verbreitung der Drogenproblematik einerseits und das enorme Gewalt- und Korrumpierungspotential des organisierten Verbrechens andererseits haben eine Größenordnung erreicht, die jede einzelstaatliche Bemühung der Eindämmung des Problems zum Scheitern verurteilt. Dementsprechend haben viele Länder, allen voran die USA, den „Drogen den Krieg" (war on drugs) erklärt.

Doch trotz Intensivierung des polizeilichen Abwehrkampfes: angefangen von Rauschgiftverbindungsbeamten über den Einsatz verdeckter Ermittler bis hin zur Kronzeugenregelung und der Abschöpfung illegaler Vermögenswerte, sehen sich die in diesen Krieg verstrickten Länder, darunter die USA, in exponierter Situation, „im Kampf gegen das Rauschgift zurückgeworfen".

Bei der Vorstellung des jährlichen Drogenberichtes im US-Kongreß Anfang März 1989 teilte Außenminister Baker seine und Präsident Bushs tiefe Beunruhigung mit: „Weder in den USA noch im Ausland ist ein Sieg im Drogenkrieg abzusehen".

Ähnlich die Situation in Europa. Hier mehren sich die Stimmen, insbesondere polizeilicher Drogenexperten, die vor den Folgen eines Abbaus der Grenzkontrollen in der Europäischen Gemeinschaft warnen. So wies der Präsident des Bundeskriminalamtes Anfang Februar 1989 darauf hin, daß mit der Aufhebung der Binnengrenzen auch das organisierte Verbrechen im europäischen Maßstab gesehen werden muß.

Auf dem Hintergrund eines bislang „verlorenen Krieges gegen die Drogen" sind 1988 zum ersten Mal Stimmen von Politiker, Wissenschaftlern, Juristen, Medizinern, Drogenberatern und Journalisten laut geworden, die eine Abkehr von der bisher praktizierten Drogenpolitik mit dem Primat repressiver Bekämpfung fordern.

So werden heute im „war on drugs" zwei grundsätzliche Strategien vertreten. Die eine plädiert für die Beibehaltung der bisherigen Rauschgiftabwehr, ja sogar für die weitere „Aufrüstung" in diesem Krieg. Die andere, und dazu bekennt sich eindeutig der Autor, plädiert für die konsequente „Abrüstung" in diesem Krieg.

In vielen Ländern ist der Drogenkonsum und -mißbrauch in alle Lebensbereiche eingedrungen und damit zum gesamtgesellschaftlichen Problem geworden. Anliegen des Autors ist es, die Frage der „Auf- oder Abrüstung" dementsprechend gesamtgesellschaftlich diskutieren zu lassen. An dieser Diskussion sollen sich viele beteiligen, nicht nur wenige Drogenfachleute.

Dieses Buch stellt eine Grundlage zu dieser Diskussion dar. Die Leserinnen und Leser, nicht nur Angehörige des Polizeiberufes, sollen sich durch die Darstellung der Fakten selbst ein Urteil bilden:

Angefangen von der Geschichte der Drogenkontrollen und der „Wurzeln des Rauschgiftkrieges", über die Entwicklung der Pharmaindustrie und des organisierten Verbrechens, des „verlorenen Krieges" und der kommenden Gefahren durch die Bildung des Binnenmarktes der Europäischen Gemeinschaft, bis hin zur Drogenpolitik und dem Stand der Pro-und-Contra-Diskussion um Liberalisierung und Legalisierung.

Der Autor macht deutlich, daß es keine „Lösung" des Drogenproblems (weitergehend des gesamten Suchtproblems) im Sinne einer drogenfreien Gesellschaft gibt und auf absehbare Zeit auch nicht geben wird.

Die leistungsorientierten Konsumgesellschaften des Westens und des Ostens müssen sich deshalb heute entscheiden, wie sie morgen mit ihren Problemkonsumenten umgehen wollen, deren zunehmende soziale Verelendung – wenn alles so bleibt wie es ist – schon heute absehbar ist. Der Autor spricht sich deutlich gegen eine „Zwei-Klassen-Drogen"-Gesellschaft aus. Die Behandlung einer Sucht ist völlig unabhängig davon, ob das Suchtmittel erlaubt oder verboten ist. Folgerichtig müßten alle Süchtigen gleich behandelt werden. Doch dem ist nicht so.

Die Stigmatisierung der Klasse der „illegalen Drogenmißbraucher" (Rauschgiftsüchtig-kriminel-HIV/AIDS-infiziert) und deren zunehmende gesellschaftliche Ausgrenzung ist aus sozialpolitischen und sozialethischen Gründen nicht vertretbar. Die Menschenwürde kann keinem Süchtigen, ob er nun von einem legalen oder illegalen Mittel abhängig ist, abgesprochen werden.

In den letzten elf Jahren des 20. Jahrhunderts müssen weltweit die drogenpolitischen Weichen neu für das 21. Jahrhundert gestellt werden.

Liberalisierungstendenzen in der Drogenpolitik im auslaufenden Jahrhundert machen die internationale Legalisierung der Drogen mit Beginn des kommenden Jahrhunderts vorstellbar.

Wie schon so viele Drogen vorher, vom Tabak über den Kaffee zum Alkohol, könnten auch die heute verbotenen Drogen morgen unter staatliche Regie gestellt und damit erlaubt werden. Teile der vom Staat erhobenen Drogensteuer könnten den Hilfen für die dann weniger diskriminierten Drogenabhängigen zukommen.

Die Freigabe der Drogen stellt nach heutigem Erfahrungs- und Wissensstand keine „Lösung" des Problems dar. Die Gesellschaft würde mit dem Problem, mit ihren süchtigen Mitbürgern nur anders umgehen. Doch die Aufhebung der strafrechtlichen Total-Prohibition könnte vieles bewirken. Beispielsweise einen deutlichen Beitrag zur Kriminalitätsprophylaxe leisten. Und angesichts der weltweiten Bedrohung demokratischer Staaten durch das international operierende organisierte Verbrechen ist jeder Beitrag zur Kriminalitätsminimierung nicht nur zu begrüßen, sondern bitter notwendig.

Berndt Georg Thamm   im März 1989

Inhaltsverzeichnis

DROGENVERBREITUNG

1300   bis   1950

Synoptische Chronologie

kursiv = *Restriktionen, Verbote, Prohibition, Staatsmonopole, Handelsmonopole, Besteuerungen*

halbfett = **Kriegsfinanzierung, Deckung von Kriegsschulden, Verbreitung durch Soldaten**

Quelle:
Austin, Gregory, A.: „Perspectives on the History of Psychoactive Substance use",
National Institute on Drug Abuse (NIDA), Rockville, Maryland 1978

	KAFFEE	TABAK	ALKOHOL	OPIUM	CANNABIS/KOKAIN
1300 bis 1500	ARABIEN: Technik des Kaffeeröstens bekannt (Äthiopien). Kaffeeverbreitung in Yemen, Medina und Mekka. *Islamische Geistliche wenden sich aus religiösen Gründen gegen den Kaffeekonsum.*	AMERIKA: Bei der Entdeckung beobachtet Kolumbus Tabakkonsum bei den Indianern.	–	CHINA: Opiumverwendung als Medizin; begrenzte Opiumproduktion.	–
1500 bis 1525	ARABIEN/TÜRKEI: Kaffee erreicht Kairo 1510 und Konstantinopel 1517. *Aus religiösen Gründen wird Kaffee nach dem Koran verschiedentlich verboten.*	–	–	–	–
1525 bis 1550	*ARABIEN/TÜRKEI: Kaffeeverbreitung im Ottmanischen Reich ("Wein des Islam"). Kaffeehäuser etablieren sich.*	–	ENGLAND: Beginn des exzessiven Konsums destillierten Alkohols.	INDIEN: Gründung der ersten Moghul-Dynastie. *Mohnanbau- und Opiumverkauf wird 1526 Staatsmonopol.*	–
1550 bis 1575	*ARABIEN/TÜRKEI: Kaffeehäuser verbreiten sich als „Schulen der Weisheit". Islamische Geistliche erklä-*	EUROPA: Tabak wird in Westeuropa eingeführt: Frankreich 1556, England 1565. Tabak wird als Medi-	ENGLAND: Der sich verbreitende Alkoholismus wird mit Kriminalität in Verbindung gebracht.	INDIEN: Opiumessen und -trinken verbreitet sich, jedoch nur in kleinen Mengen.	–

	KAFFEE	TABAK	ALKOHOL	OPIUM	CANNABIS/KOKAIN
	ren erneut, daß Kaffee nach dem Koran verboten ist.	zinalpflanze beschrieben und behandelt.			
1575 bis 1600	ARABIEN/TÜRKEI: Schließung von Kaffeehäusern wird wegen Ineffektivität aufgehoben. Europäische Handelsleute lernen Kaffee kennen.	ENGLAND: Rauchen verbreitet sich in der besseren Gesellschaft. ITALIEN: Tabak wird als Medizinalpflanze angebaut. TÜRKEI: Tabakanbau als Medizinalpflanze. JAPAN und CHINA: Tabak wird von portug. Seefahrern eingeführt.	–	–	–
1600 bis 1625	ARABIEN/TÜRKEI: *Erneute Schließung von Kaffeehäusern (Treffpunkte von Aufrührern).* ENGLAND: Kaffee wird als Medikament und Luxusartikel eingeführt.	AMERIKA: Kolonie beginnt mit dem Tabakanbau. 1613 geht der erste Virginia-Tabak nach England. ENGLAND: *Tabak-Prohibition 1604 James I.* FRANKREICH/ITALIEN: *Nach den Höfen Tabakverbreitung im Volk.*	AMERIKA: In den engl. Kolonien nimmt das Trinken zu, ist aber nicht Hauptproblem. ENGLAND: Bier- und Weinmißbrauch in allen Schichten. Parlament verabschiedet das Gesetz gegen die Trunkenheit 1606.	–	–

	KAFFEE	TABAK	ALKOHOL	OPIUM	CANNABIS/KOKAIN
1600 bis 1625		RUSSLAND: Tabakeinführung durch Kauf- und Seeleute. TÜRKEI: rasche Tabakausbreitung im Reich. JAPAN: Beginn des Tabakanbaus und -konsums. CHINA: **Tabakverbreitung im Krieg mit Japan.**			
1625 bis 1650	–	CHINA: Tabak-Prohibition durch Ming-Kaiser 1638 und 1641. ENGLAND: Tabak verschwindet als Medikament und wird zur Genußdroge	AMERIKA: Gesetz zur Trunkenheitskontrolle in Massachusetts	–	–
1650 bis 1675	ALLGEMEIN: Kaffee verbreitet sich in allen Gesellschaftsschichten. In rasch wachsenden Städten entstehen Kaffeehäuser.	CHINA: Mandchu-Kaiser heben das Rauchverbot 1644 auf. China wird größter Tabakverbraucher Asiens.	AMERIKA: Neuengland-Kolonie reglementiert Alkoholherstellung. HOLLAND: Herstellung von Gin.	–	–

	KAFFEE	TABAK	ALKOHOL	OPIUM	CANNABIS/KOKAIN
1650 bis 1675	ENGLAND: Kaffee wird zum Brauerei-Konkurrenten. Kaffeehausbesuchsverbote	FRANKREICH: *Louis XIV. errichtet Tabakmonopol 1674.* ITALIEN: *errichtet Tabakmonopol 1659.* JAPAN: Tabak-Prohibition wird aufgehoben. RUSSLAND: *Erneutes Tabakverbot mit Todesstrafe*	**ENGLAND: Engl. Soldaten verbreiten Gin im Vereinigten Königreich.**		–
1675 bis 1700	ENGLAND: *1675 sagt Charles II. den Kaffeehäusern als „Dissidenten-Treffpunkten" den Kampf an. Er ersetzt das Verbot durch hohe Kaffeesteuern.* FRANKREICH: *Louis XIV. errichtet Kaffeemonopol zur Aufbesserung seiner Kriegskasse*	FRANKREICH: Staatl. Tabakmonopol ist unpopulär und führt zu Korruption und Großschmuggel RUSSLAND: *Zar Peter der Große (1684-1725) hebt die Tabak-Prohibition auf und errichtet ein Handelsmonopol mit England 1698.*	AMERIKA: Alkoholherstellung im häuslichen Bereich. ENGLAND: Destillationsprodukte (Gin) verbreiten sich dramatisch. Besonders unter den Armen. Exzessiver Bier- und Weinkonsum in der Unter- und Mittelschicht.	ENGLAND: Medizinisches Interesse an Opium.	–
1700 bis 1725	ENGLAND: Kaffee verbreitet sich in der Unterschicht, ersetzt z. T. Alkohol. PREUSSEN: Erstes	ALLGEMEIN: In Europa setzt sich das Tabakrauchen durch. CHINA: Tabakanbau; Tabakschnupfen Mode	AMERIKA: Destillationsprodukte (= Rum und Whisky) verbreiten sich. ENGLAND: Häusli-	CHINA: Tabakkonsum verbreitet sich. Der erste reine Opiumkonsum fängt an. INDIEN: *Das Opium-*	

	KAFFEE	TABAK	ALKOHOL	OPIUM	CANNABIS/KOKAIN
1700 bis 1725	Kaffeehaus in Berlin 1721	in der Aristokratie. FRANKREICH: Tabakschnupfen Mode in der Aristokratie. ENGLAND: Tabakschnupfen wird durch Frankreichreisende eingeführt.	che Alkoholherstellung ist verbreitet.	*staatsmonopol geht mit der Moghul-Dynastie unter.* Verbreitung des Opiumrauchens in der Unterschicht.	–
1725 bis 1750	ENGLAND: Tee aus Indien, vertrieben von der Ostindien-Kompanie, wird zum Kaffee-Konkurrenten. PREUSSEN: Kaffeeverbreitung zunächst am Hof, dann auch im Volk.	–	AMERIKA: *Prohibitionsbewegungen in Georgia und anderen Staaten.* ENGLAND: Ginmißbrauch nimmt unter den Armen epidemische Ausmaße an. *1. Gin-Gesetz (1729); Lizenzsystem (1743).*	CHINA: *Kaiserliche Opium-Prohibition und Verbot der Opium-Häuser (1725).*	–
1750 bis 1775	AMERIKA: *Wehrt sich gegen hohe Teesteuern Englands* (Boston Tee Party 1773). ENGLAND: Kaffee wird vom Tee verdrängt. PREUSSEN: *Friedrich*	PREUSSEN: Friedrich der Große errichtet staatl. Tabakmonopol (**Deckung von Kriegsschulden**).	AMERIKA: Spirituosen sind in allen Schichten verbreitet. *Prohibition aller Destillate wird gefordert (1773).* ENGLAND: *Neues Gin-Gesetz 1751.* Al-	ENGLAND: Opium („Dover's Pulver") wird zur Volksmedizin. INDIEN: Brit. Ostindiengesellschaft kontrolliert Opiumgewinnung in Bengalen und Bihar. *Errichtung ei-*	

	KAFFEE	TABAK	ALKOHOL	OPIUM	CANNABIS/KOKAIN
1750 bis 1775	*der Große errichtet staatliches Kaffeemonopol* (**Deckung von Kriegsschulden**).		koholmißbrauch geht zurück, Kaffee- u. Teekonsum steigt.	*nes Opiumhandelsmonopols.*	–
1775 bis 1800	PREUSSEN: *Friedr. der Große erklärt Kaffeeröstverbot. „Kaffeeschnüffler" überwachen das Verbot.*	FRANKREICH/USA: **Der franz.-amerik. Tabakhandel hilft den Unabhängigkeitskrieg zu finanzieren.** FRANKREICH: *Nach der franz. Revolution stellt Napoleon das Tabakmonopol wieder her.*	AMERIKA: wird vom Vereinigten Königreich unabhängig. *Hohe Alkoholsteuer* **führt zur „Whisky-Rebellion" (1794).**	CHINA: Engl. Kaufleute schmuggeln ind. Opium nach China. *Kaiserliche Opiumverbote 1780, 1796 und 1800.*	–
1800 bis 1825	–	FRANKREICH/ENGLAND: **Franz. und engl. Soldaten verbreiten nach 1814 die Sitte des Zigarrenrauchens.**	FINNLAND: *Ende der Alkoholrestriktionen führt zur Konsumverbreitung.* SCHWEDEN: *Ende des königl. Alkoholmonopols und der Produktionsrestriktionen führen zur Konsumverbreitung.* USA: Alkoholmißbrauchszunahme zwischen 1790 und 1830.	ALLGEMEIN: Morphin Isolation 1803. ENGLAND: Opiumzunahme in der Arbeiterklasse. INDIEN: *Engl. Opiummonopol in Indien.* CHINA: Trotz harter Bestrafung und einer Anti-Opium-Handelsoffensive bleibt der Opiumschmuggel unkontrollierbar.	–

	KAFFEE	TABAK	ALKOHOL	OPIUM	CANNABIS/KOKAIN
1825 bis 1850	–	ITALIEN: „Tabakkrieg" gegen die österreich. Kontrolle des Tabakmonopols. PREUSSEN: *Rauchverbot in der Öffentlichkeit.* USA: Abstinenzverbände führen ersten Anti-Tabak-Feldzug.	FINNLAND: Erste Abstinenzverbände bilden sich. SCHWEDEN: Alkoholmißbrauch unkontrollierbar verbreitet. USA: Abstinenz- und Mäßigkeitsverbände wirken.	ENGLAND: Opiumverbreitung. CHINA: *Kaiser bleibt bei der Opium-Prohibition 1833 und 1836.* **England führt daraufhin den 1. Opium Krieg (1839-1842).** In China werden 2 Mio Opiumraucher geschätzt. USA: *1. Opiumeinfuhr-Steuergesetz.*	–
1850 bis 1875	–	EUROPA: Türkische Soldaten verbreiten während des Krimkrieges (1853-1856) die Sitte des Zigarettenrauchens unter franz. und engl. Soldaten. USA: Europa-Touristen bringen die Zigarette in die Staaten. **Zigarettenverbreitung durch den Bürgerkrieg (1861-1865).**	FINNLAND: *Prohibition der häuslichen Alkohol-Herstellung und Verkaufsrestriktionen 1865.* SCHWEDEN: *Städt. Lizenzvergabe an Gesellschaften zum Betreiben von öffentl. Häusern.* USA: Die Mäßigkeitsbewegung führt zum 1. Bundesstaats-Alkoholprohibitions-Gesetz (Maine 1851).	CHINA: **Verliert den 2. Opium-Krieg (1856-1860) gegen England und Frankreich.** Opium wird nun legal. INDIEN: *Das Opiummonopol bleibt nach Auflösung der Ostindienkompanie 1858 in engl. Händen.* ENGLAND: Opium im Handel billiger als Alkohol. Restriktionen *durch „The Pharma Act" 1868.*	ALLGEMEIN: Kokain wird isoliert (1859/60). Cocahaltiger Wein (Vin Mariani) kommt ab 1863 auf den Getränkemarkt. DEUTSCHLAND: Beginn der kommerziellen Kokainproduktion der Firma Merck 1862. JAMAIKA: Cannabiskonsum wird durch Leiharbeiter aus Indien verbreitet.

	KAFFEE	TABAK	ALKOHOL	OPIUM	CANNABIS/KOKAIN
1850 bis 1875				USA: Chinesen bringen das Opiumrauchen in die Staaten. **Der Morphinismus wird im Bürgerkrieg (1861-1865) zur „Soldatenkrankheit".**	USA: Cannabis wird als Medizin angeboten.
1875 bis 1900	–	USA: Zigarettenindustrie schließt sich zum Kartell zusammen.	FINNLAND: Trunkenheit wird Problem unter den Arbeitern der Städte. *Spirituosen über 22 % werden reglementiert.* USA: *Erstarkung der Prohibitions-Bewegung auf natinoaler Ebene.* Anti-Salon-Liga (1893) wird politisch aktiv.	ALLGEMEIN: Erste Warnungen vor Morphinismus. Heroin wird ab 1898 kommerziell hergestellt und von der Fa. Bayer als Arznei weltweit vertrieben. ENGLAND: Moralischer *Anti-Opium-Feldzug* mit Höhepunkt 1889-1893. USA: Opiumverbreitung zwischen dem Bürgerkrieg und 1. Weltkrieg. *Importverbot für Rauchopium 1887.* CHINA: 1878 über 20 Mio. Opiumraucher.	ALLGEMEIN: Kokain findet Eingang in die Medizin (Freud 1884, Koller 1884). JAMAIKA: Hanfkonsum verbreitet sich in der Unterschicht. USA: Kokainanwendung in der Medizin. Coca/Kokainhaltige Getränke (Coca Cola 1886) kommen auf den Markt.

	KAFFEE	TABAK	ALKOHOL	OPIUM	CANNABIS/KOKAIN
1900 bis 1925	USA: Kaffee als Droge medizinisch umstritten.	USA: Tabakkartell fällt durch *Steuerpolitik der Regierung auseinander. Erste Anti-Tabak-Kampagnen.* Industrie stellt erste leichte Zigaretten her. *Zigarettenkonsum wird durch Steuern reglementiert und reguliert.*	FINNLAND: *Prohibition 1917. Schmuggel und Verbreitung nehmen zu (1919-1920).* SCHWEDEN: *Hohe Alkoholsteuer saniert Gemeinden. Alkoholmonopol und reglementierte Abgabe 1917.* USA: Anti-Salon-Liga fordert Totalabstinenz. *Total-Prohibition 1919 bis 1933.* Illegaler Schmuggel und Handel durch Verbrecher.	Opiumkonferenzen in Shanghai 1909, Den Haag 1912 und Genf 1925. CHINA: 20-40 Mio Opiumraucher, England beendet den Opiumhandel 1906-1917. INDIEN: M. Ghandi prangert 1924 die engl. Opiumpolitik an. USA: *1909 für nicht-mediz. Gebrauch Rauchopiumverbot. 1914 Opium-Prohibition in 27 Bundesstaaten und Städten. Opiumverbot im 1. US-Drogengesetz (Harrison Act 1914). 1924 Verbot der Heroinerzeugung.*	JAMAIKA: *1. Dangerous Drugs Law 1924* gegen Opium und Marihuana. USA: Marihuanaverbreitung durch mexikanische Arbeiter. *Zwischen 1914 und 1931 verbieten 29 Bundesstaaten den nichtmedizinischen Cannabisgebrauch. 1915 Cannabis-Import-Prohibition. 1906: Das „Pure Food & Drug Act"* verbietet Kokain und Opium in der Patentmedizin und in Erfrischungsgetränken. 1914: 1. US-Drogengesetz (Harrison Act). Kokainverbot.
1925 bis 1950	USA: Während der Alkohol-Prohibition (1920-1923) nimmt der Kaffeekonsum gewaltig zu.	USA: *Tabaksteuern werden höher, Tabakkonsum nimmt zu.* Erste Warnungen vor gesundheitlichen Schäden.	FINNLAND: *Prohibition wird 1932 aufgehoben. Staatl. Alkoholmonopol wird errichtet. Preiskontrollen, Abgabeverordnungen, Steuerpolitik.*	ENGLAND: Nach dem „Rolleston Gesetz" (1926) können Ärzte Narkotika in eigener Verantwortung frei verschreiben.	USA: Nach Alkohol-Prohibition Anti-Marihuana-Kampagne. Marihuana-Steuer-Gesetz 1937.

KAFFEE	TABAK	ALKOHOL	OPIUM	CANNABIS/KOKAIN
1925 bis 1950		USA: Illegale Alkoholverbreitung ist nicht zu verhindern. Die Alkoholschmuggler organisieren sich zum „Syndikat" (1929). *Prohibition wird 1933 aufgehoben.* Organisiertes Verbrechen steigt von Alkohol auf Heroinschmuggel um.	INDIEN: Mit zunehmendem indischen Einfluß (Unabhängigkeitsbewegung) *Opium-Prohibition in Gemeinden. Mit Staatsgründung Beginn der Total-Opium-Prohibition.* CHINA: 40 Mio. geschätzte Opiumraucher. Gründung der VR China 1949. *1950 erstes Opiumverbot. Beginn landesweiter Anti-Opium-Kampagnen.* USA: Organisiertes Verbrechen übernimmt den Heroinhandel.	JAMAIKA: Weitere Marihuanaverbreitung nach dem Weltkrieg. WELT: **Stimulazien-Verbreitung durch Soldaten im Weltkrieg.** JAPAN: illegaler Amphetaminhandel ab 1949. SCHWEDEN: Ab 1938 Amphetaminverbreitung. Restriktion durch das Narkotik-Gesetz 1944. Illegaler Amphetaminhandel und -konsum Ende der 40er Jahre.

Es gibt jedoch kaum ein Gebiet auf der Welt, in dem nicht zumindest ein Halluzinogen eine bedeutende Rolle im Leben seiner Bewohner spielt.

Albert Hofmann
„Pflanzen der Götter" 1980

1. Die Geschichte der Drogenkontrollen

1.1. Von der Prohibition zur Steuerpolitik

1.1.1. Tabak

1.1.2. Kaffee

1.1.3. Opium

1.2. Die neuen Drogen im 20. Jahrhundert

1.2.1. Cannabis: Von der Prohibition zur Steuerpolitik?

Dem Kulturmenschen sind seit Jahrtausenden Drogen bekannt. Wildpflanzen wie der Cocastrauch, der Hanf und der Schlafmohn wurden zu Kulturpflanzen domestiziert. In der Zeit der ersten frühen Hochkulturen unterschied man bereits zwischen Pflanzendrogen, animalischen Drogen und Mineraldrogen. Je nach Wirkung und Anwendungsbereich wurden diese den Arzneidrogen, Gewürzdrogen, Riechstoff- oder Räucherdrogen zugeordnet. Bereits in der Antike waren Drogen begehrte Handelsobjekte und dementsprechend gab es Bemühungen, den in der Regel lukrativen Drogenhandel unter Kontrolle zu bringen.

Die Drogenkontrollen in der Antike waren weniger von der Sorge um die Volksgesundheit bestimmt, vielmehr spielten steuerliche Erwägungen im Sinne einer Einkommensquelle für den Staat die entscheidende Rolle. Die Steuereinnehmer in der Antike, die Zöllner, mußten nicht einmal lesen und schreiben können, sondern nur zählen, um ihre Aufgabe zu erfüllen.

Bereits in Athen und im alten Rom kannte man beispielsweise eine Reihe von Vorschriften, die eine Kontrolle des Fiskus für die schwer überschaubare *Wein*produktion garantieren sollten. So durften die Weinbauern ihre Produkte nicht direkt an den Konsumenten oder an Wirte verkaufen, sondern nur an bestimmte, zeitweise *lizensierte* Bürger, die als Groß- oder Zwischenhändler fungierten und von denen aufgrund ihrer Geschäftsaufzeichnungen *Steuern* erhoben wurden.

Andere Drogen, die vorwiegend als Arzneidrogen verwendet wurden, waren freie Marktartikel, deren Verkauf jedoch oft spezialisierten Händlern vorbehalten war. Nach ihrer stofflichen Beschaffenheit getrennt wurden diese Drogen auf verschiedenen Marktständen feilgeboten. Schwere Gifte wie *Eisenhut* und *Schierling* durften nicht verkauft werden, doch auch schon damals wurden diese Verbote übergangen.

Der römische Fiskus nahm zwischen 15 und 30 Prozent Steuern ein und setzte gelegentlich auch die Höchstpreise fest. Die letzte *Preisbindung* des Römischen Reiches stammt von Kaiser Diokletian (243-316) und bestimmte für knapp 2,5 Pfund *Haschisch* 80 und für *Opium* 150 Denare. Zum gleichen Zeitpunkt kostete 1 Pfund reines Weizenmehl 1 Denar.

Das Drogensteuersystem der Antike wurde vom Mittelalter übernommen. In der Zeit der Karolinger wurde der pharmazeutischen
Drogengebrauch und die Herstellung von Likören Angelegenheit der
Klöster, die sich dieses *Monopol* durch kaiserliche *Privilegien* sicher-
ten. Einige Klöster unterhielten in den Städten Verkaufsdependancen,
Apotheken. Dem geistlichen Drogenmonopol erwuchs Konkurrenz
durch die freien Reichsstädte, die eigene Apotheken errichteten und
an ausgewählte Bürger verpachteten. Nicht unerhebliche Teile der
Apothekenumsätze flossen in die Kassen der Städte. Landes- und
Regionalfürsten folgten bald dem Beispiel dieser Einkommenssteige-
rung und richteten „fürstlich privilegierte" Apotheken ein. Erst in der
Zeit der Aufklärung, im 18. Jahrhundert, wurden die klösterlichen
Stadtapotheken ebenfalls der städtischen Lizenzvergabe unterstellt.

Mit der Entdeckung neuer Länder und Kontinente Ende des 15. Jahrhunderts und im 16. Jahrhundert wurden neue, kulturfremde Drogen
bekannt, beispielsweise der Tabak aus Amerika und der Kaffee aus
Arabien. Die neuen Drogen brachten auch neue Konsumsitten, so das
Rauchen. Bis dahin waren Drogen mehr oder weniger nur gegessen
oder getrunken worden. Noch Mitte des 17. Jahrhunderts wurden die
Tabakraucher als „Tabaktrinker" bezeichnet. Über Jahrhunderte verbreiteten sich die neuen Drogen. So wurden aus früher kulturfremden
Drogen die heutigen Genußdrogen.

Über Jahrhunderte wurden auch die Praxis der Drogensteuer (als
Import- und Luxussteuer), die Praxis der Preisbindungen und Lizenz-
vergaben sowie die Praxis der Sicherung von Drogenmonopolen
durch Privilegien beibehalten, bis zum heutigen Tage.

Über die Jahrhunderte wurden vielfältige *Drogen-Beschränkungen*
entwickelt und praktiziert. Die heute noch gebräuchlichen sollen kurz
vorgestellt werden:

1. Totalverbot aus religiösen und anderen Gründen (Total-Prohibition)
2. Teilverbot (Teil-Prohibition)
3. Staatsmonopol
4. Devisenkontrolle
5. Lizenzen
6. Unterschiedliche Zollsätze

7. Kreditbeschränkungen
8. Importzuschläge
9. Import-Anzahlungen
10. Marktregistrierung
11. Importeur-Registrierung
12. Stempelbanderole
13. Etiketten-Zollstempel
14. Werbebeschränkungen
15. Wiederverkaufsbeschränkungen
16. Zollvorauszahlungen.

Mit Beginn des 17. Jahrhunderts läßt sich über einen Zeitraum von knapp 400 Jahren ein immer wiederkehrender Ablauf erkennen:

● Eine kulturfremde Droge wird eingeführt, oft über Handelsreisende und Seeleute.

● Die kulturfremde Droge verbreitet sich, oft durch Soldaten, die im Krieg neue Drogen oder Konsumgewohnheiten kennenlernten und diese nach dem Krieg ins Zivilleben einführen.

● Die Droge oder deren Herstellung wird von der Staatsgewalt verboten.

● Trotz der Total- oder Teil-Prohibition verbreitet sich die Droge weiter, oft von der Oberschicht über die Mittelschicht zur Unterschicht.

● Die Staatsgewalt reagiert mit der Androhung drastischer, oft abschreckender Strafen und deren Vollzug. Die Einhaltung der Verbote (Gebote) werden von Exekutivbeamten (oft einer speziellen Drogenpolizei) kontrolliert.

● Trotz Prohibition, drakonischer Strafen und polizeilicher Bekämpfungsarbeit nimmt die Verbreitung zu, ist über die staatlichen Sanktionen weder zu kontrollieren noch zu regulieren.

● Die Prohibition wird, oft aus wirtschaftspolitischen Gründen, aufgehoben.

● Das Prohibitionsmodell wird durch ein Staatsmonopol mit dazugehöriger Steuerpolitik ersetzt.

Dieser abstrakte Ablauf soll illustriert werden durch Beispiele der Verbreitung der Droge Tabak im 17. Jahrhundert, der Droge Kaffee im 18. Jahrhundert und der Droge Opium im 19. Jahrhundert.

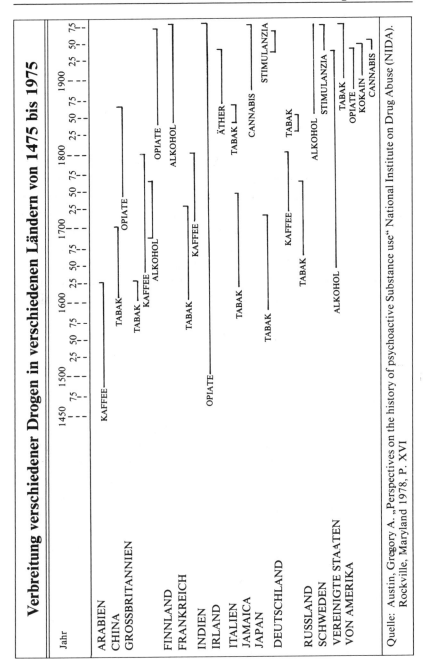

Verbreitung verschiedener Drogen in verschiedenen Ländern von 1475 bis 1975

Quelle: Austin, Gregory A. „Perspectives on the history of psychoactive Substance use" National Institute on Drug Abuse (NIDA). Rockville, Maryland 1978, P. XVI

1.1. Von der Prohibition zur Steuerpolitik

1.1.1. Tabak

Kenntnis von der neuen Droge

Als der Seefahrer Christoph Kolumbus im Oktober 1492 das heutige Amerika (San Salvador) entdeckte, war der Tabak dort schon eine alltägliche Genußdroge. Man rauchte den Tabak in Pfeifen, kannte auch zigaretten- und zigarrenähnliche Tabakformen. *Spanische* Siedler und Seeleute, die zwischen der Alten und Neuen Welt verkehrten, übernahmen die kulturfremde Droge Tabak und die Konsumsitte des Rauchens und machten beides in ihren süd- und westeuropäischen Heimathäfen bekannt. Über die Seeleute und Handelsleute wurde Tabak im 16. Jahrhundert epidemieartig innerhalb weniger Jahrzehnte in der ganzen Welt bekannt: Spanien (1492), Neapel (1493), Indien (1498) und China (1505). Insbesondere in Asien wurde das Rauchen als effektive Methode der Drogeneinnahme auch auf andere Drogen, beispielsweise auf Opium oder Cannabis, übertragen, die bis dahin nur gegessen oder getrunken wurden.

In Europa war der Tabak im 16. Jahrhundert aber noch keine verbreitete Genußdroge. In den Gärten der Aristokratie diente er als Zierpflanze, den Apothekern diente er als Medizinalpflanze.

Verbreitung durch Soldaten

In Europa war es im 17. Jahrhundert der Dreißigjährige Krieg (1618-1648), der als Religionskampf begann und als europäische Machtauseinandersetzung endete und dem Tabak zu seinem Siegeszug verhalf. Im Krieg entluden sich die Spannungen zwischen katholischen und protestantischen Staaten, Landständen und Fürsten, Reichsstädten und Kaiser, Habsburg und Frankreich. Ungezählte Soldaten trugen über drei Jahrzehnte zur europaweiten Verbreitung des Tabak bei. Die Verbreitung beschrieb der Kriegsteilnehmer und Dichter Johann Jakob Ch. von Grimmelshausen (1622-1676): „Ich sah ihn essen, trinken und schnupfen, gehen durch alle Stände, von Fürsten an bis auf die Bettler, vom Bischof bis zum Bader beides eingeschlossen; ... Er nutzt ja dem Bauern, der ihn ziehet, demjenigen, der ihn spinnet, dem Fuhrmann, der ihn über Land bringt und dem Kaufherrn oder Krämer, der damit schachert" (1667).

Noch während des Dreißigjährigen Krieges wurde das übermäßige „Tabaktrinken" (= Tabak rauchen) als „trockene Trunkenheit" karikiert. Etwa zur gleichen Zeit verbreitete sich der Tabakkonsum in Ostasien im Chinesisch-japanischen Krieg. Auch hier waren es die Soldaten, die den Tabak populär machten. Im 19. Jahrhundert verbreiteten nach 1814 französische und englische Soldaten, die zuvor während der Napoleonischen Kriege auf spanischem Boden gekämpft hatten, die Sitte des Zigarrenrauchens, die schon lange in Spanien, im spanischen Cuba und auf den spanischen Philippinen bekannt war.

Das Zigarettenrauchen lernten im türkisch-russischen Krieg, dem sogenannten Krim-Krieg (1853-1856), auch französische und englische Soldaten kennen, die auf türkischer Seite kämpften. Nach dem Krieg führten insbesondere die Offiziere das Zigarettenrauchen in ihre Clubs in Paris und London und damit in die Oberschicht ein.

Wenige Jahre später verbreitete sich die Sitte des Zigarettenrauchens durch die Soldaten im amerikanischen Bürgerkrieg (1861–1865). Auch hier trugen nach dem Krieg die Veteranen die Sitte in das Zivilleben.

Abb. 1
Karikatur, die das übermäßige „Tabaktrinken" anprangert (um 1630)

Staatliche Verbote und Sanktionen

Im 16. Jahrhundert noch wurde die Tabakpflanze als Allheilmittel angesehen. Als Pflanze von „wunderbarer Heilfähigkeit" pries sie der Franzose Jean Nicot am Hof in Paris. Ihm zu Ehren wurde die kulturfremde Droge 1570 „Nicotiana" genannt. So machte der Tabak zunächst als Medizinalpflanze in den Apotheken Karriere. Noch um 1650 war der Tabakkonsum in Kursachsen, Bayern, den Habsburgischen Erblanden und Zürich verboten. Legal durfte er nur in Apotheken verkauft werden, als verordnete Medizin. Jeder Mißbrauch wurde mit Geldstrafe (in Köln waren es 50 Goldgulden), Arrest, Zwangsarbeit, Prügelstrafe, Einbrennen eines Zeichens oder Verbannung geahndet. In Lüneburg wurde 1691 das Tabakrauchen gar mit dem Tode bestraft.

Noch drastischer waren die Tabak-Unterdrückungsmethoden im Osmanischen Reich (Türkei), Rußland, China und Japan. Im *osmanischen Reich* ließ Sultan Marad IV. 1633 alle Tabakhäuser niederreißen und verkündete die Todesstrafe für Tabakrauchen. „Wo immer der Sultan auf seinen Reisen und militärischen Expeditionen hingelangte, stieg die Zahl der Hinrichtungen entsetzlich an. Selbst auf dem Schlachtfeld liebte er es, seine Männer beim Rauchen zu ertappen und sie durch Enthaupten, Erhängen, Vierteilen oder Zerquetschen ihrer Hände und Füße zu bestrafen". Angeblich ließ der Sultan während einer Strafexpedition 25 000 (!) Tabakraucher köpfen. Die Vermögen der Hingerichteten fielen naturgemäß an den Sultan, der sich bei seiner „Tabak-Fahndung" auch der (heute so bezeichneten) Methoden der verdeckten Ermittlung und des Scheinkaufs bediente.

In *Rußland* wurde in der ersten Hälfte des 17. Jahrhunderts der Tabakkonsum vom Klerus als Todsünde angeprangert. Die Zaren bestraften ihn mit Aufreißen der Nase, Aufschneiden der Lippen, Auspeitschen, Verbannung und Vermögenseinziehung. Zar Michael Fjodorowitsch ließ jeden hinrichten, in dessen Besitz Tabak gefunden wurde. Zar Alexej Michailowitsch erklärte, daß er jeden, bei dem Tabak gefunden wurde, solange foltern lassen würde, bis dieser die Namen derjenigen preisgäbe, von denen er den Tabak bekommen hatte.

In *China* wurde zum Ende der Ming-Dynastie in den Jahren 1628-1644 das Tabakrauchen verboten und mit drakonischen Strafen belegt.

In einigen *europäischen* Städten, beispielsweise Wien und Berlin, gab es noch bis ins 19. Jahrhundert hinein „Verbothe des Tabakrauchens auf offener Gasse in der Stadt", oft aus Gründen der Feuergefahr. Verstöße wurden mit Geld- und Arreststrafen geahndet.

Der Kampf gegen den Tabak hörte erst auf, als die ersten Herrscher selbst der neuen Droge frönten. So Sultan Mohamed IV. (der 1683 vor Wien geschlagen wurde) und Zar Peter der Große (1689-1715), ein leidenschaftlicher Pfeifenraucher. Hauptgrund der Einstellung des Kampfes war jedoch die Erkenntnis, daß sich aus dem Tabakhandel große Summen für den Staatshaushalt ziehen ließen.

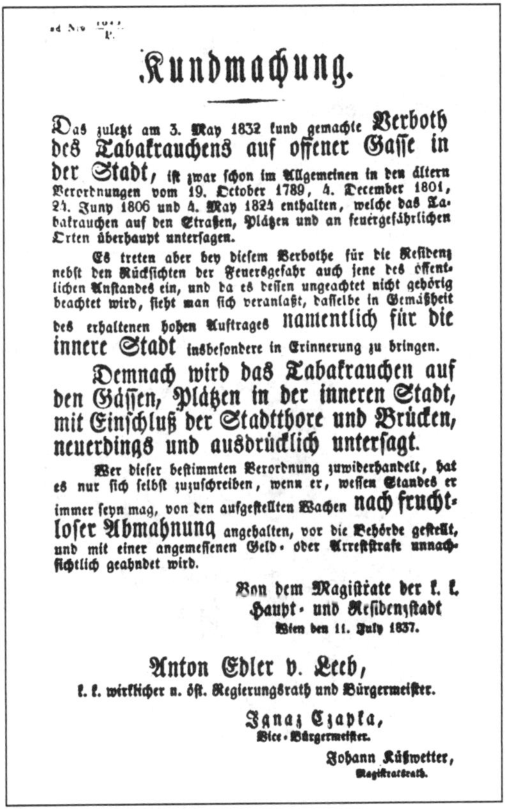

Kundmachung.

Das zuletzt am 3. May 1832 kund gemachte **Verboth des Tabakrauchens auf offener Gasse in der Stadt,** ist zwar schon im Allgemeinen in den ältern Verordnungen vom 19. October 1789, 4. December 1801, 24. Juny 1806 und 4. May 1824 enthalten, welche das Tabakrauchen auf den Straßen, Plätzen und an feuergefährlichen Orten überhaupt untersagen.

Es treten aber bey diesem Verbothe für die Residenz nebst den Rücksichten der Feuersgefahr auch jene des öffentlichen Anstandes ein, und da es dessen ungeachtet nicht gehörig beachtet wird, sieht man sich veranlaßt, dasselbe in Gemäßheit des erhaltenen hohen Auftrages **namentlich für die innere Stadt** insbesondere in Erinnerung zu bringen.

Demnach wird das Tabakrauchen auf den Gässen, Plätzen in der inneren Stadt, mit Einschluß der Stadtthore und Brücken, neuerdings und ausdrücklich untersagt.

Wer dieser bestimmten Verordnung zuwiderhandelt, hat es nur sich selbst zuzuschreiben, wenn er, wessen Standes er immer seyn mag, von den aufgestellten Wachen **nach fruchtloser Abmahnung** angehalten, vor die Behörde gestellt, und mit einer angemessenen Geld- oder Arreststrafe unnachsichtlich geahndet wird.

Von dem Magistrate der k. k. Haupt- und Residenzstadt
Wien den 11. July 1837.

Anton Edler v. Leeb,
k. k. wirklicher n. öst. Regierungsrath und Bürgermeister.

Ignaz Czapka,
Vice-Bürgermeister.

Johann Küßwetter,
Magistratsrath.

Abb. 2
Tabakrauch-Verbot, Wien 1837

Vom Prohibitions-Modell zum Steuermodell

Zwar war in *England* schon 1601 das erste Monopol für die Produktion von Tabak-Pfeifen vergeben worden und die Pfeifenmacher 18 Jahre später als eigene Zunft anerkannt worden doch war der eingeführte Tabak aus dem spanischen Mittel- und Südamerika teuer, sündhaft teuer. Kostete er doch den zehnfachen Preis des Pfeffers, wurde in Silber aufgewogen. Hinzu kam, daß Spanien seinerzeit der Hauptfeind Englands war. So zog König Jakob I. eine „wirtschaftliche Notbremse" und erhöhte 1604 die Einfuhrzölle für Tabak um 4 000 %, was einer indirekten Prohibition gleich kam. Vier Jahre später senkte der König die Zölle. Von nun an waren die *Tabaksteuern als königliches Monopol* eine wichtige Einnahmequelle.

Der Prohibition folgte nun die Steuerpolitik. Dabei wurde meist das 1627 von Mantua und 1659 von Venedig entwickelte *Appalto-System* übernommen: danach wurden die alleinigen Rechte für Einfuhr, Verkauf oder Steuererhebung an *private Monopolisten* beziehungsweise *Pächter* vergeben. Diese zahlten für diese Rechte fixe Summen und versuchten naturgemäß aus dem Tabakkonsumenten so viel wie möglich herauszuholen. Um den illegalen Anbau sowie den Schmuggel, den Kauf und Besitz unbesteuerter Ware zu unterdrücken, unterhielten die Pächter „ein Heer von Informanten und Büttteln". Auch hatten sie das Recht der Sanktion, durften Geld- und Leibesstrafen verhängen.

Abb. 3
Gegen das Rauchverbot in Berlin (1847). Zeitgenössische anonyme Karikatur

In *Preußen* hießen diese Agenten „Tabaksreuter". Sie waren im Volk als „Schreckgeister" gefürchtet, waren sie doch „mit Ober- und Untergewehr bewaffnet" und berechtigt, selbst gegen Beamte und Adel vorzugehen und „ohne Vorwissen alles durchzuvisitieren".

In *Frankreich* wurde 1674 das Verkaufsmonopol an private Pächter (Fermiers généreaux) vergeben. Deren Agenten versuchten den heimlichen Anbau, den Schmuggel, den illegalen Verkauf und den Besitz von nicht-lizensiertem Tabak zu unterbinden. Diese „Drogenpolizei" nahm im ganzen Land im Durchschnitt jährlich 2 500 Männer, 2 000 Frauen und 6 000 Kinder fest. Von den Pächtern bezahlte Sondergerichte verhängten Geld- und Körperstrafen, schickten pro Jahr 300 Männer auf die Galeeren und sprachen Todesstrafen aus.

Nach und nach wurde das Pächter-System durch eine *staatliche Regie* ersetzt, so 1647 in Piemont, 1783 in Österreich und 1811 in Frankreich (heute mehrheitlich auch in den Staatshandelsländern des Ostblocks). Andere Länder erhoben *Verbrauchs- bzw. Banderolensteuern*, beispielsweise 1906 Deutschland.

Abb. 4
Wie sich die Zeiten
ändern. Berliner
Flugblatt von 1848

1.1.2. Kaffee

Kenntnis von der neuen Droge

Vom abessinischen Hochland gelangte der Kaffee im Mittelalter nach dem Jemen (Mokka) und nach Arabien. Mekka-Pilger brachten ihn wahrscheinlich in die gesamte islamische Welt. Mitte des 16. Jahrhunderts war er in Konstantinopel bekannt (erstes Kaffeehaus 1551 unter Sultan Soliman eröffnet).

Im 17. Jahrhundert gelangte er über Venedig (1615), Marseille (1644) und Paris (1657) nach Europa. Die Holländer brachten ihn über Neu-Amsterdam (New York) (1660) nach Nordamerika.

Im *osmanischen Reich* blieb der Kaffeegenuß im wesentlichen auf Haupt- und Seehandelsstädte beschränkt; später breitete er sich auch auf Kleinstädte und das flache Land aus. Es bildete sich die Kultur der Kaffeehäuser, mit poetischen Namen wie „Häuser der Erkenntnis" oder „Schulen der Weisheit" versehen.

Auch in Europa entwickelte sich rasch die Kaffeehauskultur. Als in *London* 1652 das erste Kaffeehaus eröffnet wurde, wurde der Kaffee in einem Spottgedicht noch als „Kienrußsirup" und „schwarzes Türkenblut" bezeichnet. Fünfzig Jahre später soll es allein in London etwa 3 000 Kaffeehäuser gegeben haben.

Ähnlich die Entwicklung in *Frankreich*. 1672 wurde in Paris das erste Kaffeehaus eröffnet. Um 1690 waren es schon 250 Häuser. Unter Ludwig XV. waren es 600 und um 1782, kurz vor der Revolution, rund 1 800 Kaffeehäuser.

In Preußen wurde 1721 in Berlin das erste Kaffeehaus eröffnet. In Hamburg 1679 und in der Folge in vielen weiteren Städten.

Verbreitung durch Soldaten

Aber nicht nur Seeleute und Kaufherrn, auch Soldaten trugen zur Verbreitung der kulturfremden Droge Kaffee bei, insbesondere die Heere der osmanischen Herrscher. Üblicherweise wurden die türkischen Truppen auf ihren Feldzügen reichlich mit Kaffee versorgt.

Als 1683 bei der Belagerung Wiens die Türken in die Flucht geschlagen wurden, fielen den Wienern u. a. auch 500 Kaffeesäcke in die

Hände. Diese „Türkenbeute" war der Anfang der Wiener Kaffeehauskultur.

Staatliche Verbote und Sanktionen

Aber breit war die Front der Kaffeegegner! Mutmaßten doch die Mächtigen in den Kaffeehäusern Zentren des Ungehorsams und der Verschwörung.

Im *osmanischen Reich* der islamischen Türken ließ der vom ägyptischen Sultan neu eingesetzte Statthalter von Mekka, Khair-Beg, 1512 den Kaffee verbieten. In der heiligen Stadt war das Kaffeeverbot nicht aus religiösen Gründen erlassen worden. Der Statthalter sah vielmehr im gemeinschaftlichen Kaffeegenuß die Gefahr eines Aufstandes gegeben. Acht Tage lang wurden die Kaffeetrinker inner- und außerhalb Mekkas verfolgt: „Wer in dieser Schreckenswoche des Trinkens überführt wurde, wurde mit rückgewandtem Gesicht gebunden auf einen Esel gesetzt und mit Schlägen umhergetrieben". Auf Anraten des Sultans in Kairo hob der Statthalter das Verbot wieder auf. 1521 kam es zum zweiten Verbot, diesmal in Ägypten. Tumulte zwischen Kaffeehausbesitzern in Kairo hatten dazu geführt, den öffentlichen Ausschank zu verbieten. Das Kaffeetrinken in den Privathaushalten war nicht eingeschränkt.

Andere türkische Regenten ließen in Istanbul Kaffeetrinker verprügeln und die Zunge herausreißen, sie in Kaffeesäcke einnähen und ins Meer werfen.

Als die *Venezianer* um 1615 den Kaffee nach Italien brachten, reagierte die Geistlichkeit in Rom zunächst mit der Verdammnis des „Teufelszeugs".

In *England* sagte König Charles II. 1675 durch Proklamation den Kaffeehäusern den Kampf an. Er vermutete in ihnen Treffpunkte von Dissidenten. Bereits 1668 war in London von Edward Lloyd ein Kaffeehaus gegründet worden, aus dem sich eines der größten Versicherungsunternehmen der Welt (Lloyd) entwickeln sollte.

In *Deutschland* untersagte ein Herr von Waldeck 1775 in seinem kleinen Staat das Kaffeetrinken. Er stellte jedem, der einen Kaffeetrinker zur Anzeige brachte, eine Belohnung von 10 Talern in Aussicht. Diese Belohnung stellte im kleinen Fürstentum den sechsfa-

By the King.

A PROCLAMATION
FOR THE
Suppreffion of Coffee-Houfes.

CHARLES R.

Whereas it is moft apparent, that the Multitude of Coffee-houfes of late years fet up and kept within this Kingdom, the Dominion of Wales, and the Town of Berwick upon Tweed, and the great refort of Idle and diffaffected perfons to them, have produced very evil and dangerous effects; as well for that many Tradefmen and others, do therein mifpend much of their time, which might and probably would otherwife be imployed in and about their Lawful Callings and Affairs; but alfo, for that in fuch houfes, and by occafion of the meetings of fuch perfons therein, divers Falfe, Malitious and Scandalous Reports are devifed and fpread abroad, to the Defamation of His Majefties Government, and to the Difturbance of the Peace and Quiet of the Realm; His Majefty hath thought it fit and neceffary, That the faid Coffee-houfes be (for the future) put down and Suppreffed, and doth (with the Advice of His Privy Council) by this His Royal Proclamation, Strictly Charge and Command all manner of perfons, That they or any of them do not prefume from and after the Tenth day of January next enfuing, to keep any Publick Coffee-houfe, or to Utter or fell by retail, in his, her or their houfe or houfes (to be fpent or confumed within the fame) any Coffee, Chocolet, Sherbett or Tea, as they fhall anfwer the contrary at their utmoft perils.

And for the better accomplifhment of this His Majefties Royal Pleafure, His Majefty doth hereby Will and require the Juftices of Peace within their feveral Counties, and the Chief Magiftrates in all Cities and Towns Corporate, that they do at their next refpective General Seffions of the peace (to be holden within their feveral and refpective Counties, Divifions and Precincts) recall and make void all Licenfes at any time heretofore Granted, for the fetting or Retailing of any Coffee, Chocolet, Sherbett or Tea. And that they or any of them do not (for the future) make or grant any fuch Licenfe or Licenfes, to any perfon or perfons whatfoever. And his Majefty doth further hereby declare, that if any perfon or perfons fhall take upon them, him or her, after his, her or their Licenfe or Licenfes recalled, or otherwife without Licenfe, to fell by retail (as aforefaid) any of the Liquors aforefaid, that then the perfon or perfons fo Offending, fhall not only be proceeded againft, upon the Statute made in the Fifteenth year of His Majefties Reign (which gives the forfeiture of five pounds for every moneth wherein he, fhe or they fhall offend therein) but fhall (in cafe they perfevere to Offend) receive the feverelt punifhments that may by Law be inflicted.

Given at Our Court at *Whitehall*, this Nine and twentieth day of *December* 1675. in the Seven and twentieth year of Our Reign.

God fave the King.

LONDON,

Printed by the Affigns of *John Bill*, and *Chriftopher Barker*,
Printers to the Kings moft Excellent Majefty, 1675.

Abb. 5
Königliche Kaffee-Kampfansage, London 1675

chen Wochenlohn eines Zimmermanns dar. Das „System des Denunzierens" wurde erst eingestellt, nachdem der Staatskasse in einem Jahr 120 000 Taler verloren gingen. Die Kaffeetrinker konnten die enormen Bußgelder nicht bezahlen, die Denunzianten hingegen wurden sofort entlohnt.

Dennoch, trotz aller Repressionen, setzte sich der Kaffee und mit ihm die Kaffeehauskultur mehr und mehr durch. Im 18. Jahrhundert entwickelten sich die Kaffeehäuser Europas zu regelrechten Kommunikationszentren, in denen Geschäftsleute, Journalisten und Schriftsteller zusammenkamen. Kaffeetrinker der damaligen Zeit machten literarische Weltgeschichte. So Honoré de Balzac (1799-1850), dem ein Biograph nachsagt, daß er in seinem Arbeitsleben 50 000 Tassen „sirupähnlichen, schwarzen, überstarken Kaffees" getrunken haben soll. Oder Voltaire, der am Hofe Friedrichs des Großen von 1750-1753 täglich bis zu 50 Tassen zu sich nahm. Der Preußenkönig selbst soll seinen Kaffee mit Champagner aufgebrüht und mit Pfeffer, andere meinen Schnupftabak, gewürzt haben. Und dieser König hatte so seine Schwierigkeiten mit dem „undeutschen Getränk" Kaffee.

Vom Prohibitions-Modell zum Steuer-Modell

In *Deutschland* wurde der Kaffee erst später eingeführt. Als erster tat dies 1675 der Große Kurfürst, auf medizinischen Rat des Professors Cornelius Decker von der Universität Frankfurt an der Oder. Der holländische Arzt hielt den Kaffee für den Blutkreislauf förderlich und versprach sich vom Kaffee überdies einen Rückgang des übermäßigen kurfürstlichen Alkoholgenusses. Was am Hofe Mode wurde, ahmten bald die wohlhabenden Staatsbürger nach. Als beliebtes Frühstücksgetränk verdrängte der Kaffee bald die bis dahin übliche Mehlsuppe und das Warmbier, letzteres zum Verdruß der Bierbrauer. Doch nicht nur die preußische Oberschicht, jeder Untertan wollte das neue Heißgetränk probieren.

Um 1760 erfuhr der Preußenkönig Friedrich II., der „alte Fritz", daß seine Bürger im Jahr 700 000 preußische Taler allein für die Einfuhr von Kaffee ausgaben – ein unglaublicher Luxus in seinen Augen. Seiner Meinung nach sollten „Maurer, Mägde und dergleichen von ihrer Hände Arbeit sich ernährende Personen" auch weiterhin zum Frühstück Biersuppe, und nicht Kaffee genießen. Schließlich war seine Majestät höchstselbst mit Biersuppe aufgezogen worden. So belegte Friedrich II. das „undeutsche Getränk" mit einer spürbaren Steuer. Aber seine Bemühungen, mit diesen Maßnahmen seine preußischen Bierbrauer zu unterstützen, waren vergeblich.

So erhob der große Friedrich den *Kaffeemarkt zum Staatsmonopol*, indem er 1781 ein Dekret erließ, nach dem das Rösten von Kaffee (wie es dazumal gewöhnlich jeder privat vornahm) ohne „Brennschein" (der teuer war und den sich nur Reiche leisten konnten)

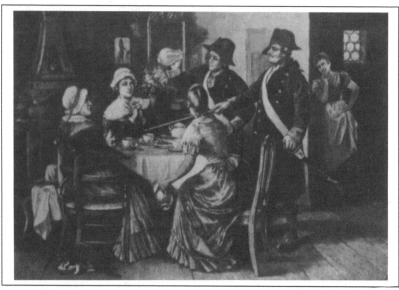

Abb. 6 Preußische Kaffeeriecher in Aktion; Stich nach einem Gemälde des 19. Jahrhunderts zur Kaffeesteuer unter Friedrich dem Großen

verboten wurde. Das Befolgen der Maßnahmen mußte auch kontrolliert werden. Also setzte der Preußenkönig Kriegsveteranen als „Kaffeeschnüffler" bzw. „Kaffeeriecher" ein. Diese wurden überall im Lande herumgeschickt, um Schwarzröster zu ertappen und sie mit hohen Bußgeldern zu belegen. Diesem preußischen Beispiel folgten später auch das napoleonische Frankreich und andere europäische Herrscherhäuser.

Friedrich II. sorgte zugleich für die Errichtung von speziellen „Brandhäusern" (= Kaffeeröstereien), die ihre Erzeugnisse zu hohen Preisen legal verkaufen durften.

Doch die Drogenpolitik des Königs, hohe Kaffeesteuern & staatliche Verkaufs- und Röstmonopole & Kaffeeverbote halfen den preußischen Weinhändlern, Bierbrauern und Gastwirten nur bedingt. Die Verbreitung des Kaffees und damit die Änderung der Trinkgewohnheiten der Preußen ließ sich nicht aufhalten. Nach dem Tode des „alten Fritz" 1787 wurde das staatliche Kaffeemonopol rasch wieder abgeschafft.

Im *deutschen* *Paderborn* erklärte 1777 Fürstbischof Wilhelm das Kaffeetrinken zum Vorrecht des Adels, der Geistlichkeit und des höheren Beamtentums. Paderborner Bürger und Bauern hingegen mußten Strafe bezahlen, wenn man sie kaffeetrinkend antraf.

Auch *Frankreich* nutzte die Droge Kaffee als Einnahmequelle. Die Flotte Ludwig XIV. hatte in der Schlacht bei La Hague gegen Wilhelm III. von England eine Niederlage erlitten. Die Heere der „großen Allianz" (England, Holland, Österreich, Spanien und Sardinien) rächten zu Lande die Verwüstung, welche die Truppen des Generals Mélac in der Pfalz angerichtet hatten. Für diesen Pfälzischen Erbfolgekrieg brauchte der König Geld und errichtete dementsprechend 1692 ein Kaffeemonopol und verpachtete es an den reichen Pariser Bürger Francois Damame: „Der König hat, nach Hörung des Staatsrats, dem Maitre Francois Damame das *Alleinprivileg* gewährt, unter Ausschluß aller anderen, ab 1. Januar 1692 und für die Dauer von sechs Jahren allen Kaffee, Tee, Schokolade sowie die Drogen zu verkaufen, aus denen man sie zusammensetzt; dazu Kakao und Vanille; in allen Provinzen, Städten und Gütern des französischen Königreichs".

Doch das hohe Preisedikt auf Kaffee und die indirekte Finanzierung eines fremden Krieges trieben den vormals reichen Bürger Damame in den Ruin. Er mußte von der Pacht zurücktreten.

Unter der Regentschaft Ludwig XV. kam es um 1717 zu einem zweiten Drogenmonopol. Der König vergab zunächst das Tabakmonopol, später das Kaffeemonopol an die Französisch-Westindische Gesellschaft.

In *Österreich* erließ Kaiser Leopold I. für vier „privilegierte Meister der Kunst des Kaffeesiedens" am 16. Juli 1700 die *Kaffeesieder-Gewerbeordnung*. 1714 erneuerte Kaiser Karl die Ordnung dieser Bruderschaft (der Kaffeesieder). Um 1750 wurde dieses Kaffeemonopol zerstört. Kaiserin Maria Theresia hatte den Kaffeesiedern befohlen, in Zukunft auch Schnaps auszuschenken. Umgekehrt bekamen die Alkoholbrenner Order, künftig auch Kaffee herzustellen und auszuschenken. So entstand die „Union der Brenner und Sieder".

Nach und nach war in Europa der „Kampf gegen den Kaffee" zusammengebrochen, flackerte da und dort nochmals auf, bis er schließlich in *Geldsteuern* versandete. Damit wurde die vormals kulturfremde Droge Kaffee als Genußmittel legal, verschaffte sie doch (bis zum heutigen Tage) „dem Staatssäckel zusätzliche Einnahmen".

1.1.3. Opium

Kenntnis von der neuen Droge

Nach türkischen Quellen stand die Wiege des Mohns im Zweistromland Mesopotamien. Möglicherweise machten asiatische Nomadenhändler den Mohn von Syrien aus bekannt. Die Ärzte Ägyptens schätzten die betäubende Wirkung des Mohnsaftes. Von den Ägyptern übernahmen die Araber die Kenntnis vom Opium und brachten sie nach Indien. Von dort aus verbreitete sie sich über Süd- und Ostasien. Aber auch die Europäer lernten von den Arabern, übernahmen „orientalische" Drogen in ihren Arzneischatz. Seinen Durchbruch im deutschen Arzneischatz verdankt Opium dem Begründer der neuzeitlichen Medizin, Paracelsus (1493-1541). Doch der Vertrieb von Opium (als Medizin) blieb in Europa über Jahrhunderte den Apotheken vorbehalten. Das sollte nicht so bleiben.

Zum Ende des 15. Jahrhunderts war mit den Entdeckungen der Seewege nach Amerika (Kolumbus 1492, Amerigo Vespucci 1499-1502) und nach Indien (Vasco da Gama 1498) die Blütezeit der italienischen Handelsrepubliken zu Ende gegangen und eine neue Entwicklung, die des Überseehandels (die den Mittelmeerhandel ablöste) eingeleitet worden. Die Frühzeit dieses Welthandels war gekennzeichnet durch den Streit um die Vorherrschaft auf der See unter den seefahrenden Ländern der nun „Alten Welt" Spanien, Portugal, Holland und England, später auch Frankreich. In diesen Ländern entstanden *Handelsgesellschaften,* sogenannte „westindische" (= Amerika) und „ostindische" (= Asien) Kompanien, die mit *außergewöhnlichen Privilegien* ausgestattet wurden, so beispielsweise die:

– *spanische* „Casa de la Contratación" (1503-1790) mit Sitz in Sevilla (später Cádiz) und diversen Dependancen in Amerika.
– *portugiesische* „Casa da India" mit Sitz in Lissabon und Dependancen in Indien (Goa) und China (Macao);
– *englische* „East India Company" (EIC) (1600-1858) mit Sitz in London und Dependancen in Indien (Bengalen);

– *holländische* „Verenigte OostindischeCompagnie" (VOC) (1602 gegründet) mit Sitz in Amsterdam und Dependancen in Indonesien (Batavia);
– *französische* „Compagnie des Indes Orientales" (1664 gegründet).

Die Holländer ließen sich auf den Gewürzinseln nieder, und die Engländer trieben Handel mit den Herrschern der Moghul-Dynastie im indischen Bengalen. Diese hatten schon 1526 den *Mohnanbau und den Opiumverkauf zum Staatsmonopol* gemacht. So lernten die Seefahrer, die Soldaten und die Kaufherrn der englischen Handelkompanie die für sie bis dahin unbekannte Kultur des Opiumessens und -trinkens kennen.

Für Opium interessierten sich Ende des 17. Jahrhunderts auch die englischen Mediziner und Apotheker, die von der vieles heilenden Wirkung dieses Arzneimittelkörpers sehr angetan waren. Schon 1762 hatte der Arzt Thomas Dover ein „schweißtreibendes Pulver", vornehmlich für die Behandlung der weitverbreiteten Gicht, auf den Medizinalmarkt gebracht. „Dovers Pulver" sollte in den nächsten 150 Jahren zu einem der gebräuchlichsten Opiumpräparate werden.

Zwei Ereignisse im 18. Jahrhundert trugen zu der Verbreitung des Opiumkonsums, der bis dahin nicht sehr groß war, bei. Zum einen war es die Verbreitung der neuen Droge Tabak und der neuen Konsumsitte des Rauchens in Asien, insbesondere in China; zum anderen war es der Untergang der Moghul-Dynastie, mit dem auch das bestehende Opiumstaatsmonopol zerbrach. Opium wurde nun für die europäischen Handelsherrn zur interessanten Ware.

Als erste brachten die Portugiesen 1729 von Goa aus 200 Kisten Opium (= 13,4 t) nach China, konnten sie doch mit Unterstützung ihrer Niederlassung in Macaco rechnen.

Verbreitung durch Soldaten

Schon lange kontrollierte die britische Ostindien-Gesellschaft Bengalen. Nun errichtete sie hier ihr Opiummonopol, das noch größer wurde, als die Engländer 1773 von den Portugiesen den *organisierten Opiumschmuggel* nach China übernahmen, den der dortige Kaiser verboten hatte.

In knapp fünfzig Jahren stieg der Opiumschmuggel von 4 000 Kisten (= 268 t) 1790 auf 40 000 Kisten (= 2 680 t) 1838. Als durch den Gesandten des Kaisers in Kanton am 7. Juni 1839 über 20 000 Kisten (= 1 360 t) des eingeschmuggelten und damit illegalen Opiums vernichtet wurden, sah die Handelskompanie eine Gelegenheit, dem bekämpften Handel mit Waffengewalt Geltung zu verschaffen. Sie begann den ersten und damit klassischen *Drogenkrieg,* der als „Opium-Krieg" Weltgeschichte machte.

Abb. 7 Der Opiumkrieg (Karikatur)

Von 1839 bis 1842 setzte die Ostindien-Kompanie dem großen, aber disziplinlosen Heer des Kaisers 10 000 disziplinierte Soldaten mit überlegenen Waffen entgegen, befehligt von vier Admiralen ihrer Majestät. Im Juli 1842 bombardierte ein Geschwader die Stadt Tschan-Kiang. Die Kaiserstadt Nanking nahm die englische Infanterie im

Sturm. Am 29. August 1842 mußte der Kaiser Chinas den ungleichen Vertrag von Nanking annehmen. Der besagte:

- daß an die siegreiche Handelsgesellschaft eine hohe Summe Kriegsentschädigung zu zahlen war,
- fünf Häfen dem europäischen Handel geöffnet werden mußten;
- die Insel Hongkong „auf ewig" an die Briten abgetreten wurde. Hongkong wurde etwas später, am 26. 6. 1943, zur Kolonie der Krone erklärt. Auf Hongkong entstand die Hafenstadt Viktoria, die zum wichtigsten Umschlageplatz für das britische Opium aus Indien – für China bestimmt – werden sollte.

Nach dem Krieg zogen die Briten in den folgenden vierzehn Jahren des aufgezwungenen Handelsfriedens den Opiumhandel gewaltig an. 1854 brachten sie schon 67 000 Kisten (= 4 490 t) nach China. Für die Kompanie war das Land der Mitte mit seinen 370 Millionen Einwohnern eine unerschöpfliche Quelle des Reichtums.

Ein nichtiger Anlaß, die Besatzung einer chinesischen Dschunke hatte eine britische Flagge verunglimpft, war für die Kompanie Anlaß genug, ihre Handelsinteressen durch einen zweiten Krieg auszudehnen. In diesem zweiten „Opium-Krieg" schlug von 1857 bis 1860 eine britisch-französische Allianz die Soldaten des Kaisers. Dieser mußte, wie schon gehabt, am 26. März 1860 einem erneuten ungleichen Vertrag (von Tien-tsin bei Peking) zustimmen. Dieser besagte:

- weitere fünf Häfen mußten für den Handel der Europäer geöffnet werden;
- die freie Schiffahrt auf dem Yang-tse-kiang (die dann zur Opiumverbringung ins Land benutzt wurde) wurde zugestanden;
- die Missionierung durch christliche Geistliche (aus Europa, später auch Amerika) mußte zugelassen werden;
- die Hongkong vorgelagerte Halbinsel Kowloon mußte „auf ewig" an die Briten abgetreten werden (die hier ihr staatliches Opium-Monopol einrichteten, das bis nach dem zweiten Weltkrieg bestand),
- und vor allem wurde der *Opiumhandel nun völlig legalisiert.* Etwas später wurde in Schanghai dieser ungleiche Vertrag um eine Konvention ergänzt. Sie gestand China das Recht zu, auf alle Im- und Exporte (mit Ausnahme von Tee und Seide) fünf Prozent *Zoll* zu erheben. Opium wurde als *frei zugelassene Ware* aufgeführt.

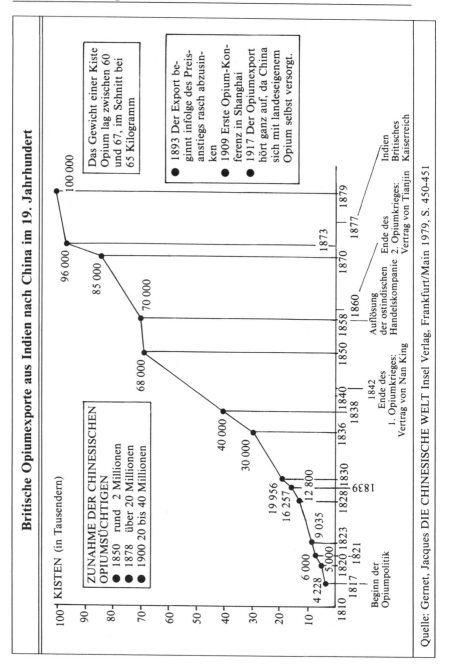

Britische Opiumexporte aus Indien nach China im 19. Jahrhundert

Quelle: Gernet, Jacques DIE CHINESISCHE WELT Insel Verlag, Frankfurt/Main 1979, S. 450-451

Abb. 8 Lagerhaltung für Opium in Britisch-Indien (Holzstich, 1882)

Als 1857 mit dem Ende des Moghul-Reiches Indien britisches Vize-königtum wurde und die Ostindien-Kompanie, die ein *Opiumwelt-monopol* geschaffen hatte, 1858 aufgelöst wurde, übte das König-reich Britannien die Opiumpolitik selbst aus.

Die nächsten zwei Jahrzehnte waren vom gewaltigsten Opiumhandel gekennzeichnet, den es je in der Menschheitsgeschichte gegeben hat. Als Königin Victoria 1877 den Titel „Kaiserin von Indien" annahm, wurden in ihrem Namen jährlich über 5 000 Tonnen Opium nach China exportiert. 1879 kamen 100 000 Opium-Kisten (= 6 702 t) nach China. *Eine Menge, die in etwa der vierfachen Menge der gesam-ten illegalen Opiumweltproduktion (= Goldenes Dreieck + Goldener Halbmond + Mexiko) des Jahres 1979 entsprach!*

47

Aber die Briten brachten ihr Opium nicht nur in die „opiatisierte Halbkolonie China", es wurde auch der zunehmende Bedarf im eigenen Königreich gedeckt und der Bedarf der Mediziner und Pharmazeuten in Europa und Nordamerika.

Auch die Kolonialmacht *Frankreich,* die 1887 ihre südostasiatischen Protektorate zu Französisch-Indochina zusammenfaßte, setzte auf das Opium. In der Hauptstadt Saigon wurde das Roh-Opium als staatliches Monopol (Régie francaise de l'opium) zum Rauch-Opium (= Chandu) verfeinert und exportiert.

Den Brauch des Opiumessens und -rauchens hatten die Seeleute schon lange in ihren Heimathäfen bekannt gemacht, so in Frankreich in Le Havre, Bordeaux und Marseille; im Vereinigten Königreich in London; in Deutschland in Hamburg; in den Niederlanden in Amsterdam und in den USA in New York und San Francisco. In der zweiten Hälfte des 19. Jahrhunderts entstanden hier über Jahrzehnte die berühmt-berüchtigten „Opium-Höhlen". Allein in Frankreich zählte man zu Beginn des 20. Jahrhunderts mehrere tausend „Rauch-Lokale".

Aber in der zweiten Hälfte des 19. Jahrhunderts verbreitete sich nicht nur das Opium, sondern auch sein wirksamstes Alkaloid – das Morphium. 1803/1804 war es isoliert worden; seit 1828 wurde es kommerziell hergestellt; durch die Erfindung der Spritze 1850 konnte es noch wirkungsvoller verabreicht werden. Über knapp zwei Jahrzehnte wurde es in Massen produziert, um die Schmerzen der Soldaten in drei Kriegen zu lindern.Auf den europäischen und amerikanischen Schlachtfeldern wurde der Morphinismus zur „Soldatenkrankheit" (soldiers' disease), so im:

- *türkisch-russischen* Krim-Krieg (1853-1856),
- *amerikanischen* Bürgerkrieg (1861-1865)
- *deutsch-französischen* Krieg (1870-1871).

Als die Soldaten nach diesen Kriegen ihr „Morphiumlaster" in das Zivilleben brachten, löste die darauffolgende Verbreitung die erste Drogenwelle in Amerika und Europa aus. Wie der Tabak im 17. Jahrhundert und der Kaffee im 18. Jahrhundert, so hatte sich das Opium und später das Morphium im 19. Jahrhundert weltweit verbreitet, trotz aller Sanktionen und Repressionen.

48

Drogenverbreitung durch Soldaten und Kriege Anfang des 17. Jahrhunderts bis Ende des 20. Jahrhunderts

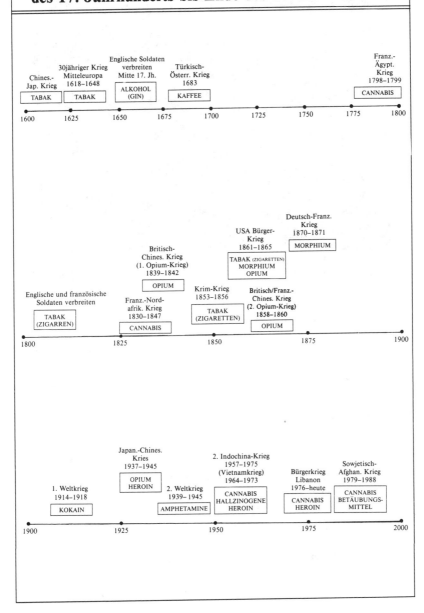

49

Abb. 9, Text: Alle sollen das Opium- und Morphiumfeuer löschen (Plakat aus dem Jahr 1914)

Staatliche Verbote und Sanktionen

Wie bei keiner anderen Droge zuvor versuchte man die Verbreitung des Opiums durch Total- und Teilverbote zu verhindern.

Im *China* der Ching-Dynastie (1644-1911) wurden von den fremden Mandschu-Kaisern diverse Opiumverbote ausgesprochen, deren Übertretungen oft drastisch bestraft wurden:

- 1729 Opium-Prohibition und Verbot der Opium-Häuser.
- 1780, 1796 und 1900 wurden die Opiumverbote erneuert.
- Trotz der aggressiven britischen Opiumhandelspolitik blieb das Kaiserhaus 1833 und 1836 bei der Opium-Prohibition.
- Abschreckende Strafen verhängte im Juni 1839 der kaiserliche Gesandte in Kanton. Er ließ Opiumraucher vor dem Ausländer-(Europäer-)Viertel aufhängen.
- Während der Revolution in China (1919-1949) waren erneut Gesetze erlassen worden, die jeden, der Mohn anpflanzte, Opium herstellte oder zum Verkauf anbot, mit der Todesstrafe bedrohten.

50

– 1941 befahl Generalissimus Tschiang Kai-schek, der Führer der Kuomintang, den Schlafmohn total auszurotten.

– Nach der Gründung der Volksrepublik China 1949 (in der man bis zu 40 Millionen Opiumsüchtige schätzte), wurde das „Verbot von Opium und Narkotika" am 24. 2. 1950 erlassen, eines der wichtigsten strafrechtlichen Gesetze jener Zeit. Es folgte die Zeit der großen Anti-Opium-Kampagnen, der Drogenmassenvernichtung, der exemplarischen Strafen und der Umerziehung.

– 1951 wurden allein in Kanton öffentlich 20 000 Pfund Opium, 300 Pfund Heroin und ungezählte Rauchgeräte verbrannt. Im Südwesten der Volksrepublik wurden 37 Opiumsüchtige hingerichtet.

In *England* wurde die Opiumverbreitung bereits 1868 durch „The Pharma Act" eingeschränkt. Zu dieser Zeit war Opium stellenweise im Handel billiger als Alkohol. Restriktionen schränkten durch das Gesetz den Opiumverkauf ein.

In der *USA,* Einwanderungsland auch für Chinesen ab 1850, wurde

– 1887 den eingewanderten Chinesen per Gesetz die Einfuhr ihres Opiums untersagt;

– 1890 ein Gesetz verabschiedet, das die Herstellung von Rauch-Opium (Chandu) nur noch amerikanischen Staatsbürgern vorbehielt.

– 1909 wurde die Einfuhr von Rauch-Opium für den nicht-medizinischen Gebrauch generell verboten.

– 1914 gab es in 27 US-Bundesstaaten und Städten eine Opium-Prohibition.

– 1914 wurde im 1. US-Bundes-Drogengesetz (Harrison Act) der Verkauf von Opium und Opiumderivaten eingeschränkt.

International wurde Opium auf den sogenannten Opiumkonferenzen in Schanghai (1909), Den Haag (1912) und Genf (1925) geächtet. Die internationale Ächtung führte zu nationalen Drogengesetzen mit entsprechender Opium-Prohibition, so beispielsweise

– in den *Niederlanden* (Opiumgesetz 1919)

– in *Deutschland* (Opiumgesetz 1929).

Im *britischen Indien* führten die Engländer erst 1946 die Opium-Prohibition ein, die der Staat Indien nach seiner Unabhängigkeit fortsetzte.

Alle Verbote konnten jedoch weder die Verbreitung des Opiums noch die Verbreitung seiner Alkaloide (Morphium) und in der Folge der halbsynthetischen (Heroin) und vollsynthetischen Betäubungsmittel im 20. Jahrhundert verhindern.

Vom Prohibitions-Modell zum Steuermodell

In zwei „Opium-Kriegen"(1839-1842 und 1856-1860) kämpften insbesondere die Briten für die Legalisierung ihres Opiumhandels in China.

Der Verlierer, das chinesische Kaiserhaus, machte aus der Not eine Tugend und erhob fortan, mit britischer Billigung, auf das nun legal eingeführte Opium fünf Prozent *Zoll*. Erst gut vierzig Jahre später entschloß sich China 1906, den Mohnanbau im eigenen Lande aufzugeben. Nach einem Abkommen mit England sollte der Anbau in zehn Jahren progressiv gemindert werden. In derselben vereinbarten Progression sollte England seinen Opiumexport nach China einschränken. 1917 hörte der offizielle Export der Briten auf.

Doch die Opiatproblematik des 19. Jahrhunderts setzte sich in der Heroinproblematik des 20. Jahrhunderts fort.

1.2. Die neuen Drogen im 20. Jahrhundert

Die Erforschung der Naturdrogen im 19. Jahrhundert führte zur Entdeckung deren gehaltvoller Wirkstoffe. Diese potenten Stoffe, wie das Morphium und das Kokain, aber auch die Herstellung halbsynthetischer Wirkstoffe wie das Heroin, bestimmten das Mißbrauchsverhalten im 20. Jahrhundert. Es hat noch nie so viele Heroin- und Kokainmißbraucher wie zum Ende der 80er Jahre dieses Jahrhunderts gegeben. Der Mißbrauch dieser Drogen geht durch alle gesellschaftlichen Schichten. Ihre Verbreitung betrifft sowohl den kapitalistischen, marktwirtschaftlich orientierten Westen als auch den sozialistischen, planwirtschaftlich orientierten Osten. Sowohl die reichen Industrieländer als auch die armen Länder der Dritten Welt haben heute mit erheblichen Drogenproblemen zu tun. Eine Verbreitung, wie sie zuvor nur die Drogen Tabak, Kaffee und Opium durchlaufen haben, hatte und hat die Droge Cannabis (= Haschisch und Marihuana) im 20. Jahrhundert zu verzeichnen.

Zwar wurden schon um 1855 weltweit 300 Millionen Haschischesser und -raucher geschätzt, doch, so ein zeitgenössischer Autor: „Im nördlichen Europa weiß man wenig von der Benutzung des Hanfs als eines narkotischen Genusses; im Orient hingegen ist er dem sinnlichen Vergnügling ebenso bekannt als Opium".

1.2.1. Cannabis: Von der Prohibition zur Steuerpolitik?

Kenntnis von der neuen Droge

Im 19. Jahrhundert war die „orientalische" und damit kulturfremde Droge Cannabis weder in Europa noch in Amerika verbreitet, von wenigen Haschischessern und Kranken, die ihre Leiden mit cannabishaltigen Arzneien zu lindern suchten, einmal abgesehen. Erst im 20. Jahrhundert erfolgte die weltweite Verbreitung der Droge, insbesondere in Nordamerika und Westeuropa. In den *USA* wurde die Sitte des Marihuanarauchens durch mexikanische Arbeiter in den Jahren zwischen 1900 und 1925 bekannt, wo sie sich zunächst nur in kleineren Bevölkerungsgruppen verbreitete.

Verbreitung durch Soldaten

● *Amerikanische* Soldaten machten während des zweiten Weltkrieges den Cannabiskonsum bekannt.
  Stark verbreitet war der Marihuanakonsum auch unter den US-Soldaten im Vietnamkrieg (1964-1973).
● *Sowjetische* Soldaten machten im Afghanistankrieg (1979-1988) mit Cannabisgebrauch Bekanntschaft.
● Im Nahen Osten führte und führt der Bürgerkrieg im *Libanon* (seit 1976) zur Verbreitung des Cannabiskonsums unter Libanesen und Palästinensern.

Die kulturfremde Droge Cannabis fand besonders Verbreitung in der Generation, die nach dem zweiten Weltkrieg geboren wurde. In nur zweieinhalb Jahrzehnten, von Anfang der 60er bis Ende der 80er Jahre, ist sie zur am weitesten verbreiteten illegalen Droge geworden:

– In den *USA* werden heute 20 Millionen regelmäßiger Marihuanakonsumenten geschätzt. Über 60 Millionen, also ein Viertel der Gesamtbevölkerung, soll die Droge probiert haben.

- In den Mitgliedstaaten der *Europäischen Gemeinschaft* wird die Anzahl der regelmäßigen Cannabisverbraucher zwischen 10 und weit über 15 Millionen geschätzt.
- Auf mehrere hundert Millionen wird die Anzahl der Konsumenten in Mittel- und Südamerika, Asien, Afrika und Australien geschätzt.

Mittlerweile ist eine Generation nachgewachsen, *die haschisch-(marihuana-)freie Zeiten nur noch aus den Erzählungen der Eltern kennt. In Relation zu ihrer Elterngeneration ist für sie die Droge Cannabis keine kulturfremde Droge mehr.* Heute wird tagtäglich auf der Welt millionenfach gegen seit vielen Jahren bestehende Drogengesetze verstoßen. Doch haben die Cannabisverbote der letzten vierzig Jahre die weltweite enorme Verbreitung der einst kulturfremden Droge nicht verhindern können.

Staatliche Verbote und Sanktionen

Die Droge war weder in Europa noch in Amerika sonderlich verbreitet, da wurde Cannabis auf der dritten Opium-Konferenz 1925 schon international geächtet.

In den *USA,* wo die Anti-Drogen-Politik eine lange Tradition hat, führte die Ächtung des sogenannten Mörderkrauts 1937 zum Marihuana-Steuergesetz.

In den nationalen Drogengesetzen der *europäischen Länder* wurde Cannabis, zusammen mit Opium, Heroin und Kokain, verboten.

Nach dem zweiten Weltkrieg wurde 1961 in der internationalen Suchtstoffmittelvereinbarung, der „Single Convention on Narcotic Drugs", die weltweite Ächtung von Cannabis festgeschrieben.

Verschiedene Länder verschärften in den 80er Jahren ihre Drogengesetze drastisch, beispielsweise *Malaysia* 1983. Nach malayischer Rechtsprechung gilt als von der Todesstrafe bedrohter Drogenhändler, wer mehr als 200 Gramm Haschisch besitzt.

Vom Prohibitions-Modell zum Steuermodell?

Nach dem Ende der ersten Jugendmassenbewegung der „Hippies" (1963-1967) wurden in den *USA* 1969 rund vier Millionen regelmäßiger Marihuanaraucher und 10 bis 20 Millionen Probierer geschätzt.

Ungezählte Cannabisbefürworter setzten sich für die Liberalisierung (= Entkriminalisierung, Entpönalisierung) bis hin zur Legalisierung (= Freigabe) der verbotenen Droge ein. In den 70er Jahren formierten sich die Cannabisverbrauchergruppen zur „Legalize-it"-Bewegung. Verschiedene europäische Länder (und US-Bundesstaaten) leiteten eine indirekte Entkriminalisierung ihrer Cannabis konsumierenden Bürger ein, indem sie in ihren Drogengesetzen den sogenannten Eigenbedarf der Konsumenten nicht mehr als Vergehen bestraften, sondern als Ordnungswidrigkeit festschrieben. Diese „anti-prohibitive" Drogenpolitik betrieben insbesondere die *Niederlande* (seit 1976), *Italien, Spanien* und mit Einschränkungen das *Vereinigte Königreich*.

In der zweiten Hälfte der 80er Jahre mehren sich wieder die Stimmen, die „Straffreiheit für Cannabisverbraucher" fordern, die Cannabisliberalisierung und damit die Entkriminalisierung anstreben. So forderte beispielsweise im Oktober 1988 die Regierung des *Schweizer* Kantons Bern die Landesregierung und die parlamentarischen Instanzen zur Legalisierung der „leichten Drogen" Haschisch und Marihuana auf.

Diese Entwicklung läßt die Vermutung zu, daß die Prohibition der Droge Cannabis spätestens mit Beginn des 21. Jahrhunderts aufgehoben wird. Die dann nicht mehr verbotene Droge dürfte dann zur besteuerten Ware werden.

Schlußfolgerungen aus über 400 Jahren praktizierter weltweiter Drogenkontrollen

---

● Vom 16. Jahrhundert an kamen neue und damit kulturfremde Drogen von Amerika nach Europa und Asien (Tabak im 17. Jahrhundert), vom Orient nach Europa und Amerika (Kaffee im 18. Jahrhundert), von Asien nach Europa und Amerika (Opium im 19. Jahrhundert) und von Mittelamerika nach Nordamerika und Europa (Marihuana im 20. Jahrhundert).

● Ungezählte Male wurden diese Drogen verboten, der Besitz geahndet, der Konsum drakonisch bestraft. Selbst Todesstrafen für Tabakraucher, Kaffeetrinker, Opiumesser und Haschischraucher konnten die weltweite Verbreitung dieser Drogen nicht verhindern.

- Zu allen Zeiten lag das Gewaltmonopol bei den Herrschenden. Doch auch deren Exekutivorgane, angefangen von den preussischen „Tabaksreutern" im 17. Jahrhundert und den preussischen und sächsischen „Kaffeeschnüfflern" im 18. Jahrhundert bis zu den modernen Rauschgiftpolizeien im 20. Jahrhundert, konnten trotz aller repressiver Drogenbekämpfung nicht die Verbreitung der verbotenen Drogen verhindern.

- Die Geschichte der Verbreitung verschiedener Drogen, insbesondere seit Beginn der Industrialisierung, hat gezeigt, daß die Prohibition (Drogen-Verbot) nach längerer oder kürzerer Zeit aufgehoben wurde.

- In der Regel wurde das aufgegebene Prohibitions-Modell durch ein Steuer-Modell (Drogen-Staatsmonopol oder Monopol-Delegation) ersetzt.

- Was blieb, war eine ambivalente Drogenpolitik: Einerseits die Sorge des Staates um die Volksgesundheit, andererseits die Förderung des Staates von Produktion, Handel und damit Konsum von Drogen aus finanziellen Interessen.

Die Sorge des Staates um die Volksgesundheit seiner Bürger ist nicht nur eine gesundheitspolitische, sondern auch eine moralisch-ethische Frage. Gerade diese moralisch.ethische Frage fand und findet ihre Antwort in der Bekämpfung des Drogenproblems. Hier sind die „Wurzeln des Krieges gegen das Rauschgift" zu suchen. Und wie in keinem anderen Land der Welt sind diese Wurzeln in den USA tief verankert. Und zwar schon in der Zeit, als es noch keine Vereinigten Staaten von Amerika gab, die Ländereien noch eine englische Kolonie des Vereinigten Königreichs waren.

Literatur- und Quellennachweise zu
1. Die Geschichte der Drogenkontrollen

Austin, Gregory A.	Perspectives on the History of psychoactive substance use National Institute on Drug Abuse, Rockville, Maryland 1978
Behr, Hans-Georg u. a.	Drogenpolitik in der Bundesrepublik Rowohlt, Reinbek b. Hamburg 1985
Bergmark, Matts	Lust und Leid durch Drogen – Aberglaube und Wissenschaft in der Geschichte der Drogen Wissenschaftl. Verlagsgesellschaft, Stuttgart 1958
Brau, Jean-Louis	Vom Haschisch zum LSD – Geschichte der Droge Insel, Frankfurt/M. 1969
Brückner, Michael	Zigarren-Brevier F. Englisch, Wiesbaden 1984
Cavanagh, John & Clairmonte, F.	Weltmacht Alkohol edition zebra, Hamburg 1986
Cyran, Wolfgang	Genuß mit oder ohne Reue? Eine medizinische Analyse über die Gefahren des Rauchens Rowohlt, Reinbek b. Hamburg 1968
ohne Autor	Das Taschenbuch des Zigarrenrauchers Wilhelm Heyne, München 1968/70
Eckert, Anneliese & Gerhard	Das Kaffeebrevier Verlag Hölker, Münster 1979
Frank, Joachim A.	Pfeifen-Brevier oder die Kunst genüßlich zu rauchen Paul Neff Verlag, Wien-Berlin 1969

Hess, Henner Rauchen
Geschichte, Geschäfte, Gefahren
Campus, Frankfurt/M.-New York 1987

High Times (Hrsg.) High Times Encyclopedia of Recreational Drugs
Stonehill Pub. Company, New York 1978

Jacob, Heinrich Eduard Sage und Siegeszug des Kaffee
Rowohlt, Reinbek b. Hamburg 1964

Küster, Hansjörg Wo der Pfeffer wächst
Ein Lexikon zur Kulturgeschichte der Gewürze
C. H. Beck, München 1987

Libert, Lutz Von Tabak, Dosen und Pfeifen
Prisma, Gütersloh (Edition Leipzig 1984)

Lüddecke, Wolf Dieter Wie sich die Zeiten ändern!
Polizei-Geschichte im Spiegel von Karikatur und Satire
Verlag Deutsche Polizeiliteratur, Hilden 1988

Plum, Ralph (Hrsg.) Von der Leidenschaft des Pfeifenrauchens
– Das neue Tabakskollegium
Univers, Bielefeld 1984

Schenk, Gustav Das Buch der Gifte
Safari Verlag, Berlin 1954

Schivelbusch, Wolfgang Das Paradies, der Geschmack und die Vernunft – Eine Geschichte der Genußmittel
Ullstein, Frankfurt/M.-Berlin-Wien 1983

Schmitt, Eberhard (Hrsg.) Wirtschaft und Handel der Kolonialmächte (Bd. 4 der Dokumente zur Geschichte der europäischen Expansion)
C. H. Beck, München 1988

Schmitt-Hausser, Gerd Das Zigaretten-Brevier für alle Freunde der „weißen Geliebten"
Wilhelm Heyne, München 1976

Schultz, Uwe (Hrsg.) Mit dem Zehnten fing es an – Eine Kulturgeschichte der Steuer
C. H. Beck, München 1986

Thamm, Berndt Georg Drogenreport
Und nun auch noch Crack?
Lübbe, Bergisch Gladbach 1988

ders. Opium und Soldaten –
Die 200jährige Drogenvergiftung Chinas
Suchtreport 1.Jg.Nr.6/1987, S. 50-54
Suchtreport 2.Jg.Nr.1/1988, S. 28-33
Suchtreport 2.Jg.Nr.2/1988, S. 38-43
Suchtreport 2.Jg.Nr.3/1988, S. 26-34

Ulrich, Rolf Der Kaffee und das Coffein
Georg Thieme, Stuttgart 1953

XENOS Verlags- Das Kaffee-Buch
gesellschaft (Hrsg.) XENOS-Verlagsgesellschaft,
Hamburg 1987

Zeeden, Ernst Walter Hegemonialkriege und Glaubenskämpfe
1556-1648
(Bd. 2 Propyläen Geschichte Europas)
Propyläen/Ullstein Verlag, Frankfurt/M.-
Berlin-Wien 1980[2]

> *Der undifferenzierte Zwang, der den Nordameri-*
> *kanern durch die Prohibitionsbill angetan wird,*
> *hat allem Anscheine nach dazu geführt, daß an-*
> *dere Reizmittel und auch Betäubungsmittel in ih-*
> *rer Verbrauchshöhe gestiegen sind.*
> *Louis Lewin, „Phantastica" 1924/27*

2. Die USA und die Wurzeln des Rauschgiftkrieges

2.1. Die Puritaner im Land der unbegrenzten Möglichkeiten

2.2. US-Moral gegen britische Opiumpolitik

2.3. Moralische Anti-Sucht-Kampagnen der USA

Wie kein anderes Land der Welt haben sich die USA für Drogen-, insbesondere Alkoholverbote (Prohibition) ausgesprochen und diese „sittliche Haltung" besonders im 20. Jahrhundert den Ländern Europas, aber auch anderen Ländern der Welt empfohlen. Dieser amerikanische „moralische Prägestempel des Prohibitionsideals" hat zwei Ursachen: eine wirtschaftspolitische und eine moralisch-sittliche. Beide Ursachen sollen näher beschrieben werden, erklären sie doch den 200 Jahre alten „Prohibitions-Feldzug" der Amerikaner.

2.1. Die Puritaner im Land der unbegrenzten Möglichkeiten

In England war der Klerus 1531 zur Anerkennung des Königs als kirchliches Oberhaupt gezwungen worden. 1534 bestätigte das Parlament die anglikanische Staatskirche. Die königliche Kirchenherrschaft wurde von Königin Elisabeth I. (1558-1603) erneuert. Um 1560 fanden sich englische Protestanten zusammen, die im Geiste des Kalvinismus der Kirche ihre „evangelische Reinheit" wiedergeben wollten. Sie nannten sich „Puritaner" (lat. puritas = Reinheit). Die Puritaner traten für die Reinigung der Kirche vom katholischen Kultus auf der Grundlage eines freien Bibelchristentums mit Gemeindeprinzip und asketischer Lebensführung ein. Radikale Puritaner, die „Independenten", forderten die unbedingte Gemeindefreiheit. So kam es Ende des 16. Jahrhunderts in England zur Bildung von Gemeinden (Kongregationalismus), die sich selbständig und unabhängig von Staat und Staatskirche (Independentismus) als „Gemeinde" versammelten. Mit dieser Haltung und ihren Ideen wurden die Puritaner rasch zu einer von der Staatsgewalt verfolgten Gruppe. 1604 verdammte die Bischofskonferenz von Hampton Court den Puritanismus, ganz im Sinne von König Jakob I. (1603-1625).

Dessen Nachfolger, Karl I. (1625-1649), der sein Land von 1629-1640 ohne Parlament regierte, verfolgte alle politischen und religiösen Gegner, insbesondere die Puritaner. Diese anti-puritanische Haltung der englischen Könige führte dazu, daß zwischen 1620 und 1640 rund 50 000 Menschen die Britischen Inseln verließen.

Die puritanischen Flüchtlinge, die später auch Bewegungen wie die der Täufergemeinschaft der „Baptisten" und der „Quäker" gründeten, suchten als „Pilger" eine neue Glaubensheimat, zunächst in Holland (Amsterdam). Doch die Furcht, auch dort die Reinheit ihrer Lehre zu verlieren, gab ihnen die Idee einer Auswanderung nach Amerika. Um ihr Vorhaben auch finanzieren zu können, nahmen sie auch Auswanderer außerhalb ihrer Gemeinde mit. Ende 1620 landete das Schiff „Mayflower" in der Nähe der heutigen Stadt Boston, mit insgesamt 101 Passagieren, darunter 35 Pilgern. 1630 segelten weitere 1 000 Siedler über den Atlantik. Nach zehn Jahren waren rund 13 000 weitere Gesinnungsfreunde gefolgt. Obwohl nicht alle Neuankömmlinge Puritaner waren, behielten diese doch das Heft in der Hand. Die puritanischen Glaubensvorstellungen prägten das Leben in den Kolonien, vom ausgehenden 17. Jahrhundert bis zur Mitte des 18. Jahrhunderts. Die sittlichen Ideale des Puritanismus, die „strenge Selbstzucht und verstandesmäßige Beherrschung des Trieblebens", schufen das „Ideal der gefühlsbeherrschten, unabhängigen Persönlichkeit". Die „Heiligung der Berufsarbeit" und die „Zügelung des Genusses" wirkten sich wirtschaftlich als „Spar- und Erwerbstrieb" sehr stark aus und führten zum wirtschaftlichen Aufschwung der Neuengland-Kolonien. Mit der Gründung der USA 1776 wurde der Puritanismus zunehmend vom republikanisch-aufklärerischen Denken in Amerika ersetzt bzw. ergänzt. Doch der Puritanismus verschwand nie gänzlich und ist auch im heutigen ausgehenden 20. Jahrhundert ein Teil der politischen Kultur Amerikas.

Zu den sittlichen Idealen der Puritaner gehörte (und gehört) auch die *Zügelung des Genusses.* Bei der Droge Alkohol wurde die Politik der Zügelung über 130 Jahre bis zur Total-Prohibition 1919/1920 betrieben. Nachstehend soll dieser Weg kurz skizziert werden:

- *1785* Benjamin Rush veröffentlicht sein „Inquiry into the Effects of Ardent Spirits on the Human Body and Mind". Darin bezeichnet er den unmäßigen Alkoholgenuß als Krankheit und beziffert die Zahl der jährlichen Todesopfer durch Alkoholismus mit „nicht unter 4 000", bei einer Gesamtbevölkerung von damals unter 6 Millionen.
- *1789* In Litchfield (Connecticut) wird der *erste amerikanische Abstinenzverein* gegründet.
- *1790* Benjamin Rush überredete die Mitglieder des Ärzte-Kollegs von Philadelphia, einen Appell an den Kongreß zu richten, in dem dieser aufgefordert wird, „Alkoholika aller Art mit so hohen

Steuern zu belegen, daß deren unmäßiger Konsum im ganzen Land zurückgeht".

● *1794* Die „Whisky-Rebellion", eine Protestaktion von Bauern in Westpennsylvania gegen die Besteuerung von Alkohol durch die Bundesregierung, bricht aus und wird durch eine von George Washington in das Gebiet entsandte, überwältigend starke Streitmacht niedergeworfen. 1801 wird auf Empfehlung von Jefferson die Bundessteuer für Alkohol abgeschafft.

● *1826* wird in Boston die *Amerikanische Gesellschaft zur Förderung der Enthaltsamkeit* gegründet. Im Jahr 1833 gibt es bereits 6 000 örtliche „Temperenzvereine" mit mehr als einer Million Mitglieder.

● *1845* im Staat New York wird der öffentliche Verkauf von Alkohol gesetzlich verboten. Das Gesetz wird 1847 wieder abgeschafft.

● *1852* Susan B. Anthony gründet die „Woman's State Temperence Society" von New York, die erste derartige Vereinigung, die von und für Frauen gegründet wurde. Zur Bewegung gehörten leidenschaftliche Verfechterinnen der Prohibition.

● *1862* Beschluß eines amerikanischen Steuergesetzes, wonach Spirituosen-Einzelhändler eine Lizenzgebühr von $ 20 zu entrichten haben und das Faß Bier mit $ 1 und die Gallone Spirituosen mit 20 Cent besteuert wird.

● *1869* Gründung der *Prohibitionspartei.*

● 1874 Gründung der „Woman's Christian Temperence Union" (W. C. T. U.) in Cleveland. 1883 ruft eine der Anführerinnen dieses *Verbandes christlicher Abstinenzlerinnen*, Frances Willard, den „Welverband christlicher Temperenzlerinnen" ins Leben.

● *1882* wird in den USA das erste Gesetz erlassen, das *„Mäßigkeitserziehung"* zum *Pflichtfach an den öffentlichen Schulen* erhebt. 1886 schreibt der Kongreß diesen Pflichtunterricht für den District of Columbia (Washington) und alle Territorial-, Heeres- und Marineschulen vor. Im Jahr 1900 bestehen auch in allen anderen Bundesstaaten ähnliche Gesetze.

● *1882* Gründung der *„Liga für Persönliche Freiheit"*, die sich gegen den zunehmenden Druck der Kampagne für Zwangsabstinenz von Alkohol wendet.

● *1884* Im Staat New York werden Gesetze erlassen, die den antialkoholischen Aufklärungsunterricht an den öffentlichen Schulen bindend vorschreiben. 1885 werden in Pennsylvania ähnliche Gesetze beschlossen. Andere Bundesstaaten folgen bald nach.

● *1901* Der US-Senat beschließt eine von Henry Cabot Lodge eingebrachte Resolution, wonach amerikanischen Händlern verboten werden soll, Opium und Alkohol an „Eingeborenenstämme und unzivilisierte Rassen" zu verkaufen. Diese Bestimmung wird später auch auf „unzivilisierte Elemente in Amerika selbst und in den amerikanischen Territorien, wie Indianer, Alasker, Hawaiianer, Eisenbahnarbeiter und Immigranten in den Einwanderungshäfen" ausgedehnt.

● *1905* fordert Senator Henry W. Blair, daß „die Abstinenzbewegung alle giftigen Substanzen einbeziehen muß, die ein unnatürliches Verlangen erwecken oder entfachen, und das *Ziel muß die internationale Prohibition* sein."

● *1906* Das erste Gesetz zur „Reinhaltung von Nahrungsmitteln und Drogen" (Pure Food and Drug Act) tritt in den USA in Kraft.

● *1913* Der 16. Ergänzungsartikel zur US-Verfassung, der die rechtliche Grundlage für eine bundesweite Einkommenssteuer schafft, wird verabschiedet. Zwischen 1870 und 1915 macht die Alkoholsteuer die Hälfte bis zwei Drittel des gesamten Steueraufkommens der USA aus. Nach der Jahrhundertwende bringt sie jährlich etwa $ 200 Millionen ein. Der 16. Verfassungsartikel ermöglicht damit nur sieben Jahre später den 18. Zusatzartikel.

● *1914* Der Kongreßabgeordnete Richard P. Hobson von Alabama tritt für eine Prohibitionsnovelle zur amerikanischen Verfassung ein. In seiner Begründung führt er aus: „Alkoholische Getränke verwandeln den Neger in ein wildes Tier und veranlassen ihn dazu, unnatürliche Verbrechen zu begehen. Die Wirkung auf den Weißen ist dieselbe, wenn es auch, da der Weiße höher entwickelt ist, länger dauert, bis er auf das gleiche Niveau herabgesunken ist". Führer der Farbigen unterstützten den *Kreuzzug gegen den Alkohol.*

● 1917 Der Präsident der American Medical Association befürwortet die landesweite Prohibition. Die Vollversammlung des Ärzteverbandes nimmt eine Resolution an, in der es heißt: „Die American Medical Association beschließt, gegen den Konsum alkoholischer Getränke zu wirken; sie beschließt ferner, sich für die

Reduzierung des Gebrauchs von Alkohol zu Heilzwecken einzusetzen". Im Jahr 1928 verdienen die US-Ärzte bereits schätzungsweise $ 40 Millionen jährlich mit dem Ausstellen von Rezepten für Whisky.

● *1918* Die „Anti-Saloon-Liga" (ASL) bezeichnet den „Schnapshandel" als „unamerikanisch, deutschfreundlich, verbrechenhervorrufend, nahrungsmittelvergeudend, jugendverderbend, familienzerstörend und hochverräterisch".

● *1919* Der 18. Zusatzartikel zur US-Verfassung *(Prohibition)* wird Gesetz.

● *1920 - 1933* ist in den USA der Alkoholkonsum verboten. In der Folge wird der Alkoholkonsum durch das „Prohibitionsbüro" bekämpft; aus diesem geht 1930 das „Bundesamt für Narkotika" hervor.

1929 wird ungefähr jede zehnte Gallone von denaturiertem Industriealkohol zur illegalen Herstellung von Spirituosen zweckentfremdet. Jährlich sterben etwa 40 Amerikaner pro Million am Konsum von geschmuggeltem Alkohol, hauptsächlich infolge von Methylalkoholvergiftung.

1929 wird von dem Alkoholgangster Al Capone und anderen das „National Crime Syndicate" organisiert. 1931 teilen die Cosa-Nostra-Bosse „Lucky" Luciano und Salvatore Maranzano die gesam-

Abb. 10, Der Damm der Prohibibion bricht (US-Karikatur Ende der 20er Jahre)

ten USA unter 24 Familien auf. Die fünf Mafia-Familien Gambino, Genovese, Lucchese, Colombo und Bonanno teilen sich New York.

Zum Ende der Prohibition kämpft die Polizei gegen das *organisierte Verbrechen,* das „Syndikat".

● *1933* wird das Prohibitionsgesetz wieder abgeschafft. Das organisierte Verbrechen wendet sich nun der verbotenen Droge Heroin zu.

Doch nicht nur die moralische Kraft der puritanischen US-Sittlichkeitsverbände und ihrer Verbündeten führten zum Aufbau des Prohibitionsideals.

Wirtschaftspolitisch standen die jungen USA insbesondere im 19. Jahrhundert im Schlagschatten des alten Vereinigten Königreichs. Dieses hatte durch die agressive Handelspolitik seiner Ostindischen Handelskompanie (1600-1858) ein Opium-Weltmonopol aufgebaut. Am finanziell lukrativen internationalen Opiumhandel waren die USA nicht beteiligt und die Briten waren auch nicht daran interessiert, die USA in dieses Geschäft einsteigen zu lassen.

2.2. US-Moral gegen britische Opiumpolitik

Als 1729 die Portugiesen von Goa (Indien) 200 Opium-Kisten (= 13,4 t) nach China brachten, erließ Kaiser Yung-Ching ein sehr strenges Verbot gegen das Opiumrauchen und gegen den Opiumverkauf. Mit diesem kaiserlichen Erlaß wurde Opium in China illegal und damit zum teuren Schmuggelgut. Dafür interessierten sich insbesondere die Kaufleute der Britisch-Ostindischen Handelsgesellschaft, der „Kompanie". Bereits 1790 schmuggelten sie schon 4 000 Opium-Kisten (= 268 t) nach China. 1792 erließ der Kaiser erneut ein Verbot gegen Opium. Den Besitzern von Opiumläden drohte als Strafe nun die Strangulation. Doch die Strafen schreckten nicht. Am wenigsten die Briten, die an chinesischen Gold- und Silberbarren, antiken Kunstwerken, Tee, Seide und Porzellan hoch interessiert waren. Sie verkauften beispielsweise 1831 den Chinesen illegales Opium im Wert von 11 Millionen £ Sterling, was nach Abzug aller Kosten 8 Millionen £ im Besitz der „Kompanie" ließ. Trotz aller Interventionen des chinesischen Kaiserhauses war es für die Briten „inopportun, eine so *bedeutende Einkommensquelle* wie das Monopol der Indien-Gesellschaft für Opium aufzugeben". Also schmuggelten die britischen Kaufleute, mit dem Segen ihrer Königin Victoria, immer weiter und immer mehr Opium in das Reich der Mitte.

Schließlich griff Kaiser Lin Tsö-siu zur Selbsthilfe und schickte 1839 seinen General Lin Tseh-su nach Kanton, der am 7. Juni 20 291 Opium-Kisten (= 1 360 t) beschlagnahmen und ins Meer werfen ließ. Zusätzlich schränkte er die Bewegung der Ausländer in Kanton ein und ließ zur Abschreckung Opiumhändler vor dem Ausländerviertel aufhängen. Anlaß genug für die britischen Opiumschmuggler, *„im Namen der Handelsfreiheit und zur Verteidigung der westlichen Zivilisation"* den sogenannten ersten Opium-Krieg (1839-1842) gegen China zu führen und zu gewinnen. Aus nichtigem Anlaß führten sie von 1857-1860 einen zweiten „Opium-Krieg", den sie zusammen mit den Franzosen ebenfalls gewannen. Das besiegte Kaiserhaus mußte den Invasoren in den Verträgen von Nanking (1842) und Tianjin b. Peking (1860)

● *die Legalisierung des Opiumhandels*
● die Öffnung diverser Seehäfen
● die freie Schiffahrt auf dem Ayng-tse-kiang
● diverse Gebietsabtretungen (z. B. Hongkong)
● die *Missionierung* durch christliche Geistliche zugestehen (siehe auch S. 45).

Großzügig wurde den Chinesen von den europäischen Siegermächten zugestanden, auf alle Im- und Exporte (Ausnahmen Tee und Seide) fünf Prozent Zoll zu erheben. *Opium wurde als „frei zugelassene Ware" aufgeführt.* So wurde China in der zweiten Hälfte des 19. Jahrhunderts zu einer „opiatisierten Halbkolonie" der Europäer, die über den Opiumhandel reicher und reicher wurden und sich recht wenig um die stetig steigende Zahl der Opiumsüchtigen in China kümmerten, die zwischen 1850 und 1900 von rund 2 Millionen auf 20 bis 40 Millionen stieg. Den Zusammenhang zwischen den christlichen Opiumexporteuren und der Missionierung durch Christen faßten die konfuzianischen Chinesen zu „Jesus Opium" zusammen. Durch die zunehmende Opiumvergiftung des chinesischen Volkes wurde der indisch-(britisch-)chinesische Opiumhandel von verschiedenen Seiten zur „Unmoral" erklärt. Es bildeten sich Anti-Opium-Bewegungen in Großbritannien. Insbesondere die USA, am lukrativen Opiumgeschäft nicht beteiligt, prangerten den unmoralischen Handel an. Die *amerikanische Anti-Opium-Politik* traf zunächst die Chinesen, und zwar die Chinesen im eigenen Lande.

Ab 1850 waren die ersten Chinesen in die USA eingewandert. Sie arbeiteten in der Landwirtschaft und in den Bergwerken, in Wäschereien und vor allem waren sie am Bau der transkontinentalen Eisenbahnen beteiligt. Sehr viele von ihnen waren Opiumraucher. Die für niedrige Löhne arbeitenden Chinesen waren bald gefürchtete Konkurrenz auf dem Arbeitsmarkt, und deshalb den Gewerkschaften ein Dorn im Auge.

● Ab 1880 leiteten diese eine *antichinesische (= antiorientalische) Kampagne* ein.
● 1887 wurde den Chinesen per Gesetz die Einfuhr ihres Opiums untersagt.
● 1889 verabschiedete der US-Kongreß den „Chinese Exclusion Act". Dieses Gesetz verbot die bis dahin legale Einwanderung in die USA. Bisher waren rund 100 000 Chinesen eingewandert. Nun kamen sie und das Opium illegal über Kanada.
● 1890 wurde ein Gesetz verabschiedet, das die Herstellung von Rauchopium (Chandu) amerikanischen Staatsbürgern vorbehielt.
● 1902 erklärte der von der American Pharmaceutical Association einberufene „Untersuchungsausschuß über den Erwerb der Drogensucht": „Wenn der Chinese nicht ohne sein Opium auskommt, dann können wir ohne ihn auskommen."

Die *Anti-Opium-Kampagne* verstärkte sich, als die USA Kolonialmacht wurden. 1898 hatten sie, nach dem Krieg mit Spanien, im „Frieden von Paris" die Philippinen erhalten. Hier gab es (wie in vielen ostasiatischen Ländern) ein kleines Opiummonopol und wenige legale Raucher, die nun zur *Herausforderung für die offizielle amerikanische Opiumpolitik* wurden, die das Opiumrauchen verurteilte.

● Von 1903 bis 1905 untersuchte eine US-Kommission das Opiumproblem auf den Philippinen und in einigen anderen Ländern des Fernen Ostens.
● 1904 forderte Charles Lyman, Präsident des Internationalen Re-

form Bureaus, den US-Präsidenten in einer Petition auf, *„Groß-britannien zu veranlassen, China von dem ihm aufgezwungenen Opiumhandel zu befreien* . . ." Wir müssen nicht im einzelnen in Erinnerung rufen, daß China den Verkauf von Opium außer zu medizinischen Zwecken verboten hatte, bis ihn Großbritannien nach dem Opiumkrieg von 1840 dem Land erneut aufzwang."

● 1905 empfahlen die Väter der „Opiumstudie auf den Philippinen", der ehemalige Missionar in China und Bischof Charles Brent und Hamilton Wright, daß *strenge internationale Maßnahmen* eingeleitet werden sollten, *um den Opiumhandel zu beenden* und das Opiumrauchen zu unterbinden.

● 1906 drängte Bischof Brent den US-Präsidenten Theodore Roosevelt, *eine internationale Konferenz einzuberufen.* Der Bischof wußte hinter sich die 1874 gegründete einflußreiche „Gesellschaft zur Unterdrückung des Opiumhandels" (The Society for the Suppression of the Opium Trade – S. S. O. T.), einst von reichen Quäkern und Missionaren ins Leben gerufen, aber auch die britische Anti-Opium-Gesellschaft, die ab 1900 beträchtlichen Druck auf das Parlament in London ausübte, *hatten doch die USA eine Opiumpolitik entwickelt, die der der britischen Opiumgegner entsprach.*

● 1909 wurde die Einfuhr von Rauchopium in die USA generell verboten und –

die Bemühungen der „moralischen Opiumgegner", eingebettet in eine Anti-Orientalen-Kampagne (USA) und eine Anti-Opium-Kampagne (USA & Vereinigtes Königreich, insbesondere Sittlichkeitsverbände und Klerus), hatten Erfolg.

Vom 1. bis 26. Februar 1909 fand im chinesischen Shanghai die erste „Opium-Konferenz" unter Vorsitz des amerikanischen Bischofs Brent statt. An dieser internationalen Konferenz nahmen 13 Länder, auch das Deutsche Reich, teil. Einzig und allein ging es um Opium, und zwar „um die Unterdrückung des Opiumgebrauchs und die Einschränkung des Gebrauchs der Opiumalkaloide bei ärztlicher Behandlung". Gerade die letztere Praxis hatte zum Ende des 19. Jahrhunderts durch hemmungslosen Kapitalismus die Märkte Europas und Amerikas unkontrolliert mit opiathaltigen Pharmazeutika überschwemmt.

Doch die Delegierten des British Empire stimmten nur einer minimalen Verringerung ihrer Opiumexporte nach China zu. Und über die Kontrolle von pharmazeutisch aufbereiteten Opiaten wurde keine Einigung erzielt (war das Geschäft der wachstumsträchtigen pharmazeutischen Industrie doch zu gewaltig). Da andere Drogen nicht zur Debatte standen, vertagte man sich.

1912 auf der zweiten „Opium-Konferenz", die im Januar im niederländischen Den Haag stattfand, ebenfalls unter Vorsitz des US Bischofs Brent, wurde neben Opium nun auch Kokain behandelt und Heroin zum verschreibungspflichtigen Betäubungsmittel erklärt (nachdem es über 15 Jahre – seit 1898 – weltweit von der Farbenfabrik Elberfeld vertrieben wurde). Nunmehr unterzeichneten schon Vertreter von 60 Ländern eine Resolution, die als „Haager Abkommen" bekannt wurde (jedoch erst nach dem 1. Weltkrieg 1921 in Kraft trat). Doch gerade die beiden Mächte Großbritannien und USA sahen sich mit einer Schwierigkeit konfrontiert: *Beide mußten nun ihre Landesgesetze den Vertragsvorschlägen anpassen und effektive Kontrollen gegen den gesetzwidrigen Drogenhandel und die Rauschgiftsüchtigen einführen.*

Zum „Vater des amerikanischen Betäubungsmittelgesetzes" wurde der Mitstreiter des Bischofs Brent, Hamilton Wright. Er trug Informationen über den Opiumkonsum zusammen, betonte dessen Gefahren *und verunglimpfte bewußt bestimmte Rassen (hauptsächlich die*

Das britische Opiumgeschäft in der US-Karikatur 1927

Abb. 11

Chinesen), um die Gesetzgebung gegen den Opiumkonsum voranzu-
treiben, deren Urheber er war. Seine Bemühungen führten 1914 zum
ersten US-Anti-Drogen-Gesetz auf Bundesebene, dem „Harrison
Act". Dieses schränkte nun den Verkauf von Opium und Opiumderivaten ein.

Im 1. Weltkrieg hatten die USA 1917 Deutschland den Krieg erklärt.
Als *junge Weltmacht* gingen sie aus dem Krieg 1918 hervor. Noch im
selben Jahr wurde auf Initiative der USA der „Völkerbund" gegründet, zu dessen internationalen Angelegenheiten auch die Opiumfrage
gehörte. Im eigenen Lande wurden nun fast alle Drogen bekämpft:

● 1920 war durch das Prohibitions-Gesetz der Alkohol verboten
  worden.

● 1921 waren Zigaretten in 14 US-Bundesstaaten verboten, in 28
  weiteren Staaten lagen 92 Gesetzesentwürfe vor, die den Zigaret-
  tenhandel für illegal erklärten.

● 1924 wurde in den USA die Heroinerzeugung verboten.

1925 fand schließlich in Genf (Schweiz) die dritte „Opium-Konfe-

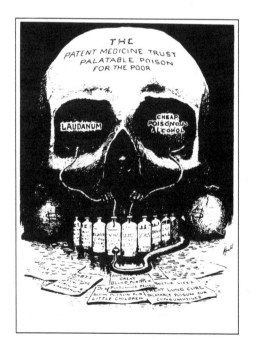

Abb. 12
*1905 startete in der Wochen-
schrift „Collier's" eine Kampagne
gegen THE PATENT MEDICI-
NE TRUST (siehe auch Seite 91)*

renz" statt, doch die Weltsituation nach dem Weltkrieg war nun eine andere:

● Die USA waren zur Weltmacht geworden und damit auch ihr Anti-Drogen-Feldzug. *Das puritanische Erbe hatte über die Mäßigkeits- und Sittlichkeitsbewegungen die Drogenfrage zur Frage der Moral werden lassen* (was über das ganze 20. Jahrhundert auch so bleiben sollte).

● Insbesondere durch die USA *war die Drogenfrage internationalisiert worden.*

Auf diesem Hintergrund einigten sich nun viele Länder der Welt im internationalen Opiumabkommen vom 19. Februar 1925: „. . . in der Überzeugung, daß Schmuggel und Mißbrauch mit diesen Stoffen und Zubereitungen nur dadurch wirksam bekämpft werden können, *daß deren Gewinnung und Herstellung in wirksamer Weise eingeschränkt und über den internationalen Handel eine schärfere Kontrolle und Überwachung ausgeübt wird,* als es im besagten Abkommen (= Haager Abkommen vom 23. 1. 1912, Anm. d. Verf.) vorgesehen ist, . . . im Vertrauen darauf, *daß dieses menschenfreundliche Bestreben die einmütige Zustimmung der beteiligten Länder finden wird, . . .*"

Dieses Genfer Abkommen umfaßte nun das *Roh-Opium, Opium für medizinische Zwecke, Morphin,* Diaocetylmorphin (= *Heroin), Kokablätter, Roh-Kokain, Kokain,* Ecgonin und den *indischen Hanf.* Damit wurde das Genfer Abkommen (von vielen Ländern der Welt erst Jahre später ratifiziert, auch bedingt durch die Einflußnahme der Pharmazeutischen Industrie) zur *Grundlage der internationalen Suchtstoffmittelabkommen des 20. Jahrhunderts.*

1932, sieben Jahre nach diesem Abkommen, wurde die Anzahl der Heroinsüchtigen in den USA auf rund 250 000 geschätzt.

2.3. Moralische Anti-Sucht-Kampagnen der USA

Der Tradition der moralisch geführten Anti-Sucht-Kampagnen blieben die USA bis zum heutigen Tage treu. In der ersten Hälfte des 20. Jahrhunderts waren diese Kampagnen auch von einer Verunglimpfungspolitik gegen verschiedene Gruppen begleitet:

– die Chinesen (Orientalen) und das Opium

- die Schwarzen und das Kokain
- die Mexikaner und das Marihuana.

Die *Anti-Marihuana-Kampagne* in der Regierungszeit des US-Präsidenten F. D. Roosevelt ist ein eindrucksvoller Beleg eines *ideologisch geführten Feldzuges* gegen eine Droge.

1920, mit Beginn der Alkohol-Prohibition, hatte das US-Landwirtschaftsministerium in einer Broschüre noch den Landwirten den *Anbau von Cannabis als profitables Unternehmen empfohlen.*

Doch gegen die sich verbreitende Marihuana-Zigarette (Reefer) wenden sich starke Sittlichkeitsverbände wie die „Anti-Salon-Liga" (ASL). Sie erreichen in einigen US-Bundesstaaten, daß der „nicht medizinische Gebrauch von Hanf" dem Alkoholkonsum gleichgestellt wird. Bezeichnenderweise waren dies Staaten (Kalifornien 1915, Texas 1919, Louisiana 1924, New York 1927) mit einem hohen Anteil an Schwarzen und Mexikanern.

1928 erklärt der Prohibitionsvorkämpfer und Antirauschgiftagitator Richard P. Hobson anläßlich der zweiten alljährlichen Rauschgiftaufklärungswoche im ganzen Lande ausgestrahlten Rundfunksendung mit dem Titel *„Der Kampf der Menschheit gegen ihre tödlichsten Feinde":* „Nehmen wir einmal an, es würde bekanntgegeben, daß sich unter unserer Bevölkerung eine Million Leprakranke befinden. Stellen Sie sich vor, welchen Schock diese Mitteilung auslösen würde! *Doch die Drogensucht ist weitaus unheilbarer als Lepra,* viel tragischer für ihre Opfer, und *sie breitet sich wie eine moralische* und physische *Epidemie aus...* Die meisten der bei hellichtem Tag begangenen Morde und ähnliche Gewaltverbrechen werden, wie wir heute wissen, von Drogensüchtigen begangen, die die Hauptursache unserer alarmierenden Verbrechenswelle darstellen. *Drogensucht ist ansteckender und schwerer heilbar als Lepra... Von diesem Problem hängt der Fortbestand der Zivilisation, das Schicksal der Welt und die Zukunft des Menschengeschlechts ab..."*

1930 wird das „Bundesamt für Narkotika" (Bureau of Narcotics) gegründet. Commissioner des Bureaus wurde der Diplomat Harry J. Anslinger (1892-1975), der zusammen mit ehemaligen Alkoholbekämpfern nun dem *„Kraut der Verrücktheit" (weed of madness)* den Krieg erklärte. Marihuana fiel nicht unter das „Harrison-Gesetz" von

Abb. 13, Ein weit verbreitetes Anti-Marihuana „Sachbuch" von einem Pater Robert Devine 1943 verfaßt.

1914 und die Genfer Beschlüsse von 1925 waren von den USA noch nicht ratifiziert worden. Den immer noch erlaubten Marihuanabezug ließ Anslinger mit 100 $ pro Unze (28 g) hoch besteuern. Für unversteuerten Marihuanabesitz waren 1 000 $ Bußgeld zu zahlen, wenn nicht gleich Gefängnisstrafen ausgesprochen wurden.

Ab 1933 (Ende der Alkohol-Prohibition) ging Anslinger in einer *beispiellosen Medienkampagne gegen das „Mörderkraut"* vor. Ein von Anslinger finanziell bezuschusster Gefängnisarzt in New Orleans, Dr. A. E. Fossier, untersuchte seine Strafgefangenen und schrieb seine erstaunlichen Ergebnisse in seinem Papier „Die Marihuana-Bedrohung" nieder. Fossier hatte herausgefunden, „daß jeder vierte Verhaftete „marihuanasüchtig" sei *und 17 von 37 Mördern einmal in ihrem Leben davon geraucht hätten"*. Dieses Papier ließ Anslinger landesweit vertreiben.

Reaktionen der Presse:
- „Mörderkraut überall an der Küste gefunden – Tödliche Marihuana-Pflanzen erntereif, um die kalifornischen Kinder zu versklaven" (Los Angeles Examiner, 5. 11. 1933)
- „Rauschgiftbehörden hilflos gegen Marihuana" (San Francisco Examiner, 7. 11. 1933).

1937 fand schließlich am 27. April ein Marihuana-Hearing vor dem Kongress statt. Anslinger stellte deutlich den von ihm selbst propagierten Zusammenhang zwischen Marihuana und Verbrechen dar. Kurz vor der Annahme des Marihuana-Gesetzes schrieb Anslinger: *„Wie viele Morde, Selbstmorde, Raubüberfälle, Einbrüche, Diebstähle und Wahnsinstaten es (= Marihuana) alljährlich verursacht, kann man nur mutmaßen"*.

Am 1. Mai 1937 wurde das Marihuana-Gesetz beschlossen, am 1. September dieses Jahres unterzeichnete Präsident Roosevelt das Steuergesetz, die „Marihuana Tax Act".

In der Folge durften ab 1942 herkömmliche Hanfprodukte auch nicht mehr im Handel sein.

Seinen Anti-Marihuana-Feldzug dehnte Anslinger auch auf die Jazz-Musik hörenden und Marihuana rauchenden US-Soldaten aus, die für die USA im zweiten Weltkrieg kämpften.

1943 scheiterte Anslinger, als er den „Jazz als Werbung für den Drogenkonsum" verbieten lassen wollte. Im selben Jahr erklärte Oberst J. M. Phalen, Herausgeber des „Military Surgeon", in einem Artikel mit dem Titel „Das Marihuana-Schreckgespenst": „Das Rauchen der Blätter, Blüten und Samen von Cannabis sativa ist nicht gefährlicher als das Rauchen von Tabak . . . Es ist zu hoffen, *daß ein Problem, das gar nicht existiert, nicht zum Anlaß einer Hexenjagd in den Streitkräfte genommen wird".*

Der Krieg setzte weitere Prioritäten. Zum Leidwesen Anslingers beschloß die US-Regierung, daß wegen kriegsbedingter Importausfälle von Faserhanf 146 000 Hektar US-Territorium wieder mit dem „Mörderkraut" bestellt werden sollten.

Nach dem zweiten Weltkrieg, der „Völkerbund" war mittlerweile von den 1946 gegründeten „Vereinten Nationen" (United Nations – UN) abgelöst worden, setzten Anslinger und das „Bundesamt für Narkotika" den Kampf gegen das Marihuana fort.

Spektakulär wurde am 3. August 1948 der damals 31jährige Filmschauspieler Robert Mitchum wegen Marihuanakonsums verhaftet und 1949 zu einem Jahr Gefängnis verurteilt.

Anslinger begann nun, die *Marihuanafrage zu internationalisieren.* Als Vorsitzender der UN-Drogenkommission erreichte er, daß die „Weltgesundheits-Organisation" (World Health Organisation – WHO) 1954 beschloß, „Hanf und seine Derivate hätten keinerlei therapeutischen Wert."

Während Anslinger national über die Jahre verkündet hatte, daß *Marihuana schlimmer als Heroin* sei, verkündete er nun international, *daß Marihuana zwangsläufig zu Heroin führe* (Die sogenannte Umstiegsthese – aus dem Anti-Marihuana-Feldzug Anslingers hervorgegangen – hielt und hält sich bis zum heutigen Tage).

Schon 1951 hatte das „Bundesamt für Narkotika" erreicht, daß für den Konsum der „grünen Göttin des Todes" (= Marihuana) eine bundesweite Straf-Festsetzung festgelegt wurde: 2 bis 5 Jahre bei Ersttätern, bis zu 20 Jahren Gefängnis bei Wiederholungstätern.

Zweifelsohne haben die USA und insbesondere die beschriebene Drogenpolitik des „Bundesamtes für Narkotika" die internationale

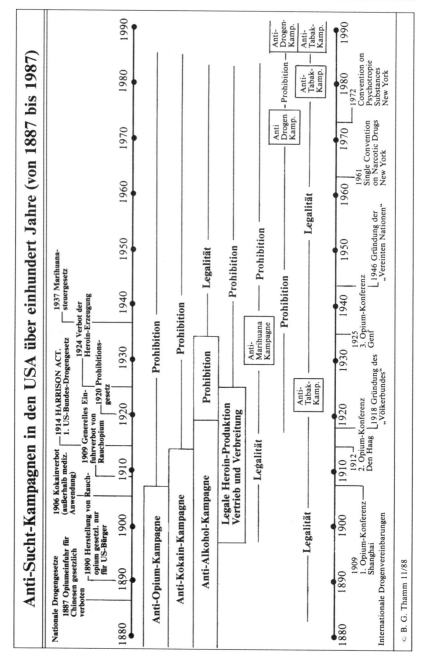

Anti-Sucht-Kampagnen in den USA über einhundert Jahre (von 1887 bis 1987)

© B. G. Thamm 11/88

78

Drogenpolitik und damit auch die Drogenpolitik der Vereinten Nationen beeinflußt. Harry J. Anslinger konnte seine jahrzehntelange missionarische Anti-Marihuana-Arbeit 1961 mit der weltweiten Ächtung der Cannabisprodukte beenden, die in der „Single Convention on Narcotic Drugs" festgeschrieben wurde und bis heute Gültigkeit hat.

Anmerkung: 1986 schätzte man in den USA um die 20 Millionen regelmäßiger Marihuanakonsumenten. Ein Viertel der US-Bevölkerung soll bislang Marihuana probiert haben.

Aber nicht nur Prohibitions-Agenten wie Anslinger, auch US-Präsidenten machten die Bekämpfung der Drogen und des Verbrechens zur persönlichen Sache, insbesonders nach dem zweiten Weltkrieg.

1932, ein Jahr vor dem Ende der Alkohol-Prohibition, wurde die Anzahl der US-Heroinsüchtigen auf rund 250 000 geschätzt, deren illegaler Bedarf vom „Syndikat" bis zum zweiten Weltkrieg gedeckt wurde. Mit Kriegsende 1945 war ihre Anzahl auf weniger als 20 000 gesunken, stieg dann aber zwischen 1952 und 1960 wieder auf 60 000 (1965 waren es schon rund 150 000). Im Jahre 1960 gab es vor US-Gerichten lediglich 35 Verurteilungen wegen Straftaten im Zusammenhang mit dem organisierten Verbrechen (OV).

Mit John F. Kennedy wurde 1961 ein Demokrat US-Präsident, der dem organisierten Verbrechen den Kampf ansagte. Seine *Kampagne*

Abb. 14, Atlanta Georgian, March 17, 1934

Anti-Chinesen & Drogen-Karikaturen

Abb. 15, Atlanta Georgian, Feb. 27, 1935

gegen das organisierte Verbrechen unterstützte sein Bruder Robert als Generalstaatsanwalt (Justizminister). In der Folge kam es nun zu Hunderten von Urteilen gegen Mitglieder des „Mob". Die Zahl der Ermittlungsbeamten und Juristen, die den „Mob" bekämpften, wuchs ständig. Die Bekämpfung des „Mob" störte auch die illegalen Drogengeschäfte. Unter bis heute ungeklärten Umständen wurde Präsident Kennedy am 22. 11. 1963 in Houston (Texas) ermordet. Sein Bruder Robert, der sich über Jahre als Mafia-Jäger profiliert hatte, wurde 1968 in Los Angeles (Kalifornien) ermordet.

Erst 1966 wurde in den USA ein Gesetz verabschiedet, *das Rauschmittelsucht nicht als Verbrechen, sondern als Krankheit anerkannte.* Dennoch blieb den Süchtigen das Stigma des Kriminellen (Verbrechers).

Der republikanische US-Präsident R. M. Nixon (1969-1974) kämpfte von der Amtsübernahme an auf breiter Front gegen die Rauschmittelsucht. *1971 erklärte er den Drogenmißbrauch zum „Feind Nummer Eins".* In einer Sonderbotschaft an den Kongreß erklärte Nixon, *„daß der Drogenmißbrauch zu einem nationalen Notstand geworden sei"* – und, *Rauschgiftsucht sei in sehr vielen Fällen Ursache von Kriminalität.* Die Schäden, die süchtige Verbrecher verursachen, würden sich auf rund 2 Milliarden $ belaufen. Nixon ersuchte den Kongreß um zusätzliche Mittel in Höhe von 155 Millionen $, damit *„ein massiver Feldzug gegen den Drogenmißbrauch"* geführt werden könne. Doch trotz aller Großkampagnen stieg in der Amtszeit Nixons die Anzahl der Heroinsüchtigen. 1972 wurden rund 560 000 geschätzt, nicht wenige davon kämpften im zweiten Indochinakrieg in Vietnam.

Mit dem Demokraten J. E. Carter wurde 1977 ein Nichtraucher US-Präsident, der – ganz in der Prohibitionstradition – 1978 eine *Anti-Raucher-Kampagne* einleitete. Im selben Jahr wurden in den USA rund 54 Millionen Raucher geschätzt.

Mit R. W. Reagan stellten ab 1981 die Republikaner wieder einen Präsidenten. Ab Winter 1983 ließ seine Regierung durch eine Kommission das Drogenproblem in den USA untersuchen. Im Frühjahr 1986 legte die Kommission ihren Schlußbericht, eine erschreckende Bilanz, vor:

– 5 bis 6 Millionen Bürger nahmen *regelmäßig Kokain.*

- 25 Millionen hatten *Kokain probiert*.
- 20 Millionen rauchten *regelmäßig Marihuana*.
- Ein Viertel der US-Bevölkerung hatte *Marihuana probiert*.
- Mit 0,5 Millionen waren die *regelmäßigen Heroin*konsumenten die „kleinste Drogenverbrauchergruppe".
- Der Handel mit Drogen in den USA hatte sich zu einem Industrieriesen mit 110 Milliarden U$ Jahresumsatz entwickelt.

Mit dieser Bilanz war für Präsident Reagan „der *Drogenhandel zu einem Problem für die nationale Sicherheit* geworden", der nun einen *„nationalen Feldzug gegen die Drogensucht der Amerikaner"* erforderlich machte. Nach Reagan „war dies nicht eine weitere Offensive gegen den Rauschgiftmißbrauch, sondern ein *nationaler Versuch, die USA von diesem Fluch zu befreien* und jeden Teil der Gesellschaft gegen diese Gefahr zu mobilisieren".

Unterstützt wurde Präsident Reagan von seiner Frau Nancy, die schon im Oktober 1985 auf „The First Ladies' Conference on Drug Abuse" die Mütter der Nation ansprach: „Vielleicht haben wir als Ehefrauen und Mütter die besondere Aufgabe und *das ganz besondere Ziel zur Schaffung einer hoffnungsvollen und verheißungsvollen Zukunft"* (sog. Müttermanifest). Nancy Reagans *moralischer Appell an die Nation:* „Sag einfach nein" (just say no). Doch trotz aller Anti-Drogen-Anstrengungen der Regierung wurde Reagans Kreuzzug zu einem *„Krieg, der schief lief"* (Newsweek).

Diesen „schiefgelaufenen Krieg" will Reagans Nachfolger, der Republikaner G. Bush, ab 1989 fortsetzen. Im Oktober 1988 hatten schon beide Kammern des US-Kongresses mit überwältigender Mehrheit ein *Gesetz zur Verschärfung der Bekämpfung von Rauschgifthandel und -mißbrauch* verabschiedet.

„The war must go on" – der Krieg muß weitergehen. Denn eine Aufgabe dieses Krieges, eine Kapitulation würde bedeuten, mit einer über 100 Jahre alten amerikanischen Tradition zu brechen und – schlimmer noch – sie würde bedeuten, *daß die Kraft und Stärke der Moral (der Amerikaner) nicht ausgereicht hat, die weltweite Verbreitung der Drogen zu verhindern.* Eine Änderung der Drogenpolitik hieße, mit einem über Generationen gepflegten Ideal – dem Ideal der Mäßigung, besser noch der Prohibition – zu brechen.

Kontinuierlicher Anstieg der Drogenverbraucher in den USA in der zweiten Hälfte des 20. Jahrhunderts

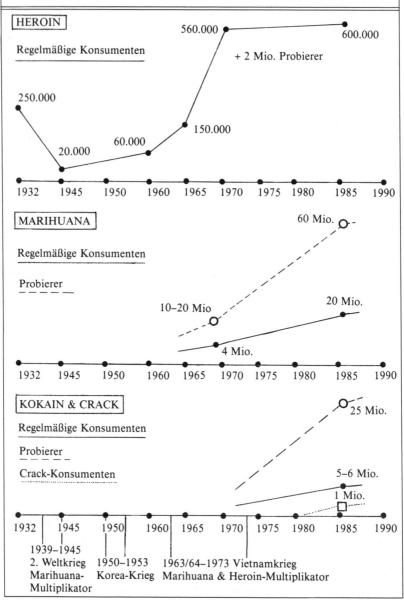

HEROIN

Regelmäßige Konsumenten

560.000

600.000

+ 2 Mio. Probierer

250.000

20.000

60.000

150.000

1932 1945 1950 1960 1965 1970 1975 1980 1985 1990

MARIHUANA

Regelmäßige Konsumenten

Probierer

60 Mio.

10–20 Mio

20 Mio.

4 Mio.

1932 1945 1950 1960 1965 1970 1975 1980 1985 1990

KOKAIN & CRACK

Regelmäßige Konsumenten

Probierer

Crack-Konsumenten

25 Mio.

5–6 Mio.

1 Mio.

1932 1945 1950 1960 1965 1970 1975 1980 1985 1990

1939–1945
2. Weltkrieg   1950–1953   1963/64–1973 Vietnamkrieg
Marihuana-   Korea-Krieg   Marihuana & Heroin-Multiplikator
Multiplikator

Schlußfolgerungen aus 100 Jahren amerikanischer Drogenpolitik

- Intensivste moralische Agitation ungezählter Sittlichkeits- und Anti-Drogen-Verbände,
- ausgebaute repressive Bekämpfung durch die Staatsgewalt,
- landesweite Anti-Drogen-Kampagnen mit massiver Unterstützung der Massenmedien,
- präsidiale „Kriegserklärungen" und „nationale Feldzüge" gegen das Drogenproblem

haben über ein halbes Jahrhundert die Drogenfrage zur **Frage der Moral** werden lassen. Alle Bemühungen in dieser Zeit haben zum größten Drogenproblem der Nachkriegsgeschichte geführt und den machtvollen Ausbau unkontrollierbarer Drogenkonzerne des organisierten Verbrechens ermöglicht.

Zum Auslauf des 20. Jahrhunderts kann festgestellt werden, daß die „Waffe Moral" mehr als stumpf geworden ist und das Ideal der Prohibition nur zur Verbreitung dessen beigetragen hat, was man politisch durch die Prohibition eigentlich verhindern wollte – die Ausbreitung der Sucht.

Die Politik der Prohibition im 20. Jahrhundert sollte einer Politik der Anti-Prohibition im 21. Jahrhundert weichen.

- Im 20. Jahrhundert haben die Vereinigten Staaten von Amerika und mit ihnen die Vereinten Nationen *die Drogenfrage zur Frage der Moral gemacht.*
- Im 20. Jahrhundert setzten und setzen ungezählte Landesregierungen auf ihr Gewaltmonopol, suchten und suchen die Verbreitung der Drogen und der Sucht mit dem Instrumentarium der Repression zu bekämpfen.
- Im 20. Jahrhundert wurde die (Drogen-)*Frage der Moral* zur *Frage der Wirtschaft;* zur Frage des Angebots und der Nachfrage, des Umsatzes und des Gewinnes, der Profitmaximierung und der Kapitalinvestition.

● Heute illegale Drogen wurden über Generationen bis in die Zwanziger Jahre des 20. Jahrhunderts legal vertrieben. Der Werdegang der *massenhaften Drogenverbreitung* ist zugleich der Werdegang der Pharmaindustrie, deren Vorläufer – die Apotheken – schon ab dem 13. Jahrhundert Drogenmonopole innehatten.

Literatur- und Quellennachweise zu
2. Die USA und die Wurzeln des Rauschgiftkrieges

Amendt, Günter   Der große weiße Bluff
                     Die Drogenpolitik der USA
                     Konkret Literaturverlag, Hamburg 1987

Andrews, C.F.   Indien und das Opium
                     Englands Verantwortung
                     Neuland Verlag, Berlin 1927

ohne Autor   Anti-Rauschgiftkampagne in den USA – Regierung eröffnet umfangreichsten Feldzug gegen das Rauchen
                     Der Tagesspiegel, Nr.9.821,12.1.1978,S.20

Behr, Hans-Georg   Von Hanf ist die Rede
                     Sphinx Verlag, Basel 1982

ohne Autor   Großkampagne gegen Rauschgiftsucht – Sonderbotschaft Präsident Nixons an den US Kongreß
Ruf ins Volk (Monatszeitschrift für Volksgesundung und Jugendschutz) Nr.9/1971

Gernet, Jacques   Die Chinesische Welt
Insel Verlag, Frankfurt/M. 1985

High Times (Hrsg.) High Times Encyclopedia of Recreational Drugs
Stonehill Pub. Company, New York 1978

Hilgemann, W. & dtv-Perthes-Weltatlas Band 5: USA
Kettermann,   Deutscher Taschenbuchverlag, Darmstadt 1984
G.& Hergt, M.

Johnson, Bruce, D. Die englische und amerikanische Opiumpolitik im 19. und 20. Jahrhundert, in:
Völger, G. & Welck, K. (Hrsg.):
Rausch und Realität Band 3
Rowohlt, Reinbek b. Hamburg 1982, S.1 - 143-1 - 154

Körner,   Betäubungsmittelgesetz
Harald Hans   Deutsches und internationales BTM Recht
C. H. Beck'sche Verlagsbuchhandlung, München 1985

Lewis, Eric   Black Opium
An account of a „morally indefensible"
trade in „this horrible drug"
Marshall Brothers Ltd.Pub., London-Edinburgh 1910

Modell, W. &   Drugs
Lansing, A. &   Time-Life International (Nederland) N. V. 1969
u. a.

Neudeck, Kurt   Drogenmißbrauch in den USA
Jugendschutz 16.Jg.Heft 6/Nov.-Dez.1971, S. 176-181

Parry, Robert &   Trying to be His Own Man
Nordland, Rod   Newsweek, May 23, 1988, p.22-25

ohne Autor Plädoyer für den Puritanismus – Amerikanischer Historiker: Keine antifreiheitliche Ideologie
Der Tagesspiegel Nr.12.984,12.6.1988,S.46

Reagan, R. Drugs Are the 'No. 1' Problem
(Newsweek-Interview mit dem US-Präsidenten)
Newsweek, August 11, 1986, p.27

Reller, Handbuch Religiöser Gemeinschaften
Horst (Hrsg.) Gütersloher Verlagshaus Gerd Mohn, Gütersloh 1978

Sautter, Udo Geschichte der Vereinigten Staaten von Amerika
Kröner Verlag, Stuttgart 1986

Schroeder, Rauschgift-Bekämpfung des Drogenmißbrauchs
Friedrich-Ch. Walter de Gruyter, Berlin-New York 1973

Silver, Gary The Dope-Chronicles 1850-1950
(Hrsg.) Harper & Row, Pub. New York-Hagerstown-San Francisco-London 1979

Szasz, Thomas S. Das Ritual der Drogen
Europaverlag, Wien-München-Zürich 1978

Thamm, Drogenreport
Berndt Georg Und nun auch noch Crack?
Lübbe, Bergisch Gladbach 1988

ders. Opium und Soldaten
Die 200jährige Drogenvergiftung Chinas
Suchtreport 2.Jg.Nr.1/1988, S.28-33

ohne Autor The Heroin Plague: What can Be Done?
Newsweek, July 5, 1971, p.29-34

ohne Autor USA: „Die Rauschgiftversion von Tschernobyl"
Der Spiegel 40.Jg.Nr.33/11.8.1986,S.86-88

Wurmser, L. Entwicklung und Bedeutung der Rauschgiftsucht in den USA
Schw. med.Wschr. 104.Jg.Nr.6/9.2.1974,S.189-197

> *Den multinationalen Konzernen geht es allein um Umsatz – und Profitmaximierung ihrer betreffenden Ware.*
>
> J. Cavanagh & F. F. Clairmonte, „Weltmacht Alkohol" 1986

3. Wachstum der Pharmaindustrie durch Drogenproduktion

3.1. Apotheken – die frühen Drogenmonopolisten

3.2. Von der Apotheke zum Pharmakonzern

3.3. Monopolisierung der legalen und illegalen Drogenindustrie in den 20er und 30er Jahren

3.4. Industrie und legale Drogen heute

3.4.1. Tabakindustrie

3.4.2. Alkoholindustrie

3.4.3. Pharmaindustrie

3.5. Die Multis und der Welthandel

Den Beginn der wissenschaftlichen und praktischen Pharmazie signalisierten wohl die ersten wirksamen Medizinalordnungen, die in Italien und Spanien im 11. und 12. Jahrhundert, in Mitteleuropa im 13. Jahrhundert aufgestellt wurden.

Die Stapelhäuser der Kaufleute (waren doch Arzneidrogen, Gewürzdrogen, Riechstoff- und Räucherdrogen zu Handelsobjekten geworden), meist vor den Toren der Stadt errichtet, wurden im 13. Jahrhundert zu den ersten Apotheken. In diesem Jahrhundert erlebte der Arzneimittelschatz eine ungeheure Differenzierung. Doch die Verarbeitung und Lagerhaltung der fremden Drogen erforderten neue und erweiterte Kenntnisse, die der Arzt oft allein nicht mehr zu gewährleisten vermochte.

3.1. Apotheken – die frühen Drogenmonopolisten

Der neue Typ des Arzneikundigen, der nichtärztliche Aufgaben zu bewältigen hatte, war der Apotheker. Und der praktizierte insbesonders im deutschsprachigen Raum (Deutschland, später Schweiz). Seit dem 14. Jahrhundert wurden hier Gesetze zur Ordnung des Heilwesens erlassen, z. B. in Basel, Breslau, Nürnberg, Konstanz, Köln und Regensburg.

● 1240 war der Berufsstand der Apotheker durch die Medizinalverordnung vom Hohenstaufen-Kaiser Friedrich II., selbständig geworden. In den größeren Städten entstanden Apotheken, in denen *im Monopol Branntwein* verkauft wurde. Branntwein wurde über lange Zeit zum universellen Heilmittel, half beim Desinfizieren von Wunden, war Mittel gegen die Pest, Einreibemittel gegen Gliederreißen und trug als *Trink-Branntwein* zur Stimmungsbesserung bei. Als „Lebenserwärmer", „göttliches Wasser", „Mysterium magnum", „Flüssige Philosophie", „Feuriges Heilwasser" und „Glückhafte Medizin" war er zu seiner Zeit ein Verkaufsschlager.

● Im 16. Jahrhundert wurde ein neues universelles Heilmittel in den deutschen Arzneimittelschatz eingeführt. Der Begründer der neuzeitlichen Medizin, Theophrastus von Hohenheim (1493-1541), bescherte als „Paracelsus" den Apothekern die „lobenswerte, rühmliche Arznei *Laudanum*" (= Opium). Über 400 Jahre sollte Opium zu den unverzichtbaren Apothekerdrogen gehören.

- Im 17. Jahrhundert wurde die neue Droge aus Amerika, der *Tabak,* zur Medizinaldroge der Apotheker, durfte in Teilen Deutschlands beispielsweise nur „als verordnete Medizin" in Apotheken verkauft werden.
- Im späten 18. Jahrhundert fand auch der *Hanf (Cannabis)* Eingang in die Volksmedizin Deutschlands und damit auch in die Apotheken, die im 19. Jahrhundert den Hanf zu hochwirksamen Tinkturen verarbeiteten.

Abb. 16, Apotheke im später Mittelalter

Noch fehlte es den Apothekern an großer Kundschaft. Bis zum Jahre 1800 herrschte in Europa, als Folge langer Kriege und Seuchen, unglaubliche Menschenarmut. Im Einwanderungsland Nordamerika lebten nur wenige Millionen Menschen. Das änderte sich im 19. Jahrhundert, bedingt durch Industrialisierung, Kolonialismus und Forschergeist, grundlegend.

- Der enorme Bevölkerungszuwachs in Europa, die Bevölkerung stieg zwischen 1800 und 1900 von 187 Millionen auf 447 Millionen,

- und in den USA, die Bevölkerung stieg zwischen 1800 und 1900 von 5,3 Millionen auf 75,9 Millionen;

- die Industrieansiedlung in den wachsenden Großstädten (um 1900 lebten in den USA etwa 39 Prozent der Bevölkerung in Städten)

- und die in den wachsenden Fabriken von dem Arbeiter geforderte Leistung

begünstigten den *raschen Aufbau einer Medikamentenindustrie* in der zweiten Hälfte des 19. Jahrhunderts. Aus kleinen Apotheken und Färbereibetrieben entwickelten sich Arzneimittelfirmen, die zu Pharmakonzernen expandierten, insbesonders in Deutschland und der Schweiz.

3.2. Von der Apotheke zum Pharmakonzern

Viele Betriebsgründer bauten ihre Apothekenlabore zu kleinen Fabriken für chemische und pharmazeutische Produkte aus.

Zu dieser Entwicklung führten einerseits die Ergebnisse der Naturforscher, die im Zeitraum von nur wenigen Jahrzehnten diverse Wirkstoffe aus bekannten Naturstoffen isolierten (1805: Morphium, 1817: Strychnin, 1820: Coffein, 1828: Nikotin, 1833: Atropin, 1859: Kokain, 1887: Ephedrin, 1896: Mescalin), und andererseits die unerschöpflichen Reserven von Drogenrohstoffen, die in den Kolonien europäischer Mächte produziert wurden, beispielsweise Opium und Hanf (Cannabis) in Britisch-Indien, Opium in Französisch-Indochina und Hanf in Französisch-Nordafrika, Cocablätter in Niederländisch-Indien (Indonesien).

Begehrt war aber auch das hochwertige Opium aus dem Kaiserreich Persien. Weitere Mohn-Anbaugebiete lagen in der Türkei, Ägypten, Griechenland (Mazedonien), Bulgarien und Jugoslawien.

Durch diesen Drogenreichtum wurden die Arzneimittel, die über die Apotheken und kleinen Pharmafirmen auf den Markt kamen, immer wirksamer. Zunehmend wurden sie mit den potenten Wirkstoffen

Alkohol, Opium, Morphium, Coca und Kokain und Cannabis gehaltvoll angereichert. Unzählige Rezepte für Mixturen gegen alle möglichen und unmöglichen Leiden wurden entwickelt.

In den USA ließen sich die Arzneimittelhersteller ihre Mixturen patentieren. Es entwickelte sich dementsprechend eine regelrechte Patent-Medizin. In einem US-Drogen-Journal wurden 1905 schon über 28 000 patentierte medizinische Produkte aufgelistet. 1906 waren es schon um die 50 000. Gegen diesen „Patent Medicine Trust" gab es zu Beginn des 20. Jahrhunderts Kampagnen in den Medien, so beispielsweise ab 1905 in der Wochenschrift „Collier's". (siehe S. 72, Abb 12)

In Nordamerika und in Westeuropa, hier insbesondere in Deutschland und in der Schweiz, wuchs die chemische und die pharmazeutische Industrie beängstigend schnell. Beispiele des Wachstums:

1758 Gründung des Farbholzgeschäftes *Rudolf Geigy-Gemuseus* in Basel.

1827 Gründung der pharmazeutischen Firma *E. Merck* in Darmstadt.

1846 Gründung des pharmazeutischen Instituts in Bonn durch den Apotheker erster Klasse *L. C. Marquart:* technisch-industrielle Herstellung von Reagenzien und Feinchemikalien, insbesondere für den pharmazeutischen Bedarf.

1860 Gründung des ersten Instituts für experimentelle Pharmakologie in Dorpal durch *Rudolf Buchheim.*

1863 Gründung (1. 8.) der Firma Friedrich Bayer et Comp. in Barmen durch den Farbenkaufmann *Friedrich Bayer* und den Färbekaufmann *Johann Friedrich Weskott.*

1864 Gründung der Firma E. Schering durch *Ernst Schering.*

1866 Gründung der Firma Gödecke (später Goedecke) durch *Rudolf Alexander Gödecke.* Erzeugung von ätherischen Ölen und Essenzen.

1876 Gründung der Firma Henkel & Cie. in Aachen durch *Fritz Henkel.* Firmensitz seit 1878 in Düsseldorf.

1877 Gründung des „Vereins zur Wahrnehmung der Interessen der Chemischen Industrie Deutschlands" in Frankfurt/Main.

1880 Gründung der Anilin-Farben-Gesellschaft „Kern und *Sandoz*" in Basel.

1884 entstand aus der Seidenfärberei von *Alexander Clavel* die „Gesellschaft für chemische Industrie in Basel" (CIBA).

1885 Gründung der Firma C. H. Boehringer& Sohn in Ingelheim durch *Albert Boehringer.*

1890 Gründung der Firma „Dow Chemical Company" in Midland/ USA durch *Herbert Dow:* Herstellung pharmazeutischer Präparate.

Abb. 17, Die von E. Merck 1827 gegründete Pharmafirma „Merck" in Darmstadt 1892

1894 Gründung der Firma Merck & Co. in New York/USA durch den Enkel H. E. Mercks, *Emanuel Merck.*

1896 Gründung des Fabrikationsbetriebes *Fritz Hoffmann* (heute Fa. F. Hoffmann-La Roche).

Einige Firmen entwickelten sich zum Ende des 19. Jahrhunderts zu regelrechten Marktführern in der Herstellung drogenhaltiger Arzneimittel, so beispielsweise die Firma T. & H. Smith in Schottland und die Firma Tilden (später Park-Davis & Co.) in den USA. In Deutschland hatte diese führende Position die Darmstädter Firma Merck (s. „Die Firma Merck und ihre Drogenproduktion"), um die Jahrhundertwende dann auch die Elberfelder Firma Bayer (s. „Die Firma Bayer und die Heroinproduktion"). In der Schweiz begannen in dieser Zeit die Firmen CIBA und Hoffmann mit der industriellen Her-

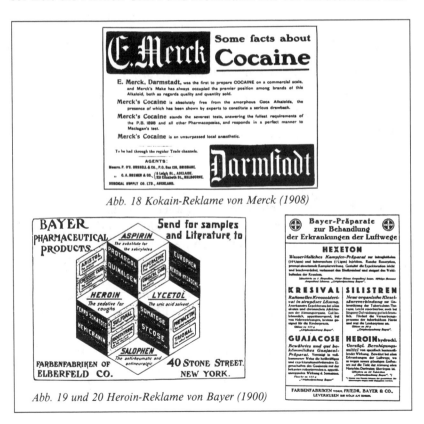

Abb. 18 Kokain-Reklame von Merck (1908)

Abb. 19 und 20 Heroin-Reklame von Bayer (1900)

stellung von Arznei- und Heilmitteln (s. Grafik „Beispiele zur Entstehungsgeschichte der pharmazeutischen Industrie in der Schweiz im 19. Jahrhundert).

In Mitteleuropa brachen die „goldenen Jahre" der Pharmaindustrie nach dem deutsch-französischen Krieg (1870-1871) an. In dieser „Gründerzeit" zahlte das besiegte Frankreich zwischen 1871 und 1873 an das junge Deutsche Kaiserreich 5 Milliarden Francs Kriegsentschädigung. Diese Reparationen lösten einen Wirtschaftsboom aus.

Die Firma Merck und ihre Drogenproduktion

Wie kein anderes deutsches Pharma-Unternehmen schrieb die

- 1827 von *E. Merck* in Darmstadt gegründete Pharmaziefirma *E. Merck & Co.* Drogengeschichte. Das Unternehmen war aus einer 1668 gegründeten Apotheke hervorgegangen.

- 1828 fing die Firma mit der fabrikmäßigen Herstellung von *Morphin (Morphium)* an.

- 1862 nahm sie die kommerzielle Produktion von *Kokain* auf.

- Etwa ab 1880 stellte sie potente *Hanf-(Cannabis-)*Tinkturen her und vertrieb sie.
  Das Deutsche Reich gehörte in dieser Zeit zum drittwichtigsten Abnehmer des indischen Hanfs, der in Indien selbst als „charres" (= Haschisch) und „ganja" (= Marihuana) bezeichnet wurde. Bald war darüber hinaus auch „bhang" (= Cannabishaltiges Getränk) frei verkäuflich.
  Allein im Hamburger Freihafen wurden beispielsweise im September 1885 3,5 Tonnen „ganja", 12 Tonnen „bhang" und 3 000 Doppelzentner „charres" gelöscht.

- 1894 gründete H. E. Mercks Enkel *Emmanuel Merck* die Fa. Merck & Co. in New York, die ebenfalls rasch die Kokainproduktion aufnahm (und bis heute in den USA als „Merck Inc." Hauptkokainverteiler auf legaler Herstellerebene ist).

- 1912 entdeckten Merck-Pharmakologen einen Stoff, dessen Formel sie als „neu entdeckte synthetische Variante des Öls der Sassafras-Staude"
- 1914 patentieren ließen.

Die neue Droge „3,4-Methyl-dioxyd-N-Methylamphetamin" spielt über 70 Jahre später in der zweiten Hälfte der 80er Jahre, als synthetische Droge MDMA, besser bekannt unter dem Scene-Namen „Ecstasy" eine Rolle.

- 1979/80 – Seit Anfang der 80er Jahre muß sich die Firma mit dem Schuldanwurf auseinandersetzen, daß ihre „ganz normale Industriechemikalie *Essigsäureanhydrid* durch dunkle Kanäle in mittelöstliche Heroinlabore" gelangt.
(Um 1 Kilo Heroin herzustellen, braucht man u. a. gut 1 Liter Essigsäurehydrid).

Protestaktion vor Pharmafirma

Vor der Einfahrt zur Berliner Niederlassung des Darmstädter Pharmaunternehmens Merck wurden gestern etwa 20 lebensgroße, aus Lumpen und Papier gefertigte Puppen niedergelegt. Sie sollten, wie die Protestierenden in einer Presseerklärung betonten, Herointote symbolisieren. Hintergrund der Aktion ist eine im Nachrichtenmagazin „Spiegel" wiedergegebene Meldung, wonach der steigende Heroinmißbrauch in der Welt erst möglich werde durch den freien Handel mit Essigsäure-Anhydrid,

das zu großen Teilen von Merck hergestellt werde. Die Chemikalie wird benötigt, um den aus dem Mohn gewonnenen Opiumsaft zu Heroin zu verarbeiten. Den Behörden warfen die Protestierenden in der Presseerklärung vor, sie hätten an einer tatsächlichen Bekämpfung des Heroins kein Interesse, da sie die Ausfuhr des Essigsäure-Anhydrids sonst längst verhindert hätten. (Tsp)

„Der Tagesspiegel"
2. 4. 1982

Als 1925 in Genf auf der 3. Opium-Konferenz beschlossen wurde, u. a. auch „Morphin", „Kokain", „Roh-Kokain" und Kokablätter, was deren Gewinnung und Herstellung betrifft, in wirksamer Weise einzuschränken, hatte die Firma Merck

- *Morphin* fast *einhundert Jahre* hergestellt und vertrieben und
- *Kokain* über *sechzig Jahre* hergestellt und vertrieben.

Die Firma Bayer und die Heroinproduktion

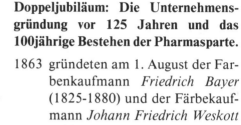

1881

1886

Im Jahr 1988 feierte die Bayer AG ein Doppeljubiläum: Die Unternehmensgründung vor 125 Jahren und das 100jährige Bestehen der Pharmasparte.

1863 gründeten am 1. August der Farbenkaufmann *Friedrich Bayer* (1825-1880) und der Färbekaufmann *Johann Friedrich Weskott* (1821-1876) die Firma „Friedrich Bayer et. Comp." in Barmen.

1878 verlegte die Firma ihren Sitz nach Elberfeld.

1880 Zu Beginn der 1880er Jahre geriet die Farbstoffindustrie in eine schwere Krise. So wurde

1881 einerseits die Firma in eine Aktiengesellschaft umgewandelt, andererseits investierte die Unternehmensleitung in anderen Sparten.

1888 richtete die Firma einen Pharmazweig ein

1898 führte der Bayer-Pharmakologe *Heinrich Dreser* Diacetylmorphin als „Hypnotikum anstelle von Morphin" in die Therapie ein.
Die neue Arznei wurde von der Firma unter dem Handelsnamen „Heroin" vertrieben.

Werbespruch:
Heroin hydrochl. Vorzügl. Beru-

1895

1904

higungsmittel von spezifisch hustenstillender Wirkung. Bewährt bei allen Erkrankungen der Luftwege, wo es wegen seines günstigen Einflusses auf die Tiefe der Atmung allen Morphin-Derivaten überlegen ist (Gläschen zu 25 Tabletten „Originalpakkung Bayer").

1899 wurde die vom Bayer-Pharmakologen *Felix Hoffmann* 1887 hergestellte Acetylsalizylsäure unter dem Handelsnamen „Aspirin" (ebenfalls in der neuartigen Tabelttenform) auf den Markt gebracht.

1900 Um die Jahrhundertwende warb die Firma für *Heroin* (gegen die Erkrankungen der Atemwege bei Kindern) mit einer Werbekampagne ohnegleichen in 12 Sprachen rund um den Erdball.

1906 empfahl Bayer über 40 verschiedene Indikationen.

Schon vor dem 1. Weltkrieg brachte der Pharmazweig ein Fünftel des Umsatzes.

1913 war die Firma bereits ein weltweit operierendes Unternehmen. Gut 80 Prozent des Umsatzes stammten aus dem Export (u. a. Heroin); im Ausland gab es eigene Fertigungsstätten; Elberfeld wurde schließlich zu klein. So faßte das Unternehmen in Leverkusen (Rhein) Fuß, seit 1912 auch Firmensitz.

Die Firma Bayer und die Heroinproduktion

1917 Heroin wurde zu den Betäubungsmitteln gerechnet und damit apothekenpflichtig.

Der erste Weltkrieg und die unruhige Zeit danach setzen dem Konzern zu: beträchtliche Umsatzeinbrüche, weitgehender Verlust des Auslandsvermögens und der Auslandsmärkte, Vermögenseinbußen durch Inflation. So entstanden aus Nöten der Nachkriegszeit verstärkte Tendenzen zur Monopolisierung.

1925 verschmolz Bayer mit fünf anderen Unternehmen des sog. *Anilin-Konzerns* zur „Interessens Gemeinschaft **Farben**industrie (I. G. F.) A. G., den „I. G. Farben".

1920

Im selben Jahr wurde *Heroin* auf der 3. Opium-Konferenz in Genf (Schweiz) international geächtet.

1924 war zwar schon die Heroinerzeugung in den USA verboten worden, doch in Europa und Japan wurde Heroin weiter produziert.

So produzierten 1926:
- Großbritannien 0,315 t
- Deutsches Reich 1,8 t
- Schweiz 3,9 t
- Japan 1,1 t.

In der Genfer Konvention war „die Gefährlichkeit von Heroin

und seinen suchterregenden Eigenschaften" festgeschrieben worden.

Doch als in der Konsequenz „die bis dahin praktizierte Freiverkäuflichkeit" durch „Handels- und Abgabeverbot" beendet werden sollte, protestierten die I. G. Farben.

In der „Vossischen Zeitung" vom 26. 1. 1927 war der Konzern der Meinung, daß eine strengere Kontrolle von Opiaten „eine Gefahr für die Gesundheit der Volkswirtschaft" darstellten.

Die Proteste der I. G. Farben bewirkten, daß das Deutsche Reich die „Genfer Konvention" von 1925 erst vier Jahre später ratifizierte und dann erst das „Gesetz über den Verkehr mit Betäubungsmitteln (Opium-Gesetz)" am 10. 12. 1929 in Kraft setzte.

Als um 1931 die Heroinproduktion völlig eingestellt wurde, konnte die in der I. G. Farben integrierte Firma Bayer auf eine 30jährige Heroinverbreitung blicken.

Der Heroinhandel als überaus lohnendes Geschäft wurde dann von einem völlig anderen, illegalen Unternehmen übernommen – dem „Syndikat". In den Händen des organisierten Verbrechens liegt bis heute der Heroinhandel, von der Herstellung bis zum Vertrieb. Durch die jährlichen Milliardenumsätze ist die „Verbrechensindustrie" reich geworden, sichert doch die *Illegalität* des Produktes Heroin die Profitmaximierung.

Für die Pharmafirmen wurde es nun unternehmerisch lohnenswert, den Drogenkonsum als Alltagshilfe zu propagieren. In der Folge kam es im letzten Drittel des 19. Jahrhunderts zu multinationalen pharmazeutischen Verbrauchskampagnen. Die Industrie verfolgte zwischen 1870 und 1890 die Strategie der Massenvermarktung. So wurde in Zeitungen mit hoher Auflage großflächig für alle möglichen Drogenprodukte geworben: kokainhaltige Getränke, cannabishaltige Zigaretten, heroinhaltige Hustenmittel. Narkotikahaltige Mittel sollten gegen ungezählte Leiden helfen: Keuchhusten, Erkältungen, Asthma, Durchfall, Neuralgie, Seekrankheit, Vaginismus, Schwangerschaftserbrechen, Geschlechtskrankheiten und viele Störungen und Krankheiten mehr.

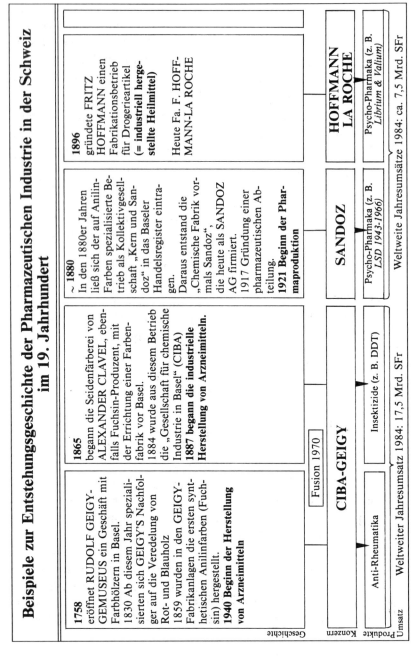

Beispiele zur Entstehungsgeschichte der Pharmazeutischen Industrie in der Schweiz im 19. Jahrhundert

Geschichte

1758 eröffnet RUDOLF GEIGY-GEMUSEUS ein Geschäft mit Farbhölzern in Basel. **1830** Ab diesem Jahr spezialisierten sich GEIGY'S Nachfolger auf die Veredelung von Rot- und Blauholz **1859** wurden in den GEIGY-Fabrikanlagen die ersten synthetischen Anilinfarben (Fuchsin) hergestellt. **1940 Beginn der Herstellung von Arzneimitteln**

1865 begann die Seidenfärberei von ALEXANDER CLAVEL, ebenfalls Fuchsin-Produzent, mit der Errichtung einer Farbenfabrik vor Basel. **1884** wurde aus diesem Betrieb die „Gesellschaft für chemische Industrie in Basel" (CIBA) **1887 begann die industrielle Herstellung von Arzneimitteln.**

~ 1880 In den 1880er Jahren ließ sich der auf Anilin-Farben spezialisierte Betrieb als Kollektivgesellschaft „Kern und Sandoz" in das Basler Handelsregister eintragen. Daraus entstand die „Chemische Fabrik vormals Sandoz", die heute als SANDOZ AG firmiert. **1917** Gründung einer pharmazeutischen Abteilung. **1921 Beginn der Pharmaproduktion**

1896 gründete FRITZ HOFFMANN einen Fabrikationsbetrieb für Drogerieartikel **(= industriell hergestellte Heilmittel)** Heute Fa. F. HOFFMANN-LA ROCHE

Konzern

Fusion 1970

CIBA-GEIGY — **SANDOZ** — **HOFFMANN LA ROCHE**

Produkte

Anti-Rheumatika | Insektizide (z. B. DDT) | Psycho-Pharmaka (z. B. *LSD 1943-1966*) | Psycho-Pharmaka (z. B. *Librium & Valium*)

Umsatz

Weltweiter Jahresumsatz 1984: 17,5 Mrd. SFr

Weltweite Jahresumsätze 1984: ca. 7,5 Mrd. SFr

Um die Jahrhundertwende steigerte sich in der wachsenden Pharmaindustrie die Werbung für diese Produkte zu einem regelrechten Kampf um die Anzeigen (The Battle of the Posters). In Nordamerika, in Europa, ja selbst in Australien war das „goldene Zeitalter" der drogenhaltigen Tonics, Pastillen, Elixiere, Syrups und Zigaretten ausgebrochen:

Coca- und Kokainprodukte waren als Müdigkeitskiller (refreshments) aber auch als hochwirksame Schmerzmittel gefragt, beispielsweise: Coca in Pudersorten (insbesondere als Nasenpuder), in Sprays (insbesondere als Nasenspray), in Pulvern, Pillen und Einreibemitteln.

Beliebt waren Cocazigaretten und Cocakaugummis. Drogengeschichte schrieben cocahaltige Getränke, insbesondere der cocahaltige Wein „Vin Tonique Mariani à la Coca du Perou" (Frankreich ab 1863) und das „delicious refreshment Coca Cola" (USA ab 1886).

Die gefällige Form der Zigarette eroberte ab Ende des 19. Jahrhunderts die amerikanischen und europäischen Tabakmärkte. Überproduktion und Markenbildung trugen zur Konzentration in der Zigarettenindustrie bei. Beispielsweise waren im Deutschen Kaiserreich 1910 noch 20 000 Markennamen in die Warenzeichenrolle des Reichspatentamtes eingetragen (heute sind es nur noch rund 200). Darunter auch *Cannabiszigaretten,* so die Marken „Khedive" (5 % Hanfanteil), „Nil" (8 %), „Arabische Nächte" (9 %) und „Harem" (9 %).

Einen ähnlichen Siegeszug der Verbreitung machte „ein nicht sucht-

Werbezug für coca- und kokainhaltige Mittel

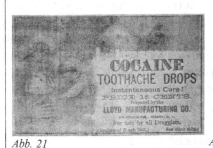

Abb. 21 *Abb. 22* *Abb. 23*

Grandfather used it over 60 years ago.

Then the children, and now the grandchildren.

Ayer's
Cherry Pectoral

The oldest and best remedy for coughs, colds, bronchitis, and all throat and lung troubles. Beware imitations.

In large and small bottles.

Avoid constipation. Hasten a cure by the use of Ayer's Pills.

Prepared by Dr. J. C. Ayer Co., Lowell, Mass., U. S. A.

Abb. 24 Werbeplakat für freikäufliche Morphinpräparate, die um 1900 verharmlost und als Allheilmittel gepriesen wurden.

bildendes Allheilmittel gegen Erkrankungen der Atemwege bei Kindern", das von der Firma Bayer (Elberfeld) ab 1898 unter dem Handelsnamen „Heroin" vertrieben wurde.

Das „vorzügliche Beruhigungsmittel mit spezifisch hustenstillender Wirkung" wurde um die Jahrhundertwende mit einer Werbekampagne in zwölf Sprachen in der ganzen Welt angepriesen – mit überwältigendem Erfolg. Während Heroin vor dem ersten Weltkrieg oft in Tabletten- oder Pulverform eingenommen wurde, wurde es nach dem Krieg vornehmlich geschnupft, dann der effektiveren Wirkung wegen oft unter die Haut gespritzt. In den 20er Jahren verbreitete sich der Heroinkonsum insbesondere im Mittelmeergebiet und in Asien, beispielsweise:

● in *Ägypten,* wo gegen 1925 Unternehmer ihren Arbeitern den Wochenlohn in Heroin auszahlten;

● oder im *nordafrikanischen* Raum, wo Händler zwischen 1920 und 1940 „rote Pillen" unter wohlklingenden Namen wie „wilder Tiger" oder „Zauberpferd" anpriesen. Diese Pillen waren eine Mischung aus Heroin, Coffein, Strychnin, Chinin, Milchzucker und dem Stärkemehl Amylum. Sie sollen „eine verheerende Wirkung auf den Organismus" ausgeübt haben.

● In der *Türkei* hatte die Heroinsucht vor dem zweiten Weltkrieg jede andere Drogensucht aus dem Felde geschlagen.

● *Japan* produzierte seit 1900 Morphium und überschwemmte China ab 1907 mit Morphium, später mit Heroin. Ein Heroin-Säckchen wurde für 10 Cent angeboten und nicht wenige chinesische Opiumraucher stiegen auf das potentere „weiße Pulver" um.

Die weltweite Verbreitung des Heroins nach dem ersten Weltkrieg führte zu internationalen und nationalen Reglementierungen.

So wurde beispielsweise in den USA schon 1924 die kommerzielle Erzeugung von Heroin verboten. 1931 wurden die Produktion und die Verbreitung auf strikte ärztliche Notwendigkeit eingeschränkt. 1932 wurde in den USA legal nicht einmal eine Tonne Heroin produziert.

International war Heroin 1925 auf der dritten „Opium-Konferenz" in Genf geächtet worden. 1929 betrug die kontrollierte Heroin-Weltproduktion 3,65 Tonnen, 1935 nur noch 0,6 Tonnen.

In den außereuropäischen Gebieten war die tatsächliche Heroinproduktion jedoch wesentlich höher. Für kleinere ausländische Betriebe bestand immer noch die Möglichkeit der illegalen Produktion:

In Ägypten wurde beispielsweise ein Kilo Heroin für 50 £ Sterling hergestellt. Der Verkaufspreis lag jedoch zwischen 5 000 und 50 000 £ Sterling. Die Illegalität sicherte diesen Profit und ließ das Geschäft mit verbotenen Drogen zu einem mehr als lukrativen Geschäft werden.

In diesen 20er und 30er Jahren wurde der Drogenhandel monopolisiert und internationalisiert. Der verbotenen Droge nahm sich eine wachsende illegale Drogenindustrie, der erlaubten Produkte die etablierte legale Drogenindustrie an.

3.3. Monopolisierung der legalen und illegalen Drogenindustrie in den 20er und 30er Jahren

Der erste Weltkrieg und die unruhige Zeit danach setzten insbesondere Deutschland als Verlierer und damit auch den deutschen Konzernen zu. Diese beklagten beträchtliche Umsatzeinbrüche, weitgehende Verluste der Auslandsvermögen und der Auslandsmärkte und Vermögenseinbußen durch die Inflation.

Entwicklung zur
Interessengemeinschaft Farbenindustrie A. G.

Die Anfänge gehen zurück auf eine

1904 ursprünglich von 3 Firmen geschlossene,

1916 auf 8 Firmen erweiterte Interessengemeinschaft
der deutschen Teerfabriken, den

„ANILIN-KONZERN"

Die volle Verschmelzung von 6 der beteiligten Unternehmen:

BASF Badische Anilin u. Sodafabrik (BASF) Ludwigshafen, gegr. 1865	**BAYER** Farbenfabriken vorm. Friedrich Bayer & Co. Lever- kusen, gegr. 1863 Elberfeld **HEROIN Produzent von 1898 – 1929/31**	**HÖCHST** Farbwerke vorm. Meißter, Lucius & Brüning, Höchst, gegr. 1862 **„Amidon" (= METHADON) Produzent 1942 – 1945**
AGFA Aktiengesellschaft für Anilinfabrikation Berlin, gegr. 1873	**Chemische Fabrik GRIESHEIM- ELEKTRON** Frank- furt/Main, gegr. 1856	Chemische Fabriken vorm. **WEILER- TER MEER** Ürdin- gen, gegr. 1877

erfolgt **1925** unter der Bezeichnung
Interessengemeinschaft Farbenindustrie (I. G. F.) A. G.
I. G. FARBEN
mit Sitz in Frankfurt/Main

Interessensgemeinschafts-
verträge bestanden mit:

Zum Ausbau der ausländischen
Beziehungen wurde:

DYNAMIT-A. G. vorm. Alfred Nobel & Co. in Köln	1988 die **INTERNATIONALE GESELLSCHAFT F. CHEM. UNTERNEHMG. A. G.** in Basel (CH)
A. RIEBECKSCHEN MONTANWERKE A. G. in Halle	1929 unter deren Mitwirkung die **AMERICAN I. G. CHEMICAL CORPORATION** in Neuyork (USA) gegründet.

I. G. Chemie

Quelle: Der Neue Brockhaus, Zweiter Band F – K, F. A. Brockhaus, Leipzig 1937, S. 466

Aus diesen Nöten der Nachkriegszeit entstanden in der deutschen Chemie und Pharmazie verstärkt Tendenzen zur Monopolisierung. 1925 verschmolz die Firma Bayer (deren Heroinproduktion zwischen 1929 und 1931 völlig eingestellt wurde) mit fünf anderen Unternehmen des sogenannten Anilin-Konzerns zur Interessengemeinschaft Farbenindustrie AG, den „I. G. Farben" (s. Grafik „Entwicklung zur Interessengemeinschaft Farbenindustrie AG"). Die Interessengemeinschaft stellte insbesondere künstliche Riechstoffe, *pharmakologische* und bakteriologische Erzeugnisse her.

Zum Ausbau der ausländischen Beziehungen wurden 1928 die „Internationale Gesellschaft für chemische Unternehmungen AG" (I. G. Chemie) in Basel und unter deren Mitwirkung 1929 die „American I. G. Chemical Corporation" in New York gegründet.

Monopolisierung, Internationalisierung, aber auch die planmäßige wissenschaftliche Forschungsarbeit brachten in der zweiten Hälfte der 20er Jahre der chemischen Industrie in Deutschland rasch wieder Weltgeltung. Begehrt waren Farbstoffe, *Arzneimittel,* Düngemittel, Gerbstoffe und *Sprengstoffe.* Auf über 3,6 Milliarden RM wurde bereits 1927/28 der Jahresrohwert der chemischen Industrie Deutschlands geschätzt.

1933, im Jahr der Machtergreifung Hitlers, betrug der Chemikalien- und Pharmaexport 0,56 Milliarden RM. 1936 betrug das Aktienkapital allein von I. G. Farben 800 Millionen RM. Der Multi beschäftigte (einschließlich der „Leuna-Werke", der „Kalle AG" und der „A. G. für Stickstoffdünger") 105 000 Mitarbeiter.

Nach der Größe der Erzeugung stand die deutsche chemische Industrie in der Welt an zweiter Stelle, unmittelbar hinter den USA. Aber nicht nur in Deutschland war auf die Monopolisierung und Internationalisierung der Chemie und Pharmazie gesetzt worden. Die I. G. Farben hatte Konkurrenz. Sie kam mit der 1926 gegründeten „Imperial Chemical Industries Ltd." aus dem Vereinigten Königreich, mit „Montecatini" aus Italien und mit „Du Pont de Nemours & Co." aus den USA.

Zum Ende der 20er Jahre erkannte aber auch eine andere Branche in den USA, die Verbrechergesellschaft „Cosa Nostra", die Notwendigkeit der Monopolisierung und der Internationalisierung ihrer Drogengeschäfte. Mitten in der Zeit der Alkohol-Totalprohibition (1919/20-33) begründeten 1929 insbesondere die Mafiosi Al(phonse) Capone (Sohn neapolitanischer Auswanderer, 1899 in New York geboren) und Salvatore „Lucky" Luciano (1898 in Neapel geboren) das *National Crime Syndicate*. Das „Syndikat" hatte nun das verbotene Alkoholgeschäft, monopolisierte es. In seinen Händen lagen die Alkoholherstellung, der Alkoholschmuggel und der Alkoholvertrieb. Internationale Beziehungen im illegalen Alkoholgeschäft unterhielt das Syndikat sowohl nach Kanada als auch nach Europa (Frankreich). Noch vor dem Ende der Prohibition teilten 1931 die Cosa Nostra Bosse „Lucky" Luciano und der Sizilianer Salvatore Maranzano die gesamten USA unter 24 Familien auf. Die fünf Mafia-Familien Gambino, Genovese, Lucchese, Colombo und Bonanno teilten sich beispielsweise die Metropole New York. Als die Droge Alkohol 1933 wieder legal wurde, wandte sich das Syndikat der verbotenen Droge Heroin zu. Anfang der 30er Jahre wurden in den USA rund 250 000 Heroinsüchtige geschätzt. Für das Syndikat wurde die Versorgung dieser Süchtigen zu einem lohnenswerten Anschlußgeschäft. Es war von Anfang an auch ein internationales Geschäft. Türkisches Opium wurde in Laboren in Südfrankreich zu Heroin veredelt und dann in die USA eingeschmuggelt. Es entstand Mitte der 30er Jahre der Vorläufer der „French Connection". Erst mit dem zweiten Weltkrieg wurde diese Heroinhandelsroute unterbrochen.

Aber nicht nur in den USA, auch in Europa und in Asien organisierte sich das Verbrechen.

Beispielsweise in Deutschland. Schon im Kaiserreich soll es zwischen 1872 und 1895 lose Kontakte zwischen der Berliner Unterwelt und den amerikanischen „Associations" gegeben haben. 1898 organisierten sich fünf Ganoven-Vereine zum „großen Ring". Dieser gehörte nach dem ersten Weltkrieg dem „Mitteldeutschen Ring" an, der gemeinsam mit dem „Norddeutschen Ring" in Waffen-, Schmuck- und Schiebergeschäften operierte. Die Gesamtorganisation nannte sich „Deutscher Ring" und hatte Sitze in Braunschweig, Nürnberg, Hannover und Hamburg. Berlin aber war das Zentrum. Die sogenannten Ringvereine, die sich ganz harmlos „Sport-Club Immertreu", „Rolandseiche", „Berolina", „Glaube, Liebe, Hoffnung", „Nordpiraten", „Fidele Brüder", „Apachenblut" oder ähnlich nannten, kontrollierten

Spielhallen, Bars und Amüsierbetriebe, waren auf Diebstahl und Hehlerei spezialisiert, handelten mit Rauchwaren, verschoben aber auch Kokain (Koks) und Opium. Opium bezogen beispielsweise Hamburger Ringmitglieder von „Brudervereinen", so aus dem fernen China.

In China herrschte Revolution und Bürgerkrieg. Zur Opiumhochburg war Shanghai geworden. In den Ausländervierteln der Metropole wuchs die Zahl der Opiumläden rapide. Ihre Zahl hatte schon 1916 die 130 überstiegen. In den 20er Jahren übernahmen die berüchtigten „Gangs von Shanghai", die in Sklavenhandel, Entführung, Erpressung, Glücksspiel, Waffenschieberei und Schutzgelderpressung tätig waren, auch den lukrativen Opiumhandel. Die bedeutendste Organisation in Shanghai war seinerzeit der „Grüne Zirkel", der zwischen 20 000 und 100 000 Mitglieder gehabt haben soll. Diese Geheimgesellschaft unterhielt auch in anderen großen Städten Chinas Verbindungen, knüpfte über den Opiumschmuggel auch Verbindungen zu anderen „fremdländischen" Organisationen.

Auch in der britischen Kronkolonie Hongkong hatte sich zum Ende des 19. Jahrhunderts geheimbündlerischer Widerstand gegen die Kolonialherren formiert, so die hierarchisch gegliederte Organisation „14 K" (die heute zu den größten Syndikaten Hongkongs zählt). Die chinesischen Geheimbünde, kurz „Triaden" genannt, legten insbesondere nach der Proklamation der Volksrepublik China 1949 den Grundstein zur heutigen „Chinese Connection" und damit zum weltweiten Drogenhandel.

Aber nicht nur in China, auch in Japan organisierte sich das Verbrechertum (Yakuza). Bereits 1915 gründete sich die auch heute noch größte Yakuza-Familie, das „Yamaguchi-Gumi"-Syndikat. 1930 bildete sich das Syndikat „Motokyokuto Aioh (Rengo-Kai)", 1945 das Syndikat „Inagawa-Kai". Ab 1949 widmeten sich die Yakuza insbesondere dem illegalen Amphetaminhandel.

Der zweite Weltkrieg (1939-1945) beendete all diese Verbindungen und ersten internationalen Vernetzungen, sowohl die der organisierten Verbrechen in Amerika, Europa und Asien, aber auch die der chemischen und pharmazeutischen Industrien der kriegsführenden Mächte. Nach dem zweiten Weltkrieg mußte die illegale und legale

Drogenproduktion jedoch nicht wieder bei Null anfangen. Hersteller und Vertreiber konnten an in den 20er und 30er Jahren entstandenen Verbindungen wieder anknüpfen. Über Jahrzehnte hatten transnationale Wirtschaftsstrukturen und Marketingstrategien einen gewaltigen Einfluß auf die Verfügbarkeit und den Konsum von Drogen insbesondere in den Industrieländern ausgeübt. Nach dem Krieg wuchs die wirtschaftliche Macht der multinationalen Konzerne der Alkohol-, Tabak- und Pharmaindustrie ins Unermeßliche. Parallel dazu wuchs die verbotene Drogenindustrie zu einem Wirtschaftsgiganten, der heute durch die Illegalität außerhalb jeder Kontrolle liegt.

3.4. Industrie und legale Drogen heute

Die zweite Hälfte des 20. Jahrhunderts zeichnete und zeichnet sich durch eine weltweite Verbreitung sowohl illegaler als auch legaler Drogen aus. Nach dem zweiten Weltkrieg wurden die Drogen, Tabak-, Alkohol- und Pharmaindustrie weiter monopolisiert und – dem Welthandel angemessen – internationalisiert. Sogenannte *Oligopolisten* beherrschen heute die Märkte der verbotenen und der erlaubten Drogen. Dieses soll nachstehend kurz anhand der legalen Drogenmonopole Tabak, Alkohol und Pharmaka skizziert werden.

3.4.1. Tabakindustrie

Obwohl das Rauchen heute als die „bedeutendste einzelne Krankheits- und Todesursache gilt" (weltweit werden jährlich zwischen 1 und 2,5 Millionen Tote geschätzt!), ist die Tabakindustrie zu einem Umsatzriesen gewachsen. So betrug der Zigarettenumsatz der Welt 1985 rund 100 Milliarden US $.

● Etwa 15 Millionen Bauern mit ihren Familienangehörigen (USA: rund 600 000 Tabakfarmer, Europäische Gemeinschaft: rund 225 000) sind weltweit in diesem Agrarsektor beschäftigt.
● 1984 wurden rund 6 Millionen Tonnen Rohtabak, 1985 über 7 Millionen und 1986 knapp 6 Millionen Tonnen Rohtabak weltweit geerntet.
● Weltweit werden heute fast 5 Billionen Zigaretten produziert.
● Im Gegensatz zur Produktion sind Aufkauf und Transport in den Händen einiger weniger Oligopolisten konzentriert.

- 90 Prozent des Tabaks, der in den internationalen Handel gelangt, wird von den nachstehenden Multiunternehmen vermarktet: UNIVERSAL LEAF, TRANSCONTINENTAL LEAF TOBAC-CO COMPANY, DEBRILL BROTHERS, EXPORT LEAF TO-BACCO COMPANY, IMPERIAL TOBACCO LEAF COM-PANY, KULENKAMPFF und A. C. MONK.

- Die Aufkäufer und Transporteure sind wiederum entweder durch langfristige Verträge eng mit den großen Zigaretten-Konzernen verflochten oder befinden sich im Eigentum dieser Konzerne.

- Bereits 1974 lag die Weltzigarettenproduktion nur zu 60 Prozent in den Händen der Staatsmonopole sozialistischer und anderer Länder sowie kleinerer Privatunternehmen. 40 Prozent der Weltproduktion lagen in den Händen von sechs multinationalen Konzernen:
  - British-American Tabacco (B. A. T.) Industries (Zentrale: Großbritannien)
  - Philip Morris (Zentrale: USA)
  - R. J. Reynolds Industries, vormals Reynolds Tobacco Company, gegründet 1875 (Hauptsitz: USA)
  - Rembrandt (Zentrale: Südafrika)
  - American Brands (Basis: USA)
  - Imperial Group Limited (Basis: Großbritannien).

- Der freie Markt der westlichen Länder und der dritten Welt wird von den multinationalen Zigarettenkonzernen weitgehend beherrscht. Zunehmend wird auch in die Staatsmonopolländer eingedrungen, in denen die Monopolisten unter anderem sowohl Arbeitsplätze sichern (1980 waren in der EG 225 000 Personen im Tabakanbau und 180 000 in der Zigarettenproduktion beschäftigt) als auch erheblich die nationalen Steuereinkommen aufbessern.

Auch in der BR Deutschland konsumieren Millionen Bundesbürger die nikotinhaltige Droge.

- 1960 wurden rund 19 Millionen Raucher (14,2 Millionen Männer und 4,7 Millionen Frauen), 1984 rund 20 Millionen Raucher (11,7 Millionen Männer und 8,03 Millionen Frauen) geschätzt.

- Diese rund 20 Millionen Raucher gaben 1984 für 118 Milliarden Zigaretten, 15 500 Tonnen Zigarettenfeinschnitt und rund 1 800

Tonnen Pfeifentabak rund 24 Milliarden DM aus (was 400,– DM pro Bundesbürger entspricht). 1987 gaben die deutschen Raucher rund 25 Milliarden DM für Tabakwaren aus.

● 1988 rauchten die Bundesbürger knapp 117 Milliarden Fabrikzigaretten. Den Zigarettenmarkt teilten sich im selben Jahr zu 95 Prozent fünf große Hersteller:
Philip Morris (27,6 %, 1987: 25,4 %)
Reemtsma (25,1 %, 1987: 25,3 %)
B. A. T. (22,3 %, 1987: 23,1 %)
Martin Brinkmann (10,7 %, 1987: 11,1 %) und
Reynolds (9,6 %, 1987: 10,3 %).

Die Tabakopfer in der BR Deutschland werden jährlich auf bis zu 140 000 Tote geschätzt. Der Allgemeinheit entsteht – volkswirtschaftlich gesehen – durch Nikotinmißbrauch ein Schaden von geschätzten 50 bis 60 Milliarden DM im Jahr. Dem steht eine jährliche Einnahme des Staates von über 14 Milliarden DM Tabaksteuer gegenüber.

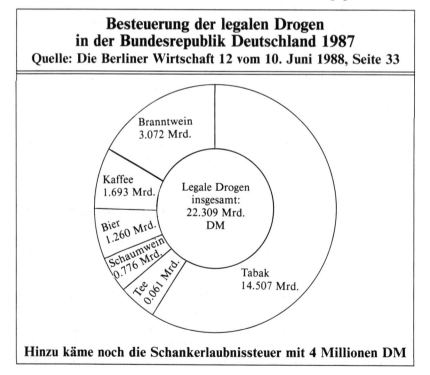

**Besteuerung der legalen Drogen
in der Bundesrepublik Deutschland 1987**
Quelle: Die Berliner Wirtschaft 12 vom 10. Juni 1988, Seite 33

Branntwein
3.072 Mrd.

Kaffee
1.693 Mrd.

Legale Drogen
insgesamt:
22.309 Mrd.
DM

Bier
1.260 Mrd.

Schaumwein
0.776 Mrd.

Tee
0.061 Mrd.

Tabak
14.507 Mrd.

Hinzu käme noch die Schankerlaubnissteuer mit 4 Millionen DM

3.4.2. Alkoholindustrie

Auch wenn die legale Droge Alkohol eine Droge ist, die zumindest in Europa eine kulturintegrierte Droge ist, konnten und können doch Millionen Konsumenten mit ihr nicht richtig umgehen. Schon Ende der 60er Jahre wurden weltweit über 20 Millionen Alkoholiker geschätzt. Wie die Droge Tabak fordert auch die Droge Alkohol jährlich

---

Die Alkohol-Industrie als Arbeitgeber, weltweit, 1969-1980

Beschäftigte im Alkoholbereich in ausgewählten Ländern, 1969-1980

Land	Jahr	Beschäftigte im Alkoholbereich (%)*
Frankreich	1977	mehr als 10 % der Gesamtbevölkerung
Japan	1980	5,0 % incl. 1,5 % in der Herstellung allein
Belgien	1977	3,4 %
Dänemark	1976	3,0 % der Arbeitnehmer in der Industrie
Australien	1969	2,8 %
USA	1975	2,0 %
Finnland	1975	1,8 % der Gesamtbevölkerung
Großbritannien	1976	1,5 %
Sri Lanka	1979	0,7 %
Schweden	1979	0,6 %
Schweiz	Ende der 70er	0,5 % der Gesamtbev. in d. Herstellung allein
Sudan	1978	0,4 %
Polen	1975	0,2 % in der Herstellung allein

* bezieht sich auf % der Beschäftigten, wenn nicht anders angegeben
Quelle: Joy Moser (Hrsg.), National Profiles (WHO, 1981)

Quelle: Cavanagh, John et al: Weltmacht Alkohol, edition zebra, Hamburg 1986, S. 40

Wirtschaftliche Macht der Alkohol-Konzerne 1980

Führende Konzerne der Alkoholbranche, 1980

Name	Haupt-sitz	Umsatz in Mrd. US-$	Rein-gewinn in Mio. US-$	Be-schäf-tigte	Alkohol in % des Gesamt-umsatzes	Auslands-umsatz in %
Philip Morris	USA	9,8	577	72 000	25,9	15,3
Imperial Gruppe	GB	9,6	196	127 300	–*	–*
Rembrandt Gruppe	Südafrika	8,5	–*	–	–*	–*
Grand Metropoli-tan	GB	6,2	286	126 737	–*	–*
Coca Cola	USA	6,0	422	41 000	–*	44,7
Lorhon	GB	5,0	108	140 000	5,6	34,8
Allied Breweries**	GB	5,0	170	84 805	69,7	27,1
Kirin	Japan	4,1	90	15 761	92,3	–*
BSN Gervais Danone	Frank-reich	4,0	73	47 969	23,8	32,6
Bayer.Hypo.& Wechselbank***	BRD	3,5	44	–*	–*	–*
Anheuser-Busch	USA	3,3	172	18 040	92,0	–*
South African Breweries	Südafrika	3,0	156	–*	–*	–*
Reemtsma****	BRD	2,8	-43	11 703	31,6	–*
Suntory	Japan	2,8	–*	–*	–*	–*
Seagram*****	Kanada	2,6	145	15 500	100,0	92,9
National Distillers	USA	2,1	111	14 000	35,4	–*
Bass	GB	2,0	172	65 737	93,8	6,4
Heublein******	USA	2,0	84	27 100	66,1	22,0
Hiram Walker	Kanada	2,0	205	11 700	–*	–*
Whitbread	GB	2,0	127	40 916	–*	–*
Distillers Co. Ltd.	GB	2,0	312	21 300	–*	–*
Heineken	Nieder-lande	1,5	39	20 532	86,4	–*
Guinness	GB	1,4	54	22 452	63,7	51,0
Pernod Ricard	Frank-reich	1,4	58	7 200	–*	–*
Labatt*****	Kanada	1,3	31	13 000	44,9	–*
Molson	Kanada	1,2	34	12 481	46,4	56,0
Scottish & Newcastle	GB	1,1	66	27 830	–*	–*

*	Keine Angaben
**	Firmiert seit 1982 **Allied-Lyons**
***	Die **Bayerische Hypotheken- und Wechselbank** und die **Dresdner Bank** besitzen Aktien zahlreicher Brauereien in der BRD

ihre Opfer. Allein durch die alkoholbedingten Schäden wie Leberzirrhose und Delirium tremens sterben ungezählte Menschen, in den
USA beispielsweise rund 100 000 jedes Jahr.

Unabhängig davon hat sich die Alkoholindustrie, analog zur Tabakindustrie, zu einem Umsatzriesen entwickelt. 1981 wurde der Umsatz des Einzelhandels weltweit auf 170 Milliarden US $ geschätzt.
Produktion, Marketing und Vertrieb liegen in steigendem Maße in
den Händen multinationaler Konzerne.

Bereits Mitte der 60er Jahre konzentrierte sich im Bier- und Spirituo-
senbereich die Marktherrschaft auf wenige Oligopolisten. In vielen
Ländern führte diese Konzentration zu einem gewaltigen Anwachsen
der Erhältlichkeit und Vielfalt industriell hergestellter alkoholischer
Getränke. Die internationale Ausweitung der Alkohol- (= Bier und
Spirituosen) branche in Industrie- und Entwicklungsländern wurde
u. a. von den

- Biermonopolisten *Heineken* (Niederlande), *United Breweries* (Dänemark) und *Guiness* (Großbritannien/Irland),
- Spirituosen-(Whisky-) Oligopolisten Großbritanniens und Nordamerikas,
- sowie den riesigen Cognac-Häusern Frankreichs

betrieben.

Multis mit ausgedehnter internationaler Infrastruktur übernahmen
im Laufe der Zeit diverse Alkoholhersteller. Diese Übernahmen erfolgten insbesondere durch die fünf Tabakmultis „Philip Morris",
„Reynolds", „Imperial", „American Brands" und „Rembrandt/Roth-
mann".

1980 gab es 27 globale Alkoholkonzerne, die jeder mehr als 1 Milliarde US $ umsetzten. Ihre Machtzentren befanden und befinden sich
in 8 Industrieländern: Großbritannien (9), USA (5), Kanada (4), Ja-

---

****   wurde 1981 vom Kaffeekonzern **Tchibo** übernommen
*****   Die Zahlen für **Seagram** und **Labatt** sind weitgehend unterschätzt, da
         beide Firmen Teile größerer **Bronfman**-Holdings sind
******   wurde 1982 vom Tabakkonzern **T. J. Reynolds** übernommen.

Quelle: Umsatz- und Gewinnzahlen aus **Business Week** und Jahresberichten der Fir-
men. Zahlen der Beschäftigten aus **Fortune** und Jahresberichten, andere Zahlen aus
Forbes und Jahresberichten.
Quelle: Cavanagh, John et all: Weltmacht Alkohol, edition zebra, Hamburg 1986, S. 48

pan (2), BRDeutschland (2), Frankreich (2), Südafrika (2) und Niederlande (1). Fast alle produzieren mindestens zwei Getränkesorten und die meisten erzielen einen wesentlichen Teil ihrer Einnahmen im Ausland. Bezeichnend für die Konzentration wirtschaftlicher Macht ist, daß 4 der 27 Alkoholkonzerne zu den führenden 20 Nahrungsmittelkonzernen der Welt zählen.

Den Kern des Alkoholmarketing bildet die weltweite Reklame. 1981 wurden dafür 2 Milliarden US $ ausgegeben.

Droge Alkohol: Pro-Kopf-Konsum weltweit 1980

Alkoholische Getränke, Pro-Kopf-Konsum, 1980

Land	Summe reinen Alkohols in Litern		Bier in Litern		Wein in Litern		Spirituosen in Litern reinen Alkohols	
Luxemburg	(1)*	18,4	(8)	121,0	(6)	48,2	(1)	9,0
Frankreich	(2)	14,8		49,3	(1)	95,4		2,5
Spanien	(3)	14,1		53,4	(5)	64,7		3,0
Italien	(4)	13,0		16,7	(2)	93,0		1,9
BRD	(5)	12,7	(1)	145,7		25,6	(8)	3,1
Ungarn	(6)	11,5		86,3		35,0	(3)	4,5
Argentinien	(7)	11,4		7,7	(3)	75,0		2,0
Österreich	(8)	11,0		101,9		35,8		1,6
Portugal	(9)	11,0		33,8	(4)	70,0		0,9
Belgien	(10)	10,8**	(5)	131,3		20,6		2,4
Schweiz	(11)	10,5		69,0	(7)	47,4		2,1
Australien**	(12)	9,8	(4)	134,3		17,4		1,0
DDR	(13)	9,7	(3)	135,0		9,5	(4)	4,5
Neuseeland	(14)	9,7	(9)	118,0		11,0		2,5
Tschechoslowakei	(15)	9,6	(2)	137,8		15,5	(5)	3,5
Dänemark	(16)	9,2	(7)	121,5		14,0		1,5
Kanada**	(17)	9,1		87,6		8,5	(6)	3,4
Niederlande	(18)	8,8		86,4		12,9		2,7
Polen	(19)	8,7		30,4		10,1	(2)	6,0
USA	(20)	8,7		92,0		7,9	(9)	3,1

* Zahlen in Klammern geben die Reihenfolge an
** für 1979/80

Quellen: Zusammengestellt aus Tabellen der Produktschap voor Gedistilleerde Dranke, 1981, sowie Zahlenmaterial der WHO

Quelle: Caranagh, John et a.: Weltmacht Alkohol, edition zebra, Hamburg 1986, S.30

Droge Alkohol: Einfuhr und Ausfuhr weltweit 1980

Die zehn größten Alkoholexporteure der Welt, 1980
(in Mio. US-$)

Land	Alle Alkoholika Exporte	%	Wein Exporte	%	Spirituosen Exporte	%	Bier Exporte	%
Frankreich	2 822	30,0	1 775	38,5	1 005	27,3	42	3,7
Großbritannien	2 041	21,7	57	1,2	1 940	52,7	44	3,9
Italien	1 000	10,6	919	19,9	77	2,1	4	0,4
BRD	547	5,8	345	7,5	33	0,9	169	14,6
Spanien	458	4,9	404	8,8	50	1,4	4	0,4
Niederlande	364	3,9	6	0,1	66	1,8	292	26,0
Kanada	345	3,6	1	0,0	267	7,3	77	6,9
Portugal	244	2,6	240	5,2	2	0,0	2	0,2
Bulgarien	179	1,9	179	3,9	–*	–*	0	0,0
Ungarn	160	1,7	160	3,5	–*	–*	0	0,0
andere	1 256	13,3	528	11,4	–*	–*	493	43,9
Summe	9 416	100,0	4 614	100,0	3 680	100,0	1 127	100,0

* Zahlen nicht verfügbar

Die zehn größten Alkoholimporteure der Welt, 1980 (in Mio. US-$)

Land	Alle Alkoholika Exporte	%	Wein Exporte	%	Spirituosen Exporte	%	Bier Exporte	%
USA	2 408	23,7	785	15,3	1 196	30,8	427	37,7
BRD	1 137	11,2	761	14,9	339	8,7	37	3,3
Großbritannien	1 001	9,9	661	12,9	257	6,6	83	7,3
UdSSR	683	6,7	648	12,6	–*	–*	35	3,1
Frankreich	614	6,0	332	6,5	156	4,0	126	11,1
Belgien/Luxembg.	535	5,3	354	6,9	136	3,5	45	4,0
Niederlande	383	3,8	278	5,4	94	2,4	11	1,0
Japan	337	3,3	62	1,2	265	6,8	10	1,4
Schweiz	322	3,2	277	5,4	21	0,5	24	2,1
Italien	293	2,9	91	1,8	138	3,6	64	5,6
andere	2 430	24,0	874	17,1	–*	–*	266	23,4
Summe	10 143	100,0	5 123	100,0	3 886	100,0	1 134	100,0

* Zahlen nicht verfügbar

Quellen für Tab. 2.1 und 2.2: Zusammenstellung aus International Trade Centre Data Bank, 1982, und **FAO Trade Yearbook 1980,** Rom, 1981.

Quelle: Caranagh, John et al: Weltmacht Alkohol, edition zebra, Hamburg 1986, S.27,28

Millionen von Hopfen- und Weinbauern mit ihren Familienangehörigen sind in diesen Agrarsektoren beschäftigt.

- Schätzungen zufolge sind rund 15 Millionen Hektar der landwirtschaftlich genutzten Fläche der Welt mit Weinstöcken bepflanzt. Die Weintraubenernte betrug weltweit 1985 59,6 Millionen Tonnen, 1986 über 66 Millionen Tonnen. Die Weinerzeugung betrug weltweit 1985 über 29 Millionen Tonnen, 1986 über 32 Millionen Tonnen.
- Die weltweite Bierproduktion hat sich von 407 Millionen Hektoliter 1960 auf 911 Millionen Hektoliter im Jahre 1980 mehr als verdoppelt. Für 1987 wurde die Welt-Bierproduktion auf rund 848 Millionen Hektoliter geschätzt.
- Auch die Spirituosenindustrie der „Whisky-Gruppe" (einschließlich Bourbon, Kornbranntwein und Verschnitte), der „weißen Spirituosen" (Rum, Gin, Wodka) und der „Cognac und Likör-Gruppe" verzeichnete Zuwachs.

Auch in der BR Deutschland konsumieren Millionen die Droge Alkohol. Mit 11,6 Litern reinem Alkohol pro Kopf der Bevölkerung hat sich der Jahreskonsum auf einem hohen Niveau eingependelt. 1950 lag er noch bei 3,3 l, 1960 war er auf 7,8 l gestiegen; 1970 betrug er bereits über 11 l, 1980 sogar 12,7 l.

- 1987 gaben die Bundesbürger für alkoholische Getränke insgesamt 32,3 Milliarden DM aus (was 529,– DM pro Bundesbürger entspricht).
- Zwischen 1,5 und 2 Millionen Alkoholiker werden für die BR Deutschland geschätzt. Mindestens 20 000 Alkoholtote werden jedes Jahr beklagt: ca. 18 000 Alkoholtote durch Leberzirrhose, Bauchspeicheldrüsenentzündung und Selbstmord. Dazu kommen ca. 2 000 bis 4 000 Tote durch alkoholbedingte Verkehrsunfälle und eine unbekannte Anzahl von alkoholbedingten Krebstoten (insbesondere Krebs der Verdauungswege).
- Jährlich kommen 2 000 Kinder mit Alkoholschäden zur Welt, deren Mütter Alkoholmißbrauch betrieben haben.
- Die Droge Alkohol ist kriminalitätsfördernd. Die Hälfte aller Gewaltverbrechen geschieht unter der enthemmenden Wirkung des Alkohols.

● Die durchschnittliche Lebenserwartung von 72 Jahren wird durch Alkoholismus auf 49 Jahre gesenkt.

● Die durch Alkohol bedingten Folgeschäden gehen in die Milliarden.

  – So werden die Folgeschäden der rund 150 000 durch Alkohol verursachten Arbeitsunfälle im Jahr auf ca. DM 15 Milliarden geschätzt.

  – Die Folgeschäden der alkoholbedingten Verkehrsunfälle, Unfälle im häuslichen Bereich, im Sport und anderen Bereichen belaufen sich im Jahr auf ca. DM 50 Milliarden.

● Dem stehen jährliche Einnahmen an Bier-, Branntwein- und Schaumweinsteuern von über 6 Milliarden gegenüber.

3.4.3. Pharmaindustrie

Der Arzneimittelmarkt hat sich in der zweiten Hälfte des 20. Jahrhunderts zu den ertragreichsten Absatzgebieten internationaler Konzerne entwickelt. Die Pharma-Firmen, in der Regel Töchter großer chemischer Konzerne, hatten bereits Anfang der 80er Jahre jährliche Umsatzsteigerungsraten von 10 bis 15 Prozent. Zu den führenden Chemie-Unternehmen der Welt gehören heute die nachstehenden 12 Konzerne:

1. Du Pont (USA)
   Umsatz 1987: 54,8 Mrd. DM
   Beschäftigte 1987: 140 000

2. BASF (BRDeutschland)
   40,2 Mrd DM / 134 000

3. Bayer (BRDeutschland)
   37,1 Mrd DM / 164 000

4. Hoechst (BRDeutschland)
   37,0 Mrd DM / 168 000

5. ICI (Großbritannien)
   32,7 Mrd DM / 128 000

6. Dow Chemical (USA)
   24,1 Mrd DM / 53 000

7. Montedison (Italien)
   19,1 Mrd DM / 67 000

8. Ciba-Geigy (Schweiz)
   19,0 Mrd DM / 86 000

9. Rhone-Poulenc (Frankreich)
   16,8 Mrd DM / 83 000

10. Akzo (Niederlande)
    13,8 Mrd DM / 67 000

11. Monsanto (USA)
    13,7 Mrd DM / 50 000

12. Union Carbide (USA)
    12,4 Mrd DM / 43 000

(nach Capitalyse „Chemiekonzerne", Capital, Heft 10/Okt.1988, S.217-230

Schon 1973 produzierten die Heilmittelunternehmen aus nur 8 Staaten (USA, BRDeutschland, Frankreich, Italien, Schweiz, Spanien, Japan und Großbritannien) mit einem Weltbevölkerungsanteil von 17 Prozent rund 80 Prozent der Medikamente in der westlichen Welt.

Ungezählte Tausende von Tonnen an Schmerzmitteln, Schlaf- und Beruhigungsmitteln, Aufputsch- und Betäubungsmitteln werden Jahr für Jahr produziert, verkauft und konsumiert. Millionen Menschen sind über den Mißbrauch dieser Mittel medikamentenabhängig geworden. In den letzten 30 Jahren haben sich unter den Arzneimittelgruppen die „Psychopharmaka", insbesondere die Benzodiazepin-Tranquilizer, beispielsweise „Librium" (Chlordiazepoxid) seit 1960 und „Valium" (Diazepam) seit 1963, weltweit verbreitet.

Bis in die 60er Jahre war die Entwicklung einer ganzen Reihe neuer Medikamente durch eine stürmische Expansion gekennzeichnet. Seitdem wurden in den forschenden Unternehmen nur wenige neue Substanzen entwickelt. Aus wirtschaftlichen Gründen floß dafür viel Geld in die medizinisch relativ unbedeutende Erforschung von Variationen bekannter Medikamente mit gesicherten Absatzgebieten. Die Vertriebsmethoden näherten sich denen der Konsumgüterindustrie an. Die Produkte wurden mit immer größerem Werbeaufwand verkauft.

Der bundesdeutschen Pharma-Industrie, der „Apotheke der Welt", kam und kommt dabei ein hoher Stellenwert zu. Die Konzerne der BRDeutschland bestreiten ein Viertel des gesamten Weltexports von Medikamenten. Mit den Konzernen in der Schweiz (Anteil 13 Prozent) zusammen kontrollieren die Multis beider Länder fast 40 Prozent des Arzneimittelwelthandels.

Die Bundesbürger lassen sich ihre Gesundheit etwas kosten, etwa 200 Milliarden DM im Jahr. Die gesetzlichen Krankenkassen rechneten 1987 rund 19 Milliarden DM für Arzneimittel auf Rezept ab. Danach fallen – statistisch gesehen – auf jeden Bundesbürger im Jahr mehr als 1 000 Einzeldosierungen.

Von der Industrie werden rund 75 000 (!) Fertigarzneien in allen Darreichungsformen angeboten. Fast der gesamte Apothekenumsatz fällt dabei auf nur rund 2 000 Arzneimittel. Nur 500 von denen tragen rund zwei Drittel des Umsatzes.

Nach Angaben des statistischen Bundesamtes stieg 1987 die Produktion pharmazeutischer Produkte um 3,6 Prozent auf 21,4 Milliarden DM. Die Produktion human-pharmazeutischer Spezialitäten, auf die knapp 80 Prozent der Pharmaproduktion entfallen (u. a. 1 000 Tonnen Schmerzmittel), nahm um 4,3 Prozent auf einen Wert von 16,8 Milliarden DM zu.

Die Mediziner in der BRDeutschland verordneten 1987 auf Rezeptformularen (mit 10 000 Zentnern Papiergewicht) rund 0,7 Milliarden Medikamente an die rund 90 Prozent Bundesbürger in der gesetzlichen Krankenkasse im Wert von 19 Milliarden DM.

Der Umsatz der 18 160 Apotheken in der BRDeutschland stieg 1987 um 6 Prozent auf 26 Milliarden DM (ohne Mehrwertsteuer). Auf diesem Apothekenmarkt erhöhte sich der Pharma-Umsatz 1987 um 6,6 Prozent auf 13,6 Milliarden DM (zu Hersteller-Abgabepreisen); darunter die Arzneimittelgruppen „Psychopharmaka" (einschließlich Hypnotica und Sedativa) mit 791 Millionen DM und „Analgetika" (Schmerzmittel) mit 424 Millionen DM. Auf diese beiden und weitere 13 Arzneimittelgruppen entfallen knapp 60 Prozent des gesamten Industrieumsatzes.

Von etwa 5 000 nicht rezeptpflichtigen Präparaten dürfen lediglich 400 außerhalb von Apotheken verkauft werden. In den Apotheken wurden 1987 für rund 4,7 Milliarden DM Arzneimittel ohne Rezept (Selbstmedikation) verkauft.

Für Arzneimittel wird in gewaltigem Umfang geworben. 1985 wurden allein für die ausschließlich Arzt-orientierte Werbung 1,5 Milliarden DM ausgegeben.

Für die BRDeutschland werden heute zwischen 300 000 und 800 000 Medikamentenabhängige geschätzt.

3.5. Die Multis und der Welthandel

Internationalisierung und Transnationalisierung kennzeichnen heute den Tabak-, Alkohol- und Pharmabereich (aber auch andere Warensektoren) auf dem Weltmarkt. Die Entwicklung wirtschaftlicher Macht im Geschäft mit legalen Drogen wird nach John Cavanagh und Frederick F. Clairmonte (1985/86) durch vier zentrale Bewegungen bewirkt, die die wechselnden Rollen der Multis bei ihrem Kampf um den Weltmarkt erklären:

● Das explosionsartige Wachstum konglomerativer Ausdehnungen der Multis und weitere Kapitalkonzentration zur Schaffung von nationalen und internationalen Oligopolen in speziellen Bereichen sind auffällige Merkmale der Zeit nach dem zweiten Weltkrieg gewesen. Der Anstieg der nationalen und internationalen Oligopole hat die Kontrolle der Multis über die Preisbindung verstärkt und mehr Möglichkeiten für Kartellpraktiken eröffnet.

● Die Veränderungen wirtschaftlicher Machtstrukturen wurden von der Einführung neuer wirtschaftlicher Prioritäten begleitet. In den vergangenen Jahrzehnten hat eine deutliche Hinwendung der Multis zur vollständigen Produktionskette stattgefunden. Der Besitz multinationaler Konzerne am Warenausstoß (Tabak, Alkohol) ist praktisch geschrumpft. Dafür expandierte ihre Kontrolle über die Verarbeitung, Marketing, Vertrieb und Dienstleistungen.

● Wirtschaftsstrategien auf dem Weltmarkt wurden gleichfalls durch Fortschritte in Wissenschaft und Technik beeinflußt. Am deutlichsten wird dies im Informations-, Transport- und Kommunikationswesen. Die Multis haben mittlerweile Innovationen zur Aufteilung von Produktionsprozessen rund um die Welt durchgeführt.

● Diese drei Trends wurden durch einen vierten unterstützt, zu dem sie gleichzeitig beitrugen: die Internationalisierung der Finanzwelt durch das zahlen- und bedeutungsmäßige Wachstum transnationaler Banken. Ihr Aufstieg hat zu einem sehr engen Verhältnis auf Produktions- und Marketingebene zwischen ihnen, Konzernen, multinationalen Handelsgesellschaften und bestimmten Teilen staatlicher Macht geführt.

Diese strukturellen Veränderungen innerhalb des internationalen Kapitalismus haben die Märkte der legalen Drogen in unterschiedlichem Maße beeinflußt. Die Drogenwirtschaft ist zum Spiegelbild des globalen Kapitalismus dieser Welt geworden.

Nach Auffassung der Vereinten Nationen sind die internationalen Unternehmen „vielleicht die wichtigsten Akteure in der Weltwirtschaft. Sie überwinden nationale Grenzen, und die größten transnationalen Unternehmen erzielen Umsätze, die die volkswirtschaftliche Gesamtproduktion der meisten Länder übertreffen".

Zu diesem Ergebnis kam das UNO-Zentrum für Transnationale Unternehmen, New York, in einer 1988 in London veröffentlichten Studie:

● Danach produzieren die 600 größten Industriekonzerne mit einem Gesamtumsatz von 3,1 Billionen US $ (5,7 Billionen DM) ein Fünftel bis ein Viertel der gesamten Güterproduktion in der Welt.

● Die 56 größten Transnationalen erzielten Umsätze zwischen 10 und 100 Milliarden US $ (18,5 bis 185 Milliarden DM).

Bei diesen Größenordnungen bleibt es nicht aus, daß die Transnationalen auch (unzulässigen) Einfluß auf Politik und Wirtschaft ihrer Gastländer, vor allem in der Dritten Welt, ausüben.

Zu diesen Transnationalen gehört heute auch das organisierte Verbrechen, dessen Umsatz zwischen 30 und über 50 Prozent aus dem illegalen Drogengeschäft kommt. Im Anfang 1989 veröffentlichten Jahresbericht 1988 des Internationalen Suchtstoffkontrollrats heißt es dazu: „Oft arbeiten die Syndikate mit Terrororganisationen zusammen, verbreiten Gewalt und Korruption, bedrohen die politischen Institutionen, unterminieren das Wirtschaftsleben und gefährden sogar die nationale Sicherheit von Staaten".

Schlußfolgerungen aus der Internationalisierung und Transnationalisierung der Drogenindustrie

● Das 19. Jahrhundert war dadurch gekennzeichnet, daß sich aus relativ kleinen Apotheken und Färbereibetrieben eine umsatzstarke Pharma-Industrie entwickelte.

● Der rasche Aufbau dieser Industrie wurde durch die Kontrolle der Drogen-Rohstoffmärkte durch die Kolonialmächte einerseits und die Entdeckungen und folgende kommerzielle Produktion wirkungsvoller Drogen andererseits ermöglicht.

● Durch die internationale Ächtung und die späteren nationalen Verbote bestimmter Drogen in den 20er und 30er Jahren dieses

Jahrhunderts teilte sich die Drogenindustrie in eine legale Tabak-, Alkohol- und Pharma-Industrie (Herstellung erlaubter Drogen) und eine illegale Drogen-Industrie (Herstellung verbotener Drogen).

● Je nachdem, ob eine Droge verboten oder erlaubt war, übernahm die legale oder illegale Drogen-Industrie die Herstellung, den Vertrieb und den Verkauf.

● Auch nach dem zweiten Weltkrieg ist diese Aufteilung der Märkte so geblieben. Über Jahrzehnte ist von den Verbrauchern weltweit die Nachfrage sowohl an erlaubten als auch verbotenen Drogen gestiegen.

● Die Anbieter haben sich aufgrund steigender Nachfrage insbesondere in den letzten drei Jahrzehnten zu internationalen Multis mit jährlichen Milliarden-Umsätzen entwickelt.

● Die Macht dieser transnationalen Unternehmen ist heute so groß, daß sie Einfluß auf Politik und Wirtschaft ihrer Gastländer ausüben.

● Das trifft sowohl auf die Verbrechensindustrie (organisiertes Verbrechen) als auch auf die legalen internationalen Drogenkonzerne zu.

● Der Einfluß der Regierungen der Gastländer auf diese Multis ist nur bedingter Natur. Die Staaten bedienen sich der Interventionsmöglichkeiten der Produktbesteuerung, der Lizenzvergabe, des Staatsmonopols oder anderer Eingriffs-Maßnahmen.

● Parallel zur legalen Drogenindustrie ist die Verbrechensindustrie, insbesondere durch den internationalen Drogenhandel nach dem zweiten Weltkrieg, zum transnationalen Multi geworden.

● Auch dem organisierten Verbrechen geht es ausschließlich um Umsatz- und Profitmaximierung im Geschäft mit den verbotenen Waren (Drogen).

● Seit Jahrzehnten sichert die Illegalität der Ware Droge ein Maximum an Profit. Solange das weltweite Drogenverbot aufrechterhalten wird, solange wird auch das verbotene Drogengeschäft als profitabler Erwerbszweig vom organisierten Verbrechen beibehalten werden.

● Das organisierte Verbrechen hat insbesondere in den letzten zwei Jahrzehnten das verbotene und von den Staatsgewalten bekämpfte Drogengeschäft so vermarktet, daß dieses heute weltweit einen Jahresumsatz in dreistelliger Milliardenhöhe gewährleistet.

Literatur- und Quellennachweise zu
3. Wachstum der Pharmaindustrie durch Drogenproduktion

ABDA (Hrsg.)   Jahresbericht der Bundesvereinigung
Deutscher Apothekerverbände (ABDA)
1987
1988

Behr, Hans-Georg   Von Hanf ist die Rede
Sphinx Verlag, Basel 1982

Berliner Morgenpost   6.1.1989, S.21

Bellinghausen, Paul   Intensive Forschung heißt das Erfolgsrezept
Rheinischer Merkur / Christ und Welt,
Nr.34 – 19.8.1988, S.10

Blau, Peter-Michael u.   Capitalyse: Weltweiter Branchenvergleich
Seyfried, Karl-Heinz   „Chemische Konzerne"
Capital (D.Dtsch.Wirtschaftsmagazin)
Heft 10/1988, S.217-230

Brau, Jean-Louis   Vom Haschisch zum LSD: Geschichte der
Droge
Insel Verlag, Frankfurt/M. 1969

Cavanagh, John u.   Weltmacht Alkohol
Clairmonte,   edition zebra, Hamburg 1986
Frederick F.

Chesneaux, Jean   Weisser Lotos, Rote Bärte: Geheimgesellschaften in China
Verlag Klaus Wagenbach, Berlin 1976

Der Neue Brockhaus	Zweiter Band F - K F.A. Brockhaus, Leipzig 1937, S.466
Der Spiegel	Nr. 32/1981, S.143
Der Spiegel	Nr. 10/1986, S.253
Der Spiegel	Nr. 46/1988, S.148ff
Der Tagesspiegel	Nr. 11.103, 2.4.1982, S.16
Der Tagesspiegel	Nr. 13.064, 15.9.1988, S.29
Deutsche Hauptstelle gegen die Suchtgefahren (Hrsg.)	Jahrbuch zur Frage der Suchtgefahren 1989 Neuland Verlag, Hamburg 1988
Feraru, Peter	Ganoven von gestern: Die Geschichte der „Berliner Ringvereine" Zitty (Illustrierte Stadtzeitung Berlin) 11.Jg.1987, Nr.12, S.62-72,172-176 und Nr.13, S.60-66
Gilg, E. und *Schürhoff, P.N.*	Aus dem Reich der Drogen Schwarzeck-Verlag, Dresden 1926
Gomez, Linda	Cocaine: America's 100 Years of Euphoria and Despair Life, No 5/May 1984, S.57-68
Globig, Michael	Aus Färbern wurden Pharmariesen Rheinischer Merkur / Christ u. Welt, Nr.14 – 30.3.1985, S.39
Haefs, Hanswilhelm (Hrsg.)	Der Fischer Weltalmanach 1989 Fischer TB Verlag, Frankfurt/M. 1988
High Times (Hrsg.)	High Times Encyclopedia of Recreational Drugs, Stonehill Publishing Company, New York 1978
ohne Autor	„Heroin . . . ein außerordentlich brauchbares Mittel", Stadt Revue, Aug. 1988, S.23
Hess, Henner	Rauchen: Geschichte, Geschäfte, Gefahren Campus Verlag, Frankfurt/M.-New York 1987

International Narcotics   Report of the International Narcotics
Control Board (Hrsg.)   Control Board for 1988
United Nations, New York 1988

Kaplan, David E.   Yakuza: The Explosive Account of Ja-
und *Dubro, Alec*   pan's Criminal Underworld
Collier Books, Macmillan Publishing
Company, New York 1986-87

Langbein, Kurt/   Gesunde Geschäfte: Die Praktiken der
Martin, Hans-Peter/   Pharma-Industrie
Weiss, Hans und *Werner,* Kiepenheuer & Witsch, Köln 1983
Roland
Laux, G.   Psychopharmaka
Gustav Fischer Verlag, Stuttgart-New
York 1988

Lewin, Louis   Phantastica: Die betäubenden und erre-
genden Genußmittel
Verlag von Georg Stilke, Berlin 1924

Martinetz, Dieter   Gift: Magie und Realität, Nutzen und
und *Lohs, Karlheinz*   Verderben
Edition Leipzig, Verlag D.W. Callwey,
München 1986

Maclean, Don   Pictorial History of The Mafia
Pyramid Books, New York 1974

Modell, Walter u.   Drugs
Lansing, Alfred u. a.   Time-Life International (Nederland) N.V.
(Hrsg.)   1969

Rippchen, Ronald (Hrsg.) MDMA – Die neue Sympathiedroge?
Der Grüne Zweig 103
Verlag Die Grüne Kraft-Werner Pieper
Medienexperimente, Löhrbach o.J.

Schmitt-Hausser, Gerd   Das Zigaretten-Brevier
Wilhelm Heyne Verlag, München 1976

Schmitz, Rudolf   Mörser, Kolben und Phiolen: Aus der
Welt der Pharmazie, Akademische Druck-
und Verlagsanstalt, Graz 1978[2]

Schmidt-Klingenberg, Michael	Weltfirma Deutschland Teil 2: Der Chemiekonzern Bayer in den USA Der Spiegel Nr. 30/1987, S.116-128
Stafski, Heinz	Aus alten Apotheken Prestel Verlag, München 1961
Stiftung Warentest (Hrsg.)	test Sonderheft „Arzneimittel" Stiftung Warentest, Stuttgart Dezember 1988
Thamm, Berndt Georg	Andenschnee – Die lange Linie des Kokain Sphinx Verlag, Basel 1986
ohne Autor	The Gourmet Cokebook A complete Guide to Cocaine D.C. Production Enterprises, Inc. Nov. 1974
Volksblatt Berlin	13.1.1989, S.14
Woller, Reinhard	Aufbruch ins Heute 1877-1977 Verband der chem. Industrie e.V., Frankfurt/M. 1977
ZDF Suchtwoche 1988	Gesundheitsmagazin Praxis: Thema „Sucht" ZDF, 3.11.1988, 21.00-21.45 Uhr

> *Überspitzt gesagt, hat die Drogenmafia bereits beträchtliche Teile der Welt im Griff.*
>
> SPIEGEL-Spezial, „Geißel Rauschgift" I/1989

4. Organisiertes Verbrechen und Vermarktung der Illegalität

Der illegale Drogenhandel durch das organisierte Verbrechen (Organized Crime) besteht seit rund sechzig Jahren. Unterbrochen wurde er durch den zweiten Weltkrieg.

4.1. Organisiertes Verbrechen vor dem zweiten Weltkrieg

Das organisierte Verbrechen war aus historisch gewachsenen Männerbünden, aus Schutzbünden oder Geheimgesellschaften erwachsen (s. Tab. Beispiele des organisierten Verbrechens).

Seit Generationen pflegten diese Männerbünde ihre Traditionen. Allen gemeinsam, ob in Ostasien oder Südeuropa, waren (und sind) die Prinzipien:

● hierarchischer Aufbau und innere Abschottung
● konspiratives und arbeitsteiliges Vorgehen
● Verpflichtung zum Schweigen.

Diese Struktur zeichnete und zeichnet „Triaden" (chinesische Geheimbünde), „Yakuza" (japanische Gangstersyndikate), „Mafia" (organisiertes Verbrechen auf Sizilien) und „Camorra" (neapolitanische Verbrecherfamilien) aus, um einige bekannte Beispiele zu nennen.

Zwischen den 1880er Jahren und dem ersten Weltkrieg wanderten Millionen Menschen – meistens aus wirtschaftlicher Not – aus ihrer Heimat aus, siedelten sich in weit entfernten Ländern an und bildeten dort sogenannte Ausländerkolonien, -Viertel oder -Städte.

Beispielsweise gingen:

● chinesische Auswanderer in die USA, nach Kanada, in das Vereinigte Königreich, die Niederlande und nach Deutschland. Hier lebten sie in „Chinesenvierteln" (China town) und hielten Kontakt zu ihren Verwandten in China und Hongkong, später Taiwan;
● osteuropäische, insbesondere russische Juden in die USA. Hier lebten sie in „Judenvierteln" und hielten Kontakt (insbesondere als „Jewish Crime Syndicate") zu ihren Verwandten in der Diaspora, zum britischen Mandat Palästina (später Israel);
● korsische Auswanderer nach Südfrankreich (Marseille), aber auch nach Französisch-Indochina. Sie hielten Kontakt zu ihren Clanmitgliedern auf Korsika, aber auch zum französischen Mandat Libanon;

● italienische Auswanderer, insbesondere aus den südlichen Regionen Sizilien, Kalabrien und Kampanien in die USA, nach Kanada und nach Australien. Hier lebten sie in „Italienervierteln" (Little Italy) und hielten Kontakt (insbesondere als Zusammenschluß „Cosa Nostra") zu ihren Verwandten in Italien, vornehmlich Palermo, Reggio Calabria und Neapel.

In der östlichen Hemisphäre lag der Opiumschmuggel seit den 20er Jahren in den Händen chinesischer Geheimzirkel (Triaden).

In der westlichen Hemisphäre lag der verbotene Heroinhandel seit den 30er Jahren in den Händen des „Syndikats" in den USA und der Korsen in Südfrankreich.

Da brach der zweite Weltkrieg aus und mit ihm zerbrach der illegale Drogenhandel.

4.2. Organisiertes Verbrechen nach dem zweiten Weltkrieg

Mit Ende des zweiten Weltkrieges 1945 waren die Chancen, Drogenprobleme unter Kontrolle zu bekommen, ausgesprochen günstig:

● Der Seeweg war durch den jahrelangen U-Boot-Krieg unterbrochen.

● In den USA waren strenge Sicherheitsbestimmungen erlassen worden, die insbesondere an den Grenzen gegen Spione, Saboteure und Schmuggler angewendet wurden. Mit Kriegsende war die Drogeneinfuhr in die USA fast unmöglich geworden.

● Im faschistischen Italien hatte Mussolini den „totalen Krieg" gegen die „Paten" im Süden des Landes gewonnen. Anfang der 40er Jahre führte die sizilianische Mafia in den ländlichen Gebieten nur noch ein Schattendasein.

● Die Verbindungen amerikanischer und europäischer Chinesenkolonien zu den chinesischen Geheimgesellschaften in Asien waren durch die Invasion der Großmacht Japan (japanisch-chinesischer Krieg 1937 bis 1945) gekappt worden.

● Viele Führer korsischer Syndikate waren tot. Sie hatten während der Besatzung Frankreichs durch die Truppen Hitlers mit der geheimen Staatspolizei (Gestapo) der Deutschen kollaboriert und dementsprechend nach der Befreiung des Landes Macht und Einfluß, oft das Leben verloren.

Beispiele des organisierten Verbrechens

| | Organisch gewachsene Männerschutzbünde | | | | | Drogenkartelle nach dem 2. Weltkrieg | |
| | Europa | | Nordamerika | Asien | | Südamerika | Naher Osten |
	Italien	Frankreich	USA	Hongkong Taiwan	Japan	Kolumbien	Libanon
Wurzeln Geschichte Tradition	Ab dem 17. Jh. entstanden in Süditalien Männerbünde, die sich gegen die Fremdherrschaft d. Spanier/Franzosen wendeten: so die **Mafia** auf Sizilien, die **Camorra** in Neapel und die **'Ndrangheta** in Kalabrien. Bis ins 19. Jh. setzten sie sich für die vom Staat vernachlässigten Bauern ein. Ab Mitte des 19. Jh. krimi-	Ab 1879 wanderten **Korsen** in Südfrankreich (Marseille) ein. Korsische Familien-Clans kontrollierten die Unterwelt der Hafenstadt. Sie hatten Kontakte zu franz. Indochina und dort zu Opiumhändlern. Spezialisierung auf Heroinherstellung Mitte der 30er Jahre. Kooperation mit der Cosa Nostra	Ab 1880 wanderten Sizilianer u. Neapolitaner (**Cosa Nostra** = unsere Sache) in die USA ein. Schon Ende des 19. Jh. waren sie als „The Black Handers" (Schwarze Hand) bekannt. 1929 gründeten ital. US-Mafiosi das „National Crime Syndicate". 1931 Aufteilung der USA unter 24 Ma-	In China bildeten sich gegen die Herrschaft der fremden Mandschus (Ching-Dynastie 1644-1911) Geheimgesellschaften, so die „San Ho Hui" (= Drei Harmonien), kurz **Triade** genannt. Diese u. a. „Triaden" hatten bis ins 19. J. einen patriotischen, religiösen und sozial-revolutionären Charakter. Ab An-	Die **Yakuza** waren den alten Samurai-Idealen (Verpflichtung=giri u. Ritterlichkeit=ninkyo) verpflichtet unauflösliche Lebensgemeinschaften, die Schutz und Fürsorge für ihre Mitglieder bis zum Lebensende gewährten.	Der Kokainhandel wurde erst nach der Zerschlagung der „french connection" 1971/72 aufgebaut. Durch steigende Nachfrage in den USA in den 70er J. Ausbau zur Kokainindustrie (Bolivien, Peru, Kolumbien). In den 80er J. wurde diese zum weltweiten Kokainhandel zur Wirtschafts-	Nach dem 1. Weltkrieg und dem Ende des Osmanischen Reiches wurde der Libanon französisches Mandat (1920-43). Zum Mandat unterhielten auch die Korsen (die türk. Opium zu Heroin veredelten) Kontakt. Nach dem 2. Weltkrieg wurde der Libanon durch Drogengelder zur „Schweiz

Organisationsform	„Mafia" und „Camorra" haben zentralistische Struktur. Auf Sizilien bilden mehrere Familienchefs mit dem Provinzchef an der Spitze eine „Kommission". Die Provinzchefs bilden ein Koordinationsgremium. Die ''Ndrangheta''-Familien verstehen sich als Föderation autonomer Clans.	Familien-Clans mit Clan-Oberhaupt und engen Beratern.		
	nelle Geschäfte (südliches Bandenwesen). Einstieg in das Drogengeschäft nach dem 2. Weltkrieg, insbesondere 70er und 80er Jahre.	bis Mitte d. 60er J.		
	Familien-Clans (= Syndikate). Cosa Nostra-Familien bestehen aus Ehrenmännern, Zehnerchefs, Vizechef, Familienchef und Beratern. Zentralistische Grundstruktur.	„Syndikate" mit ernannten Direktoren und Beratergremium. Zentralistischer Aufbau.	Familien (= Syndikate) mit obersten Direktoren und Unterdirektoren. Zentralistischer Aufbau.	
	fia-Familien. Einstieg in das Heroingeschäft Anfang d. 30er Jahre.	fang des 20. Jh. kriminelle Geschäfte.		
	Familien mit einem „Narcoking" an der Spitze, die sich in kolumbianischen Großstädten (Medellin, Cali) zu „Kartellen" zusammengeschlossen haben.	macht. Die Kartelle kontrollieren heute 80 % des Kokainmarktes der USA. Brückenkopf in Spanien und damit in Europa.		
	Familien-Clans	d. Nahen Ostens". Drogenverbreitung im Bürgerkrieg (seit 1976). Seit Mitte der 80er J. auch Heroinproduktion.		

131

Beispiele des organisierten Verbrechens

	Organisch gewachsene Männerschutzbünde					Drogenkartelle nach dem 2. Weltkrieg	
	Europa		Nordamerika	Asien		Südamerika	Naher Osten
	Italien	Frankreich	USA	Hongkong Taiwan	Japan	Kolumbien	Libanon
Stammsitz & geschätzte Mitgliederanzahl	Mafia: Sizilien 'Ndrangheta: Kalabrien Camorra: Neapel	Marseille (Südfrankreich) ?	US-Großstädte an der Ost- und Westküste, Florida und Texas ?	Hongkong: 80 000 – 100 000 Taiwan: 15 00 – 20 000	Tokio, Kobe/Osaka, Yokohama um die 2 00 Familien mit über 100 000 Mitgliedern	Medellin (Kolumbien) Cali (Kolumbien) mehrere Zehntausend	Beirut und Umgebung Gegend um „Baalbek" „Bekaa"-Hochebene mehrere Zehntausend
Internationale Verbindungen Operationsgebiete	Mafia: Mittelmeergebiet, Naher Osten, Balkanstaaten, Mitteleuropa, USA 'Ndrangheta: USA, Kanada, Australien Camorra: Westeuropa, USA	Naher Osten Südostasien USA	Nordamerika, Westeuropa (insbesondere Süditalien), Naher Osten, Mittlerer Osten, Südostasien und Ostasien	Südostasien Saudi Arabien Westeuropa Nordamerika	Hongkong Südostasien Ostasien Nordamerika	Süd-, Mittel- und Nordamerika Westeuropa	Naher Osten Mittlerer Osten Mittelmeergebiet Balkanstaaten Westeuropa

Beispiele des organisierten Verbrechens

| | Organisch gewachsene Männerschutzbünde | | | | | Drogenkartelle nach dem 2. Weltkrieg | |
| | Europa | | Nordamerika | Asien | | Südamerika | Naher Osten |
	Italien	Frankreich	USA	Hongkong Taiwan	Japan	Kolumbien	Libanon
Drogengeschäfte (Hauptdrogen)	Mafia: Heroin (Inland, weltweit) 'Ndrangheta: Cannabis Heroin? Camorra: Kokain (Inland, Europa)	Heroin	Heroin Kokain Crack Cannabis	Heroin (weltweit)	Amphetamin (Japan, Ostasien)	Kokain (weltweit)	Cannabis (Naher Osten, Europa, USA) Heroin (Naher Osten, Europa, USA)
Bezeichnung der Drogen „Connection"	„italian connection" („sicilian connection")	„french connection"	„Pizza connection" (New York)	„chinese connection"	„japanese connection"	„columbian connection"	„lebanese connection"

Europa war mit dem Ende des Weltkrieges praktisch drogenfrei. In China, wo in der zweiten Hälfte der 40er Jahre um die 40 Millionen Opiumsüchtige geschätzt wurden, kämpften Nationalchinesen (Kuomintang) und Kommunisten 1945 bis 1949 um die Vorherrschaft im Lande. Japan, das weite Teile Ostasiens kontrollierte, hatte nach den Atombombenabwürfen der Amerikaner kapituliert. Im eigenen Land der Siegermacht USA war die Zahl der Drogenabhängigen auf weniger als 20 000 gesunken. Doch bei dieser Drogen„armut" sollte es nicht bleiben. Auf den vereinten Kampf gegen die faschistischen Nationen Europas folgte nun die Teilung der Nachkriegswelt – in Ost und West.

4.2.1. Der „kalte Krieg" und der Drogenhandel

Mit der Teilung der Welt in den freien, demokratischen Westen und den unfreien, sozialistisch-kommunistischen Osten begann ein Krieg, ein „kalter Krieg", in dem alle Mittel recht waren, auch „schmutzige" Mittel, beispielsweise Drogengeschäfte.

Die USA hatten den Heroin-Paten „Lucky" Luciano (1898-1962) nach Italien (Neapel) abgeschoben. Das „Syndikat" in den USA nahm wieder Kontakt zu den versprengten Resten der Clans der Korsen auf. Die Reorganisation des Drogenhandels ließ nicht lange auf sich warten.

Den Rohstoff bezog diese „French Connection" von den Mohnanbaufeldern im türkischen Anatolien, der über den Libanon (früher französisches Mandat) und Sizilien schließlich in Südfrankreich landete. Korsische Drogenspezialisten hatten mittlerweile Marseille und Umgebung mit einem Netz von Laboren überzogen, in denen das türkische Opium zu Heroin veredelt wurde. Über eine Kette von Mittelsmännern in großen europäischen Städten (Mailand, Paris, Marseille und Hamburg) wurde die Droge direkt nach New York verschifft. Sie nahm aber auch ihren Weg über Kuba und Kanada in die USA. Ableger korsischer Syndikate hatten sich auch in Französisch-Indochina, insbesondere in Laos, etabliert, hatten Zugriff auf das südostasiatische Opium im „goldenen Dreieck". In Südostasien hielten sich die Korsen über den ersten Indochina-Krieg (1946-1954) bis Mitte der 60er Jahre. Dann wandten sich ihre Geschäftspartner, die „Cosa Nostra", anderen Gruppen zu, suchten in Chinesen neue

Verbündete in Südostasien zu finden. Anfang der 70er Jahre war die „French Connection" zerschlagen, nicht aber das internationale Drogengeschäft.

4.2.2. Der „Vietnamkrieg" und der Drogenhandel

In den zweiten Indochina-Krieg (1957-1975) waren 1964 auch die USA eingetreten. Ihr „Vietnam-Krieg" sollte fast zehn Jahre bis 1973 dauern. In den ersten Jahren des Krieges (1965-1967) war der Drogengebrauch unter den Soldaten noch selten. Marihuana war damals die beliebteste Droge, obwohl Opium, Aufputsch- und Schlafmittel überall verfügbar waren. Ende der 60er und Anfang der 70er Jahre erreichte der Drogengebrauch in einigen Einheiten in Vietnam epidemische Ausmaße. Zunehmend hatte in dieser Zeit Heroin das Marihuana verdrängt. Ein Bericht des Pentagon aus dem Jahre 1973 schätzte, daß 35 Prozent aller Wehrpflichtigen des Heeres in Vietnam Heroin versucht hatten und mindestens 20 Prozent dieser Soldaten mindestens einmal während ihrer Dienstzeit davon abhängig waren.

Vom Opiumschmuggel bis zur Heroinherstellung lag der Drogenhandel in chinesischen Händen, insbesondere in den Händen von Truppenteilen der nationalchinesischen Armee, die vor den Kommunisten nach 1949 aus China geflüchtet waren und sich über Jahre in Nordthailand und anderen Regionen Südostasiens niedergelassen hatten. Der Opiumvertrieb der Kuomintang reichte von den burmesischen Zwischenhändlern über die Kontrolle der burmesisch-thailändischen Grenze bis zum Weitertransport nach Bangkok. Man schätzte 1972, daß die Kuomintang 80 Prozent des Opiumhandels im „goldenen Dreieck" kontrollierten. Schon ab 1969 wurde, von chinesischen Kaufleuten organisiert, mit der Herstellung von Heroin begonnen. In der Folge konsumierten immer mehr US-Soldaten Heroin. Doch die erstrebte Wachstumsrate blieb aus. Die Marktstrategie der chinesischen Kaufleute ging durch die politische Entwicklung nicht auf. Während sie Anfang der 70er Jahre die Heroin-Marktversorgung immer besser organisierten, nahm die Anzahl der amerikanischen Abnehmer immer mehr ab, denn die USA zogen sich immer stärker aus dem Vietnamkrieg heraus. Schon 1972 blieben die chinesischen Drogenhändler auf beträchtlichen Opium- und Heroinvorräten sitzen.

Chinesische Syndikate / „Triaden" (organisiertes Verbrechen) um 1985

Name	Heimat Standort	Gruppen (gangs)	Mitglieder	Operationsgebiete
14 K	Hongkong	23	24 000	Südostasien, Nordamerika, Westeuropa
WO Gruppe	Hongkong	10	29 000	Südostasien und Übersee
Chiu Chao (Chao Zhou)	Hongkong	6	16 000	Südostasien und Übersee
United Bamboo gang (Chu Lien Pang)	Taiwan	?	10 000-15 000	Ostasien, Nordamerika, Saudi Arabien
Luen Gruppe	Hongkong	4	5 000	Südostasien und Übersee
Tung Gruppe	Hongkong	2	3 000	Südostasien und Übersee
Andere Gruppen	Hongkong	9	4 000	Südostasien und Übersee
Four Seas (Shi Hai)	Taiwan	?	mehrere Tausend	Ostasien und Übersee
Niu-Pu Gruppe	Taiwan	?	1 000	Taiwan

Quelle: Law enforcement reports, 1980; miscellaneous press reports, 1984-1985

Zitiert nach: Kaplan/Dubro, Yakuza, New York 1986, S.214

1973 verließen die letzten US-Soldaten Vietnam. Dem „abgewanderten Verbrauchermarkt" setzten die Chinesen nun nach.

4.2.3. Die Drogen-Connections der 70er Jahre

1971/72 war die „French Connection" der Korsen endgültig zerschlagen worden. Ein Jahr später waren die USA aus dem Vietnamkrieg ausgestiegen. Auf die Drogenwelt, die drei Jahre später wieder neu aufgebaut wurde, hatte dies internationale Auswirkungen, die insbesondere in Westeuropa, Mittel- und Südamerika zu spüren war.

Chinese Connection

Die Mohnkammer Südostasiens lag im Zugriffsbereich des zu Syndikaten (Familien) zusammengeschlossenen organisierten Verbrechens der Chinesen, deren mächtigste Vertreter in Taiwan, vor allem aber in Hongkong residierten (s. Tabelle „Chinesische Syndikate/ Triaden"). Diese „Chinese Connection" setzte auf den reichen und unterversorgten Drogenverbrauchermarkt Westeuropa. Schon Mitte der 70er Jahre lag das europäische Zentrum der Drogenmacht in den Niederlanden. In der Amsterdamer Chinatown residierte ein chinesischer „Godfather". Von Amsterdam aus bauten die „Triaden" den Heroinmarkt Mitteleuropas auf und aus. Von hier aus wurden enge Verbindungen nach Hongkong, Bangkok, Singapur und Kuala Lumpur unterhalten. Der Einfluß der fernöstlichen Triaden reichte bis in die Reihen ihrer Bekämpfer, der Polizei; so der „Royal Hongkong Police", der „Bangkok Police", aber auch der Polizei Amsterdams, der 1976 Korruption vorgeworfen wurde.

Nach Europa brachten die chinesischen Paten aber auch eine neue Verkaufsstrategie, die sich gravierend von der vorangegangenen Strategie der „French Connection" unterschied. Diese hatte noch Opium über einen langen Reiseweg in ihre Labore geschmuggelt, in denen dann der türkische Rohstoff (im Verhältnis 10 Kilo Opium = 1 Kilo Heroin) zu Heroin veredelt wurde. Die Chinesen nun veredelten ihr Opium aus dem „goldenen Dreieck" in Südostasien gleich selbst zu Heroin. Vornehmlich stellten sie die Sorte Nr. 3 her, die als „Brown Sugar" schon von den US-Soldaten in Vietnam genommen wurde. Als „Hongkong Rocks" wurde dieses Heroin nun in Europa verbreitet, Mitte der 70er Jahre auch in der Bundesrepublik Deutschland,

137

die sich bis Ende der 70er Jahre zum „Heroinland Nummer Eins in Europa" entwickeln sollte. Drogenkonkurrenz trat für die Chinesen erst ab 1979 auf, als sich im Mittleren Osten die politische Landkarte änderte.

Sicilian Connection

Ab 1968 war von den USA aus die Cosa Nostra behilflich, ihren Geschäftspartner im Drogengeschäft, die „French Connection" auffliegen zu lassen. Mit der Verlagerung ihrer Morphinquellen von der Türkei nach Südostasien bezog sie nun ihre Mafia-Verwandtschaft in Sizilien auf breiter Ebene in das Heroingeschäft mit ein. Sizilien war nicht mehr Operationsbasis sondern Partner. Das goldene Zeitalter dieser Zusammenarbeit sollte bis 1979/80, also rund zehn Jahre, dauern. In dieser Zeit wuchs die „Sicilian Connection" über die Drogengeschäfte zu einem gigantischen Großkonzern heran. Die „ehrenwer-

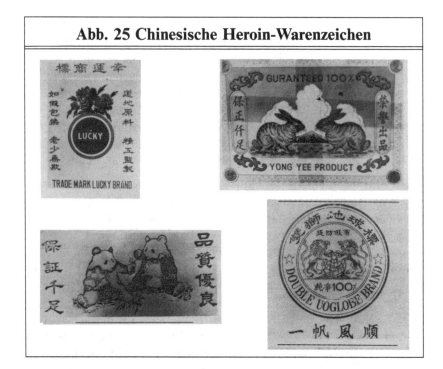

Abb. 25 Chinesische Heroin-Warenzeichen

te Gesellschaft" Siziliens kaufte im Libanon 1 Kilo Morphinbase für 1 000 US $ ein und verkaufte das Kilo, zu Heroin veredelt, an die Cosa Nostra-Verwandtschaft für 22 000 $ weiter. Diese verschnitt die Ware und erzielte schließlich auf dem US-Markt einen Kiloendpreis von 225 000 $.

In den 70er Jahren entwickelte sich das Drogengeschäft zum Milliardengeschäft. Das organisierte Verbrechen Süditaliens entwickelte autonome Wirtschaftsstrukturen und einen eigenen politischen Machtapparat. Doch der internationale Drogenhandel erforderte eine weltweit perfekte Organisation, deren Management nicht nur skrupellos, sondern auch ökonomisch kalkulierend sein mußte. An der gewaltigen Drogen-Dollar-Schwemme wollten nun auch junge, neue Mafia-Familien partizipieren. Die Neuaufteilung des Drogenmarktes und die Neustrukturierung der Organisation zum Drogenmulti sollte Anfang der 80er Jahre beginnen.

Bulgarian Connection

Schon lange war dem bulgarischen Sicherheitsdienst „Komitet Darschawna Sigurnost (KDS)", dem späteren Geheimdienst „DS", der illegale Drogenhandel aus dem Nahen Osten nach Westeuropa und Nordamerika bekannt. Schließlich führte die sogenannte Balkanroute durch das eigene Land. Durch die Zerschlagung der „French Connection" war ein Drogenvertriebs- und damit Machtvakuum entstanden, von welchem der DS profitierte. Die Situation war jetzt günstig, die „westliche Gesellschaft durch massiven Einsatz von Narkotika zu schwächen". So entstand Anfang der 70er Jahre die „Bulgarian Connection".

Funktionäre des staatlichen Unternehmens *Kintex*, eines wichtigen Devisenbeschaffers (durch Ex- und Importe von Handelsgütern) mit weitreichenden Geschäftsbeziehungen, verkauften im Lande beschlagnahmte Drogen, Heroin oder Morphinbase, an nahöstliche und europäische Drogenhändler weiter.

Wer bei *Kintex* kaufen wollte oder Heroin (Morphinbase) durch Bulgarien transportieren wollte, mußte sich verpflichten, bis zu 50 Prozent seines Gewinns in Waren des Staatsunternehmens zu investieren.

139

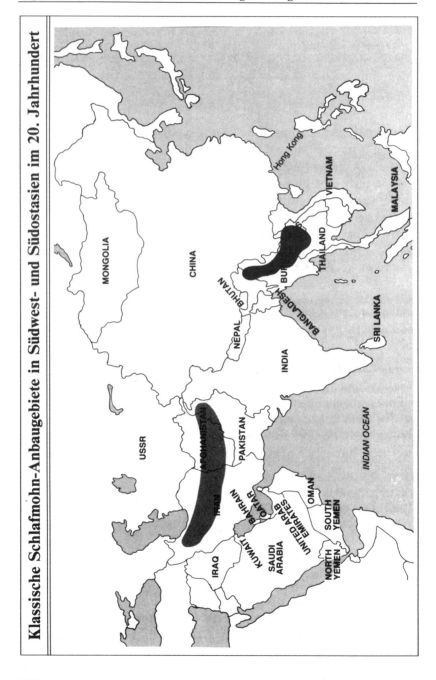

Klassische Schlafmohn-Anbaugebiete in Südwest- und Südostasien im 20. Jahrhundert

In der Regel wurden die Geschäfte mit Barzahlung in harter Währung abgewickelt. Ausnahmen gab es im Waffengeschäft, wo auch mit Heroin oder Morphinbase gezahlt werden konnte.

Die „neue" Rolle Bulgariens sprach sich in Drogenhändlerkreisen bald herum. Nicht wenige verlegten ihre Hauptquartiere oder Dependancen nach Bulgarien, meist nach Sofia.

In den späten 70er Jahren hatten die DS-Funktionäre bei *Kintex* den Kreis der bevorzugten Kunden auf etwa zwanzig Großhändler und Makler reduziert, fast ausschließlich Türken. Sie bildeten ein Konsortium, das nahezu 50 Prozent des Drogenhandels im Nahen Osten kontrollierte. Anfang der 80er Jahre knüpfte das Konsortium auch Kontakte zur sizilianischen Mafia. Nach erfolgreichen Verhandlungen stand dem Transport großer Mengen Morphinbase über das Mittelmeer nach Sizilien (und den dortigen Heroinlaboren) nichts mehr im Wege. Die „Bulgarian Connection" hatte sich mit der „Sicilian Connection", dem Partner der Cosa Nostra, vernetzt.

Mexican Connection

Die Heroinversorgung der USA war mit der Zerschlagung der „French Connection" und dem Ende des Vietnamkrieges (und der dortigen Kontakte zur „Chinese Connection") unterbrochen worden. Die Mohnquellen der Türkei waren versiegt, doch der US-Nachbar Mexiko mit seinen unendlich großen Hanf- und Mohnanbaugebieten in der Sierra Madre bot sich als Heroinproduzent an. Zwar konnten die Mexikaner nicht so hochwertiges Heroin wie die korsischen Profis herstellen, dennoch hatte ihre dunkelfarbige Heroinsorte „Mexican Brown" noch einen Reinheitsgrad von bis zu 65 Prozent. Bereits 1974, ein Jahr nach dem Vietnamkrieg, hatte die „Mexican Connection" die zerschlagene „French Connection" abgelöst und versorgte den US-Heroinmarkt zu 80 Prozent. 1976 schätzte man in den USA einen harten Kern von 400 000 Heroinsüchtigen und rund zwei Millionen Probierern. Für sie wurden allein in New York 30 verschiedene Heroin-Marken, von „Gold Label" über „Blue Magic" bis „Gold Pussy" im illegalen Handel angeboten.

Wie bereits 1971 bei der Türkei übten die USA auch auf Mexiko politischen Druck aus und boten finanzielle Hilfe beim Kampf gegen den Mohnanbau an. 1977 wurde mit US-amerikanischer Hilfe die „Mexican Connection" zerschlagen. Das Anschlußgeschäft übernahm wieder die Cosa Nostra mit ihren Kontakten nach Sizilien. Es entstand die „Pizza-Connection".

Aber die Heroinhändler, vom Ende der 40er Jahre bis Anfang der 70er Jahre Monopolisten im Drogengeschäft, bekamen Konkurrenz durch die ersten Kokainhändler.

Columbian Connection

Bereits in den 60er Jahren gab es eine „Latin Connection", die alles verschob, was sich anbot und gewinnträchtig war. Sie hatte sich weder auf Heroin noch auf Kokain spezialisiert, half vielmehr der „weißen Ware" auf den Weg nach Nordamerika – über Argentinien, Paraguay, Uruguay und Venezuela. Weiter über Panama, Mexiko und die Karibikinseln. Die mexikanischen „Paten" machten ein gutes Geschäft und schickten schon mal Kokain aus den eigenen Produktionsstätten mit. Als im fernen Europa 1971/72 die „French Connection" zerschlagen wurde, begann der organisierte Auf- und Ausbau des Kokaingeschäftes. Hunderte von winzigen Kokainküchen, anfangs in Chile, bald darauf in Bolivien, legten den Grundstein zum profitabelsten Drogengeschäft der Welt.

In den 70er Jahren entwickelte sich Bolivien zur „Kokainküche Südamerikas". 1971 war dort General Hugo Banzer durch einen Putsch zur Macht gekommen. Er verbündete sich mit reichen Viehbaronen und Zuckerindustriellen. Aus dieser Verbindung erwuchs ein „Cocasulfat-Monopol". 1980 unterstützten die „Paste-Fabrikanten" einen erneuten Militärputsch („Kokain-Putsch") und verhalfen so General Garcia Meza zur Macht. Dessen Regierung erklärte den Handel mit Cocablättern zum Staatsmonopol. Die Clans der Paste-Fabrikanten mußten nun ihren Bedarf über den Innenminister des Landes, Oberst Gomez, decken. Dieser stellte, um die Kokaingeschäfte zu sichern, eine 800köpfige Söldnertruppe zusammen, die mit Hilfe deutscher und italienischer Rechtsradikaler paramilitärisch ausgebildet wurde und im Lande bald gefürchtet war. 1982 ging die Ära der Militärs Meza und Gomez zu Ende.

Die Cocapaste, ein Zwischenprodukt, wurde in der Regel zur Kokainveredelung nach Kolumbien gebracht. Das dortige Drogengeschäft

beherrschten die mächtigen „Capos". Ihre „Columbian Connection"
schmuggelte das Kokain vornehmlich in die USA, wo seit Anfang der
70er Jahre steigender Bedarf signalisiert wurde. Schon 1972 kostete
ein Kilo Kokain auf dem Bar- und Straßenmarkt New Yorks rund
23 000 $. Ende der 70er Jahre wurden in den USA schon Millionen
Kokainprobierer gezählt. Neben Nordamerika bot sich als zweiter,
noch zu erschließender Verbrauchermarkt-Westeuropa an. Kokain
versprach das lukrativste Geschäft der 80er Jahre zu werden.

4.2.4. Die Drogenmultis der 80er Jahre

Die 80er Jahre waren und sind durch die Entwicklung gekennzeichnet, daß das Drogengeschäft zu einem total professionell arbeitenden
Unternehmen umgebaut wurde und immer noch wird: von der Anbauplanung bis hin zum Endverkauf. In diesen 80er Jahren wurden
die Drogenmärkte durch blutige Konkurrenzkämpfe in den Reihen
rivalisierender Drogenanbieter neu aufgeteilt, von Südamerika bis
Westeuropa. Neben den „klassischen Heroinanbietern" wie der „Chinese Connection" und der „Sicilian Connection" traten neue Heroin-
produzenten auf, so die „Indian Connection" und die „Libanese Connection".

Middle East Connection

Die Länder des Mittleren Ostens gehörten schon lange zu den großen
Opiumproduzenten Südwestasiens, doch es fehlte ihnen noch an
Kontakten zur internationalen Unterwelt. Gravierende politische
Änderungen Ende der 70er Jahre wurden zum Wegbereiter dieser
Kontakte. Im Jahre 1979:

● floh der Schah aus Persien und der Ayatollah R. Khomeini rief die
  „Islamische Republik Iran" aus;
● im Nachbarstaat Afghanistan marschierten sowjetische Truppen
  ein;
● in Pakistan wurde eine streng islamisch ausgerichtete Gesetzgebung eingeführt.

In diesem Jahr 1979 soll die Opiumjahresernte Pakistans (700 t),
Afghanistans (300 t) und des Iran (600 t), also der Länder des „golde-
nen Halbmonds", zehnmal so hoch wie die Jahresernte des „goldenen
Dreiecks" gewesen sein (1979: 160 t).

Die Neo-Islamisierung des Mittleren Ostens schuf auch wieder engere Kontakte zum islamisierten Nahen Osten. Heute brauchen in diesen Krisengebieten die unterschiedlichsten Gruppierungen, von den verschiedenen Milizen im Libanon über die Palästinensische Befreiungsorganisation (PLO) bis zur Unabhängigkeitsbewegung der Kurden im Iran, die alle in dieser geographischen Sphäre operieren, Geld, insbesondere für Waffen. Im Waffenhandel werden auch Drogen als gültige Währung anerkannt. So produziert der Libanon beispielsweise, ab 1975 vom immer noch währenden Bürgerkrieg gezeichnet, seit Mitte der 80er Jahr auch Heroin. Diese „Lebanese Connection" soll weit nach Europa reichen.

Sicilian Connection & Cosa Nostra

Auf Sizilien hatte das Drogen-Dollar-Geschäft der „alten" Mafia-Familien in den 70er Jahren den Neid „neuer" Familien hervorgerufen. So fing auf der Insel 1981 ein blutiger Verteilungskampf um das gewinnträchtigste aller Mafia-Geschäfte an. Allein 1982 kosteten die Auseinandersetzungen auf Sizilien 200 Tote.

Auch in den USA fand innerhalb der Cosa Nostra ein „Generationenwechsel" statt. Die „jungen" US-Mafiosi in Miami, Houston und Los Angeles gingen gegen die „alten", noch mit Sizilien verbundenen Familien vor, beispielsweise gegen die Gambinos und Bonannos in New York. Diesen wurde in der Folge als Paten der „Pizza-Connection" ab 1985 der Prozeß gemacht.

Chinese Connection

Von der Zerschlagung der „Pizza-Connection", die ein Heroinlieferungsvakuum hinterließ, profitierte die „Chinese Connection". Die Lücke der Heroinversorgung schlossen Tätergruppen, die von Thailand und Hongkong aus operieren. Nach Polizeierkenntnissen sollen 1987/88 diese Ringe allein in New York schon 70 Prozent des Heroinhandels übernommen haben. Der lange Arm der fernöstlichen Triaden soll 1988 sogar nach Sizilien ausgestreckt worden sein.

Japanese Connection

Internationale Kontakte pflegten auch die „Yakuza", das organisierte Verbrechen in Japan (s. Tab. „Die wichtigsten Yakuza-Familien"). In Japan selbst kontrollierten und kontrollieren sie den Handel mit illegalen Aufputschmitteln (Amphetaminen). Mit zunehmender Ausdünnung des US-Einflusses in Südostasien Anfang der 70er Jahre, bauten die Yakuza ihre Stellungen auch in der Gegend des „goldenen Dreiecks" aus. Anfang der 80er Jahre fingen die „Syndikate" Japans an, ihre Einflußsphäre auf die US-Westküste auszudehnen. Mit Hilfe der japanischstämmigen amerikanischen Minderheit errichteten sie Brückenköpfe in einigen Großstädten Kaliforniens. Dem folgten Kontakte zur Cosa Nostra. Das Hauptgeschäftsinteresse galt dem Heroinhandel. Die Yakuza wollten liefern, die Cosa Nostra sollte den Weiterverkauf übernehmen. Dependancen hatten die Yakuza aber auch in Hongkong, der Hochburg der „Chinese Connection". Der Eintritt der Yakuza in das internationale Heroingeschäft wurde jedoch durch ein Ereignis unterbrochen. 1982 war der oberste Syndikatdirektor der größten und ältesten Yakuza-Familie, der „Yamaguchi Gumi" gestorben. Bis 1984 gab es durch Probleme der Nachfolge ein Machtvakuum. Als 1985 die Leitungsprobleme aufgehoben waren, kam es innerhalb der Yakuza durch konkurrierendes Verhalten alter und neuer Syndikate zu blutigen Auseinandersetzungen. Dennoch, das Drogengeschäft wurde nur unterbrochen.

Kokain-Kartelle Kolumbiens

Das staatliche Gewaltmonopol Kolumbiens hat in den 80er Jahren härteste Konkurrenz bekommen. Im Lande gibt es mehrere Guerillo-Bewegungen und Befreiungsorganisationen, weit über 100 sogenannter Todesschwadronen und die „Magicos", die großen Kokainbarone.

Die größten haben sich in der zweiten Hälfte der 80er Jahre zusammengeschlossen und machtvolle Kartelle gebildet.

Das größte Kartell hat seinen Sitz in der Zweimillionenstadt Medellin, im Departamento Antioquia gelegen. Zum „Cartel de Medellin" sollen sich zwanzig Drogenhändlerfamilien zusammengeschlossen haben, darunter die Kokain-Milliardäre Pablo Escobar Gaviria, Jorge Luis Ochoa Vasquez, Gonzales Rodriquez Gacha und der in den USA im Juli 1988 zu lebenslanger Haft verurteilte Carlos Lehder Rivas. Bis zu 20 000 Menschen sollen für das Kartell gearbeitet haben.

Härtester Konkurrent ist das „Cartel de Cali" mit Sitz in der 1,4-Millionenstadt Cali. Führendes Mitglied dieses Kokainkartells soll die Familie Orejela sein.

Die wichtigsten Yakuza-Familien / „Syndikate" (organisiertes Verbrechen in Japan) um 1981/84

Syndikat	Gründ. jahr	Hauptsitz	Einflußbe-bereiche	Familien-gruppen	Gruppen-mitglieder	Syndikats-Boss
Yamaguchi-Gumi	1915	Kobe/Osaka	29	400	10 400	Kazuo Nakanishi
Sumiyoshi-Rengo	1958	Tokyo	20	113	6 723	Masao Hori
Motokyokuto Aioh Rengo-Kai	1930	Tokyo	22	105	4 416	Haruo Tanaka
Inagawa-Kai	1945	Yokohama	12	119	4 347	Kakuji Inagawa
Ichiwa-Kai	1984	Kobe/Osaka	30	140	2 800	Hiroshi Yamamoto
Matsuba-Kai	1953	Tokyo	12	41	2 147	Eisuke Sato
Nippon Kokusui-Kai	1958	Tokyo	10	22	943	Kyo Koo-soo/ Seikichi Kimura
Dai Nippon Heiwa-Kai	1965	Kobe/Osaka	13	51	914	Katsuyoshi Hirata
Toa Yuai Jigyo Kumiai	1966	Tokyo	?	–	796	Chong Gwon Yong/ Hisayuki Machii

Quelle: National Police Agency and Press reports, 1981-1984, Japan

Zitiert nach: Kaplan / Dubro, Yakuza, New York 1986, S.139f.

Die mächtigen und superreichen kolumbianischen Drogenbarone sollen heute 80 Prozent des Kokainmarktes der USA kontrollieren.

Zum europäischen Brückenkopf der Kolumbianer ist Spanien geworden. Von dort aus haben die „Narcos", die Kartellmitglieder, Beziehungen zu vielen europäischen Ländern geschaffen, haben Kontakte zum organisierten Verbrechen, beispielsweise der neapolitanischen Camorra aufgenommen und sind auf dem besten Wege, ein weltweites Kokainmonopol aufzubauen.

Weltweit ist das organisierte Verbrechen heute in ganz unterschiedlichen illegalen Bereichen tätig; Beispiele sind Schutzgelderpressung,

---

Kriminelle Organisation

Definition des organisierten Verbrechens (Organized crime)
Hans-Werner Hamacher (Direktor des Landeskriminalamtes NW a. D.) 1986

Die hochentwickelte **kriminelle Organisation** ist ein auf Dauer angelegter Zusammenschluß von Personen mit einem vom Straftatenziel unabhängigen Bezugssystem und festgelegter Kommando- und Verantwortungsstruktur, kanalisiertem Informationsfluß und im Schottenprinzip abgesichert.

Die Mitglieder begehen Straftaten nach zweckrationaler und strategischer Planung, arbeitsteilig oder unter Einsatz von Spezialisten, **bei Beachtung wirtschaftlicher Gesichtspunkte, so zum Beispiel der Bedarfsforschung und der Absatzplanung.** Sie sichern sich durch ein System der Einschüchterung und des Terrors gegen Beteiligte und Unbeteiligte, Korruption und Bestechung, eigene „Gesetzgebung", „Rechtsprechung" und Exekutivorgane, planvoll betriebene Öffentlichkeitsarbeit, soziale Abdeckung mit einem Scheinberuf und Scheineinkommen, gute Rechtsberatung und Rechtsbetreuung, Betreuung von Inhaftierten und deren Familien, Bindung an die Oberwelt und Aufbau von legalen Positionen im Wirtschaftleben.

Quelle: Hamacher, H.-W. „Tatort Bundesrepublik: Organisierte Kriminalität"
Verlag Deutsche Polizeiliteratur, Hilden 1986, S.20-21

Geldverleih und Wuchergeschäfte, Glücksspiel, Prostitution und Sexindustrie, Wettgeschäfte und Buchmacherei, Menschenentführung mit Lösegeldforderung und Schmuggel. Doch in keinem dieser illegalen Geschäfte ist die Profitspanne so groß wie im Drogengeschäft.

4.3. Profitspannen, Umsätze, Nettoerlöse

Der Drogenanbau und die Drogenernte ist eine sehr arbeitsintensive Tätigkeit. Bis zum heutigen Tage wird das Cannabisharz (Haschisch), werden die Cocablätter und wird das Rohopium aus den unreifen Mohnkapseln per Hand und nicht maschinell von ungezählten Hanf-, Coca- und Mohnbauern, deren Familienangehörigen, aber auch Tagelöhnern geerntet. Die Drogenbauern ernten beziehungsweise produzieren heute in der Regel im Auftrag des organisierten Verbrechens, das ihre Ware zum teuersten Agrarprodukt hat werden lassen.

Und direkt beim Bauern ist die Ware Droge natürlich am billigsten, beispielsweise das Cannabisharz Haschisch:

- 1971 kostete 1 Kilo Haschisch im Ursprungsland Afghanistan DM 7,–. Das nach Mitteleuropa eingeschmuggelte Kilo kostete dann in einer Großstadt der Bundesrepublik DM 5 000,–.

- Mitte der 80er Jahre, also fünfzehn Jahre später, kostete 1 Kilo Haschisch im Ursprungsland Libanon zwischen 90,– und 200,– DM. In der Bundesrepublik erzielte dasselbe Kilo einen Preis von über 12 000,– DM.

Profitabel sind auch die Verdienstspannen im Kokaingeschäft. Mitte der 80er Jahre erzielte ein in Bolivien gekauftes Kilo Kokain den dreißigfachen (!) Preis in der Bundesrepublik.

Nicht ganz so hoch ist die Profitspanne im Heroingeschäft. Während für die Gewinnung der Morphinbase (als Zwischenprodukt) noch relativ einfache Anlagen und einige im Handel mehr oder weniger mühelos erhältlichen Chemikalien genügen, ist für die Heroingewinnung ein weitaus größerer Aufwand notwendig. Benötigt werden teure und sehr spezielle Gerätschaften, ziemlich eindeutige Chemikalien, enorme Mengen Trinkwasser und Elektrizität gleichbleibender Qualität. So braucht man zur Herstellung von rund 1 Kilo Heroin u. a.:

- ca. 2 000 Liter Trinkwasser reinster Qualität
- 1 600 Kilowattstunden
- ca. 1 Liter Essigsäureanhydrid
- 3 bis 4 Liter Aktivkohle (speziell zum Reinfiltern von Morphinen) und
- 5 Liter Chloroform.

In unwirtlichen Gegenden, beispielsweise in Nordpakistan, müßten die illegalen Heroinlabore allein durch den enormen Wasser- und Stromverbrauch auffallen.

Durch diesen Aufwand erzielt ein beispielsweise im Libanon gekauftes Kilogramm Heroin in der Bundesrepublik derzeit maximal den zehnfachen Preis. Das Preisniveau ist jedoch nicht immer gleich:

● Überproduktionen in den Anbauländern,
● Änderungen der politischen Verhältnisse in den Erzeugerländern und
● konkurrierende Tätergruppen

lassen die Preise insbesondere für Heroin und Kokain gewaltig schwanken.

So spiegelt in der BRDeutschland Mitte der 80er Jahre der Straßenhandel diese Schwankungen wieder:

● für 1 Gramm Haschisch wurden zwischen 7,– DM und 22,– DM vom Endverbraucher gezahlt
● für 1 Gramm Heroin zahlte man zwischen 140,– DM und 600,– DM
● für 1 Gramm Kokain schwankte der Preis zwischen 140,– DM und 260,– DM.

In der zweiten Hälfte der 80er Jahre haben Kokainüberproduktionen in Südamerika den Kokainpreis fallen lassen. Für den Mittleren Osten wird nach dem Abzug der sowjetischen Truppen in Afghanistan in nächster Zeit eine größere Opiumernte und eine höhere Heroinproduktion erwartet.

Für mehrere Millionen Heroinverbraucher werden heute illegal gut 100 Tonnen Heroin für den Weltmarkt jedes Jahr produziert.

Für viele Millionen Kokainverbraucher werden heute mehrere hundert Tonnen Kokain jährlich produziert.

Profitspanne im internationalenn Rauschgiftgeschäft Mitte der 80er Jahre – alle Angaben in DM			
Kilopreise im Ursprungsland		**Kilopreis im Inland**	**Grammpreis im Straßenhandel**
CANNABIS HARZ Libanon 90.- bis 216.-	Niederlande 3.000.- bis 5.000.- Zypern 1.500.- bis 3.000.-	BRDeutschland 4.850.- bis 12.500.-	Straßenhandel 1 g 7.- bis 22.-
HEROIN Libanon 18.000.- bis 36.000.- Hongkong 35.000.-	Niederlande 42.000.-	BRDeutschland 75.000.- bis 170.000.-	Straßenhandel 1 g 140.- bis 600.-
KOKAIN Bolivien 4.000.-	Niederlande ?	BRDeutschland 120.000.- bis 150.000.-	Straßenhandel 1 g 140.- bis 260.-
AMPHE-TAMIN Niederlande ?	Straßenhandel 1 g 29.- bis 70.- Kilopreis	BRDeutschland 15.625.- bis 20.000.-	Straßenhandel 1 g 60.- bis 150.-
nach: „Rauschgiftkurier" (Hrsg. BKA), Nr. 2/1987, S. 8 und Nr. 1/1988, S. 8			

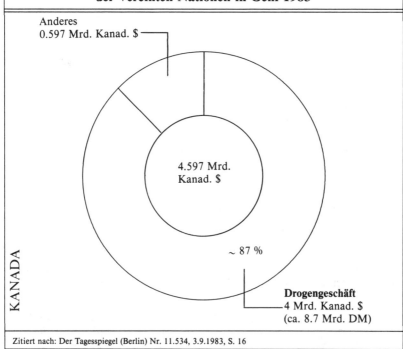

**Laufende Einnahmen der Verbrechenswelt
in Kanada 1982-83**
nach einer Veröffentlichung der Weltgesundheitsorganisation
der Vereinten Nationen in Genf 1983

Anderes
0.597 Mrd. Kanad. $

4.597 Mrd.
Kanad. $

KANADA

~ 87 %

Drogengeschäft
4 Mrd. Kanad. $
(ca. 8.7 Mrd. DM)

Zitiert nach: Der Tagesspiegel (Berlin) Nr. 11.534, 3.9.1983, S. 16

Für ungezählte Millionen Cannabisverbraucher werden weltweit Zehntausende von Tonnen Marihuana und Tausende von Tonnen Haschisch geerntet. Zum Ende der 80er Jahre ist der internationale illegale Drogenhandel zu einem Geschäft geworden, das jährlich dreistellige Milliardenbeträge (US Dollar) umsetzt. Für das organisierte Verbrechen, von Ostasien über Westeuropa bis nach Nordamerika, sind die Drogengeschäfte zu wichtigsten Einnahmequellen geworden.

4.3.1. Die Milliardenumsätze der Drogenmultis

Ob in Nordamerika, Westeuropa oder Asien: Das jeweilige dort beheimatete organisierte Verbrechen setzt durch illegale „Dienstleistungen" jährlich Milliarden um und verdient daran jährlich Milliarden.

151

Der illegale Umsatz der „Male Industria" (= Mafia & Camorra & 'Ndrangheta & Großstadt-banditentum) 1981 (in Deutsche Mark)
Schätzung des italienischen Wirtschaftsmagazins „Il Monde" 1982

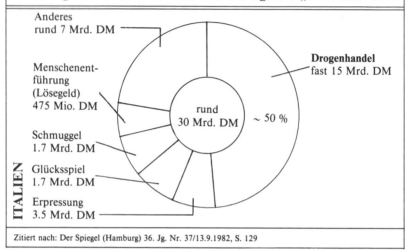

Anderes rund 7 Mrd. DM

Menschenent-führung (Lösegeld) 475 Mio. DM

Schmuggel 1.7 Mrd. DM

Glücksspiel 1.7 Mrd. DM

Erpressung 3.5 Mrd. DM

Drogenhandel fast 15 Mrd. DM

rund 30 Mrd. DM

~ 50 %

ITALIEN

Zitiert nach: Der Spiegel (Hamburg) 36. Jg. Nr. 37/13.9.1982, S. 129

Jahresumsatz des Organisierten Verbrechens in den USA 1985
Nach dem Schlußbericht der US-Untersuchungskommission der Regierung zum Drogenproblem in den USA (Frühjahr 1986)

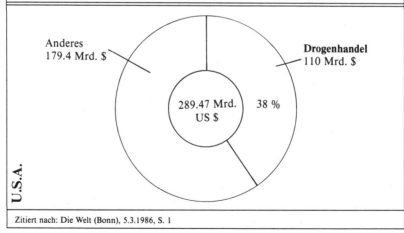

Anderes 179.4 Mrd. $

Drogenhandel 110 Mrd. $

289.47 Mrd. US $

38 %

U.S.A.

Zitiert nach: Die Welt (Bonn), 5.3.1986, S. 1

152

Für das organisierte Verbrechen stellt dabei heute das illegale Drogengeschäft die mit Abstand wichtigste Einnahmequelle dar (s. Abbildungen).

Vom Jahresgesamtumsatz des organisierten Verbrechens schätzte man den Anteil, der auf die Drogengeschäfte entfiel, beispielsweise

– in den USA (1985) auf 38 Prozent,
– in Italien (1981) auf rund 50 Prozent,

Das illegale Einkommen der Yakuza 1982 (in US-Dollar)
Quelle: National Police Agency, 1983

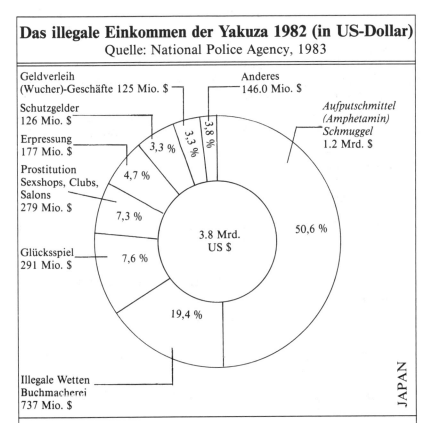

Geldverleih (Wucher)-Geschäfte 125 Mio. $
Anderes 146.0 Mio. $
Schutzgelder 126 Mio. $
Erpressung 177 Mio. $
Prostitution Sexshops, Clubs, Salons 279 Mio. $
Glücksspiel 291 Mio. $
Illegale Wetten Buchmacherei 737 Mio. $
Aufputschmittel (Amphetamin) Schmuggel 1.2 Mrd. $

3.8 Mrd. US $

3,8 % · 3,3 % · 3,3 % · 4,7 % · 7,3 % · 7,6 % · 19,4 % · 50,6 %

JAPAN

Andere Schätzungen gehen von einem Yakuza-Einkommen von fast 8 Mrd. $ aus. Einige unabhängige Schätzungen gehen auf 22 Mrd. $.

Zitiert nach: Kaplan & Dubro, Yakuza, New York 1986, S. 184

153

- in Japan (1982) auf über 50 Prozent und
- in Kanada (1982) auf 87 Prozent.

Finanzmäßig bedeutet dieser hohe Anteil, daß beispielsweise in den USA 38 Prozent rund 110 Milliarden US-$ entsprechen.

Der Umsatz, den das organisierte Verbrechen jährlich weltweit im internationalen Drogengeschäft erwirtschaftet, wird heute auf 300 bis 500 Milliarden US $ geschätzt:

● Auf 300 Milliarden US $ schätzte der Generaldirektor des UN-Fonds zur Bekämpfung des Drogenmißbrauchs (UNFDAC) im Februar 1986 vor Mitgliedern des Untersuchungsausschusses „Drogen in der Europäischen Gemeinschaft" des Europäischen Parlaments die „jährlichen Einnahmen*) aus dem Absatz von Rauschgiften und psychotropen Drogen".

● Auf 300 bis 500 Milliarden US $ schätzte der Ausschuß für Gesundheit und Soziales der parlamentarischen Versammlung des Europarates den Jahresgewinn*) des weltweiten Drogengeschäftes (drogen-report 4/1988).

● Auf 500 Mrd US $ schätzen auch US-Experten das weltweite Drogengeschäft.

Bei dieser Größenordnung nimmt sich der weltweite Umsatz der legalen Drogen „fast gering" aus.

Weltweiter Jahresumsatz legaler und illegaler Drogen im Vergleich	
Tabak	~ 100 Mrd US $
Alkohol	~ 170 Mrd US $
Illegale Drogen	**300-500 Mrd US $**

*) Trotz der Formulierung „Einnahmen" bzw. „Gewinn" kann hier nur „Umsatz" gemeint sein.

300 bis 500 Milliarden, das ist eine Drei bzw. Fünf mit elf Nullen. Die Summe entspricht beispielsweise

- dem Zehnfachen des Haushaltes der Europäischen Gemeinschaft (EG) oder
- dem Bruttosozialprodukt des EG-Mitgliedsstaates Italien oder
- der Hälfte des Bruttosozialproduktes des EG-Mitgliedsstaates Bundesrepublik Deutschland.

300 bis 500 Mrd US $, das ist das Jahresgeschäft. Zählt man die Jahre zusammen, beispielsweise die 80er Jahre, kommt man auf eine Größenordnung zwischen 2,5 und 3 Billionen US $. Danach beträgt der weltweite Drogenumsatz durch das Verbrechen im 8. Jahrzehnt dieses Jahrhunderts mehr als das Doppelte der Gesamtverschuldung der Länder der Dritten Welt (1,2 Billionen US $).

Damit ist die „Weltmacht Droge", wie das Nachrichtenmagazin *„Der Spiegel"* in der gleichnamigen Serie Ende 1988 schrieb, „binnen weniger Jahre zum größten liquiden Finanzimperium aufgestiegen, ein wild wucherndes Konglomerat von Narco-Multis, das allein ob seines schieren Geld- und damit Korruptionspotentials von niemandem mehr zu kontrollieren, wegen seiner globalen Ausdehnung von keiner nationalen oder internationalen Behörde mehr zu stoppen ist . . .

Und Hunderte Milliarden an Narco-Dollars stecken in respektablen Geschäften rund um den Globus, haben im internationalen Cashflow seit langem die Petrodollars überflügelt . . .“

4.4. Geldwäsche und Investitionen

Das weltweite Drogengeschäft ist auch ein weltweites Bargeldgeschäft. Millionen und aber Millionen sogenannter Narco-Dollars haben ihr Gewicht. So soll die größte bisher in den USA auf einmal beschlagnahmte Summe an Narco-Dollars eine halbe Tonne gewogen haben.

Das Geld aus dem illegalen Geschäft des Rauschgifthandels ist „schmutzig" (Dirty Money) und muß ohne lange Umwege schnellstmöglich in Geldinstituten, sogenannten Geldwaschanlagen (Financial „Laundring" Center) „gewaschen" und damit legalisiert werden. Dazu bedarf es qualifizierter Finanzexperten.

Im illegalen Drogengeschäft setzen die Drogen-Multis jährlich zwischen 300 und 500 Milliarden US Dollar um

Zum Größenvergleich die Jahresumsätze der größten Industrie-Multis der Welt

Rangfolge der zehn größten Industrie-Firmen
Umsätze 1987 in Milliarden Dollar

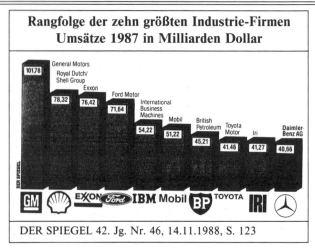

DER SPIEGEL 42. Jg. Nr. 46, 14.11.1988, S. 123

Rangfolge der zehn größten Elektro-Konzerne
Umsätze 1987 in Milliarden Dollar

DER SPIEGEL 42. Jg. Nr. 47, 21.11.1988, S. 116

Im illegalen Drogengeschäft setzen die Drogen-Multis jährlich zwischen 300 und 500 Milliarden US Dollar um

Zum Größenvergleich die Jahresumsätze der größten Industrie-Multis der Welt

Rangfolge der zwölf größten Chemie-Konzerne Umsätze 1987 in Milliarden DM

(USA)	(D)	(D)	(D)
54.8	40.2	37.1	37.0

(GB)	(USA)	(I)	(CH)
32.7	24.1	19.1	19.0

(F)	(NL)	(USA)	(USA)
16.8	13.8	13.7	12.7

Nach Capitalyse „Chemiekonzerne",
Capital, Heft 10/Okt. 1988, S. 217–230

4.4.1. Die Frühzeit der Geldwäsche

Als „Vater der Geldwäsche" wird der Finanzexperte Meyer-Lansky bezeichnet, der als russischer Immigrant in die USA kam und dort das „Jewish Crime Syndicate" (dem Pendant zum „National Crime Syndicate" der italo-amerikanischen Cosa Nostra), auch als „Kosher Nostra" bekannt, mitbegründete.

Seinerzeit ließ Lansky quer durch die Staaten „Waschsalons" (Laundring Center) installieren, die unglaublich viel Gewinn machten. Um der Besteuerung aus dem Wege zu gehen, ließ Lansky die Geldwäsche bald durch internationale Transaktionen erfolgen. Als das Finanzgenie des organisierten Verbrechens, auch von der Cosa Nostra hochgeschätzt, 1983 starb, soll die von ihm gegründete Holding zwei Banken in den USA, zwei auf den Bahamas und eine in der Schweiz besessen haben. Dreißig weitere Banken soll sie weltweit kontrolliert haben.

Nach dem Zweiten Weltkrieg und dem Wiederaufbau der „French Connection" in den 50er Jahren wuchs das Drogengeschäft, das Bargeldgeschäft und damit auch die Notwendigkeit der Legalisierung des illegal erworbenen Geldes.

In diesen 50er Jahren anonymisierte die Cosa Nostra ihre Gewinne aus Drogen- und Waffengeschäften (aus Europa, dem Nahen Osten und Asien) in Kuba. Nach der Geldwäsche in Kuba wurden die nun „sauberen" Gewinne in den USA, in Südamerika (Venezuela und Brasilien) und Europa (Schweiz) investiert beziehungsweise deponiert.

Von dieser Geldwäsche profitierte auch Kubas Diktator Batista. Mit dem Sturz seines Regimes (1956-1959) durch den Guerilla-Führer Castro und dessen folgender national-sozialen Revolution verlor die US-Mafia wohl Milliarden.

Das organisierte Verbrechen zog daraus eine Lehre und dezentralisierte sein Finanzimperium, das in der Folge von den Bahamas bis nach Panama reichte. Der karibische Raum wurde bald – durch großzügige Finanzgesetze – zur Steueroase, zur „Offshore-Bank". In den 60er und 70er Jahren entstand insbesondere über den expandierenden Drogenhandel ein dichtes Netz dieser Offshore-Banken, das sich rund um den Globus zog und zieht.

Für die Geldwäsche des organisierten Verbrechens interessante Steuerparadiese in Westeuropa 1987

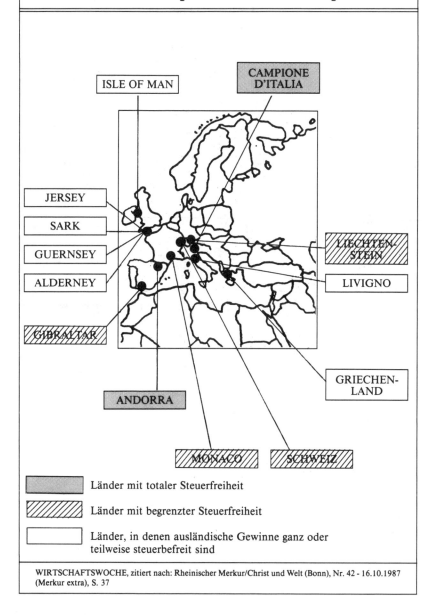

Länder mit totaler Steuerfreiheit

Länder mit begrenzter Steuerfreiheit

Länder, in denen ausländische Gewinne ganz oder teilweise steuerbefreit sind

WIRTSCHAFTSWOCHE, zitiert nach: Rheinischer Merkur/Christ und Welt (Bonn), Nr. 42 - 16.10.1987 (Merkur extra), S. 37

Für die Geldwäsche des organisierten Verbrechens interessante Steuerparadiese im arabischen Raum 1987

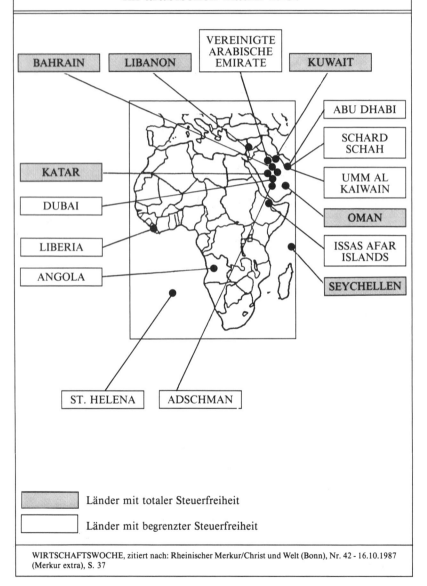

BAHRAIN

LIBANON

VEREINIGTE ARABISCHE EMIRATE

KUWAIT

ABU DHABI

SCHARD SCHAH

KATAR

UMM AL KAIWAIN

DUBAI

OMAN

LIBERIA

ISSAS AFAR ISLANDS

ANGOLA

SEYCHELLEN

ST. HELENA

ADSCHMAN

Länder mit totaler Steuerfreiheit

Länder mit begrenzter Steuerfreiheit

WIRTSCHAFTSWOCHE, zitiert nach: Rheinischer Merkur/Christ und Welt (Bonn), Nr. 42 - 16.10.1987 (Merkur extra), S. 37

Für die Geldwäsche des organisierten Verbrechens interessante Steuerparadiese in Lateinamerika 1987

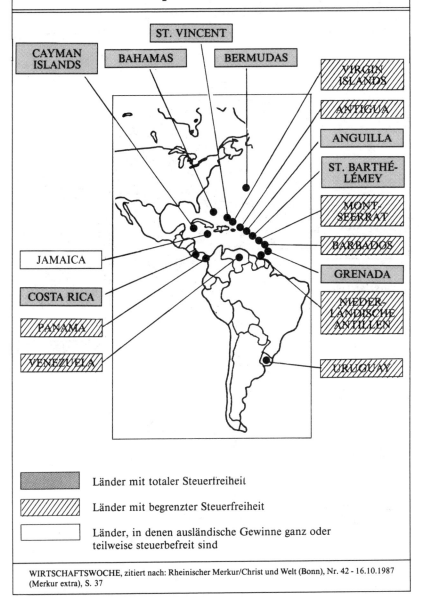

Länder mit totaler Steuerfreiheit

Länder mit begrenzter Steuerfreiheit

Länder, in denen ausländische Gewinne ganz oder teilweise steuerbefreit sind

WIRTSCHAFTSWOCHE, zitiert nach: Rheinischer Merkur/Christ und Welt (Bonn), Nr. 42 - 16.10.1987 (Merkur extra), S. 37

Für die Geldwäsche des organisierten Verbrechens interessante Steuerparadiese in Ostasien und Polynesien 1987

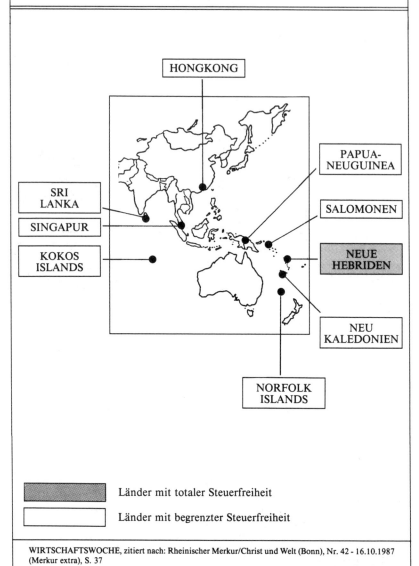

Länder mit totaler Steuerfreiheit

Länder mit begrenzter Steuerfreiheit

WIRTSCHAFTSWOCHE, zitiert nach: Rheinischer Merkur/Christ und Welt (Bonn), Nr. 42 - 16.10.1987 (Merkur extra), S. 37

4.4.2. Das „Underground Empire" heute

Zum Ende der 80er Jahre gibt es weltweit über 60 Steuerparadiese, für die sich auch das organisierte Verbrechen mehr oder weniger interessiert:

● So gibt es 18 Länder mit totaler Steuerfreiheit;
● 37 Länder mit begrenzter Steuerfreiheit, also Länder ohne Einkommensteuer und/oder mit Steuersätzen unter 31,2 Prozent;
● und 7 Länder, in denen ausländische Gewinne ganz oder teilweise steuerbefreit sind, also Länder, die
    – Non-Resident Companies,
    – International Business Companies oder
    – International Finance Companies
    begünstigen.

Zentren dieser Steueroasen (s. Abb. „Für die Geldwäsche des organsierten Verbrechens interessante Steuerparadiese 1987", Seiten 159 – 162) liegen heute

– in Lateinamerika (Mittel & Südamerika, Karibik),
– in Westeuropa,
– im arabischen Raum und
– in Ostasien und dem polynesischen Raum.

Aber der milliardenschwere Finanzstrom der Narco-Dollars des „Underground Empire" fließt heute nicht mehr nur über die Steueroasen der Welt. Viele Geldinstitute vieler Länder haben heute mit ihm zu tun. In seiner Serie „Weltmacht Droge" zählte das Hamburger Nachrichtenmagazin *Der Spiegel* Ende 1988 eine ganze Anzahl von Beispielen auf:

● Banken in Südamerika, auch staatliche, haben eigene Schalter, „ventanillas siniestras", und speziell geschulte Beamte für den Umgang mit Drogenmillionen, die unter Umgehung aller Devisenbestimmungen sicher und sauber gebunden werden können.
● Pakistanis und Afghanen unterhalten ein weltweites Untergrund-Bankennetz, „hawala" genannt, dessen Stützpunkte Reisebüros sind. Allein in Großbritannien werden auf diese Weise mindestens 200 Millionen Pfund im Jahr gewaschen. Als eine Zentrale des Netzes gilt das Golfscheichtum Dubai.

● In der westlichen Hemisphäre sind nach wie vor Panama, die Cayman-Inseln und die Bahamas bevorzugte Flucht- und Transferpunkte des Drogengeldes.

● In Europa gelten Luxemburg, Liechtenstein, die britischen Kanalinseln, Gibraltar und Zypern, aber auch schweizerische, britische, französische und deutsche Banken als Anlageplätze.
Strengste Konten-Anonymität hat Österreich zu einem Anlaufort vor allem für Drogenbarone aus dem Nahen Osten werden lassen.

● Sogar bis in das kommunistische Ungarn, das namenlose Devisenkonten offeriert, sickern die Narco-Dollars.

● Ganz groß im Geldwasch-Geschäft sind Bankhäuser in Hongkong, Singapur und Australien. Eine einzige Großbank im thailändischen Bangkok steht im Ruf, täglich im Schnitt fünf Millionen Dollar Drogengeld zu transferieren.

● Von mindestens 40 Banken, darunter die größten Geldhäuser in Amerika, Asien, Europa und Australien, ist bekannt, daß sie Rauschgift-Milliarden verwahren oder bewegen.

Die Kapitalkraft der Drogenmultis ist so groß geworden, daß sie, so das US-Magazin *Time,* „ganze Länder kauft und die Geopolitik verändert".

Die Drogenindustrie hat sich in ein halbes Dutzend Länder eingekauft, um dort ungestört produzieren, lagern, weitertransportieren oder Geld waschen zu können.

Zu diesen Ländern zählt man heute Panama und die Bahamas, Belize und Burma, Haiti und Bolivien, inzwischen auch den Libanon.

Ihr Gewalt- und Korrumpierungspotential hat den Drogenmultis Einfluß bis weit in Regierungen und Verwaltungen in drei Dutzend Ländern gebracht. Dazu gehören

– große Staaten wie Brasilien, Mexiko, Kolumbien, Kenia, Indien und Pakistan;
– kommunistische Länder wie Kuba, Bulgarien, Afghanistan und Laos;
– Diktaturen wie Paraguay oder Chile;
– „linke" Regierungen wie in Nicaragua;
– „rechte" Regierungen wie in Taiwan oder Thailand.

Familien-Clans beziehungsweise Syndikate, eingebunden in das in-
ländische legale Wirtschaftsleben, kontrollieren ganze Städte.

Beispielsweise Medellin und Cali in Kolumbien, Santa Cruz in Bolivien, Guadalajara in Mexiko. Gewaltigen Einfluß üben sie in Metropolen aus, beispielsweise in Miami (USA), in Palermo und Neapel
(Italien), in Hongkong und in Osaka (Japan).

Überall auf der Welt werden die Narco-Dollars nach dem gleichen,
differenzierten Muster gewaschen, das schwer zu durchschauen und
noch schwerer zu bekämpfen ist:

● Die Geldwäsche übernehmen häufig darauf spezialisierte Finan-
  ziers.
● Drogenhändler und Geldwäscher gehören häufig verschiedenen
  Täterkreisen an.
● Das Land des Drogenhandels ist oft nicht identisch mit demjenigen der Geldwaschanlage.
● Das Reinwaschen der Gelder erfolgt in der Regel über viele Transaktionen und verschiedenste Umwandlungsprozesse,
  – von Bargeld in Buchgeld,
  – in Wertpapiere, Forderungen usw.,
● so daß der Ursprung der Vermögenswerte nur noch mit Mühe
  festzustellen ist.
● Häufig fließt das Geld erst in der letzten Phase wieder zurück in
  das Herkunftsland, wo der Drogenhandel abgewickelt wurde,
● und gelangt dort in den normalen Wirtschaftskreislauf.

Die Gelder aus dem Drogengeschäft finanzieren andere Geschäfte.
Ein Teil wird in die laufenden Drogengeschäfte investiert, ein größerer Teil wird im weitesten Sinne gewinnbringend angelegt. Wohin
gehen nun die ungezählten Milliarden? Wo und wie wurde in den
letzten Jahrzehnten angelegt? Das Wissen darum ist gering.

4.4.3. Anlagepolitik der Drogenmultis

Vom organisierten Verbrechen in Süditalien weiß man, daß illegal
erwirtschaftete Vermögenswerte

– in Hotels, Gaststätten und Restaurantketten,
– in Feriensiedlungen,
– in Industrieanlagen und Bergwerke,

– in Supermarkt- und Tankstellenketten,
– in Weingüter,
– in Galerien und Kunsthandel und
– insbesondere im Hoch-, Tief- und Straßenbau
investiert wurden und wohl auch noch werden.

Drogengelder stecken heute auch in Hochhäusern, Touristikkonzernen, Banken, Spielkasinos und Fluglinien. So soll alleine eine Drogenmafia in Amerika 8 200 Hotels und Motels betreiben. Bei einem Umsatz von mehrere Hundert Milliarden Drogen-Dollars im Jahr, bei weltweit über 2,5 Billionen Dollar (!) in diesem Jahrzehnt, ist die Annahme begründet, daß die transnationalen Verbrecher-Multis sich auch über Jahre in Schlüsselindustrien, beispielsweise

● Medien und Kommunikationstechnologie,
● internationales Transportwesen,
● Rohstoffindustrie (Petrochemie),
● Rüstungs- und Weltraumindustrie (High Tech)

eingekauft haben.

Die Drogengelder stellen eine bis heute unerschöpfliche Anschubfinanzierungsquelle für alle möglichen, zumindest alle hochindustrialisierten Länder berührende Geschäfte dar.

Zur gewaltigen Summe von 300 bis 500 Milliarden US-Dollar aus weltweiten Drogengeschäften muß eine wohl nochmals dreistellige Milliardensumme addiert werden, denn der Drogenhandel stellt nur rund die Hälfte des Jahresumsatzes des organisierten Verbrechens.

Bei einem dann jährlichen Kapitalfluß von bald 1 Billion US-Dollar werden mittlerweile die Zahlungsbilanzen ganzer Länder verzerrt, ja wichtige Wirtschaftsdaten ganzer Staaten, einschließlich der USA, stimmen nicht mehr. Der *Spiegel* benannte in seiner Serie „Weltmacht Droge" Ende 1988 dazu Beispiele:

● Schon 1985 stellte eine geheime Studie verschiedener Regierungsbehörden in Washington fest, daß „die Dollars, die als Drogenprofite aus den USA in andere Länder transferiert werden, einen beträchtlichen Teil des amerikanischen Bruttosozialproduktes ausmachen und erhebliche Abweichungen von den offiziellen Daten internationalen Kapitalflusses sowie der Zahlungbilanzen mehrerer Länder verursachen".

● Mexiko, eines der offiziell höchstverschuldeten Länder der Welt, verdient an seinen illegalen Drogenexporten weit mehr als an seiner Erdölausfuhr, die auf dem Papier als wichtigster Wirtschaftszweig gilt.

In den 80er Jahren hat sich der illegale Drogenhandel weltweit zu einem der wichtigsten und gewinnträchtigsten Geschäfte entwickelt. Schon 1984 schätzte die in London erscheinende Zeitschrift „South", daß etwa 8 bis 9 Prozent des gesamten Welthandels bereits auf Rauschgift basiert. Inzwischen ist ein halbes Jahrzehnt vergangen und das Drogengeschäft verzeichnet immer noch Zuwachsraten.

Schlußfolgerungen aus der höchst profitablen Vermarktung der Illegalität durch das organisierte Verbrechen

● Die Entwicklung im Rauschgiftbereich auf nationaler und internationaler Ebene ist zum Ende der 80er Jahre nicht nur bedrohlich, sie ist katastrophal.

● Insbesondere in diesem Jahrzehnt hat sich das organisierte Verbrechen zum transnationalen Drogen-Multi entwickelt, der jährlich aus weltweiten Drogengeschäften 300 bis 500 Milliarden US-Dollar umsetzt.

● Allein in diesem Jahrzehnt ist wahrscheinlich ein Kapitalstrom an „Narco-Dollars" von mehr als 2,5 Billionen US-Dollar geflossen; eine Summe, die doppelt so hoch ist wie die heutige Gesamtverschuldung der Dritten Welt.

● Über Jahre sind in Dutzenden großer und größter Geldhäuser in Amerika, Asien, Europa und Australien weltweit Hunderte von Milliarden Dollar verwahrt, bewegt und „gewaschen" worden, in den legalen Wirtschaftskreislauf eingeflossen und in ungezählte nationale und internationale Geschäfte investiert worden. Gewinne, die von den Polizeien der Welt nicht mehr „abgeschöpft" werden können.

● Die Verbrecher-Multis (Organized Crime) in Süd- und Nordamerika, Westeuropa, dem Nahen Osten und Ostasien, sind ob ihrer globalen Ausdehnung und ihres gewaltigen Geld- und Korrumpierungspotentials nicht mehr zu kontrollieren.

● Das Drogengeschäft ist für das organisierte Verbrechen zur mit Abstand wichtigsten Einnahmequelle geworden, stellt weltweit rund die Hälfte der Gesamteinnahmen des Verbrechens.

● Das Verbot der Drogen und deren Bekämpfung haben sich – wirtschaftlich gesehen – vom erstrebten Erfolg in das Gegenteil verkehrt. Die prohibitive Drogenpolitik der Länder der Welt ist zum Garanten des Auf- und Ausbaus des wichtigsten Geschäftes der Verbrechensindustrie geworden.

● Die international befürwortete Illegalität, festgeschrieben in der weltweiten Drogenächtung durch die „Single Convention on Narcotic Drugs (1961)", sichert seit Jahrzehnten die Profite und trägt insbesondere in den 80er Jahren zu einer unglaublichen Profitmaximierung bei.

● Der Kapitalfluß ist der empfindlichste Nerv des organisierten Verbrechens. Durch nationalstaatliche Versuche der „Abschöpfung illegaler Vermögenswerte" ist dieser Strom nicht mehr zu stoppen. Nur eine internationale Zäsur, ein radikaler politischer Schritt, eben die Legalisierung der Drogen, würde diesen Nerv empfindlich treffen.

● Damit stellt die Drogenfreigabe keine Kapitulation vor dem organisierten Verbrechen dar, sondern würde sich als wirtschaftlich wirksamste Waffe gegen das organisierte Verbrechen erweisen.
Dem heutigen illegalen Drogenmonopol der Verbrechensmultis kann nur ein künftiges legales Monopol des Staates gegenübergestellt werden.

● Die wirkliche Kapitulation vor dem organisierten Verbrechen ist die Erklärung, „an die Großen eh' nie heranzukommen" (und dementsprechend, unter dem Druck stehend, öffentlich vorzeigbare Erfolge produzieren zu müssen, kann die polizeiliche Arbeit in der Regel nur die unterste Ebene, die Drogenverbraucher selbst treffen).

- Die durch Illegalität garantierte Sicherung der Milliarden-Profite hat zu einer geballten Kapitalmacht geführt, die „ganze Länder kauft und die Geopolitik verändert" (Time).

- Alle, die aufgrund der Weltdrogensituation für die Beibehaltung der Illegalität plädieren, sich für den weiteren Ausbau repressiver Maßnahmen aussprechen, tragen – ob sie wollen oder nicht – zur Aufrechterhaltung der katastrophalen Situation bei.

Als Wirtschaftsproblem ist das Weltproblem Rauschgift schon längst nicht mehr ein Polizeiproblem. Es konnte und es kann weder durch nationale noch durch internationale Strafverfolgungsbehörden „gelöst" werden. Die Grenzen der Effektivität polizeilicher Bekämpfung sind weit überschritten. In den 80er Jahren haben die Länder der Welt, von West bis Ost, „dem Rauschgift den Krieg erklärt". In vielen Ländern wurde und wird in diesem Kampf der Einsatz von Armee-Einheiten erwogen oder praktiziert. Dennoch, ob Soldaten oder/und Polizei – sie werden in einen Kampf geschickt, den sie nicht mehr gewinnen können; denn der Drogen-Weltkrieg ist weltweit schon verloren.

Literatur- und Quellennachweise zu
4. Organisiertes Verbrechen
und Vermarktung der Illegalität

Adams, Nathan M.	Drogen gegen Waffen – Der „bulgarischen Mafia" auf der Spur Das Beste Nr. 11/Nov.1983, S.100-128
Arlacchi, Pino	Mafia Business – The Mafia Ethic & The Spirit of Capitalism Verso, London 1986
Behr, Hans-Georg	Weltmacht Droge – Das Geschäft mit der Sucht Econ Verlag, Düsseldorf-Wien 1980

ders.

Organisiertes Verbrechen
Econ Verlag, Düsseldorf-Wien 1985

Behr, Hans-Georg u.
Juhnke, Andreas u. a.

Drogenpolitik in der Bundesrepublik
Rowohlt TB Verlag, Reinbek b. Hamburg
1985

Bernasconi, Paolo

Finanzunterwelt – Gegen Wirtschaftskriminalität und organisiertes Verbrechen
Orell Füssli Verlag, Zürich-Wiesbaden
1988

Bundeskriminalamt
(Hrsg.)

„Rauschgiftkurier" Nr.2/1987
„Rauschgiftkurier" Nr.1/1988
Bundeskriminalamt, Wiesbaden 1987-88

Blau, Peter-Michael u.
Seyfried, Karl-Heinz

Capitalyse „Chemiekonzerne"
Capital Heft 10/Okt.1988, S.217-230

Burroughs, William S.

Die letzten Worte von Dutch Schultz
Ullstein, Frankfurt/M.-Berlin-Wien 1975

Campell, Rodney

Unternehmen Luciano – Die Rolle der
Mafia im Zweiten Weltkrieg
Europa Verlag, Wien-München-Zürich
1978

Castillo, Fabio

Los Jinetes de la Cocaina
Editorial Documentos Periodisticos, Bogotá 1987

Castro, Janice

The Cash Cleaners
Time No 43/October 24,1988, S.33-34

Chesneaux, Jean

Weisser Lotos, Rote Bärte – Geheimgesellschaften in China
Verlag Klaus Wagenbach, Berlin 1976

Die Welt

Drogenhändler finanzieren Terror
Nr. 54, 5.3.1986, S.1

Demarest, Michael

High on Cocaine: A $ 30 Billion U.S.Habit
Time No 27/July 6,1981, S.34-41

Der Tagesspiegel

Japans Gangster verbünden sich mit der
amerikanischen Mafia
Nr.11.148, 29.5.1982, S.14

Der Tagesspiegel Internationales Verbrechen macht Riesengeschäfte mit Drogen
Nr.11.534, 3.9.1983, S.16

Der Tagesspiegel Vom „Blauen Haus" regiert der Kokainboß sein Imperium
Nr.13.117, 16.11.1988, S.44

Der Spiegel Wie Hippy-Karl am Hasch 15 250 Mark verdiente
25.Jg.Nr.38, 13.9.1971, S.70-76

Der Spiegel Heroin – Die neuen Lieferanten
33.Jg.Nr.35, 27.8.1979, S.86-98

Der Spiegel Mafia – Großkonzern in Italiens Untergrund
36.Jg.Nr.37, 13.9.1982, S.126-134

Der Spiegel SPIEGEL-Gespräch mit dem Kriminologen Paolo Bernasconi über internationale Wirtschaftskriminalität und organisiertes Verbrechen
42.Jg.Nr.19, 9.5.1988, S.117-126

Der Spiegel 42.Jg.Nr.46, 14.11.1988, S.123

Der Spiegel 42.Jg.Nr.47, 21.11.1988, S.116

Der Spiegel-Verlag (Hrsg.) Geißel Droge – Spiegel-Serie über die Drogensucht
(Spiegel Spezial I/89)
Spiegel Verlag, Hamburg Januar 1989

Drogen-Report 9.Jg.Nr.4/ Sept.1988, S.17

Europäisches Parlament Untersuchungsausschuß zum Drogenproblem in den Ländern der Europäischen Gemeinschaft
Bericht über die Ergebnisse der Untersuchung
Berichterstatter: Sir Jack Stewart-Clark
(Sept.1986)
Amt für amtliche Veröffentlichungen der EG, Luxemburg 1987

Fallaci, Oriana Wir, Engel und Bestien – Ein Bericht aus dem Vietnam Krieg
Deutscher Taschenbuch Verlag, München 1987 (5.Aufl.)

Freemantle, Brian The Fix – Inside the World Drug Trade
Tom Doherty Associates Book, New York 1987

Hamacher, Hans-Werner Tatort Bundesrepublik – Organisierte Kriminalität
Verlag Deutsche Polizeiliteratur, Hilden 1986

Heffermann, William Der Opium Pate (The Corsican)
Diana Verlag, Zürich 1985

Hess, Henner Mafia – Zentrale Herrschaft und lokale Gegenmacht
J.C.B.Mohr (Paul Siebeck), Tübingen 1986

Inciardi, James A. The war on Drugs – Heroine, Cocaine, Crime and Public Policy
Mayfield Publ. Comp., Palo Alto, Cal. 1986

Kahn, Helmut Wolfgang Der Kalte Krieg Band 1 –
Spaltung und Wahn der Stärke 1945-1955
Pahl-Rugenstein Verlag, Köln 1986

Kaplan, David E. u. *Dubro, Alec* Yakuza – The explosive Account of Japan's Criminal Underworld
Collier Books. MacMillan Pub. Comp., New York 1986-1987

Knox, Collin The Lebanese Connection –
Bekaa Valley Drugs Fuel Endless Conflict
Soldier of Fortune, May 1988, S.54-61,84-85

Lamberti, Michel u. *Lamour, Catherine* Die Opium-Mafia
Suhrkamp Verlag, Frankfurt/M. 1973

Lewis, Norman The Honoured Society
Eland Books, London 1984-85

Lindlau, Dagobert	Der Mob – Recherchen zum organisierten Verbrechen Hoffmann und Campe, Hamburg 1987
Maclean, Don	Pictorial History of The Mafia Pyramid Books, New York 1974
Manz, Horst	Und in Burma blüht der Mohn Reisekurier 7.Jg.Nr.73/Oktober 1983 (Sonderdruck)
NAM	Die Vietnam-Erfahrung 1965-1975 Heft 15: Kapitel 90 „Drogen" Verlag Publicator, London 1988, S.463-567
O'Callaghan, Sean	The Triads – Tue Illustrated Inside Story of the Chinese Mafia Universal Book, London 1978
Raith, Werner	Die ehrenwerte Firma – Der Weg der italienischen Mafia vom „Paten" zur Industrie Verlag Klaus Wagenbach, Berlin 1983
Schäfer, Herbert (Hrsg.)	Rauschgiftmißbrauch – Rauschgiftkriminalität (Grundlagen der Kriminalistik Band 9) Steintor-Verlag, Hamburg 1972
Schille, Peter	Die Mafia wäscht ihr Geld mit Kunst (SPIEGEL-Serie „Ware Kunst", Teil II) Der Spiegel 42.Jg.Nr.49, 5.12.1988, S.206-223
Schwarz, Jörg	Das schweizerische Bankgeheimnis – Schutz mit gesetzlichen Ausnahmen Clipper 22.Jg.Nr.11/ Nov.1988, S.18-19
Stahl, Christian	Oasen locken Anleger mit voller Brieftasche Rheinischer Merkur & Christ und Welt, Nr.42 – 16.10.1987, S.37

Thamm, Berndt Georg	Andenschnee – Die lange Linie des Kokain Sphinx Verlag, Basel 1986
ders.	Opium und Soldaten – Die 200jährige Drogenvergiftung Chinas, Teil 2 Suchtreport 2.Jg.Nr.1/ Jan.-Febr.1988, S.28-33
ders.	Opium und Soldaten, Teil 4 Suchtreport 2.Jg.Nr.3/ Mai-Juni 1988, S.26-34
ders.	Drogenreport – Und nun auch noch Crack? Bastei-Lübbe Verlag, Bergisch Gladbach 1988
ders.	Drogenvermarktung (Heft 2 der Reihe „Drogen und Kriminalität") Verlag Deutsche Polizeiliteratur, Hilden 1988
ders.	Die verlorene Ehre – Drogen und organisiertes Verbrechen in Süditalien Suchtreport 3.Jg.Nr.1/ Jan.-Febr.1989, S.2-17
Tosches, Nick	Geschäfte mit dem Vatikan – Die Affäre Sindona Wirtschaftsverlag Langen-Müller/Herbig, München 1987
Uesseler, Rolf	Mafia – Mythos, Macht, Moral Verlag J.H.W. Dietz Nachf., Berlin-Bonn 1987
Zänker, Alfred	Der große Coup der Libanon-Connection Die Welt Nr.263, 9.11.1988, S.9

> *Die Kriminalstatistik ist ein Dokument sozialer Fehlentwicklungen und sozialer Ungerechtigkeiten.*
>
> Wilhelm Nöbel
> Obmann der SPD-Bundestagsfraktion im Innenausschuß 1988

5. Der verlorene Krieg

Aus aller Welt berichten heute Nachrichtenagenturen und Nachrichtenmagazine von der sogenannten Drogenfront. Nur ein Monat im Jahr, beispielsweise der Januar 1989, soll dieses verdeutlichen:

- *Bogotá* (Reuter.): Die kolumbianischen Behörden untersuchen ..., ob der deutsche Waffenhersteller Heckler & Koch in eine versuchte Waffenlieferung an linksgerichtete Rebellen des Landes verwickelt ist. Die Regierung Jamaikas hatte ... mitgeteilt, sie habe eine Schiffsladung mit 10 Tonnen Waffen aufgebracht, die von kolumbianischen Rauschgifthändlern finanziert und für die „Revolutionäre Bewaffnete Kräfte Kolumbiens" (FARC) bestimmt gewesen sei.

- *Lima* (dpa.): Innerhalb von drei Tagen sind insgesamt 17 Polizisten in Peru bei Überfällen der maoistischen Untergrundbewegung „Sendero Luminosa" (Leuchtender Pfad) ums Leben gekommen.

- *Washington* (AP.): Die US-Regierung will an der Grenze zwischen Mexiko und Kalifornien nahe San Diego einen sechs Kilometer langen Graben bauen, um den Rauschgifthandel mit dem Auto zu erschweren.

- *Washington* (dpa.): Der Bürgermeister von Washington, Barry, einer Stadt, die zunehmend unter der Drogenkriminalität leidet, ist selbst in bedrohliche Nähe polizeilicher Rauschgiftermittlungen gekommen.

- *Bonn* (dpa.): Infolge des Preisverfalls bei illegalen Drogen in den USA wird der europäische Markt mit steigenden Importen überschwemmt, so der Bundesinnenminister.

- *Aachen* (dpa.): Den mit 113 Kilo bisher bundesweit größten Heroinfund, mit einem Schwarzmarkt-Großhändlerwert von mehr als 20 Millionen DM, hat die Polizei in Aachen gemacht.

- *Bern* (Reuter/AP.): Im Zusammenhang mit dem Verdacht, in der als „Libanon-Connection" bekannten Geldwasch-Affäre das Amtsgeheimnis verletzt zu haben, ist die schweizerische Justizministerin Elisabeth Kopp zurückgetreten und hat die Aufhebung ihrer Immunität beantragt.

- *Rom* (dpa.): In seinem Halbjahresbericht über die Erkenntnisse der Geheimdienste betonte Ministerpräsident De Mita, daß Mafia, 'Ndrangheta und Camorra die größte Gefahr für die Institutionen des Landes darstellen ... Die Unterweltbanden aus Sizilien, Kalabrien und dem Raum Neapel haben ihre kriminellen Aktivitäten immer mehr auf das übrige Italien und auf das Ausland ausgeweitet.

● *Neapel* (dpa.): Im Kampf um die Vorherrschaft im Drogenhandel ... zweier Camorra-Gruppen haben die rivalisierenden Banden in „Quartieri Spagnoli", dem Armenviertel im Zentrum der Stadt, quasi ein nächtliches „Ausgehverbot" für die Bevölkerung verhängt.

● *Cittanova* (dpa.): Gegen eine Mauer des Schweigens stieß die Polizei in Cittanova bei Reggio Calabria nach einer Schießerei auf dem Marktplatz. In der Kleinstadt tobt seit Jahren eine blutige Fehde zwischen zwei 'Ndrangheta-Clans, die miteinander um die Kontrolle des organisierten Verbrechens in der Stadt kämpfen.

● *Palermo* (dap.): Industrielle auf Sizilien häufig Opfer von Mafia-Anschlägen.

● *Moskau* (SPIEGEL): In der Sowjetunion gibt es eine Mafia – hervorragend organisiert, mit besten Verbindungen zu den Behörden und einem Riesenumsatz. Das meldete Polizei-Oberstleutnant Dr. Alexander Gurow in der deutschsprachigen Zeitschrift „Sowjetunion heute".

● *Teheran* (IRNA): Auf das Vierfache stieg im Iran der Schwarzmarktpreis für Heroin und Opium, seit am 21. Januar 1989 härtere Rauschgiftgesetze in Kraft getreten sind.

● *Bangkok* (Reuter.): Im „Goldenen Dreieck" läuft in diesen Wochen die Mohnernte. Burma unterläuft Thailands Anstrengungen gegen die Opiumproduktion.

● *Peking* (Reuter.): Kriminalität in der Volksrepublik China gestiegen. Hauptaufgabe der Polizei wird 1989 die Bekämpfung des organisierten Verbrechens sein, das sich auch im internationalen Rauschgiftschmuggel engagiert.

Drogenprobleme in Nord- und Südamerika, in West- und Osteuropa, in Asien und Australien. Seit vielen Jahren fällt die Bilanz der Weltdrogensituation immer erschreckender aus.

5.1. Der Suchtstoffkontrollrat und die Bilanz der Unmöglichkeit der Drogenkontrolle

Schon durch Konferenzen während des Zweiten Weltkrieges (ab 1942) vorbereitet, wurde am 24. Oktober 1945 die internationale Organisation der „Vereinten Nationen" (United Nations) gegründet. Sitz der UN ist New York. Mitglieder sind heute 159 Staaten, davon zwei Drittel Länder der Dritten Welt.

Als Sonderorganisation wurde 1947 die „Weltgesundheitsorganisation" (World Health Organisation) gegründet. Die WHO hat ihren Sitz in Genf.

Ein von der UN gegründeter „Ausschuß für Rauschgifte" wurde von der WHO unterstützt.

1970 wurde ein UN-Fonds zur Bekämpfung des Drogenmißbrauchs eingerichtet, der „United Nations Fund for Drug Abuse Control" (UNFDAC), mit Sitz in Wien. Ein Jahr später wurde eine zweite UN-Unterorganisation gegründet, die sich ausschließlich mit Drogenfragen beschäftigte.

Seit 1971 arbeitet diese als „Internationaler Suchtstoffkontrollrat" (International Narcotic Control Board) mit Sitz in Wien. Jährlich gibt der INCB einen Report zur Weltdrogensituation heraus. In den 80er Jahren ist dieser Report zu einer Bilanz des Schreckens geworden:

● *Jahresbericht 1983* (vom Januar 1984)
Das Rauschgiftproblem hat weltweit ein „noch nie dagewesenes Ausmaß" erreicht. Zu dieser besorgniserregenden Entwicklung hat auch „die in Westeuropa entstandene Haltung falscher Toleranz" gegenüber vermeintlich weniger gefährlichen ‚sanften Drogen' geführt.

● *Jahresbericht 1984* (vom Januar 1985)
Der Rauschgiftmißbrauch ist weltweit auf ein „noch nie dagewesenes" Maß gewachsen. Insbesondere die Situation in Westeuropa ist als „erbarmungslos" zu bezeichnen. Hier steigt die Zahl der Süchtigen immer stärker ... Die Heroinsucht stellt bereits jetzt ein wichtiges Gesundheitsproblem in vielen westeuropäischen Ländern dar.

- *Jahresbericht 1985* (vom Januar 1986)
  In Westeuropa ist der illegale Handel mit der Droge Kokain in den vergangenen Jahren sprunghaft angestiegen ... Dies ist ein Indiz für die Entschlossenheit, mit der die Drogenhändler den illegalen Markt auszubauen versuchen.

- *Jahresbericht 1986* (vom Januar 1987)
  Internationale Verbrecher-Organisationen mit Unterstützung aus Finanzkreisen finanzieren und lenken den weltweiten Drogenhandel ... In manchen Teilen der Welt bestehen Querverbindungen zu Waffenhandel, zu politischen Untergrund-Organisationen und zum internationalen Terrorismus. Fast alle Länder sind vom Drogenmißbrauch betroffen. In Osteuropa gibt der Drogenmißbrauch „zunehmend Anlaß zur Sorge".

- *Jahresbericht 1987* (vom Januar 1988)
  Der weltweite Drogenmißbrauch hat in den vergangenen zwanzig Jahren so stark zugenommen, daß inzwischen alle Länder der Erde bedroht und alle Kreise der Gesellschaft gefährdet sind ... Das Drogenproblem „unterminiert" weiterhin die soziale und wirtschaftliche Ordnung und gefährdet das soziale System und sogar in manchen Fällen die politische Stabilität und Sicherheit von Ländern.

- *Jahresbericht 1988* (vom Januar 1989)
  ... konnten Fortschritte bei der Bekämpfung der Produktion, des Handels und des Konsums von Drogen festgestellt werden ... Dennoch bedrohen Suchtgift-Syndikate in vielen Ländern der Erde bereits die nationale Sicherheit.

Dem internationalen Drogenhandel, eingebettet in die internationale Wirtschaftskriminalität, mit Querverbindungen zum internationalen Terrorismus und diversen sogenannten und tatsächlichen Freiheitsbewegungen, ist ob der gewaltigen Größenordnung in den 80er Jahren „der Krieg erklärt worden".

5.2. Das Vokabular des Krieges

Über Jahre hat sich die polizeiliche Bekämpfung der Drogenproblematik zu einem „Krieg gegen die Drogen" (War on Drugs) entwickelt.

Diese „Kriegssituation" spiegelt sich heute selbst in der Umgangssprache wider.

So spricht man von einer „Rauschgift-Front", an der insbesondere die Polizei an „vorderster Linie kämpft". Sogenannte Rauchgiftverbindungsbeamte stellen heute in den Anbau- und Erzeugerländern die „vorgelagerten Abwehrlinien". Mächtige Männer, die in diesen Ländern den Drogenhandel kontrollieren und mit Waffen verteidigen, werden als „Kriegsherrn" (War Lords) bezeichnet. Der Drogenkrieg fordert auf allen Seiten „Opfer". Die Drogen-Multis starten gegenüber den Verbraucherländern eine „Großoffensive". Viele sprechen schon von einem „verlorenen Krieg". Die Überlegung, Drogen zu legalisieren, wird als „Kapitulation" vor dem organisierten Verbrechen bezeichnet. Die nationale und internationale Drogenabwehr ist heute vom Vokabular des Krieges gekennzeichnet. Zum Auslauf der 80er Jahre ist der Drogenkrieg zum Weltkrieg geworden, dessen „Schlachtfelder" sich heute auf vier Kontinenten befinden.

Die Polizeien der Welt kämpfen heute gegen „Gegner, die – wenn erforderlich – Tausende von Männern unter Waffen" aufbieten können und ihre Drogenpfründe mit „schwerem Gerät" verteidigen.

Zu den Kriegsherrn Südostasiens gehört der in Burma residierende „Opium War Lord" Khun Sa, Führer des Shan-Volkes, einer ethnischen Minderheit im Vielvölkerstaat Burma. 1959 gründete er die „Shan United Army" (SUA), die nach seinen Angaben 4 000 Mann stark ist und durch 10 000 Reservisten verstärkt werden kann. Im „Shan-Staat" an der chinesischen Grenze liegen die Hauptanbaugebiete des Mohns. Seit drei Jahrzehnten nun finanziert die Shan-Armee ihren Kampf um die Unabhängigkeit von der burmesischen Zentralregierung aus dem Opiumhandel.

Ganz ähnlich ist die Situation in den Coca-Anbauländern Südamerikas. So sagte man beispielsweise dem „Coca War Lord" Roberto Suarez Gomez (einem deutschstämmigen Bolivianer) Mitte der 80er Jahre nach, daß seine großen Besitzungen wie Industrieanlagen gesichert wären. Seine Privatarmee schätzte man auf 1 500 Kämpfer. Seinen persönlichen Schutz sollen 120 von lybischen Experten ausgebildete Leibwächter übernommen haben. Der Kokainkönig (geschätzte Jahreseinnahme aus dem Kokaingeschäft 1985 etwa 3 Mrd.

US $) unterhielt eine eigene Luftwaffe, zu der ein Dutzend raketenbestücker Jagdbomber gehört haben sollen. Vom Boden her ließ er sein Terrain mit Flugabwehrraketen verteidigen.

Selbst kleinere Rauschgiftgangster sind heute gut ausgestattet, unterhalten Flugzeugparks, Spezialboote und mit Gewehren, Nebelgranaten und anderem Waffengerät ausgerüstete Privatarmeen.

Gegen diesen „bewaffneten Arm" der Drogen-Multis anzukämpfen, ist für die Polizeien immer schwieriger geworden. Zum einen reichen die finanziellen Ressourcen (der Nationalhaushalte) nicht aus, zum anderen gibt es – quantitativ gesehen – nicht genügend Polizeibeamte. Dieses an einem Beispiel verdeutlicht.

Die Rauschgiftabwehr der USA, die „Drug Enforcement Administration" (DEA), als Polizeibehörde wie ein Geheimdienst organisiert, verfügt über gut 3 000 Beamte, davon fast 400 im Außendienst in über 40 Ländern. Das Jahresbudget des DEA beträgt etwas über 500 Millionen Dollar, was einem Promille des geschätzten Welt-Drogen-Umsatzes entspricht.

Kein Wunder, daß heute in der nationalen Rauschgiftabwehr überlegt wird, neben der Polizei auch Soldaten an die „Rauschgift-Front" zu schicken. Dieser Einsatz des Militärs wurde beispielsweise in den USA überlegt. Nach dem Repräsentantenhaus stimmte am 15. Mai 1988 auch der Senat in Sachen Drogenbekämpfung für einen Zusatz im US-Verteidigungshaushalt. Die US-Armee, so die Überlegungen der Politiker, sollte künftig eine größere Rolle im Kampf gegen den Rauschgifthandel spielen. Nach Schätzungen des Stabschefs der US-Streitkräfte würde diese „neue Rolle an der Rauschgift-Front" den Einsatz von
– 50 000 Soldaten,
– 110 Aufklärungsflugzeugen mit Awacs-Warnsystemen und
– 140 Kriegsschiffe
nötig machen, die den Etat mit jährlich 6 Mrd. $ belasten würden. Kommentar der Militärs: Wir werden in einen Krieg geschickt, den wir nicht mehr gewinnen können.

Schon lange scheint dieser Krieg in den Drogenanbauländern verloren zu sein, in dem Rauschgiftverbindungsbeamte aus Nordamerika und Westeuropa als „vorgelagerte Abwehrlinie" eingesetzt sind.

5.3. Die „vorverlegte Abwehrlinie"

In seiner „Rauschgiftbilanz 1988" wies der Innenminister der BRDeutschland, Friedrich Zimmermann, ausdrücklich auf das polizeiliche Konzept der „vorverlegten Abwehrlinie" hin. In seinem Bericht heißt es: „Von entscheidender Bedeutung für die Verhinderung der Rauschgiftzufuhr ist die Vorverlegung der Abwehrlinie in die Anbau-, Erzeuger- und Transitländer. Dies erfordert eine enge internationale Kooperation. Sie reicht von der Unterstützung bei der Vernichtung der Mohn-, Koka- und Cannabispflanzungen und der Förderung des Ersatzanbaus landwirtschaftlicher Erzeugnisse über die Kontrolle der chemischen Produkte, die zur Rauschgiftherstellung benötigt werden, bis hin zu einem schnellen polizeilichen Informationsaustausch und einer effektiven operativen Zusammenarbeit". Dieses bundesdeutsche Konzept, nach welchem auch andere von der Drogenproblematik betroffene Staaten arbeiten, soll nachstehend kurz skizziert werden.

5.3.1. Rauschgiftverbindungsbeamte – Zwischen Frühwarnsystem und verlorenem Posten

Verbindungbeamte in Sachen Rauschgift unterhalten eine ganze Reihe von Ländern, vornehmlich in Drogenanbau- und Transitländern der Dritten Welt. Quantitativ stellen diese Beamte keine Bedrohung für die Drogen-Kartelle, Familien-Clans und Verbrecher-Syndikate dar. Für die BRDeutschland beispielsweise „sieht die gegenwärtige Zielplanung eine Gesamtzahl von 37 Rauschgiftverbindungsbeamten in 21 Ländern vor" (Zimmermann, 25.1.1989).

Nochmals, zum Vergleich: Die USA haben fast 400 DEA-Beamte im Außendienst in fast 40 Ländern. Insbesondere sind diese Verbindungsbeamten heute in Lateinamerika eingesetzt. So haben die USA, Kanada, Spanien, Großbritannien, die Niederlande und die BRDeutschland „Polizeibeamte als Drogen-Frühwarnsysteme" in Südamerika, dem „Kokain-Weltmonopolisten".

„Um Informationen über Drogenströme in die Bundesrepublik zu sammeln und Gegenwehr einzuleiten", sind beispielsweise die deutschen Verbindungsbeamten an den deutschen Botschaften (diskret) stationiert. Nach der Wiener Konvention von 1961 dürfen die – mit

CD-Status ausgestatteten – Beamten in ihrem Gastland jedoch weder hoheitliche noch quasi-hoheitliche Aufgaben übernehmen. Das heißt, sie dürfen nicht in die exekutiven Befugnisse der örtlichen Polizeibehörden eingreifen.Vielmehr ist die „internationale Kooperation" gefordert. Die jedoch ist gerade in vielen Ländern Lateinamerikas mehr als schwierig. An ein paar Beispielen soll die Schwierigkeit der Arbeit der Verbindungsbeamten in einigen südamerikanischen Ländern dargestellt werden.

Kolumbien

In dem 27-Millionen-Staat residieren heute in Medellin und Cali die mächtigsten Kokain-Kartelle der Welt. In ihrem Einflußbereich liegt auch die Hauptstadt des Landes, Bogotá. Die Kokain-Milliardäre kontrollieren 80 Prozent des Kokainmarktes der USA und steuern die Kokain-Exporte nach Europa. Die Kartelle sind ob ihrer Brutalität gefürchtet. Wer ihre Geschäfte ernsthaft stört, wird liquidiert. Bezahlte Killer töten Politiker, Richter und Staatsanwälte, Polizisten und Journalisten; allein in Kolumbien bisher über 3 000 Menschen. Kolumbianische Mordkommandos verfolgen ihre Gegner mehr oder weniger in alle Länder der Welt, selbst in Osteuropa und im Nahen Osten. Rauschgiftverbindungsbeamte an der deutschen Botschaft in Kolumbien würden – wegen der Machtverhältnisse im Land – „als Störer der diplomatischen Ruhe" auftreten, die möglicherweise Anschläge auf die diplomatischen Vertretungen nach sich ziehen würden. Dementsprechend gibt es in diesem Land zur Zeit keinen offiziellen deutschen Verbindungsbeamten.

Peru

Von den 21 Millionen Einwohnern Perus sollen rund 1,2 Millionen direkt und indirekt vom Drogenanbau und -handel leben. Dementsprechend scheitern alle Anstrengungen der RG-Verbindungsbeamten in „einem Sumpf von Unfähigkeit und Korruption".

Bolivien

Fünf Prozent der 6-Millionen Bevölkerung, also 300 000, gelten als süchtig. 400 000 Bolivianer sollen direkt und indirekt vom Drogenanbau und Handel leben.

Brasilien

Ein Rauschgiftverbindungsbeamter des BKA ist in der Hauptstadt Brasilia stationiert, weit entfernt von der Drogenmetropole des Landes, der 6-Millionen-Stadt Rio de Janeiro.

Gegen die Verbindungsbeamten setzen die Kokainhändler, wenn es aus ihrer Sicht erforderlich ist, ihr Gewaltmonopol ein, das sich wie ein roter Faden durch die 80er Jahre zieht; Beispiele:

● Anfang Oktober 1982 wurden in Bolivien sieben Drogenfahnder von Drogenschmugglern gefoltert und ermordet.

● Ende November 1984 verübte die bolivianische Drogenmafia einen Sprengstoffanschlag auf die US-Botschaft in Bogotá.

● Mitte der 80er Jahre setzten die Kokain-Bosse hohe „Abschußprämien" auf die US-Botschafter Tombs (Bogotá) und Corr (La Paz), sowie auf den Ex-DEA-Chef Mullon und andere aus.

Wie alarmierend heute die Situation in Südamerika ist, zeigt eine „Gemeinsame Erklärung der Rauschgiftverbindungsbeamten" aus den USA, Kanada, Spanien, Großbritannien, den Niederlanden und der Bundesrepublik, die in Peru eingesetzt waren. Die Frustration über ihre Arbeitsbedingungen und die Besorgnis über die derzeitige Entwicklung auf dem Gebiet des Drogenmißbrauchs und der Bekämpfung, haben die in Lima stationierten RG-Verbindungsbeamten in einem geheimen, mittlerweile in Auszügen veröffentlichten (STERN Nr.1/ Dezember 1988) Papier deutlich dargestellt:

Die derzeitige Entwicklung auf dem Gebiet des Drogenmißbrauchs bzw. seiner Bekämpfung beobachten die in Lima (Peru) stationierten Rauschgiftverbindungsbeamten mit größter Besorgnis

Auszüge aus dem geheimen Papier, veröffentlicht im „Stern"
(Heft 1/29.12.1988, S.112-113)

1. Der Anbau von Cocapflanzungen, die Herstellung von Kokain und der Handel in Peru sowie den Nachbarstaaten Kolumbien, Bolivien und Brasilien haben einen Stand erreicht, der alle Betroffenen zum sofortigen nachhaltigen Handeln zwingen sollte.

---

2. Die nordamerikanischen sowie westeuropäischen Industrienationen sind als Hauptverbraucherländer mit ständig steigenden Einfuhr- und Konsumentenzahlen Veranlasser dieser Entwicklung und werden als Abnehmer unmittelbar durch den Negativeffekt des Konsums bedroht. Sie unterliegen insofern auch einer Verpflichtung zum Eingreifen.

3. Die mit zunehmenden ökonomischen Schwierigkeiten im Lande rapide ansteigende Kokain-Expansion wird von peruanischer Seite nicht annähernd ausreichend bekämpft, kritische Beobachter sprechen gar von einer bewußten Duldung. Die gesellschaftlichen und sozialen Probleme (Gefahr der Korrumpierung und Kriminalisierung von Politik, Wirtschaft, Militär, Polizei sowie Drogenabhängigkeit und Einflußnahme auf Terrorismus) nehmen zu.

4. Im bedeutsamsten peruanischen Anbaugebiet, der „Alto Huallaga"-Zone, herrscht bereits jetzt fast uneingeschränkt die Kokainmafia.

5. Periodisch durchgeführte Bekämpfungsaktionen werden viel zu spät begonnen, um effektiv sein zu können, und zeitweise gar angekündigt, wobei sie zumeist auch sinnvolle Planung, Strategie und Durchschlagskraft vermissen lassen sowie vordringlich den Eindruck von „good-will"-Maßnahmen gegenüber den Abnehmerländern bzw. deren Regierungen vermitteln.

6. Von Seiten der Verbraucherländer sind außer Absichtserklärungen und Inaussichtstellungen bisher keine gemeinsamen Schritte zur Intensivierung der Drogenbekämpfung ausgegangen.

7. Die Situation im polizeilichen Bereich muß derzeit als unerträglich bezeichnet werden und bedarf dringend der Abhilfe. Es fehlen: effektive Organisationsformen, wirksame Bekämpfungsstrategien, praktikable Informationssysteme, Koordination und Kooperation, geeignetes Führungspersonal, ausreichende staatliche Unterstützung in fast allen Bereichen. Es überwiegen: niedrigstes Ausbildungs- und Leistungsniveau,

hohe Korruptionsanfälligkeit, geringes persönliches Engagement, gravierende Ausrüstungsmängel, Mißbrauch von Mitteln, Disziplinlosigkeit, erhebliches Negativimage, mangelndes Vertrauen der Bevölkerung.

8. Alle bisherigen vielfältigen Bemühungen der Rauschgiftverbindungsbeamten in den vergangenen Jahren scheiterten stets aus den vorstehend genannten Gründen bzw. an der Unfähigkeit der Polizeiführung. Die Rauschgiftverbindungsbeamten sind leider fast ausschließlich und ständig auf die Unterstützung der peruanischen Polizeibehörden angewiesen, die jedoch nicht einmal den Minimalforderungen gerecht werden können. Das Interesse, das der hiesigen Polizei und den Drogenbekämpfungs-Einheiten von der peruanischen Regierung entgegengebracht wird, ist nach einmütiger Auffassung der Rauschgiftverbindungsbeamten absolut unzureichend.

9. Die Rauschgiftverbindungsbeamten aller genannten Staaten (= USA, Kanada, Spanien, Großbritannien, Niederlande, Bundesrepublik Deutschland) wenden sich daher an die jeweiligen politisch Verantwortlichen mit der ausdrücklichen Bitte um energische und wirksame Unterstützung.

10. Es werden folgende Verbesserungen einschließlich denkbarer bzw. notwendiger jeweiliger internationaler Mithilfe, angeregt:
    - Zusammenlegung und Neustrukturierung der Rauschgiftbekämpfungsbehörden in Peru;
    - wesentliche Verbesserungen in Auswahl, Aus- und Fortbildung von Personal;
    - Schaffung besonders geschulter, gut ausgerüsteter und ausreichend bezahlter Einheiten, insbesondere im Auswertungs-und Ermittlungsbereich;
    - Aufbau eines funktionstüchtigen polizeilichen Informationssystems.

11. Denkbar wäre dabei internationale Unterstützung mittels: Gestaltung neuer Einsatzmethoden, Beratung und Planung, regelmäßige internationale Ausbildung, Ausrüstungshilfe.

> 12. Die Schaffung befriedigender Arbeitsvoraussetzungen für die Rauschgiftverbindungsbeamten in Peru sind unerläßlich. Ansonsten wäre ein Rückzug die gebotene und unausbleibliche Folge.
>
> 17. November 1987

Ähnlich schwierig sind die Situationen, in denen sich die Rauschgiftverbindungsbeamten befinden, die in den Mohnanbau- und Heroinerzeugerländern Asiens eingesetzt sind.

In einigen Schaltzentralen des Drogenwelthandels, beispielsweise im Libanon, macht die Bürgerkriegssituation jeden Einsatz nordamerikanischer und westeuropäischer Rauschgiftverbindungsbeamter unmöglich. Die Verbindungsbeamten tun in vielen Ländern der Dritten Welt ihren Dienst. In diesen Ländern sind Drogenanbau und Drogenherstellung zu einer Wirtschaftsmacht geworden, die sich mit Abstand aus den desolaten Wirtschaftssituationen der jeweiligen Länder hervorhebt. Die Drogenwirtschaft sichert heute ungezählten Bauern Lohn und Brot. Wenn einst aus Gemüsebauern Cocabauern wurden, so eine Überlegung, müßten diese – mit finanzieller Hilfe aus dem Ausland – eigentlich dazu bewegt werden können, wieder andere, eben legale Nutzpflanzen anzubauen.

5.3.2. Nutzpflanzenumstellungsprogramme

Seit ungezählten Generationen kauen südamerikanische Indios das Cocablatt. Noch heute, in der Blütezeit des Kokain und seiner in Südamerika verbreiteten Billigvarianten wie „Basuco" (Kolumbien) oder „Pitillo" (Bolivien), wird die Anzahl der Coca-Kauer zwischen acht und über fünfzehn Millionen geschätzt.

Seit ebenfalls ungezählten Generationen wird in vielen Ländern Asiens Opium geraucht oder gegessen, galt doch bis in das erste Viertel dieses Jahrhunderts hinein bei diesen Völkern der Mohnanbau und der Opiumhandel als ebenso ehrenwert wie der Verkauf von Tee.

Der Anbau der Cocapflanze in Südamerika, der Mohnanbau in Südwest- und Südostasien und der Hanfanbau im Nahen Osten und Nordafrika hat eine jahrhundertealte Tradition. Insbesondere im

19. Jahrhundert nutzten europäische Kolonialmächte diese Tradition als unerschöpfliche Quelle für ihren eigenen Reichtum. Erst mit den Drogenverboten in diesem Jahrhundert, für die sich insbesondere die nun ehemaligen Kolonialmächte aussprachen, wurde der Mohn-, Hanf- und Cocaanbau „unehrenhaft" und illegal.

Die Bekämpfung des Anbaus (vornehmlich aus der Luft) wurde als originäre Abwehrstrategie erst ab den 70er Jahren betrieben, nach dem Vietnamkrieg der USA. In diesen 70er Jahren lernten die Bauern in Asien, daß sie mit verbotenen Drogenpflanzen – in Relation zu legalen Nutzpflanzen – so viel verdienen konnten, daß sie davon mehr oder weniger problemlos ihre Existenz und damit die Existenz ihrer Familien sicherten. Dazu ein Beispiel:
Bestellte Ende der 70er Jahre ein Mohn-Bauer in Nordpakistan sein Feld mit Schlafmohn, bekam er für das „geerntete" Opium 2 000 US $; das Feld, mit Tabak bestellt, hätte ihm 460 $ gebracht. Eine Weizenernte hätte er sogar nur für 40 $ verkaufen können.

In den 80er Jahren lernten diese Art der Existenzsicherung auch die armen Indiobauern Südamerikas. Für sie wurde der Cocastrauch zur idealen Nutzpflanze, die fast überall wächst, vom Andengebirge herunter bis in den Dschungel hinein, selbst da, wo andere Agrarprodukte auf Grund schlechter Bodenqualität nicht mehr angebaut werden können. Obwohl im Schnitt nur zehn Jahre beerntet, bleibt der Strauch bis zu vierzig Jahren ertragreich. Last not least kann er bis zu viermal im Jahr abgeerntet werden. Schon aus diesen Gründen ist der Cocastrauch als (illegale) Nutzpflanze konkurrenzlos.

Hinzu kommt, daß die Cocapreise relativ stabil sind, während beispielsweise Mais- und Bananenpreise schwanken. Die Campesinos, die Coca einsäen und im Jahr mehrfach ernten, verdienten Mitte der 80er Jahre schon 500 US $ pro Hektar im Jahr. Ein Bauer mit mehreren Hektar kann so viel schneller an mehr Geld kommen, als er mit Kartoffeln oder Kaffee je erwirtschaften könnte.

Der Drogenanbau ist so zum sicheren Arbeitsplatz und damit Lebensunterhalt von Millionen Menschen geworden:

● Im „Goldenen Dreieck", genauer im nordöstlichen Burma, in Nordthailand und in Nordlaos leben rund eine Million Bergbauern vom Mohnanbau und der Opiumernte.

● Hunderttausende Bauern mit ihren Familien sind in den Ländern des „Goldenen Halbmonds" (Osttürkei, Iran, Afghanistan, Pakistan, Nordindien) durch Opiumernten in ihrer Existenz gesichert.

● In Peru (21 Mio. Einwohner, 48 Prozent Indios) sollen 1,2 Millionen,

● in Bolivien (6 Mio. Einwohner, 21 Prozent Indios) rund 400 000 direkt vom Drogenanbau und indirekt vom Handel leben.

Gegen eine Umstellung von illegalen Drogenpflanzen auf legale Nutzpflanzen sprechen, beispielsweise aus Sicht des Coca-Bauern in Südamerika, drei Gründe:

– Keine andere Nutzpflanze ist so relativ anspruchslos, ertragreich und langlebig.

– Keine andere Nutzpflanze bringt als geerntetes pflanzliches Rohmaterial (oder bearbeitetes Drogenzwischenprodukt) so viel Profit bei relativer Preisstabilität (gesicherter Lebensunterhalt der Familie).

– Die Bauern werden sich nicht gegen die Aufkäufer (= Kokainmafia) ihrer Ernte wenden. Zum einen sichern diese die regelmäßigen Einnahmen, zum anderen wird das Gewaltpotential der mächtigen „Narco-Könige" gefürchtet, die ihrerseits Teilen der armen Bevölkerung Zuwendungen (Finanzierung von Straßen, Krankenhäusern, Schulen, Sportstätten, Elektrizitätsversorgung) zukommen lassen und somit als großzügige und damit „edle" Stifter von Teilen der Bevölkerung getragen und gedeckt werden.

Aus diesen und anderen Gründen sind dementsprechend bisher alle Nutzpflanzenumstellungprogramme in Südamerika und Südost- und Südwestasien mehr oder weniger gescheitert. Das polizeiliche Konzept der „Förderung des Ersatzanbaus landwirtschaftlicher Erzeugnisse" erscheint auf diesem Hintergrund in seiner tatsächlichen Effektivität fragwürdig.

Verfolgt wird bis zum heutigen Tage auch das Konzept der „Bekämpfung durch Drogenpflanzen-Vernichtung aus der Luft". Unabhängig einmal vom Einsatz gesundheitsabträglicher Sprühstoffe ist dieses Konzept nur in Kooperation mit der jeweiligen Landesregierung zu verwirklichen (was in einigen Anbauländern derzeit unmöglich ist).

Die gewollte Umsetzung dieses Konzepts birgt heute im Einzelfall die

Gefahr „der Verteidigung von Drogenanbaugebieten durch Waffengerät (Boden-Luft-Abwehr) der Drogenhändler" in sich.

Als 1970 der „Fonds zur Bekämpfung des Drogenmißbrauchs" (United Nation Fund for Drug Abuse Control – UNFDAC –) von den Vereinten Nationen eingerichtet wurde, versprach man sich von Nutzpflanzenumstellungsprogrammen und anderen Maßnahmen eine hohe Bekämpfungseffektivität. In fast zwei Jahrzehnten sind diese Ansprüche der Realbetrachtung der Weltdrogensituation gewichen. Versucht wird nach wie vor vieles. So finanzierte der UNFDAC eine ganze Anzahl von Programmen unterschiedlichster Gestaltung, war Mitte der 80er Jahre in
– Lateinamerika (Bolivien, Kolumbien, Ecuador, Peru),
– Nahen- und Mittleren Osten (Zypern, Ägypten, Jordanien, Türkei) und
– Süd- und Südostasien (Burma, Pakistan, Thailand)
tätig. Auf der Weltdrogenkonferenz (International Conference on Drug Abuse and Illicit Traffiking – ICDAIT –) im Juni 1987 in Wien stellte der UNFDAC künftige Hilfen in Programmen in Afrika, Brasilien, in der Karibik, in China und Indien in Aussicht.

Dennoch, gemessen an den gewaltigen Dimensionen der Weltdrogenproblematik, läßt die finanzielle Unterstützung des UN-Fonds durch seine Mitgliedsstaaten zu wünschen übrig.

Vor Mitgliedern des Untersuchungsausschusses „Drogen in den EG Mitgliedstaaten" des Europäischen Parlaments beklagte Ende Februar 1986 der Generaldirektor des UNFDAC, Di Gennaro, in Brüssel, daß sich – insbesondere in Relation zum geschätzten Jahresweltumsatz an Drogen von 300 Milliarden US-$ – die auf freiwilliger Basis geleisteten Beiträge der EG-Länder zum Fonds der UN in einem Zeitraum von 11 Jahren (!) auf nur 74 Millionen US-$ beschränkten. Der größte Netto-Zahler war Italien (52 Millionen $), die Niederlande waren überhaupt nicht vertreten (0,00) und die übrigen Länder nahmen eine minimalistische Haltung ein: Großbritannien 7 Millionen $, Frankreich 1,7 Millionen $, Belgien 270 000 $, Luxemburg 1 000 $ . . .

Das in den Anbauländern geerntete pflanzliche Rohmaterial, ob Cocablatt oder Rohopium, kann jedoch nicht ohne diverse Chemikalien zum hochwertigen Endprodukt, Kokain oder Heroin, raffiniert werden. Dementsprechend kommt dem Handel mit Industriechemikalien ein besonders hoher Stellenwert zu.

5.3.3 Die chemische Industrie und die Schwierigkeit der Kontrolle ihrer Produkte

Zur Herstellung von Kokain und Heroin braucht man nicht nur Unmengen von Wasser und Elektrizität sowie sehr spezielle Gerätschaften, man braucht auch gewaltige Mengen an Chemikalien. Zum größten Teil sind es Industrie- und damit „Allerweltchemikalien", die u. a. zur Herstellung von Farben, Süßstoffen und Arzneimitteln gebraucht werden, und dementsprechend in Mengen von zigtausend Tonnen jährlich produziert und exportiert werden. Im Chemikalien-Großhandel sind diese Stoffe mehr oder weniger leicht erhältlich. Die BRDeutschland gehört zu den Ländern, die sich durch eine ausgesprochen liberale Praxis im Chemikalien-Handel auszeichnen.

Benötigte Industriechemikalien	
Zur Heroin-Herstellung	**Zur Kokain-Herstellung**
● Löschkalk	● Schwefelsäure
● Amoniumchlorid	● Kerosin
● Essigsäureanhydrid	● Kalk
● Chloroform	● **Natriumkarbonat**
● **Natriumkarbonat**	● **Äther**
● Alkohol	● Azeton
● Aktivkohle	● **Salzsäure**
● **Salzsäure**	
● **Äther**	

Einige dieser Industriechemikalien werden von vielen Firmen auf der Welt, nicht nur von den deutschen und amerikanischen Chemiefirmen hergestellt. Dementsprechend schwierig ist es für die Strafverfolgungsbehörden nachzuweisen, daß die zur Kokain- oder Heroinherstellung benötigte Chemikalie von einer bestimmten Firma stammt. Alle Chemiefirmen werden den Vorwurf weit von sich weisen, „Zulieferfirmen zur Kokain- oder Heroinindustrie" zu sein. Selbst wenn in illegalen Laboren Chemikalien nachweisbar deutscher oder amerikanischer Produktion gefunden werden, sind diese – wegen „strengster Kontrolle" in der Erzeugerfirma – natürlich nicht mit Tatvorsatz in die Drogenlabore gelangt. Die Chemiefirmen haben unwissentlich die Drogenproduzenten beliefert, so jedenfalls wird es in einem Bericht des US-Geheimdienstes CIA behauptet. Anlaß genug für das New Yorker „Wall Street Journal", am 13. Juli 1988 darüber zu berichten:

● Chemieunternehmen in den USA versorgen Rauschgifthändler in Lateinamerika unwissentlich in großem Umfang mit Chemikalien, die bei der Herstellung von Kokain und Heroin gebraucht werden. Für die Unternehmen ist es wegen der oft verschlungenen Vertriebswege kaum möglich festzustellen, wer die Endverbraucher sind.

● Im Mai 1988 waren Fahndungsbeamte bei einer Razzia in der Nähe der kolumbianischen Stadt Medellin auf 5 800 Hektoliter Äther und Azeton gestoßen. Diese Menge hätte ausgereicht, um 33 660 Kilo Kokain mit einem Schwarzmarktwert von 2,7 Milliarden $ herzustellen.

● Nach dem CIA-Bericht gingen Lieferungen von Äther, Azeton, Toluol und anderen Chemikalien weit über die Mengen hinaus, die zur Herstellung von Farben, Süßstoffen und Aspirin gebraucht würden. Rauschgiftproduzenten verwenden dieselben Chemikalien, um Rohstoffe wie Coca und Opium in Kokain und Heroin zu verwandeln.

● Nach einer CIA-Statistik sind Lieferungen von sogenannten Ätherersatzstoffen Azeton und Tuluol nach Lateinamerika von 1983 bis 1986 um 125 Prozent gestiegen. Der Bedarf der lateinamerikanischen Industrie an diesen Grundstoffen habe aber bei weitem nicht in diesem Maße zugenommen.

Der Handel mit Chemikalien-Grundstoffen ist jedoch nicht nur für die Drogenanbauländer von Bedeutung. Aus Grundstoffen lassen sich auch, ohne daß es der pflanzlichen Rohstoffe als Basis bedarf, vollsynthetische Drogen herstellen, aus dem Grundstoff „Phenylaceton" beispielsweise das Aufputschmittel „Amphetamin". Diese Praxis berührt auch die westlichen Industrienationen als große Drogenverbraucherländer, insbesondere auch die Bundesrepublik Deutschland.

Karikatur auf den schwer zu kontrollierenden Export chemischer Produkte deutscher Chemie-Fabriken

Die Gesetzeslücke.

Zeichnung: Schoenfeld

Der Tagesspiegel, Berlin, 8. 2. 1989, S. 3

5.4. Synthetische Drogen – „Made in Germany"

Über zwei Jahrzehnte war die Bundesrepublik mehr oder weniger ein reines Drogenverbraucherland. Alle auf dem Drogenschwarzmarkt angebotenen Drogen wurden eingeschmuggelt. In der zweiten Hälfte der 80er Jahre jedoch ist die BRDeutschland zunehmend als Produktions- und Exportland für illegal hergestellte synthetische Drogen in Erscheinung getreten. Insbesondere wird im Inland in illegalen Laboren die Droge „Amphetamin" hergestellt. Das Aufputschmittel hatte sich im zweiten Weltkrieg unter den Soldaten verbreitet, die den Amphetaminkonsum nach dem Krieg ins Zivilleben trugen. Zu regelrechten Amphetamin-Verbraucherländern wurden in der Nachkriegszeit Japan und Skandinavien. Für Europa wurde Amphetamin vornehmlich in den Niederlanden produziert, aber auch Amphetamin „Made in Poland" ist ab und an auf dem deutschen Schwarzmarkt. In den letzten Jahren hat sich nun auch die BRDeutschland zum Herstellerland entwickelt. Verdeutlicht wird dies dadurch, daß die Polizei von 1981 bis 1987 in fast allen Bundesländern insgesamt 142 illegale Drogen-Labore ausgehoben hat, darunter 124 Amphetamin-Labore.

Die polizeiliche Bekämpfung der vollsynthetischen Drogen ist zu einer ausgesprochen schwierigen Abwehrarbeit geworden, insbesondere aus folgenden Gründen:

- Es bedarf für die Herstellung von synthetischen Drogen (insbesondere Amphetamin) keiner besonders aufwendigen Laboreinrichtungen. Ein „Waschküchenlabor" reicht aus, um das gleiche Produkt auszuwerfen wie ein Industrielabor.
- Syntheseanleitungen („Kochrezepte") sind vielfach Bestandteile allgemeiner oder leicht zugänglicher wissenschaftlicher Fachliteratur. Bei durchschnittlichen Kenntnissen in der präparativen Chemie, wie man sie beispielsweise bei Laboranten, Chemotechnikern und Chemiestudenten voraussetzen kann, bereiten solche Synthesen normalerweise keine Schwierigkeiten.
- Zur Herstellung synthetischer Drogen sind in der Regel handelsübliche Chemikalien als Grundstoffe, Reagenzien oder Lösungsmittel erforderlich. Die Stoffe sind in Chemikalienhandlungen relativ günstig **legal** zu erwerben.

Aufgebrachte (sichergestellte) Labore (Produktion synthetischer Drogen, insbesondere Amphetamin) in der Bundesrepublik Deutschland 1981-1987 Zeitreihe (FDR/Meldedienst)

Bundesland	1981	1982	1983	1984	1985	1986	1987	Summe
Bayern	2	4	11	4	3	13	10 Amphetamin 1 MDA 1 Methadon 1 Mescalin	50
Berlin	–	–	–	–	–	–	1 Amphetamin	1
Hessen	–	–	3	1	3	6	5 Amphetamin	18
Rheinl.-Pf.	–	1	2	1	3	2 2 MDMA	–	11
Nordrh.-W.	1	2	–	3	3	4 1 Mescalin	4 Amphetamin 1 Methadon 1 Methaqualon	20
Baden-Würt.	–	–	1	2	1	7 2 DOB	5 Amphetamin 1 MDMA/MDE* 1 LSD DOB	21
N.-sachsen	1	–	1	–	1	– 2 Mescalin	3 Amphetamin 1 MDA 1 Etonitazen	10
Schleswig-H.	–	–	–	–	–	1 1 LSD	1 Amphetamin	3
Hamburg	–	–	–	–	–	2	1 Amphetamin	3
Saarland	–	–	1	–	1	–	3 Amphetamin	5
Summe Amphetamin	4	7	19	11	15	35	33	124
Summe Gesamt	4	7	19	11	15	43	43	142

Bremen hat bisher keine Sicherstellung gemeldet.

* kein BtM

Quelle: BKA (Hrsg.) „Rauschgift Jahresbericht Bundesrepublik Deutschland 1987", Bundeskriminalamt, Wiesbaden 1988

Illegale Herstellung von Amphetamin und A.-Derivaten

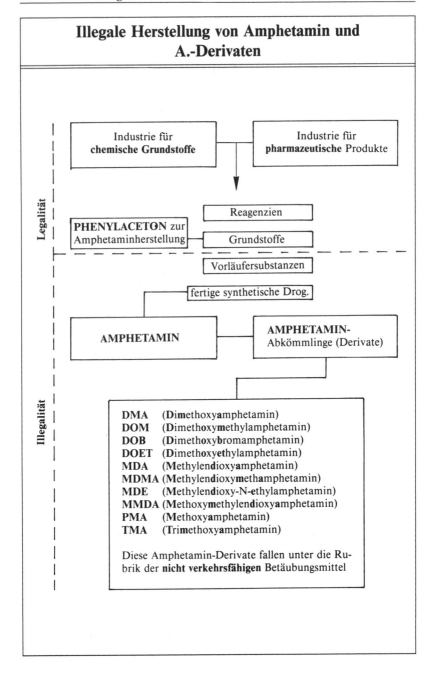

Legalität

| Industrie für **chemische Grundstoffe** | Industrie für **pharmazeutische** Produkte |

PHENYLACETON zur Amphetaminherstellung

Reagenzien

Grundstoffe

Vorläufersubstanzen

fertige synthetische Drog.

AMPHETAMIN

AMPHETAMIN- Abkömmlinge (Derivate)

Illegalität

DMA	(Dimethoxyamphetamin)
DOM	(Dimethoxymethylamphetamin)
DOB	(Dimethoxybromamphetamin)
DOET	(Dimethoxyethylamphetamin)
MDA	(Methylendioxyamphetamin)
MDMA	(Methylendioxymethamphetamin)
MDE	(Methylendioxy-N-ethylamphetamin)
MMDA	(Methoxymethylendioxyamphetamin)
PMA	(Methoxyamphetamin)
TMA	(Trimethoxyamphetamin)

Diese Amphetamin-Derivate fallen unter die Rubrik der **nicht verkehrsfähigen** Betäubungsmittel

● Montage bzw. Demontage der Laboreinrichtung verschaffen dem „Untergrund-Chemiker" hohe Mobilität und erlauben einen ständigen Wechsel der Produktionsorte, was gleichzeitig die polizeiliche Fahndung erschwert.

● Die Rechtslage bietet einen breiten Spielraum. Das Betäubungsmittelgesetz (§§ 1 und 2 BtMG) bestimmt, welche Stoffe unter das Gesetz fallen und enthält Ermächtigungen, durch Rechtsverordnungen neue Stoffe den gesetzlichen Bestimmungen zu unterwerfen. Der legale Umgang mit Betäubungsmitteln (BTM) ist ebenfalls im BtMG geregelt (§§ 3-25 BtMG). In den Anlagen zum BtMG sind die einzelnen Substanzen mit ihrer chemischen Bezeichnung aufgeführt:

Anlage I: Nicht verkehrsfähige BTM (sie sind medizinisch bedeutungslos und kommen für den legalen BTM-Verkehr nicht in Betracht).

Anlage II: Verkehrsfähige, aber nicht verschreibungsfähige BTM (sie dürfen nur in Ausnahmefällen als Arzneimittel angeboten werden).

Anlage III: Verkehrsfähige und verschreibungsfähige BTM (sie sind nur über BTM-Rezepte erhältlich).

Alle anderen Substanzen, die nicht in diesen Anlagen aufgeführt sind, unterliegen folglich nicht den rechtlichen Bestimmungen des BtMG und bieten somit auch keine strafrechtliche Handhabe.

In der polizeilichen Praxis hat sich gezeigt, so beispielsweise das Landeskriminalamt (LKA) Baden-Württemberg 1987, daß eine Vielzahl der Chemikalien, die zur BTM-Herstellung mißbräuchlich verwendet werden, tatsächlich in der BRDeutschland weder dem BtMG noch einer Meldeverpflichtung an Strafverfolgungsbehörden unterstehen. So kann die Polizei erst dann eingreifen, wenn die bislang straflosen Vorbereitungshandlungen (Chemikalien- und Gerätebeschaffung) potentieller Täter sich soweit konkretisierten, daß der Herstellungsprozeß beginnt oder die Synthese im Labor bestimmte Stufen erreicht hat, deren Zwischenprodukte unter das BtMG fallen.

Noch schwieriger ist die polizeiliche Bekämpfung der „Designer-Drogen". Unter dieser Drogengruppe versteht man verschiedene Gruppen von Arzneimitteln, deren Molekularstruktur von „Untergrund-

Chemikern" geringfügig abgeändert wird, die Droge somit ein neues „Design" erhält. Die neue Substanz unterliegt dadurch nicht mehr der gesetzlichen Kontrolle. Da immer neue Creationen von Substanzen hergestellt werden bzw. hergestellt werden können, ist die BTM-Gesetzgebung und damit auch die Strafverfolgungsbehörde in der unbefriedigenden Situation des Hinterhereilenden.

Vor dem Hintergrund dieser bedrohlichen Entwicklung ist die Polizei insbesondere in der „Verhinderung der illegalen Abzweigung synthetischer psychotroper Substanzen" gefordert. Dies setzt aber auch Initiativen voraus, die über nationale Ebenen hinausgehen. Es bedarf internationaler politischer Entscheidungen.

5.5. Neue Konzepte in der Rauschgiftbekämpfung

Im November 1988 zählte der Präsident des Bundeskriminalamtes (BKA), Heinrich Boge, die neuen Konzepte polizeilicher Rauschgiftabwehr auf, die den klassischen Bekämpfungsmaßnahmen hinzugefügt werden:

● die schon beschriebenen vorgelagerten Abwehrlinien, beispielsweise Rauschgiftverbindungsbeamte in Hersteller- und Transitländern;
● verfeinerte verdeckte Ermittlungsmethoden
● Herausbrechen von Organisationsmitgliedern aufgrund einer Kronzeugenregelung und
● Abschöpfung der illegal erworbenen Vermögenswerte und Aufdeckung von Geldwaschanlagen.

Die Konzepte, die auch – mit unterschiedlichen Gewichtungen – in anderen Ländern (insbesondere den USA) angewendet werden, sollen deutlich machen, „daß die Grenzen des Abwehrkampfes noch längst nicht erreicht sind".

5.5.1. Verdeckte Ermittlung

Seit gut zwei Jahren tragen sie zur Unterhaltung des deutschen Fernsehpublikums bei, die US-Schauspieler Don Johnson und Philip Michael Thomas, besser bekannt als „Crockett" und „Tubbs" in der TV-Serie „Miami Vice". Die beiden Agenten der Sittenpolizei*) sind

---

*) In den USA umfaßt die Zuständigkeit der Sittenpolizei nicht nur – wie in der BRDeutschland – Sexualdelikte, sondern u. a. auch Rauschgiftbekämpfung.

insbesondere als Rauschgiftfahnder in der Kokainmetropole Floridas tätig, oft als „Under-Cover-Agenten" (UCA) im Einsatz. Als UCA's schleichen sie sich in Rauschgiftgruppen als Mitglieder ein; begehen – um ihre Bonität in diesen Kreisen unter Beweis zu stellen – Straftaten, sind Zeuge von kriminellen Delikten bzw. sind an diesen beteiligt. Alles dient nur übergeordneten Interessen, beispielsweise um an Hintermänner des Drogengeschäftes oder gar an den Kopf einer abgeschotteten Gruppe von Kolumbianern, Kubanern oder Amerikanern zu kommen.

Doch was den Miami Vice-Beamten in Florida/USA recht ist, kann den Fahndern deutscher Rauschgiftinspektionen noch lange nicht billig sein. Zu groß sind die Unterschiede zwischen dem anglo-amerikanischen und dem kontinental-europäischen Rechtskreis. Strafprozesse und Strafverfahren beider Rechtskreise unterscheiden sich grundlegend.

So ist im kontinental-europäischen Rechtskreis beispielsweise die Polizei in der BRDeutschland an das Prinzip der Legalität gebunden. Das bedeutet, daß ein Polizeibeamter bei jedem Verdacht einer strafbaren Handlung, von dem er (dienstlich) erfährt, tätig werden muß. So kann der deutsche „Untergrund-Beamte" nicht als UCA arbeiten, er kann nur „verdeckt ermitteln".

Die verdeckte Ermittlung schließt die polizeiliche Infiltration in Verbrecherkreise nicht aus, doch bewegt sich der Beamte im kriminellen Untergrund auf einem sehr schmalen Rechtspfad.

Zweifelsohne wäre es im Interesse einer effizienten Ermittlung im Einzelfall wünschenswert, den verdeckt ermittelnden Polizeibeamten mit der Kompetenz seines amerikanischen UCA-Kollegen auszustatten.

Doch kollidiert hier der polizeiliche Wunsch mit dem rechtstaatlichen Prinzip der demokratischen Bundesrepublik. Ähnlich die Situation in Italien. Die Gründe liegen in der jüngeren Vergangenheit. Beide Länder hatten in der ersten Hälfte dieses Jahrhunderts eine langjährige faschistische Ära. Italien unter dem „Duce" Benito Mussolini von 1922 bis 1943 und Deutschland unter dem „Führer" Adolf Hitler von 1933 bis 1945. Beide unterhielten in ihren Ländern eine Geheimpolizei, die mit Sondervollmachten ausgestattet war.

In klarer Abgrenzung zu dieser Vergangenheit wurde mit Gründung der demokratischen Staaten Republik Italien (1946) und Bundesrepublik Deutschland (1949) die parlamentarisch-demokratische Kontrolle der Polizei als Exekutivorgan des Staates festgeschrieben. Nie wieder sollte es eine Geheimpolizei geben; nie wieder eine Polizei, die – mit Sondervollmachten ausgestattet – parlamentarisch unkontrollierbar wäre.

Dementsprechend fest und eindeutig wurden die Polizeibeamten der BRDeutschland an das Legalitätsprinzip gebunden; an ein Prinzip, das sich – beispielsweise in der Bekämpfung des organisierten Drogenverbrechens – im Einzelfall als hinderlich erweist. Die verdeckte polizeiliche Ermittlungsarbeit im Drogenmilieu wird durch einen gewollt engen Gesetzesrahmen in ihrer Effektivität eingeschränkt.

Im polizeilichen internationalen Drogenabwehrkampf jedoch kann das Legalitätsprinzip im Einzelfall umgangen werden, kann ein UCA eingesetzt werden, obwohl die Polizei des Landes ihn nicht stellen darf und kann. Beispiel Italien. Auch italienische Fahnder dürfen nicht als UCA's eingesetzt werden, wohl aber, im Zuge der bilateralen Amtshilfe, US-Agenten italienischer Abstammung. Es ist eine (nationale) Frage des Prinzips – ob Under-Cover-Agent (der Gesetze aus übergeordneten Interessen übertreten darf) oder verdeckter Ermittler (der sich an bestehende Gesetze halten und Straftaten, selbst seine eigenen, zur Anzeige bringen muß).

Eine Ausnahmegenehmigung, bezogen auf die Bekämpfung hochkriminogener Deliktbereiche wie organisiertes Verbrechen oder Terrorismus, wird strittig diskutiert.

Aber selbst wenn; wenn es in diesen Bereichen der Hochkriminalität auch in der BRDeutschland UCA's bzw. verdeckte Ermittler mit Sonderkompetenzen geben würde, also der Polizei die Bekämpfungsmöglichkeit an die Hand gegeben wäre, mit der auch die amerikanische Rauschgiftabwehr arbeitet, was wäre dann? Würden sich polizeiliche Erfolge in der Rauschgiftbekämpfung potenzieren? Wenn dem so wäre, dann dürften die USA nach jahrelangen Einsätzen von UCA's, DEA-Verbindungsbeamten im Ausland und anderen Bekämpfungsbehörden nicht im Inland ein Drogenproblem heutigen Ausmaßes haben. In den USA haben die dort schon lange angewand-

ten Konzepte der „vorverlegten Abwehrlinie" (DEA in Drogenanbau-
und Transitländern) und der „verfeinerten verdeckten Ermittlungsmethoden" (UCA Einsatz) nicht dazu geführt, daß im Land
– die Ausweitung des Drogenproblems verhindert wurde;
– sich die illegalen Einfuhren von Rauschgiften merklich minimiert
  haben;
– das organisierte Verbrechen polizeilich infiltriert und merklich ver-
  unsichert wurde.

Das war jedoch nicht nur der amerikanischen Polizei unmöglich, das
konnte bisher keine Polizei auf der Welt, ob mit oder ohne Rauschgiftverbindungsbeamte, ob mit oder ohne Untergrund-Agenten. Woher nimmt man also in der BRDeutschland die Gewißheit, daß diese
„Rezepte" nun ausgerechnet hier doch funktionieren?

Den neuen Konzeptionen der Polizei gegen das organisierte Verbrechen stehen alte Konzepte des organisierten Verbrechens gegen die
Polizei und andere gegenüber. Während die Polizei mehr oder weniger erfolglos Rauschgiftverbindungsbeamte, verdeckte Ermittler/Un-
der-Cover-Agenten und andere gegen die abgeschotteten Syndikate,
Clans und Großfamilien des illegalen Drogengeschäftes aufbietet, setzen diese leider nach wie vor sehr erfolgreich auf jahrzehntelang
bewährte Mittel: auf Korruption, Bestechung, Erpressung und auf
Abschreckung durch Gewalttaten.

Auf dem schmalen Grad der verdeckten Ermittlung kann der eingesetzte Beamte auf der einen Seite in die Gefahr der Enttarnung laufen, die ihn an Leib und Leben bedroht, auf der anderen Seite kann er
aber auch, „von der Gegenseite umgedreht", quasi den Arbeitgeber
wechseln. Nicht nur das Gewaltpotential, auch die Macht des Geldes
(über welches das organisierte Verbrechen reichlich verfügt), ist nicht
zu unterschätzen. Deutlicher denn je wird diese Gefahr gesehen, auch
in der BRDeutschland. So sieht auf dem Hintergrund der weltweiten
Expansion der Drogenmultis der Abteilungspräsident im Bundeskriminalamt, Jürgen Jeschke, „ein Gewalt- und Korrumpierungspotential bisher nicht gekannten Ausmaßes" auf die westlichen Industrienationen und ihre Strafverfolgungsbehörden zukommen.

Wie die Mittel des organisierten Verbrechens wirken, von Korruption
bis Erpressung, belegen ungezählte Beispiele über Jahrzehnte, zwischen Hongkong über Palermo bis nach Bogotá.

Zum Ende der 80er Jahre sind in der Rauschgiftbekämpfung für die Strafverfolgungsbehörden weltweit ungezählte Millionen Menschen zum „polizeilichen Gegenüber" geworden

	Strategien des organisierten Verbrechens gegen die Polizei	Strategien der Polizei gegen das organisierte Verbrechen
Paten Boss der Bosse Syndikats-Direktoren	Einfluß auf Politik, Wirtschaft und Kapital ▲	▼ Abschöpfung von Vermögenswerten
mehrere 100 000 Mitglieder des organisierten Verbrechens (OV): Chines. Triaden, Japan. Syndikate, Familien-Clans im Nahen Osten, OV in Italien und USA, Kolumb. Kartelle u. a.	Korruption Bestechung, Erpressung, Infiltration der Polizei durch „gekaufte" Beamte ▲ ▲ ▲	▼ Infiltration des OV durch Undercover-Agenten (UCA's); Einsatz von verdeckten Ermittlern
mehrere Millionen Drogen-Bauern mit Familien: Mohn-Bauern in Asien, Coca-Bauern in Südamerika und Hanf-Bauern in Asien, Afrika und Lateinamerika	Bewaffneter Widerstand durch „War Lords" ▲ / Streik der Bauern ▲	▼ Vorgelagerte Abwehrlinien - Rauschgiftverbindungsbeamte in den Erzeugerländern
mehrere 100 Millionen Drogenkonsumenten: Vom gelegentlichen Haschischraucher bis zum schwerst Heroinabhängigen (in Amerika, Europa, Afrika, Asien und Australien)	Konspiratives Verhalten, Informationsverweigerung ▲	▼ Verfolgungsdruck, Bekämpfung von Drogenabhängigen als „Intensivtäter"

202

Dem organisierten Drogenverbrechen will die Polizei jedoch nicht nur durch das „Einsickern von Untergrund-Beamten" beikommen, sie hofft auch – wie bei der Bekämpfung des Terrorismus – auf die Möglichkeit des „Herausbrechens von Organisationsmitgliedern", die dann als Kronzeugen gegen die Organisation aussagen sollen.

5.5.2. Kronzeugen und organisiertes Verbrechen

Der anglo-amerikanische Rechtskreis erlaubt in seinem Strafprozeß den sogenannten Kronzeugen, den aussagewilligen, mehr oder weniger hochkarätigen Aussteiger aus dem organisierten Verbrechen.

In den USA beispielsweise gibt es nicht nur einen professionell ausgebauten polizeilichen Zeugenschutz bis zum Prozeß. Den Behörden sind auch finanzielle Mittel an die Hand gegeben, um den wichtigen Zeugen nach „getaner Aussage- und Belastungarbeit" überlebenssicher unterzubringen. Ausgestattet mit einem „neuen Lebenslauf" (Legende) kann der für die Anklage so wichtige Zeuge unerkannt ein neues Leben anfangen. Dennoch wird er immer mit der Gefahr leben müssen, daß er enttarnt wird. Seine für die Bekämpfung des organisierten Verbrechens so wichtige Aussage wird von diesem als Verrat angesehen und dementsprechend geahndet.

Im kontinental-europäischen Rechtskreis ist das Instrument der Kronzeugenregelung in dieser Form noch nicht eingeführt worden. In der BRDeutschland beispielsweise ist eine derartige Regelung bis heute nicht in der Strafprozeßordnung enthalten. Eine Ausnahme kam erst mit der Gesamtreform des Betäubungsmittelgesetzes 1981, die – unabhängig von der Strafprozeßordnung – eine Kronzeugenregelung im BtMG festschrieb.

Der Gesetzgeber ging davon aus, „daß der Kronzeuge im Gegensatz zum verdeckten Ermittler (Untergrundagenten) von den Ermittlungsbehörden nicht in bestimmte Kriminalitätsbereiche eingeschleust wird, sondern – aus der Szene kommend – nach seiner Festnahme sein vermeintliches Wissen aus seiner ehemaligen Verflechtung mit der Rauschgiftszene der Justiz zur Verfügung stellt. Damit wird er häufig zum entscheidenden Belastungszeugen gegen kriminelle Organisationen und ehemalige Komplizen".

So ist die Kronzeugenregelung im BtMG im § 31 (Strafmilderung

oder Absehen von Strafe) in zwei Abschnitten festgeschrieben:
Das Gericht kann die Strafe nach seinem Ermessen mildern (. . .) oder
von einer Bestrafung nach . . . absehen, wenn der Täter

1. durch freiwillige Offenbarung seines Wissens wesentlich dazu beigetragen hat, daß die Tat über seinen eigenen Tatbeitrag hinaus
aufgedeckt werden konnte, oder
2. freiwillig sein Wissen so rechtzeitig einer Dienststelle offenbart,
daß Straftaten nach . . ., von deren Planung er weiß, noch verhindert werden können.

Anfang Dezember 1988 teilte das Bundeskriminalamt mit, daß die
Polizeibehörden des Bundes und der Länder einen umfangreichen
Katalog von Abwehrmaßnahmen beschlossen haben, die den persön-
lichen Schutz aussagebereiter Zeugen verbessern sollen. Dies betrifft
insbesondere Zeugen, die in Prozessen gegen Terroristen oder gegen
organisierte Gewaltkriminelle (beispielsweise aus der Rauschgiftsze-
ne) aussagen wollen und von diesen Tätergruppen in zunehmendem
Maß bedroht und durch Gewaltanwendung eingeschüchtert werden.
Vor dieser Einschüchterung und Bedrohung aus dem kriminellen
Umfeld versucht die Polizei ihre Zeugen zu schützen.

Die Polizei wird in dieser Arbeit von Politikern unterstützt, die in
einem „Aktionsprogramm gegen die organisierte Kriminalität" u. a.
einen verbesserten Zeugenschutz und eine weitgefaßte Kronzeugenregelung fordern.

Doch wie reagiert das organisierte Verbrechen auf dieses polizeiliche
Aktionsprogramm des Kronzeugen und seines Schutzes?

Das organisierte Verbrechen in Süditalien, ob sizilianische Mafia,
kalabresische 'Ndrangheta oder neapolitanische Camorra, kennt ein
uraltes und bis heute gültiges Gesetz, das über Leben und Tod seiner
Mitglieder entscheidet: die Pflicht zum Schweigen (omertà). Zum
Schweigen haben sich auch die Mitglieder der Cosa Nostra in den
USA durch einen „Bluteid" auf die Organisation verpflichtet. Für die
ostasiatischen Syndikate, ob chinesische Triaden oder japanische Yakuza, ist das Schweigen der Mitglieder traditionelles Gebot. Auch die
in der zweiten Hälfte dieses Jahrhunderts groß und mächtig geworde-
nen Familien-Clans, ob im Kokain-Geschäft in Südamerika oder im
Haschisch-Heroin-Geschäft im Nahen Osten tätig, schotten ihre Dro-

genanbau- und Vertriebsorganisationen durch bedingungsloses Schweigen ihrer Mitglieder ab.

Das zumeist zentralistisch aufgebaute organisierte Verbrechen „kümmert" sich um seine Mitglieder auch in Notsituationen, so lange diese sich an das Gesetz des Schweigens halten. So unterhalten große Syndikate, ob in Hongkong, Palermo, New York oder Medellin, für die Versorgung der Familien verurteilter Mitglieder saubere Bank-Fonds; sorgen für adäquate Rechtshilfe, kümmern sich um inhaftierte Mitglieder. In der britischen Kronkolonie Hongkong sollen beispielsweise bis zu 40 Prozent der Gefängnisinsassen Triaden-Mitglieder sein.

Wer jedoch das Gesetz des Schweigens bricht, muß mit härtesten Strafen, auch der Todesstrafe, rechnen; nicht nur für sich, sondern auch für seine Familie. Wenn dieser Fall eintritt, zeigt das Organisierte Verbrechen, in den USA zum „Mob" zusammengefaßt, seine Macht und Stärke durch gewaltsame Einschüchterung („muscle"). Die ausführenden Organe, die auf Befehl der Führungsspitze mit Bedrohung, Körperverletzung, Sachbeschädigung, Brandstiftung aber auch Mord arbeiten, sind die „Racketeers". Dieser „bewaffnete Arm" des organisierten Verbrechens ist nicht zu unterschätzen. Er greift mittlerweile nicht nur auf die „Vollstrecker" in den eigenen Reihen zurück, er bedient sich auch anonymer illegaler „Mord-Agenturen" („Murder Inc."), entlohnt die freiberuflichen Tötungsspezialisten für den „bestellten Mord". In nicht wenigen Ländern der Welt bewegt sich das Gewaltpotential des organisierten Verbrechens in einem politisch-gewalttätigen Klima, verzahnt mit der jeweiligen örtlichen kriminellen Szene. In den Slums vieler Großstädte gibt es heute ein Reservoir potentieller Totschläger und Pistolenschützen, die bereit sind, für wenig Geld ein Menschenleben auszulöschen.

Im kolumbianischen Medellin soll ein „Mord auf der Straße", von meist jugendlichen Kriminellen verübt, 20 bis 50 US Dollar kosten. Aber nicht nur in Südamerika, auch in Südeuropa besteht unter sozial entwurzelten, drogenabhängigen jungen Menschen diese Gewaltbereitschaft. In der italienischen Region Kalabrien, im Großraum Reggio Calabria, sollen „tödlich verlaufende Straßenüberfälle" im Einzelfall schon für DM 200,– von Heroinabhängigen begangen worden sein.

Strukturen des organisierten Verbrechens in Süditalien / USA

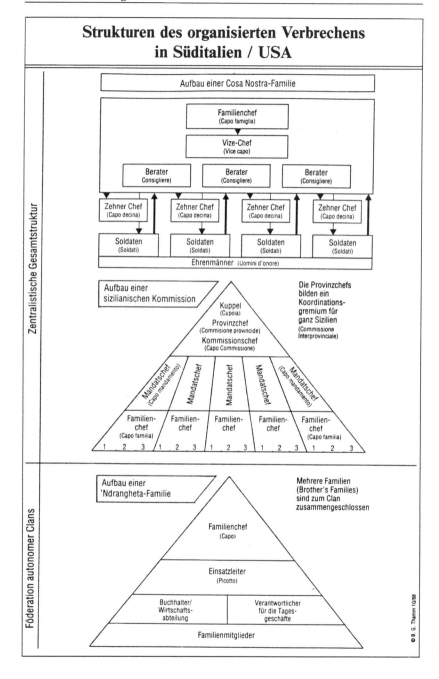

206

Wer als Mitglied des organisierten Verbrechens „aussteigen" will, wer für die Polizei dann als Zeuge aussagen will, hat für die hochkriminelle Organisation sein Leben verwirkt. Eine Mitgliedschaft im organisierten Verbrechen bedeutet bis heute eine „lebenslange" Mitgliedschaft, die nicht einseitig durch einen „Aussteiger" beendet werden kann. Schließlich könnte der Aussteiger nicht nur die illegalen Geschäfte empfindlich stören oder gar verhindern, sondern darüber hinaus, wenn er als Insider Kenntnisse über die Organisation hat, zum existenzbedrohenden Informanten werden. Zu eben diesem Zweck möchte die Polizei „das Mitglied aus der Organisation herausbrechen". Im Gegenzug versucht natürlich das organisierte Verbrechen, das zum Verräter gewordene Mitglied an seinen Zeugenaussagen zu hindern, und das radikal.

Wenn das organisierte Verbrechen einen wirklich empfindlichen Nerv haben sollte, dann sind es die Finanzen, das Kapital, das illegal erwirtschaftete Geld aus dem Drogengeschäft, die „Narco-Dollars". Sie fließen, nach einer „Wäsche in einer oder mehreren Geldwaschanlagen" und damit als Drogengelder unerkannt, in die großen Finanzströme des legalen Wirtschaftskreislaufes ein. So richtet sich seit einigen Jahren das polizeiliche Augenmerk auf die Abschöpfung der illegalen Vermögenswerte und das Entdecken und Aufdecken von Geldwaschanlagen.

5.5.3. Illegal erworbene Vermögenswerte und deren Abschöpfung

Die Finanzströme (Erträge) als „Lebensnerv des organisierten Verbrechens" zu treffen heißt:
● Beschlagnahme der Erträge aus den illegalen Geschäften und danach
● Einziehung der illegalen Vermögenswerte.

Damit, so hoffte BKA-Präsident Heinrich Boge (1987), hätte die Polizei „eine wirklich effektive Zugriffsmöglichkeit auf die gewaltigen Gewinne, um so diesen Kriminalitätsbereich entscheidend zurückzudrängen".

Damit diese Zugriffsmöglichkeit auch wirklich effektiv greift, fordert die Polizei, daß:
● „Erwerb, Besitz, Gebrauch oder das Waschen von Gewinnen, die

aus illegalem Betäubungsmittelhandel stammen", unter Strafe gestellt werden;

● die Gerichte vereinfachte Vorschriften über den Einzug und den Verfall krimineller Profite an die Hand bekommen und

● bei gewerbsmäßigem Handel das gesamte Vermögen des überführten Täters „in der Regel als aus der Tat erlangt" anzusehen ist, „wenn nicht Tatsachen vorliegen, die eine Herkunft aus anderer Quelle vermuten lassen".

Eindringlich forderte daher der Bundesminister des Innern, Friedrich Zimmermann, Ende Januar 1989: „. . . Haupttriebfeder für den international organisierten Rauschgifthandel sind die riesigen Profite, die dieser Kriminalitätszweig abwirft. Deshalb brauchen wir endlich Rechtsvorschriften zur Abschöpfung und zur Bestrafung des „Reinwaschens" der Verbrechensgewinne sowie zur Kontrolle verdächtiger Finanztransaktionen. Nachdem die USA (1986), Kanada, Großbritannien, Italien (1982) und Frankreich (1987) entsprechende Gesetze geschaffen haben und die Milliardengewinne abschöpfen, darf die Bundesrepublik Deutschland nicht länger abseits stehen. Hier dürfen wir uns nicht in langatmigen Prüfungen ergehen, es müssen zielstrebige Entscheidungen getroffen werden".

Zumindest die geforderte gesetzliche Fiktion, daß „bei gewerbsmäßigem Rauschgifthandel das gesamte Vermögen des überführten Täters in der Regel als ‚aus der Tat erlangt' anzusehen sein soll", dürfte besonders in der BRDeutschland nur außerordentlich schwierig durchzusetzen sein.

Eine solche Umkehr der Beweislast läuft dem bundesdeutschen Strafprozeßrecht entgegen und würde die Verfassungsrechtler mit großer Wahrscheinlichkeit dazu veranlassen, unter Hinweis auf die Eigentumsgarantie des Artikels 14 Grundgesetz gegen eine derartige Regelung Sturm zu laufen. In diesem Punkt dürfte dem Bundesinnenminister bereits im Bundeskabinett erbitterter Widerstand entgegengesetzt werden.

Die Chance der Realisation ist daher, zumindest in der BRDeutschland, mehr als gering.

Doch auch in den anderen Ländern hatte dieser Entscheidungsfindungsprozeß Jahre gedauert und führte erst in den 80er Jahren zu dementsprechenden gesetzlichen Regelungen. Beispielsweise war das in Italien so. Hier gab es in der Nachkriegszeit zwei „Anti-Mafia-Gesetze" (1956 und 1965), die jedoch nicht wirksam angewendet werden konnten. Erst durch die Eskalation der Mafia-Aktivitäten auf Sizilien Anfang der 80er Jahre bedingt, die am 3. September 1982 in der Ermordung des Carabinieri-Generals Carlo Alberto Della Chiesa (der sein Amt als Präfekt von Palermo nur vier Monate ausüben konnte) gipfelten, konnte ein drittes „Anti-Mafia-Gesetz" schon zehn Tage nach der Ermordung des Präfekten in Kraft treten. Es wurde nach dem sizilianischen Regionalchef der Kommunistischen Partei und Mafia-Gegner Pio La Torre benannt, der einige Monate zuvor am 30.4.1982 in Palermo erschossen worden war. Das „Gesetz La Torre", über dessen Einhaltung eine neue „Anti-Mafia-Kommission" (die dritte nach der von 1875 und der von 1962-1976) wacht, ermöglicht es der Polizei und der Justiz, den „Weißkragen" (colletti bianchi) an die illegal erworbenen Vermögen zu gehen. Mit der Anwendung dieses Gesetzes, insbesondere durch die Finanzpolizei Italiens (Guardia di Finanza), ist der effektive Zugriff zum Finanznerv des organisierten Verbrechens in Süditalien gegeben.

Doch wie sieht die Situation in Italien nach über sechs Jahren Anwendungs-Praxis des „Gesetzes La Torre" zum Ende der 80er Jahre aus?

Das ermittelte das römische Institut Censis Mitte 1988. In einem statistischen Profil der Verbrechensindustrie in Italien veranschlagte das Institut den Jahresumsatz der „Branche" auf über 130 Milliarden DM – mehr als doppelt soviel wie der der chemischen Industrie Italiens. Dieser Betrag entspricht 12 Prozent des Bruttosozialprodukts ... Das Jahreseinkommen in den kriminellen Erwerbssparten übertrifft mit 134 000 bis 167 000 DM das sonstige Pro-Kopf-Einkommen um das Drei- bis Vierfache. Nach „Census" sind am lukrativsten Diebstahl, Erpressung und Betrug – mit einem Gesamtjahresumsatz in Höhe von 40,5 Milliarden DM gleichauf mit den Einnahmen der Drogen- und Waffenhändler.

Wie jedes Jahr wurde auch im Januar 1989 bei der Eröffnung des Justizjahres in Rom die Verbrechensstatistik der vergangenen Jahre vorgelegt. Die Bilanz der Gerichtsbarkeit erwies sich als „dramatische Diagnose", denn, so der Generalstaatsanwalt, „die Mafia blühe selbst im Staatsapparat".

Mafia-Karikatur in der italienischen Wirtschaftszeitung „Capitale Sud" 1988

aus Capitale Sud, dal 23 al 29 settembre 1988, S. 8

Abb. 26

Haupteinnahmequelle der Unterwelt bleibe das Rauschgift. Die Einnahmen daraus würden in Handel und Bauwesen investiert.

In Italien, so der Ministerpräsident De Mita im Januar 1989, stellt das organisierte Verbrechen die größte Gefahr für die Institutionen des Landes dar.

Diese Aussage trifft nicht nur auf Italien zu, sondern auf eine Reihe von Ländern, die genausowenig wie Italien, mit dem Instrumentarium der „Abschöpfung illegal erworbener Gelder" dem organisierten Verbrechen im eigenen Lande wirksam beikommen konnten. Auch in der BRDeutschland wird (wenn die gesetzlichen Regelungen zur Geldabschöpfung tatsächlich geschaffen werden sollten), damit kaum das auch auf dem Boden der BRDeutschland international operierende organisierte Verbrechen empfindlich getroffen werden können.

Weltweit werden schätzungsweise zwischen 300 und 500 Milliarden US-Dollar im illegalen Drogengeschäft bewegt. Milliarden werden jährlich in Dutzenden von Finanzhäusern (als Geldwaschanlagen) auf vier Kontinenten „gewaschen". Die Dimension dieser Kapitalmacht ist gewaltig.

Bescheiden daneben nimmt sich der Erfolg des jüngsten polizeilichen Abwehrinstruments in der Rauschgift- und Verbrechensbekämpfung aus. Die Strafbarkeit der Geldwäsche wurde erst in den 80er Jahren eingeführt, beispielsweise in Italien 1982, in den USA 1986 und in Frankreich 1987. In der BRDeutschland wird diese gesetzliche Regelung 1989 angestrebt. Entwürfe dieser Regelung werden derzeit in Kanada und Australien diskutiert. Dennoch, die Aufdeckung von Geldwaschanlagen und das Einziehen illegal erwirtschafteter Vermögenswerte ist zur schwierigsten Arbeit der Polizei (und Justiz) in der Bekämpfung des international-illegalen Drogenhandels geworden. Wie schwierig es ist, in das Geschäft der „Cash Cleaners" einzugreifen, stellte der Schweizer Kriminologe Paolo Bernasconi in einem Gespräch mit dem Nachrichtenmagazin DER SPIEGEL im Mai 1988 deutlich dar:

● Das organisierte Verbrechen . . . ist in allen Delikt-Bereichen aktiv, im Drogenhandel ebenso wie in weniger verdächtigen Gewerben . . . am liebsten engagiert es sich in Branchen, wo viel Bargeld anfällt . . .

- Wo in jüngster Zeit das organisierte Verbrechen an wirtschaftskriminellen Machenschaften beteiligt war, geschah dies, um die Herkunft der enormen Gewinne aus dem Drogenhandel ... zu vertuschen ...
- Das Geld ist für die kriminellen Konzerne, was das Benzin für den Automotor. Die Geldwäsche sorgt dafür, daß die Verbrechenserlöse im Umlauf bleiben und zum Beispiel der Heroin-Handel nicht zum Stillstand kommt. Sie ist auch Voraussetzung dafür, daß die riesigen Überschüsse legal investiert werden können ...
- Es gibt viele Möglichkeiten der Geldwäsche:
  - Der Wäscher versucht zum Beispiel die kleinen Scheine gegen größere umzutauschen oder in eine andere Währung zu wechseln.
  - Noch besser sind Schecks und Sparbücher, manchmal auch Gold oder Edelsteine.
- Das Geld gilt dann als gründlich gewaschen, wenn nicht mehr erkennbar ist, woher es kommt. Noch besser: wenn es so sauber ist, daß man es sogar den Steuerbehörden als Einkommen anmelden kann ...
- Endstation für diese Art von Kapital sind die Länder, in denen man Geld mit besonders hohen Gewinnaussichten anlegen kann, also alle großen Industrieländer ...
- Zum Steckbrief eines typischen Waschplatzes gehören:
  - die fehlende Bewilligungs- und Buchhaltungspflicht für Banken,
  - anonyme Bankkonten,
  - keine Identifikationspflicht der Kunden,
  - ungenügende Justizstrukturen und
  - mangelnde Rechtshilfe bei Beschlagnahme von Geldern deliktischer Herkunft,

  wobei es nicht nur auf die Gesetze ankommt, sondern auf die Anwendungspraxis der Behörden.

Die Größenordnung des Problems, mit dem die Behörden zu tun haben, ist gewaltig. Dazu Bernasconi, der 17 Jahre als Staatsanwalt in Lugano tätig war: „Schätzungen zum Umfang dieser Geschäfte sind mit großer Vorsicht zu beurteilen. Eine US-Untersuchungskommission rechnete 1984 mit 5 bis 15 Milliarden Dollar, die vom Gewinnerlös von 50 bis 70 Milliarden aus dem Heroinhandel in internationale Finanzkanäle geleitet werden. Im viel kleineren Markt der Bundesrepublik wird der Gewinn . . . auf 1,5 Milliarden Mark geschätzt."

Den Vorgang der Geldwäsche illustrierte Bernasconi mit Beispielen aus den USA:

● In New York wurde Anfang der 80er Jahre die Summe von 155 Millionen US $, aus dem kolumbianischen Kokain-Handel stammend, in **einer einzigen kleinen Wechselstube** gesäubert.

● Im Prozeß um die „Pizza Connection" (1985/86), bei dem es um das Waschen der Einnahmen aus dem amerikanischen Rauschgiftgeschäft ging, kam heraus, daß der Catalano-Clan in zwei Jahren 25 Millionen Dollar kofferweise (in einem Koffer finden 100 000 bis 200 000 Dollar Platz) per Kurier auf die Bermudas und in die Schweiz und angeblich auch nach Bulgarien verschieben ließ. Dort wurde das Geld über Geldwechsler bei verschiedenen Banken auf Konten von Finanzgesellschaften eingezahlt.

Selten genug kommen die Behörden den „Drug-Finance-Connections" auf die Spur. Wenn ein Finanzhaus als Geldwaschanlage bekannt (polizeibekannt) wird, werden die komplexen Strukturen dieses internationalen Geschäftes deutlich, die im Einzelfall auch die nationale Finanzwirtschaft und Politik berühren. Dazu ein paar Beispiels aus der jüngsten Vergangenheit:

Beispiel 1
Im Oktober 1988 erhoben US-Strafverfolgungsbehörden vor einem Bezirksgericht in Tampa (Florida) Anklage gegen zwei Tochterfirmen einer Luxemburger Holding-Gesellschaft und 85 Einzelpersonen in den USA, Großbritannien und Frankreich wegen „Waschens von Drogengewinnen" aus Kolumbien.

Die Klage richtet sich gegen die „Bank of Credit and Commerce International" und die „Bank of Credit and Commerce International Ltd.", die sich beide im Besitz der Luxemburger Holding-Gesellschaft BCCI (Bank of Credit and Commerce International) befinden, die von der Staatsanwaltschaft als siebtgrößtes privates Finanzinstitut (Bilanzsumme/Aktiva mehr als 20 Milliarden $) der Welt bezeichnet wird, das heute mit 400 Zweigniederlassungen in 72 Ländern vertreten ist, u. a. auch in Frankfurt/Main und Hamburg.

Zur Geschichte dieser Holding:
Die Bank wurde 1972 von Agha Hasan Abedi und anderen pakistanischen Bankiers in Luxemburg gegründet. Das Startkapital stellten die Bank of America, San Francisco und wohlhabende Geschäftsleute aus dem Nahen Osten. Zwischen 1982 und 1984 verkaufte die Bank of America ihre 30prozentige Beteiligung, so daß heute reiche Araber, beispielsweise die Familie des Scheich Zayed Bin-Nahyan und des Emirs von Abu Dhabi, die Hauptaktionäre sind.

Die Bank ist heute die mit Abstand größte arabische Privatbank. Letztmalig machte sie 1986, auf dem Höhepunkt der „Iran-Contra-Affäre", Schlagzeilen, als sich herausstellte, daß der saudiarabische Geschäftsmann Adnan Kashoggi die BCCI-Filiale in Monte Carlo für die Überweisung von 12 Millionen US $ an Waffenhändler eingeschaltet hatte. Zum Kundenkreis der Bank gehörte auch Panamas Armee-Chef General Manuel Antonio Noriega.

Die Anklage der Amerikaner wirft den beiden BCCI-Firmen vor, in Zusammenarbeit mit dem kolumbianischen Medellin-Kokainkartell mehr als 32 Millionen $ „reingewaschen" zu haben. Die Staatsanwaltschaft beschlagnahmte fast 40 Konten und untersagte der Bank, irgendwelche Vermögenswerte aus den USA herauszubringen. Der Bank wird vorgeworfen, die Geldsummen mit komplizierten Transaktionen durch das Banksystem geschleust zu haben, um auf diese Weise die kriminelle Herkunft zu verschleiern. Die Geldwäsche stellte sich die Anklage wie folgt vor:

▶

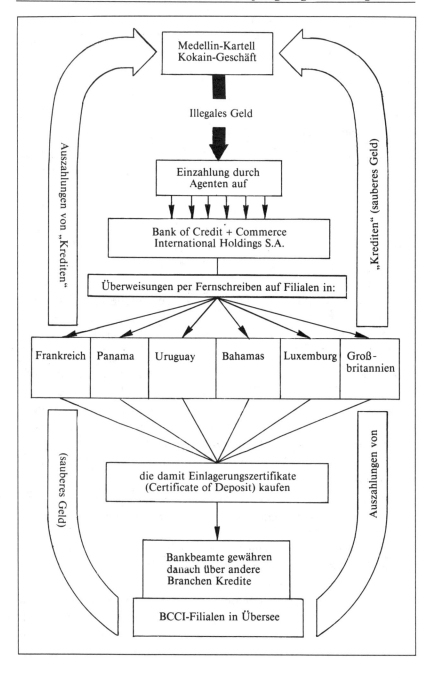

Um die Spuren der Herkunft des Geldes zu verwischen, soll die BCCI die Gelder von einem Land ins andere und von Konto zu Konto hin- und hergeschoben haben.

Nach Angaben der US-Behörden war dies der erste Fall gegen eine Holdinggesellschaft (als international tätige Großbank) in Sachen Geldwäscherei. Die Ermittlungs- und Fahndungsarbeiten dauerten bis zur Klageerhebung rund zwei Jahre.

Das siebtgrößte private Finanzinstitut der Welt reagierte gelassen. In Luxemburg hat die BCCI die gegen sie erhobenen Behauptungen zurückgewiesen.

Beispiel 2
Anfang November 1988 haben Schweizer Behörden in Zusammenarbeit mit anderen Ländern, insbesondere den USA, den bisher größten Fall von „Geldwäsche" im eigenen Land aufgedeckt.

Zum Vorgang:
Eine 50 bis 60 Mitglieder umfassende türkisch-libanesische Organisation, bekannt als „Lebanon Connection", kontrollierte einen Drogenmarkt vom Anbau über den Verkauf bis zur Geldwäsche.

Einerseits sollen die Gelder aus dem Mittleren Osten stammen. Ein Teil dieser Gelder gelangte über Bankverbindungen in die Schweiz; ein anderer Teil, mehrere 100 Millionen SFr, soll als Bargeld über die bulgarische Hauptstadt Sofia von Kurieren der „Lebanon Connection" kofferweise über den Flughafen Zürich (Geld ist in der Schweiz zollfrei) indirekt über Tarnfirmen oder direkt zu Züricher Banken, Handelsfirmen und anderen Instituten gebracht worden sein, größtenteils in US $ und DM.

Andererseits sollen weitere 30 Millionen $ aus dem Kokainhandel einer kolumbianischen Gruppe in den USA stammen.

Insgesamt sollen Drogengelder im Wert von 1,5 bis 2 Milliarden DM „gewaschen" worden sein. Schon im Juli 1988 waren Geldtransporteure der „Libanon Connection" verhaftet worden. Anfang November wurden weitere neun Personen, sechs Libanesen, ein Syrer, ein Schweizer türkischer Abstammung und ein Türke, festgenommen. Der Züricher Bezirksanwalt ließ in der Folge mehrere Großbanken-Konten sperren, holte Bankauskünfte ein und beschlagnahmte Gelder verdächtiger Herkunft. Die Gelder sollen teilweise auf Bankkonten deponiert, teilweise in Gold angelegt worden sein. Das Gold soll dann in den Nahen und Mittleren Osten (Libanon, Türkei und Iran) geschafft worden sein, um dort die Rauschgiftproduzenten zu bezahlen. Ins Visier der Ermittler geriet insbesondere die libanesische Goldhandelsfirma „Shakarchi Trading AG" in Zürich. Sie und ähnliche Firmen sollen einen Teil der Drogengelder in Edelmetalle umgesetzt haben. Dabei sollen mehrere Dutzend Tonnen Gold von Zürich nach Libanon transportiert worden sein.

Als Vizepräsident der beschuldigten „Shakarchi Trading" amtierte bis zum 27. Oktober 1988 der Ehemann der Justizministerin der Schweiz, Hans Kopp. Aus dieser peinlichen Situation zog die Bundesrätin Elisabeth Kopp, die dem Polizei- und Justizministerium vorstand, die Konsequenz. Am 12. Januar 1989 trat die Ministerin mit sofortiger Wirkung vom Amt zurück und beantragte die Aufhebung ihrer Immunität. Die Politikerin wäre beim Verbleiben im Amt 1990 automatisch Bundespräsidentin und damit Staatsoberhaupt der Schweiz geworden. Der Verdacht der Verletzung von Amtsgeheimnissen und das damit drohende Strafverfahren beendete die Karriere der Politikerin der Freisinnig-Demokratischen Partei der Schweiz (FDP).

Im Zusammenhang mit der Geldwaschaffäre „Libanon Connection" wurden auch drei Großbanken genannt: so die Schweizer Bankgesellschaft (SBG), der Schweizer Bankverein (SBV) und die Schweizer Kreditanstalt (SKA). Alle drei Großbanken wiesen darauf hin, daß sie die „Sorgfaltspflichtvereinbarung der Schweizer Banken" (VSB) nicht verletzt hätten. Diese regelt unter anderem auch das Verhältnis zwischen Banken und Anwälten sowie Treuhändern, die im Namen ihrer Kunden gegenüber den Institutionen auftreten. Die Schweizer Banken sind angehalten, die wirtschaftlichen Hintergründe eines Geschäftes „abzuklären", wenn Anzeichen darauf hinweisen, daß dies Teil eines unsittlichen oder rechtswidrigen Sachverhaltes bilden könnte. Der Aktionsradius der Schweizer Banken (die mit mehr als 100 000 Bankangestellten rund 1 200 Milliarden SFr verwalten, also fast das Fünffache des Bruttosozialprodukts der Eidgenossenschaft mit 243 Milliarden SFr) ist durch höchstrichterliche Entscheide abgesteckt. Auch wenn die Großbanken SBG, SBV und SKA ihrer Sorgfaltspflicht nachgekommen sind, ausschließen konnten sie nicht, daß „die mutmaßlich erfolgten Transaktionen von Drogengeldern im kleinen Umfang" auch in ihren Häusern stattgefunden haben.

Die neue Geldwaschaffäre zwingt nun die Schweizer Bundesregierung früher als geplant, die Gesetzgebung zu verschärfen. Ursprünglich sollte die neue Strafnorm erst 1992 mit einer „Reform des Vermögensstrafrechts" in Kraft treten.

Beispiel 3

Im Oktober 1988 leitete die niederländische ABN-Bank interne Revisionen in mehreren Auslandsfilialen ein. Sie wollte feststellen, ob die ABN zwischen 1979 und 1983 zur Vertuschung von Profiten aus dem internationalen Drogenhandel mißbraucht wurde. Die ABN-Zentrale in Amsterdam trug damit einer Zeugenaussage Rechnung, die – im Zuge der Ermittlungen gegen Panamas Armee-Chef Noriega – vor einer US-Senatskommission abgegeben wurde. Danach soll die ABN für General Noriega ein wichtiger Kanal gewesen sein, um „gewaschenes Geld aus dem Drogenhandel" nach Curacao und Paris zu schleusen. Laut ABN hat die erste Untersuchung keine Anhaltspunkte dafür erbracht, daß die Bank Gelder empfangen oder überwiesen habe, von denen angenommen werden konnte, daß sie aus ungesetzlichen Handlungen stammten.

Die drei Beispiele verdeutlichen die internationale Verzahnung der Drogen- und Geldgeschäfte und die Schwierigkeit ihrer Aufdeckung. Die Kriminologen sind sich einig: Die Tatsache, daß ein Mißbrauch einer Norm (= Bankgeheimnis) entdeckt wird, heißt nicht, daß die Norm falsch ist. Doch der Kenner des organisierten Verbrechens und der internationalen Wirtschaftskriminalität Bernasconi weiß auch, „daß wir noch viel über Gauner lernen müssen".

Es dürfte heute wohl zu den schwierigsten Aufgaben gehören, einen Geldstrom „rund um die Welt und wieder zurück" zu verfolgen. Während durch bilaterale Abkommen, Gewährung von Rechtshilfe und andere internationale Zusammenarbeit die Aufdeckung von Geldwaschanlagen heute möglich geworden ist, gestaltet sich die spätere staatliche Einziehung der illegal erwirtschafteten Gelder viel schwieriger, insbesondere zwischen den Staaten des anglo-amerikanischen und denen des kontinental-europäischen Rechtskreises.

Zwar wurden im Rahmen des Europarates schon 1980 erste Empfehlungen an die Mitgliedstaaten gerichtet, Maßnahmen gegen das Verbergen von Gewinnen aus strafbaren Handlungen zu treffen, doch die nationalstaatlichen Umsetzungen verliefen in den 80er Jahren eher zögerlich. Als wirkliche Waffe der Polizeien Europas würde sich eine gemeinsame und gleichzeitige Einführung einer neuen Strafnorm, der „Geldwäscherei", erweisen. Doch bislang hat nur eine kleine Anzahl von Ländern diese Strafnorm eingeführt und schließlich: Das Einziehen der Vermögen erfolgt bis heute nach den Regeln des jeweiligen **inländischen** Rechts.

Die durch die Geldwaschaffäre in der Schweiz bekannt gewordene „Lebanon Connection" zeigt aber auch noch eine Dimension der Rauschgiftkriminalität auf, deren Bekämpfung die Polizeien fast aller Länder vor erhebliche Probleme stellt. Im internationalen Drogengeschäft ist nicht nur das organisierte Verbrechen tätig, es partizipiert auch der international operierende Terrorismus. Insbesondere in den 80er Jahren hat sich der sogenannte Narco-Terrorismus entwickelt.

5.6. Drogen – Finanzquelle des Terrorismus

Seit dem Ende des Zweiten Weltkrieges ist über Jahrzehnte für die Mehrzahl der Länder der Welt der Frieden zur Normalität geworden. Parallel dazu ist in vielen Regionen der Welt, vornehmlich in der Dritten Welt, die Zeit durch Kriege gekennzeichnet, an denen bis heute rund 60 Länder beteiligt waren. Auf diesen Kriegsschauplätzen hat sich insbesondere die Form des Krieges gewandelt, haben Guerrilla-Kriegsführung und Terrorismus an Bedeutung gewonnen. Diese Kriegsformen bezogen und beziehen in erheblichem Umfang die Bevölkerung mit in das Kriegsgeschehen ein, die diese ungewollte Beteiligung mit einer hohen Zahl von zivilen Opfern bezahlt.

In den letzten 45 Jahren haben, zeitgleich mit dem relativen Frieden in den Industrieländern, in Regionen Asiens, Afrikas und Lateinamerikas, eben in der sogenannten Dritten Welt, weit über 150 Kriege stattgefunden, in denen bisher 35 Millionen Menschen den Tod fanden. Zum Vergleich:

Kriege und Kriegsopfer im 20. Jahrhundert			
Krieg	Zeitdauer	Anzahl der beteiligten Länder	Anzahl der Kriegstoten
Erster Weltkrieg	1914-1918	14	12-16 Mio
Zweiter Weltkrieg	1939-1945	40	30-55 Mio
„Dritter Weltkrieg der Dritten Welt"	1945-heute	60	35 Mio (bis 1988)

nach Matthies, Volker: Kriegsschauplatz Dritte Welt, Beck, München 1988, S.11

Zum Ende der 80er Jahre fällt auf, daß ein Teil der Kriege in Regionen stattfindet, die als Drogenanbaugebiete seit langem bekannt sind, so in:

● Mittelamerika (Cannabis-Anbauländer)
● Südamerika (Coca & Cannabis-Anbauländer)
● Afrika (Cannabis-Anbauländer)
● Naher- und Mittlerer Osten (Mohn & Cannabis-Anbauländer)
● Südostasien (Mohn-Anbauländer).

Jeder Krieg kostet nicht nur Menschenleben, sondern auch viel Geld, insbesondere für Waffengerät. So beliefen sich zwischen 1982 und 1986 die Waffenexporte in die Dritte Welt auf mehr als 160 Milliarden US $. Die Entwicklungsländer erhielten 1986 für etwa 56 Milliarden $ Entwicklungshilfen und kauften im selben Jahr für etwa 31,5 Milliarden $ Waffen, das sind 56 Prozent der Entwicklungshilfe.

Viele der kriegführenden Guerilla-Organisationen jedoch haben nicht das Geld für Waffen, wohl aber liegen ihre Operationsgebiete mehr oder weniger in der Nähe der Drogenanbaugebiete. Drogen sind dementsprechend zu „einer Art Währung" zum Bezahlen der Waffen geworden. Durch diese „Währung" können Guerilla-Kämpfer heute ihre Kriegskassen aufbessern, in Einzelfällen sogar füllen.

Beispiele:
● Wenn eine Drogenschmuggelroute durch Guerilla-Gebiet führt,

können „Transitgebühren" erhoben werden, beispielsweise per Zentner oder Tonne berechnet.

● Schmuggelkarawanen können von bewaffneten Guerillagruppen begleitet werden (Transportsicherung).

● Drogen können als Rohware oder erstes Zwischenprodukt an das organisierte Verbrechen im Lande verkauft werden.

● Illegale Labore zur Kokain- oder Heroinherstellung können, gegen Gebühr, vom organisierten Verbrechen in schwer zugänglichen Regionen angesiedelt werden, die von der Guerrilla kontrolliert werden.

● Der Drogenschmuggel kann selbst organisiert werden, mit Hilfe von Mittelsmännern, Landsleuten im Ausland und/oder befreundeten Bewegungen.

Vor Jahren schon haben sogenannte Freiheitskämpfer und Terroristen erkannt, daß das Drogengeschäft eine kaum versiegende Einnahmequelle ist, die die Finanzierung von Waffenkäufen bis hin zu Kleinkriegen ermöglicht. Diese Verbindung von Guerrilla & Terrorismus mit dem Drogengeschäft wurde fortan „Narco-Terrorismus" genannt. Diese übergeordnete Art der Rauschgiftkriminalität ist weltweit am schwierigsten zu bekämpfen; ist sie doch meist auf einer politischen Ebene angesiedelt, auf der polizeiliche Bekämpfungswaffen nicht angebracht sind.

Beispiele hierfür waren 1987 zu finden in:

Lateinamerika

● *Nicaragua* Dachorganisation Nicaraguanischer Widerstand (Contras) – wichtigste Gruppe Demokratische Kräfte Nicaraguas (FDN) gegen Regierung in Managua.

● *El Salvador* Dachorganisation Nationale Befreiungsfront Farabundo Martí (FMLN) – gegen Regierung.

● *Guatemala* Revolutionäre Nationale Guatemaltekische Einheit (URNG) gegen Regierung.

● *Kolumbien* Coordinadora Nacional Guerrillera Simón Bolívar, darin

  – marxistische Revolutionäre Kolumbianische Streitkräfte (FARC)

– linksnationalistische Bewegung 19. April (M - 19)

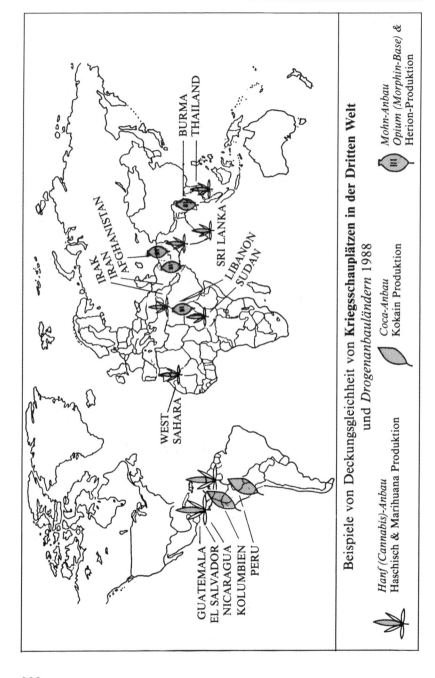

Beispiele von Deckungsgleichheit von **Kriegsschauplätzen in der Dritten Welt**
und *Drogenanbauländern* 1988

Hanf (Cannabis)-Anbau
Haschisch & Marihuana Produktion

Coca-Anbau
Kokain Produktion

Mohn-Anbau
Opium (Morphin-Base) &
Herion-Produktion

BURMA
THAILAND

AFGHANISTAN
IRAN
IRAK

SRI LANKA

LIBANON
SUDAN

WEST
SAHARA

GUATEMALA
EL SALVADOR
NICARAGUA
KOLUMBIEN
PERU

- Kuba-orientierte Nationale Befreiungsarmee (ELN)
- trotzkistische PRT
- maoistische EPL

und 140 paramilitärische, meist rechte Gruppen.

● *Peru* Maoistische Guerrilla „Sendero Luminoso" (Leuchtender Pfad), Beiname für die Kommunistische Partei Perus, und links-nationalistische Guerrilla „Tupak Amaru" (MRTA) gegen Regierung in Lima.

Afrika

● *Äthiopien* Eritrean People's Liberation Front (EPLF) und Tigray People's Liberation Front (TPLF) für Unabhängigkeit von Zentralregierung in Addis Abbeba.

● *Sudan* Sudan People's Liberation Army (SPLA) gegen Zentralregierung in Khartum.

● *Tschad* Islamische Legion Libyens und Söldner aus Libanon gegen Regierungstruppen der Zentralregierung in N'Djamena.

Europa

● *Spanien* Euskadi ta askatuna (ETA, Baskenland und Freiheit), politisch-militärischer und militärischer Flügel, teils linksnationalistisch, teils marxistisch.

● *Nordirland* Katholische Irish Republican Army (IRA) für Einheit Irlands, gegen protestantische Ulster Volunteers Force (UVF), Irish National Liberation Army (INLA), Ulster Freedom Fighters, Ulster Defense Association (UDA).

Asien

● *Türkei/Irak/Iran* Partiva Karkaren Kurdistan (Arbeiterpartei Kurdistans) in Türkei für Autonomie. In Irak Demokratische Partei (DPK) und Patriotische Union (PUK) mit Teheraner Hilfe gegen Bagdad. In Iran mit irakischen Kurden gegen Khomeini.

● *Indien* Im Pandschab Befreiungsfront Khalistan (KLF).

● *Sri Lanka* Liberation Tigers of Tamil Ealam (LTTE) gegen Armee und Indian Peace Keeping Force (IPKF). Singhalesische Befreiungsfront Janatha Vimukti Peramuna.

● *Burma* Dachorganisation Nationale Demokratische Front, darunter christliche Unabhängige Organisation der Kachin, Shan United Army (SUA) für Förderation. Guerrillaorganisation der kommunistischen Partei (CPB).

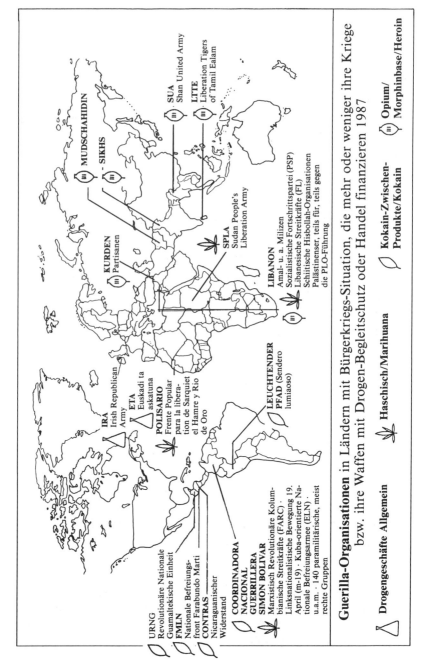

Guerilla-Organisationen in Ländern mit Bürgerkriegs-Situation, die mehr oder weniger ihre Kriege bzw. ihre Waffen mit Drogen-Begleitschutz oder Handel finanzieren 1987

MUDSCHAHIDIN

SIKHS

SUA
Shan United Army

LTTE
Liberation Tigers
of Tamil Ealam

KURDEN
Partisanen

SPLA
Sudan People's
Liberation Army

LIBANON
Amal- u. a. Milizen
Sozialistische Fortschrittspartei (PSP)
Libanesische Streitkräfte (FL)
Schiitische Hisbollah-Organisationen
Palästinenser, teils für, teils gegen
die PLO-Führung

IRA
Irish Republican
Army

ETA
Euskadi ta
askatuna

POLISARIO
Frente Popular
para la libera-
tion de Sarquiet
el Hamre y Rio
de Oro

LEUCHTENDER
PFAD (Sendero
lumianoso)

URNG
Revolutionäre Nationale
Guamaltekische Einheit

FMLN
Nationale Befreiungs-
front Farabundo Marti

CONTRAS
Nicaraguanischer
Widerstand

COORDINADORA
NACIONAL
GUERRILLERA
SIMON BOLIVAR
Marxistisch Revolutionäre Kolum-
bianische Streitkräfte (FARC) ·
Linksnationalistische Bewegung 19.
April (m-19) · Kuba-orientierte Na-
tionale Befreiungsarmee (ELN) ·
u.a.m. · 140 paramilitärische, meist
rechte Gruppen

Drogengeschäfte Allgemein

Haschisch/Marihuana

Kokain-Zwischen-
Produkte/Kokain

Opium/
Morphinbase/Heroin

● *Thailand* Guerrilla der Kommunistischen Partei Malaysias (CPM) gegen Regierung in Bangkok.

Naher Osten

● *Libanon* Amal-Miliz für Rechte der Schiiten; Sozialistische Fortschrittspartei (PSP) gegen Vorrechte der Christlichen Maroniten; Libanesische Streitkräfte (FL) für Vorrechte der Maroniten; Hisbollah (Partei Gottes) für Staat nach dem Vorbild Irans; Palästinenser, teils für, teils gegen PLO-Führung (Arafat); syrische Truppen; Südlibanesische Armee mit Israels Unterstützung.

An den derzeit rund 30 regionalen Konflikten auf der Welt sind nicht selten direkt oder indirekt auch die Supermächte beteiligt, sowohl politisch als auch durch den Handel mit Rüstungsgütern. Waffen und Drogen, ein Zusammenhang, der in nicht wenigen Ländern über Jahre zu einem undurchsichtigen Filz geführt hat, an dem im Einzelfall auch Regierungen und deren Geheimdienste beteiligt sind.

Die Ausgaben der Länder der Welt für „militärische Zwecke" liegen heute zwei- bis dreimal so hoch, wie der weltweite Umsatz an Drogen der Verbrechensindustrie liegt. Zum Vergleich:

● Welt-Jahres-Drogenumsatz ca. 300 - 500 Milliarden US $;
● Weltausgaben für militärische Zwecke 1987 rund 930 Milliarden US $. Davon entfielen auf die
  – entwickelten Länder insgesamt 790 Milliarden $, angeführt von den USA (293 Milliarden $) und der UdSSR (260 Milliarden $) und auf die
  – Entwicklungsländer 140 Milliarden $.

Ein Beispiel der Verzahnung von Drogen und Waffen wurde während der Amtszeit des US-Präsidenten Ronald Reagan (1981 - 1989) unter dem Begriff „Irangate" bekannt. Bei der „Iran-Contra-Affäre" ging es um US-Waffenlieferungen an iranische Ajatollahs gegen Geiseln sowie illegale Gelder für die von den USA unterstützten Contras in Nicaragua. Jene Flugzeuge, die Waffen für die Contra-Verbündeten nach Mittelamerika brachten, sollen von dort „randvoll mit Rauschgift" in die USA zurückgeflogen sein. Zum Dank für diese Art der „Amtshilfe" sollen die Kokain-Barone dann reichlich für die Sache der Contras in Millionenhöhe gespendet haben. Die undurchsichtige

Rolle des in diesem Skandal exponierten US-Oberstleutnants Oliver North ist bis heute Gegenstand diverser Untersuchungen.

Diese politische Dimension des illegalen Drogengeschäftes kann in diesem Buch nicht näher dargestellt werden.

Es bleibt jedoch der Tatbestand, daß die polizeiliche Bekämpfung im Drogenbereich heute nicht mehr ausschließlich mit dem organisierten Verbrechen, sondern auch mit Guerrillas als Drogenschmuggler und Terroristen als Drogenhändler (Narco-Terrorismus) zu tun hat. Auch diese Gruppen profitieren indirekt von der Illegalität der Drogen, sichert sie doch die Stabilität der Narco-Dollars und höchste Profite. Nicht nur für das organisierte Verbrechen, auch für den internationalen Terrorismus ist das Drogengeschäft heute zu einer wichtigen Einnahmequelle geworden.

Die neuen Konzepte polizeilicher Rauschgiftabwehr, vom Rauschgiftverbindungsbeamten über verfeinerte verdeckte Ermittlungsmethoden und Anwendung der Kronzeugenregelung bis zur Aufdeckung von Geldwaschanlagen und Abschöpfung der illegal erworbenen Vermögenswerte, sollen die „klassischen Bekämpfungsmaßnahmen" ergänzen, effektiv unterstützen. Doch wie sieht die klassische Abwehr des grenzüberschreitenden Drogenhandels aus?

5.7. Grenzen der klassischen Bekämpfungsmaßnahmen

Der weltweite Drogenmarkt wird längst von denselben Mechanismen gesteuert wie die legale Marktwirtschaft. Angebot und Nachfrage bestimmen den Preis.

5.7.1. Drogenangebot und grenzüberschreitender Schmuggel

Der heute professionell betriebene Drogenhandel findet mehr oder weniger regelmäßig grenzüberschreitend statt. Von den Anbauländern werden die Drogen oft über Tausende von Kilometern in die Abnehmerländer, insbesondere Nordamerikas und Westeuropas und damit auch in die BRDeutschland eingeschmuggelt.

Der Drogenschmuggel erfolgt:

● auf dem Landweg über die sogenannten Transitländer;

● auf dem Wasserweg auf den Hauptschiffahrtsrouten oder auf alternativen Schiffsrouten;

● auf dem Luftwege auf den Hauptfluglinien oder auf alternativen Fluglinien;

● in Europa auch auf dem Schienenwege der Haupteisenbahnlinien.

In welchen Dimensionen sich heute das Transportwesen bewegt, sei am Luftweg verdeutlicht: Im Jahr 1988 stieg die Zahl der weltweit beförderten Flugpassagiere auf 1 Milliarde (!). Allein auf den elf Flughäfen der BRDeutschland, von denen rund 180 Airports in 85 Ländern angeflogen werden, gibt es täglich mehr als 2 000 Starts und Landungen.

Um die gewaltige Nachfrage der Drogenkonsumenten zu decken, werden jährlich Tausende von Tonnen Drogen geschmuggelt, Mitte der 80er Jahre beispielsweise:

● von Süd- und Mittelamerika zwischen 30 000 und 60 000 Tonnen Marihuana in die USA;

● von Südamerika zwischen 80 und weit über 100 Tonnen Kokain in die USA;

● von Nordafrika, dem Nahen & Mittleren Osten gut 3 500 Tonnen Cannabisharz (Haschisch) nach Europa;

● von Südamerika zwischen 25 und 50 Tonnen Kokain nach Europa;

● von Südostasien und dem Mittleren Osten zwischen 60 und weit über 100 Tonnen Heroin nach Europa, Nordamerika und innerhalb Asiens.

Dem gegenüber steht die Personalnot der Polizeien, die „nicht mehr in der Lage sind, die Ermittlungskomplexe bis in die letzten Verästelungen auszuermitteln", so der Leiter der Abteilung Rauschgiftbekämpfung beim BKA, Jürgen Jeschke, 1988.

Dementsprechend kann, was alle relevanten Schiffs- und Flughäfen betrifft, die polizeiliche Übersicht nicht lückenlos sein. Ebenso unmöglich ist es, Tausende von Grenzkilometern effektiv zu kontrollieren.

Der polizeilichen Defensive steht die Offensive des organisierten Verbrechens gegenüber. Dieses setzt mittlerweile, um Kontrollen an den Grenzen und Fahndungsmethoden auszuspähen, „Gegenermitt-

ler" ein; oder schickt „sinnlose Fracht" auf den Schiffs- oder Flugweg,
um die Bekämpfungsbehörden zu irritieren und abzulenken.

So können die Polizeien weltweit seit Jahren nur 3 bis maximal 12
Prozent der eingeschmuggelten Drogen sicherstellen.

Die anhaltende Überschwemmung der Drogenmärkte in der zweiten
Hälfte der 80er Jahre wird auf dem Hintergrund von drei Entwicklungen noch wesentlich bedrohlicher:

1. Immense Rauschgiftproduktionen und -zufuhren aus den ver-
   schiedensten Regionen der Welt, beispielsweise Südamerika. Hier
   wurde 1988 die Kokainproduktion von Fachleuten auf 1 000 bis
   1 500 Tonnen/Jahr (!) geschätzt.
2. Drogen-Preisverfall in den USA mit Auswirkungen auf Europa.
   Mitte 1988 war in den USA ein Kilo Kokain zum „Dumping-
   Preis" von 8 000 bis 10 000 Dollar zu haben. Auf den europäischen Märkten hingegen konnte ein Kilopreis von 120 000 bis
   250 000 DM erzielt werden. Mittlerweile ist der Kilopreis in Europa schon auf unter 100 000 DM gefallen.
3. Zunehmende Herstellung von synthetischen Drogen in den hochindustrialisierten westlichen Verbraucherländern; so in den USA
   (beispielsweise Designer-Drogen) und in den Ländern Europas,
   insbesondere auch in der BRDeutschland (beispielsweise Amphetamin).

Diese Entwicklungen sind insbesondere für Europa auf dem Hintergrund des fortschreitenden Abbaus der Kontrollen an den Binnengrenzen 1992/93 höchst bedrohlich.

In der BRDeutschland forderte dementsprechend der Bundesinnenminister Zimmermann im Januar 1989: „. . . Wir müssen der Polizei
Ermittlungsinstrumente an die Hand geben, die es ermöglichen, die
Ausbreitung von Rauschgiftorganisationen frühzeitig zu verhindern . . . Hierzu sind . . . die Observation, die polizeiliche Beobach-
tung, die Rasterfahndung und der Einsatz technischer Mittel auch
bereits im Vorfeld erforderlich . . ."

Doch in Relation zu den Möglichkeiten der Sicherheitsbehörden sind die Finanz-Ressourcen des organisierten Verbrechens ungleich höher. Sie ermöglichen auch den Kauf teuerster und neuer technischer Geräte, die gegen den polizeilichen Zugriff eingesetzt werden. Auf was sich die Strafverfolgungsbehörden künftig möglicherweise einstellen müssen, soll an zwei Beispielen verdeutlicht werden:

Beispiel 1
16 europäische Postverwaltungen haben ein „digitales Mobilfunksystem (D 900)" ausgeschrieben, um dessen Herstellung sich mehrere Elektro-Konzerne, darunter Bosch und Siemens, bewerben. Dieser kommende Mobilfunk soll von 1991 an ermöglichen, daß jeder Teilnehmer von jedem Ort in Westeuropa aus störungsfrei und abhörsicher telephonieren kann, ob im Auto, im Freien oder im Haus. Ein ideales technisches Mittel für das organisierte Verbrechen im Drogengeschäft.

Beispiel 2
Nationale und internationale Polizeiorganisationen setzen in der Verbrechens- und insbesondere in der Rauschgiftbekämpfung auf elektronische Datensammlungen (Computer) und deren Auswertungen. Die Polizei der BRDeutschland steht im internationalen Datenverbund beispielsweise in Kontakt mit:

– der International Criminal Police Organisation (Interpol),
– der Europäischen Gemeinschaft (EG) sowie anderen europäischen Staaten und
– der US-Rauschgiftabwehr Drug Enforcement Administration (DEA).

Über Computerspezialisten verfügt mittlerweile aber auch das organisierte Verbrechen. Es besteht die technische Möglichkeit und damit die Gefahr für die Polizei, daß kriminelle und versierte Computer-Anwender in polizeiliche Großrechner sogenannte Computer-„Viren" einschleusen. Als „Viren" gelten Computerprogramme, die in der Lage sind, sich selbst zu vervielfältigen und an ein noch nicht „infiziertes" Programm anzuhängen.

So führt

– das „infizierte" Programm zu Manipulationen;

- der „infizierte" Rechner zeigt unter Umständen lange Zeit keine Ausfallerscheinungen;
- ein Rechner wird niemals mehrfach vom gleichen „Virus" befallen;
- bestimmte „Viren" können mutieren und sind dadurch kaum ausfindig zu machen.

Bisher gibt es keine eindeutige Definition von Computerviren. Bisher gab es aber auch keinen umfassenden Schutz vor Computerviren. Die Polizei kann nur, wie alle anderen Anwender auch, bestimmte Risiken ausgrenzen. Daß nichts unmöglich ist, soll ein „Hacker"-Beispiel aus den USA Ende 1988 verdeutlichen:

Der 23jährige Robert M., Sohn eines Spezialisten für Computersicherheit, fütterte an der Cornell-Universität das US-Forschungsnetz ARPANET mit einem selbstgebastelten Virus und legte damit für einige Stunden mehr als 6 000 angeschlossene Rechner lahm. Der begabte „Hacker" knackte zunächst das Codewort des Systems, indem er einfach ein Rechtschreibelexikon verschlüsselte und den Computer anschließend vergleichen ließ, ob das (Pass-)Wort in dem Lexikon enthalten sei – mit Erfolg. Sein Virus kopierte sich dann in alle möglichen Speicher, solange bis der Speicherplatz erschöpft war und die Rechner zusammenbrachen.

Eine Handvoll Programmzeilen mehr hätte bewirken können, daß sämtliche Daten der angeschlossenen Rechner gelöscht worden wären.

Auf dem Hintergrund der aggressiven Anbieterpolitik der Drogenmultis befürchtete BKA-Abteilungspräsident Jeschke einen „Generalangriff" der internationalen Drogenmafia für ganz West-Europa. Auf das Inland bezogen warnte Jeschke im Oktober 1988: „Zu keiner Zeit waren in der Bundesrepublik so viele Drogen verfügbar wie zur Zeit. Wenn wir nicht mehr dagegen tun, drohen die Dämme zu brechen".

Erhebliche „Dammeinbrüche" muß es schon gegeben haben, denn die hohe Verfügbarkeit der Drogen, national wie international, läßt auf eine hohe Anzahl von Drogenkonsumenten schließen. Doch die sogenannte Nachfrageseite (= Verbraucher) ist auf der ganzen Welt durch eine Dunkelfeldproblematik gekennzeichnet, denn die Rauschgiftkriminalität ist grundsätzlich keine Anzeigenkriminalität.

Karikatur auf die Zusammenarbeit deutscher Computer-spione (Hacker) mit dem sowjetischen Geheimdienst KGB

„Phantastisch, mein Junge! Und jetzt noch das Originalrezept von Coca-Cola!"

Der Tagesspiegel, Berlin, 4. 3. 1989, S. 3

Nach Recherchen des NDR-Fernsehmagazins „Panorama" sind vom enttarnten Spionagering Tausende von Rechnercodes, Passworte und Computerprogramme in die Sowjetunion geliefert worden. Der NDR zählte eine ganze Reihe von Rechenzentren auf, darunter Datenbanken des US-Verteidigungsministeriums, der Atomlabore in Los Angeles und der US-Weltraumbehörde NASA.

Doch Computerspione können nicht nur für Geheimdienste sondern auch für das organisierte Verbrechen tätig werden. Auch die Großrechner der Polizei sind nicht absolut sicher.

231

5.7.2. Drogennachfrage ist keine Anzeigenkriminalität

In der polizeilichen Drogenbekämpfung, die sich auch gegen die Verbraucher richtet, ist das polizeiliche Gegenüber (= Drogenkonsumenten) Legion geworden:

● Weltweit sollen 400 Millionen Menschen Cannabisprodukte konsumieren, darunter – und das mehr oder weniger regelmäßig – über 20 Millionen in den USA und 10 bis über 15 Millionen in Westeuropa, in der BRDeutschland wahrscheinlich über 2 Millionen.

● Weltweit konsumieren noch viele Millionen Menschen Rauch- und Eßopium, vornehmlich in Asien, und mehrere Millionen Heroin, darunter über 0,5 Millionen in den USA und 1 bis 1,5 Millionen in Westeuropa.

● In Südamerika wird die Anzahl der Coca-Kauer auf 8 bis über 15 Millionen Indios geschätzt, Hunderttausende konsumieren Kokainbilligvarianten wie Basuco oder Pitillo.

● Die Anzahl der mehr oder weniger regelmäßigen Kokain-Konsumenten wird allein in den USA auf über 5 Millionen geschätzt (über 1 Million Crack-Raucher); für Westeuropa dürfte die Anzahl mittlerweile in die Hunderttausende gehen.

Mit Ausnahme Afrikas sind heute auf vier Kontinenten fast alle Länder mehr oder weniger stark von der Drogenproblematik betroffen, die sich vor allem in den letzten vier Jahrzehnten auf der Welt epidemisch verbreitet hat. Besonders gilt dies für die

● 50er und 60er Jahre: Heroin, Marihuana und Halluzinogene in Nordamerika

● 60er und 70er Jahre: Kokain in Nordamerika; Haschisch, Halluzinogene und Heroin in Westeuropa

● erste Hälfte der 80er Jahre: Kokain und Crack in USA; Kokain in Westeuropa; Betäubungsmittel in Osteuropa; Heroin in Asien

● zweite Hälfte der 80er Jahre: Kokainbilligvarianten in Südamerika; Crack und synthetische (Designer) Drogen in den USA; Kokain, Amphetamin und andere synthetische Drogen in Westeuropa; Betäubungsmittel in Osteuropa; Heroin und Kokain in Asien.

Zum Ende der 80er Jahre sind die marktwirtschaftlich orientierten kapitalistisch-demokratischen Leistungsgesellschaften des Westens, die planwirtschaftlich orientierten kommunistisch-sozialistischen Staaten des Ostens (Ausnahme DDR, die noch Anfang 1989 offiziell kein Drogenproblem im Lande kennt), aber mittlerweile auch die armen asiatischen und lateinamerikanischen Länder der Dritten Welt von der Drogenproblematik betroffen.

Insbesondere in den hochindustrialisierten Ländern des Westens haben die Drogenprobleme in den letzten zwei Jahrzehnten alle Lebensbereiche durchdrungen: Wohnen – Ausbildung – Arbeit – Freizeit; sie sind damit zu einem gesamtgesellschaftlichen Problem geworden, das nicht mehr lösbar ist. Die Lösung wäre eine drogenfreie Gesellschaft und die ist – das belegt die Geschichte der letzten Jahrhunderte – wohl auch nicht im kommenden 21. Jahrhundert in Sicht. Wenn das Drogenproblem als solches aber nicht lösbar ist, kann man sich als Reaktion nur für die eine oder andere Art damit umzugehen entscheiden.

Viele Staaten, auch die BRDeutschland, haben den Verfassungsauftrag, die Gesundheit ihrer Bürger zu schützen und leiten daraus ab, verbotene Drogen und deren Benutzer mit der Staatsgewalt, dem Exekutivorgan Polizei zu bekämpfen.

Der Kampf gegen die Drogen wird aus der Bedrohlichkeit der Drogensituation abgeleitet, die für die Bundesrepublik Deutschland der Bundesinnenminister im Januar 1989 bilanzierte: „Die Rauschgiftsituation in der Bundesrepublik Deutschland 1988 mit einem neuen traurigen Höchststand an Drogentoten, Sicherstellungen bei allen harten Drogen und hohen Zuwachsraten bei den erkannten Erstkonsumenten hat eine alarmierende Dimension erreicht ... Mit 673 Rauschgifttoten wurde nicht nur die Vorjahreszahl von 442 Opfern um 52 Prozent übertroffen, sondern auch der bisherige Höchststand mit 623 Toten aus dem Jahr 1979 ...“

Seit Bestehen der BRDeutschland hat es in einem Jahr noch nie so viele Drogentote gegeben wie 1988. Diese Zahl ist erschreckend und man ist geneigt, das Problem mit polizeilichen Mitteln noch intensiver zu bekämpfen. Doch die Haltung revidiert sich, wenn die Anzahl der Toten illegaler Drogen mit der Anzahl der Toten legaler Drogen verglichen wird:

● allein die Anzahl der Alkohol-Toten in **einem** Land, beispielsweise der BRDeutschland, liegt (mit 18 000 - 22 000) weit höher, als die Anzahl der Drogen-Toten **auf der ganzen Welt!**

● In der BRDeutschland kamen 1988 auf jeden Drogen-Toten 30 Alkohol-Tote und 200 Tabak-Tote.

Das heißt, etwas hart formuliert:

● Der Verfassungsauftrag der BRDeutschland, die Gesundheit der Bürger zu schützen, wird bei einer legalen Alkohol und Tabak konsumierenden Millionenmajorität der Gesellschaft mit insgesamt über 150 000 Toten im Jahr kaum erfüllt;

● dafür wird ihm bei einer illegalen Drogen konsumierenden Minorität der Gesellschaft mit rund 700 Toten mit aller zur Verfügung stehenden Härte nachgekommen.

Das ist keine moralische, das ist eine rechtliche Wertung. Doch die Argumentation: wenn zwei gefährliche Drogen erlaubt sind, dürfen die Verbote weiterer gefährlicher Drogen nicht aufgehoben werden, kann angesichts dieser Relationen nur als „Moral auf der Doppelbödigkeit unseres Normsystems" begriffen werden. Eine Doppelmoral, um die auch die betroffenen Konsumenten illegaler Drogen wissen.

Diese Illegalität lassen sich die Drogenanbieter von den Drogenverbrauchern hoch bezahlen. In der BRDeutschland wird die Rauschgiftkriminalität von der Polizei zu den „besonders sozialschädlichen Kriminalitätsbereichen" gezählt. Sie hat damit den Stellenwert, den ansonsten nur die Wirtschaftskriminalität und der Terrorismus haben.

Während der Cannabisverbrauch für die Konsumenten noch ohne große soziale Auffälligkeit finanzierbar ist, müssen die Verbraucher sogenannter harter Drogen, insbesondere Heroin und Kokain, ein Vielfaches des tatsächlichen Herstellungspreises bezahlen:

Ein Heroin-Abhängiger in der BRDeutschland muß täglich bis 200 DM oder mehr für seine Droge aufbringen – rund 6 000 DM (!) im Monat. Nun wird, so der Bundesinnenminister im Januar 1989, „die Zahl der Konsumenten harter Drogen in der Bundesrepublik Deutschland auf 80 000 bis 100 000 geschätzt, die ihren immensen Geldbedarf ganz überwiegend nur durch illegale Geschäfte decken können.

Tabak (Nikotin) & Alkohol & (Illegale)Drogen-Tote im Jahresvergleich 1987-88

WELT	TABAK	1 bis 2,5 Millionen	
	ALKOHOL	ca. 300.000 (geschätzt)	
	DROG.	ca. 10.000 (geschätzt)	
U.S.A.	TABAK	ca. 400.000	
	ALKOHOL	ca. 100.000	
	DROG.	ca. 4.000	
EUROPA	TABAK	ca. 260.000 (geschätzt)	
	ALKOHOL	ca. 50.000 (geschätzt)	
	DROG.	ca. 2.000	
BUNDESREPUBLIK DEUTSCHLAND	TABAK	bis 140.000	
	ALKOHOL	ca. 18.000 bis über 22.000	
	DROG.	ca. 700	

Um ihren Drogenkonsum zu finanzieren, handeln sie oft selbst mit Rauschgift, schaffen sich neue Abnehmerkreise und werden so zu einem gefährlichen Multiplikator der Sucht.

Häufig decken sie ihren Finanzbedarf durch Beschaffungskriminalität, die auf Hunderttausende von Straftaten geschätzt wird – von Diebstahl über Raub bis hin zu Tötungsdelikten – mit materiellen Schäden in Milliardenhöhe".

Wenn 100 000 Heroin- und Kokainverbraucher täglich 200 DM für ihre Drogen aufbringen, macht das im Jahr insgesamt rund 8 Milliarden DM (!) für fast 10 Tonnen harter Drogen aus.

Während Bundesinnenminister Zimmermann von Hunderttausenden von Straftaten durch Drogenverbraucher spricht, schätzen deutsche Kriminologen die tatsächliche Anzahl auf eine zweistellige Millionengröße. Sie legen zu Grunde, daß jeder Drogenabhängige jeden Tag sogar mehrmals straffällig werden kann: angefangen vom Schwarzfahren über Kleinstdrogenhandel (dealen) bis zum Diebstahl, Rezeptfälschung, Einbruch, Betrug u. a. m. Selbst wenn im Durchschnitt nur ein Delikt pro Tag für jeden Drogenabhängigen angenommen wird, sind das insgesamt über 25 Millionen (!) Straftaten im Jahr, mehr als sechs Mal soviel, wie die Anzahl **aller** Straftaten in der BRDeutschland für 1988 ausgewiesen wurde.

Bei dieser angenommenen Größenordnung reduziert sich in der polizeilichen Anwendungspraxis die Verfolgung der Straftaten, die von Drogenverbrauchern begangen werden, „auf höchstens 0,5 Prozent", so der Kriminologe Arthur Kreuzer.

Wie hoch tatsächlich der Anteil der von Drogenverbrauchern begangenen Straftaten an der Gesamtzahl der Straftaten liegt, ist für die BRDeutschland insgesamt nicht bekannt. Dennoch darf als sicher angenommen werden, daß der durch Drogenverbraucher bedingte Anteil die Anzahl der Straftaten insgesamt dramatisch potenziert hat.

Doch nicht die Droge, vielmehr das Verbot der Droge und die sich daraus ergebenden Konsequenzen lassen den Konsumenten kriminell werden.

Bei knapp 4,4 Millionen bekannt gewordener Straftaten im Jahr in der BRDeutschland wird – statistisch gesehen – alle 7 Sekunden eine Straftat verübt. Dieser Kriminalitätsanstieg der letzten 15 Jahre stellt die Polizei heute vor das Problem der Unlösbarkeit. So wird z. B.

● alle 45 Sekunden ein Auto aufgebrochen,
● alle 3 Minuten eine Wohnung leergeräumt.

Die Freiburger Polizei schätzt für ihren Zuständigkeitsbereich den Anteil von Drogentätern allein bei Auto- und Wohnungseinbrüchen auf 40 bis 60 Prozent.

Noch nie war die Polizei so belastet wie heute, denn dem gewaltigen Kriminalitätsanstieg stand und steht nur ein relativ geringer Personalanstieg gegenüber.

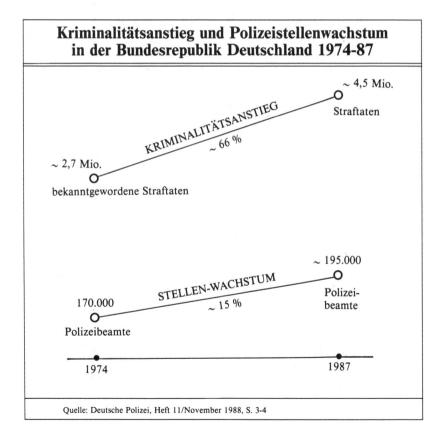

Kriminalitätsanstieg und Polizeistellenwachstum in der Bundesrepublik Deutschland 1974-87

~ 4,5 Mio.
Straftaten

KRIMINALITÄTSANSTIEG ~ 66 %

~ 2,7 Mio.
bekanntgewordene Straftaten

~ 195.000
Polizei-
beamte

STELLEN-WACHSTUM ~ 15 %

170.000
Polizeibeamte

1974   1987

Quelle: Deutsche Polizei, Heft 11/November 1988, S. 3-4

237

Im genannten Zeitraum (1974 - 1987) sind gesellschaftliche Struktur-
veränderungen eingetreten, die Aufgabenfelder der Polizei haben sich
vergrößert, die Drogenkriminalität ist besorgniserregend angestiegen
und – die Personalsituation bei der deutschen Polizei ist diesen Entwicklungen in Form des Stellenwachstums nicht angepaßt worden.

Angesichts der Drogenkriminalitätslage will die Polizei ihren Verfolgungsdruck verstärken. Doch der Verfolgungsdruck richtet sich nicht
so sehr gegen das im Drogengeschäft tätige organisierte Verbrechen,
er wendet sich vielmehr hauptsächlich gegen „das letzte Glied der
internationalen Drogen-Connection", richtet sich gegen die Nachfra-
ger, die Konsumenten, weil sie noch am ehesten zu erfassen sind.

Auf der einen Seite ist der Drogenabhängige für die Polizei der „In-
tensivtäter" (Boge 1988), der „gefährliche Multiplikator der Sucht"
(Zimmermann 1989), auf der anderen Seite beklagt die Polizei den
Umstand, daß es im Drogenbereich so gut wie keine Anzeigenden
gibt (andere Kriminalitätsbereiche haben Anzeigequoten bis zu 90
Prozent), „daß Rauschgiftkriminalität **grundsätzlich kein** : **Anzeigenkriminalität** ist".

Mehr oder weniger ohne Mithilfe muß die Polizei von sich aus die
Verstöße gegen das Betäubungsmittelgesetz ermitteln. Delikte, die in
der BRDeutschland
- von 200 000 bis über 2,5 Millionen Cannabisverbrauchern,
- von 80 000 oder mehr Betäubungsmittelmißbrauchern,
- von mehreren 10 000 Kokainkonsumenten,
- von rund 10 000 Amphetaminkonsumenten

und Konsumenten anderer Drogen, beispielsweise von Halluzinogenen, begangen werden.

Mehreren Hunderttausend bzw. Millionen Drogenverbrauchern
konnte die Polizei 1980 62 395, 1987 schon 74 894 Delikte nachwei-
sen.

Differenziert man diese Delikte in „allgemeine Verstöße gegen das
BtMG", Handel und Schmuggel und illegale Einfuhr „nicht geringer"
Mengen, so ergibt sich für 1987 folgendes Bild:
- Allgemeine Verstöße: 46 447
- Handel und Schmuggel: 25 487
- Illegale Einfuhr nicht geringer Mengen: 2 177.

Allgemeine Verstöße sind Konsumdelikte, nach Drogenarten aufgeschlüsselt:

- Cannabis**konsum**delikte: 29 568
- Heroin**konsum**delikte: 12 164
- Kokain**konsum**delikte: 1 396.

Somit ist der festgestellte **Konsum als Delikt** zum wichtigen und öffentlich ausgewiesenen Gradmesser erfolgreicher polizeilicher Drogenbekämpfung geworden.

Dieser Konsum ist jedoch, trotz aller polizeilichen Drogenbekämpfung, für die nachfragende Seite über viele Jahre nie von „Versorgungsengpässen" gekennzeichnet gewesen.

Von den eingeschmuggelten Drogen erreichen zwischen 88 und 97 Prozent den Endverbraucher, zwischen 3 und maximal 12 Prozent werden von den Strafverfolgungsbehörden sichergestellt.

Wenn davon ausgegangen wird, daß die Polizei in der BRDeutschland im Durchschnitt 10 Prozent aller im Umlauf befindlichen Drogen sichergestellt hat, ergibt sich für 1988 ein tatsächlicher Jahresdrogenverbrauch:

- von 99 Tonnen Cannabis (Sicherstellung: 11 t),
- von 3,6 Tonnen Heroin (Sicherstellung: 404 kg),
- von 4,06 Tonnen Kokain (Sicherstellung: 452 kg),
- und von 0,7 Tonnen Amphetamin (Sicherstellung: 83,7 kg).

Neben anderen Faktoren hat auch die konsumdeliktsorientierte polizeiliche Drogenbekämpfung über Jahre zur grundsätzlichen Kriminalisierung der Drogenkonsumenten geführt, unter denen die Abhängigen von harten Drogen zunehmend sozial verelenden.

Der erweiterte Aufgabenbereich der Polizei in der Rauschgiftbekämpfung umfaßt heute

● Aufspüren von Verbindungen (Connections),
● Aufspüren von Ausgangs- und Operationsbasen,
● Rekonstruktion von Schmuggelwegen,
● Eindringen in die Spitze von Großhändlerringen

vornehmlich im Ausland. Im Inland:

● Zerschlagung der Treffpunkte der Drogenverbraucher, was in der Folge zur Dezentralisierung der Straßenszene und dem Abwandern der Drogenverbraucher in die Privathaushalte geführt hat;
● allgemeine Verunsicherung der Szene, die sich heute zum großen Teil dem polizeilichen Zugriff entzieht;
● Störung der Versorgung, die jedoch bisher noch nie zu Versorgungsengpässen bei den Verbrauchern geführt hat;
● Verhinderung des Neueinstiegs, die jedoch nach der bundeskriminalpolizeilichen Rauschgiftstatistik widerlegt wird: 1988 wurden allein 6 997 Erstkonsumenten harter Drogen (38 Prozent mehr als im Jahr zuvor) von der Polizei festgestellt;
● Eindringen in die Hierarchie des Angebots, konnte b slang weltweit nicht realisiert werden.

Der „Krieg gegen das Rauschgift" hat mittlerweile mehrere Fronten, politische Fronten, naturwissenschaftliche Fronten, wirtschaftliche Fronten – Fronten, an denen die Polizei keine bzw. nur wenige Erfolge zu verzeichnen hat. Die Polizeien können als Strafverfolgungsbehörden weder instabile wirtschaftspolitische Verhältnisse in den Ländern der Dritten Welt ändern, noch haben sie Einfluß auf politische Zweckbündnisse zwischen Industriestaaten und armen Ländern. Die Polizeien können den Kapitalfluß von Milliarden nicht kontrollieren und bereits investierte Gewinne nicht mehr einziehen.

Das heißt nicht, daß die Polizei in der Rauschgiftbekämpfung „schlecht gearbeitet oder gar versagt hat".

Nur ist auf Grund der weltweiten Eskalation der Drogenproblematik, der Durchdringung aller Lebensbereiche, das Problem mit polizeilichen Mitteln nicht mehr zu „lösen".

Selbst wenn die Polizeien personell und materiell besser ausgestattet werden würden, könnten sie vielleicht statt heute 3 bis 12 Prozent künftig 15 bis 20 Prozent aller im Umlauf befindlichen illegalen Drogen sicherstellen; könnten sie vielleicht von den vielen illegal erwirtschafteten Milliarden des organisierten Verbrechens Millionen abschöpfen; könnten sie vielleicht statt 0,5 Prozent 1 bis 2 Prozent aller von Drogenverbrauchern begangenen Straftaten verfolgen und anderes mehr – viel mehr als die Spitze eines Eisberges würde auch damit nicht „angekratzt"!

Als Strafverfolgungsbehörde nimmt die Polizei den öffentlichen Arbeitsauftrag der Rauschgiftbekämpfung wahr, so wie das auch Angehörige anderer Berufe, Mediziner und Drogentherapeuten beispielsweise, mit anderen Mitteln tun.

Weder die Polizei, noch die Medizin, noch die Suchtkrankenhilfe konnte allerdings in der zweiten Hälfte des 20. Jahrhunderts das Problem lösen. Einer Berufsgruppe deswegen den Vorwurf zu machen, sie hätte ihren Arbeitsauftrag nicht erfüllt, ist auf dem Hintergrund der menschlichen Verhaltensweise des Mittelkonsums, der über Mißbrauch auch zur Abhängigkeit (Sucht) führen kann, völlig indiskutabel.

Bei der Bekämpfung dieses gesamtgesellschaftlichen Problems bedarf es weniger neuer polizeilicher, sondern vielmehr neuer politischer und zwar wirtschaftspolitischer Konzepte. Aus einem „verlorenen Krieg" sollten politische Konsequenzen gezogen, nicht der Kampf zum Selbstzweck erklärt werden.

Schlußfolgerungen aus einem verlorenen Krieg

● Seit undenklicher Zeit benutzen sowohl einige Tierarten als auch der Mensch (Natur-)Drogen.

Warum dies gerade der vernunftbegabte Mensch tut, ist bis zum heutigen Tage nicht einwandfrei geklärt. Selbst eine bisher nicht bekannte „genetische Disposition für süchtiges Verhalten" wollen einige Naturwissenschaftler nicht ausschließen.

So behilft man sich mit Erklärungsmodellen, die im Zusammenspiel der Faktoren „Mensch" (Persönlichkeit), „Mittel" (Droge), „Milieu" (soziales Umfeld) und „Markt" (Angebot & Nachfrage) die Bedingungen der Entstehung der Sucht vermuten.

● Da man bis heute nicht weiß, wie die Sucht tatsächlich entsteht, kann man sie als Problem auch nicht lösen.

Die Lösung des Problems, also die Realisierung einer Drogenfreien Gesellschaft, ist trotz aller Anstrengungen wissenschaftlicher Forschung, polizeilicher Bekämpfung und Praxis der Suchtkrankenhilfe im gesamten und nun auslaufenden 20. Jahrhundert nicht gelungen.

● Auch die Polizei, für die ja eine ganze Reihe von vermuteten Suchtentstehungsfaktoren in ihrer Arbeit von nachgeordneter Bedeutung sind, wird dieses Welt- und Jahrhundertproblem nicht lösen können.

● Wohl aber bekämpft die Polizei das nicht lösbare Drogenproblem, sieht doch der Verfassungsauftrag des Staates vor, die Gesundheit seiner Bürger zu schützen.

● Doch unser Normsystem in Sachen Drogen ist doppelbödig. Der Schutz der Bürgergesundheit betrifft weniger die Majorität der Bevölkerung, also die Konsumenten der legalen Drogen (Tabak, Alkohol, Medikamente), dafür um so intensiver die Minorität der Gesellschaft, also Bürger, die illegale Drogen nehmen.

● Die Bürger, die von illegalen Drogen schwer abhängig sind, werden einerseits als Suchtkranke gesehen, werden aber andererseits als Konsumenten illegaler Drogen strafrechtlich verfolgt.

So ist die polizeiliche Rauschgiftbekämpfung heute in ihrer Anwendungspraxis stark **konsumdelikt**orientiert.

● Für die Polizei zählt die Rauschgiftkriminalität heute, neben der Wirtschaftskriminalität und dem Terrorismus, zu den „besonders sozialschädlichen Kriminalitätsbereichen".

Doch die „Sozialschädlichkeit" ist nicht Folge der originären Drogenbenutzung/-wirkung, sondern Folge des Drogen**verbots,** der **Illegalität.**

● Die Illegalität der Droge bedingt aber auch ihren hohen Preis, den der Konsument, insbesondere der Abhängige bezahlen muß.

Das hohe Preisniveau wiederum führt zu einer beispiellosen Beschaffungskriminalität, die allein in der BRDeutschland mit jährlichen Schäden in Milliardenhöhe zu Buche schlägt.

● Trotz intensiver nationaler und internationaler Rauschgiftabwehr durch die Polizeien der Welt erreichen 88 bis 97 Prozent der illegalen Drogen auch ihre Endverbraucher.

Der Rauschgifthandel hat ein „industrielles Stadium" erreicht.

● Überproduktionen in den Drogenanbauländern, Preisverfälle in den Drogenabnehmerländern und Eigenproduktionen (synthetische Drogen) im Inland haben zum Ende der 80er Jahre diese Situation bedrohlich verschärft und lassen auf absehbare Zeit in der Drogenversorgung keine Engpässe erkennen.

● Die Hoffnung, daß neue Konzepte die klassischen Bekämpfungsmaßnahmen ergänzen, ist relativ.

So versieht ein großer Teil der wenigen Rauschgiftverbindungsbeamten seinen Dienst in Drogenanbau- oder Transitländern, die zugleich Krisenherde der Dritten Welt sind und wo über Polizeiarbeit weder etwas an den dortigen politischen Verhältnissen, noch an den desolaten Wirtschaftssituationen geändert werden kann.

Millionen Menschen, Bauern mit ihren Familien, leben heute vom Anbau illegaler Naturdrogen. Gegen diese Existenzsicherung sind bislang mehr oder weniger alle Nutzpflanzenumstellungsprogramme gescheitert.

Industriechemikalien, zur Herstellung potenter Drogen wie Heroin oder Kokain benötigt, werden zu zig-tausenden Tonnen von den chemischen Industrien der Welt produziert. Sie sind heute ordnungsrechtlich so gut wie nicht kontrollierbar.

● Über zwei Jahrzehnte haben beispielsweise die USA die Erfahrung machen müssen, daß obligate verdeckte Einsätze sogenannter Under-Cover-Agenten, unterstützt von einer im Strafrecht verankerten Kronzeugenregelung, **nicht** zur Eindämmung des grenzüberschreitenden Drogenschmuggels geführt haben und ebensowenig die epidemische Drogenausbreitung im Inland verhindert haben.

Selbst wenn in der BRDeutschland verfeinerte verdeckte Ermittlungsmethoden greifen würden, die Kronzeugenregelung auch im deutschen Strafprozeßrecht verankert würde, müßte die deutsche Polizei wohl ähnliche Erfahrungen machen wie heute ihre amerikanischen Kollegen.

● Mehr oder weniger wird erst seit Mitte der 80er Jahre von wenigen Ländern das Gesetzes-Instrumentarium des „Einziehens illegal erworbener Vermögenswerte" eingesetzt. Die bisherigen Erfahrungen haben gezeigt, daß von den Milliarden-Umsätzen des organisierten Verbrechens wohl nur ein sehr geringer Anteil abgeschöpft werden kann.

Hunderte von Milliarden; die im Zeitraum von Mitte der 60er bis Mitte der 80er Jahre von einer wachsenden Verbrechensindustrie aus Drogengeschäften illegal erwirtschaftet, gewaschen, investiert und reinvestiert wurden, bleiben jedoch durch die heute möglich gewordene Praxis der Gewinnabschöpfung unberührt.

● Deutlicher denn je weiß heute die Polizei, daß die illegalen Drogengeschäfte für das organisierte Verbrechen, aber auch für den Terrorismus, die wichtigste Einnahmequelle darstellen. Die Illegalität der Drogen ist für diese Gruppen der Garant der Höchstprofite.

● Mit einer Legalisierung der Drogen würden diese Milliarden-Profite drastisch reduziert werden, wahrscheinlich sogar ganz entfallen.

Die Drogenfreigabe wäre keine Kapitulation vor dem organi-

> sierten Verbrechen, sie wäre eine gefährliche (= geschäftsschädigende) wirtschaftspolitische Waffe **gegen** das organisierte Verbrechen und könnte darüber hinaus auch indirekt den Terrorismus bekämpfen.
>
> ● Doch solange die Staaten der Welt an der Illegalität festhalten, solange wird der „Drogenkrieg verloren bleiben".
>
> In diesem Krieg sind nicht Millionen von „kriminalisierten Cannabisverbrauchern" und Hunderttausende von „sozial verelendeten Fixern" der Gegner, sondern eine weltweit operierende Verbrechensindustrie.

Die Möglichkeiten, Rauschgift einzuschmuggeln, sind vielfältig. In der BRDeutschland achtet die Polizei in Flughäfen auf Gepäckstücke; in Häfen auf Schiffe und deren Besatzungen, auf Fracht und Frachtbriefe, auf Lagerhäuser und Silos; in Bahnhöfen auf Schließfächer zur Gepäckaufbewahrung und Bahnpost; sie achtet auf den Postversand, ist wachsam an allgemeinen Polizeikontrollstellen und versieht ihren Dienst an **Grenzübergangsstellen.** 1988 hatte noch fast jede zweite Straftat im Betäubungsmittelbereich einen **„Grenzbezug".** Ein Jahr zuvor erfolgten allein an den Binnengrenzen zu den Benelux-Staaten (Belgien, Niederlande, Luxemburg) über 4 000 Aufgriffe wegen Betäubungsmitteldelikten. Nun sollen die Kontrollen an den Grenzen der Staaten der Europäischen Gemeinschaft aufgehoben werden. Gerade was den Rauschgiftschmuggel betrifft, betrachtet die Polizei den kommenden „Wegfall der Binnengrenzen" mit äußerster Besorgnis, zumal Westeuropa für das drogenanbietende Organisierte Verbrechen schon seit Jahren einen „geschlossenen Verbrauchermarkt"darstellt.

Literatur- und Quellennachweise zu
5. Der verlorene Krieg

Behr, Hans-Georg

West-östlicher Deal: Streifzüge durch den Heroin- und Waffenbazar
Transatlantik Nr.2/Februar 1981, S. 14 - 23

Bernasconi, Paolo

Finanzunterwelt – Gegen Wirtschaftskriminalität und organisiertes Verbrechen
Orell-Füssli Verlag, Zürich-Wiesbaden 1988

Beyer, Christian

Gib dem Virus (k)eine Chance!
Zitty 13. Jg. Heft1/1989, S. 20-21

BKA (Hrsg.)

Rauschgift Jahresbericht Bundesrepublik Deutschland 1987
Bundeskriminalamt (BKA), Wiesbaden 1988

BKA (Hrsg.)

Rauschgiftkurier Nr. 3/August 1988
Bundeskriminalamt (BKA), Wiesbaden 1988

Der Spiegel

Rauschgift: Verdecktes Trio
40. Jg. Nr. 20, 12. 5. 1986, S. 98-104

Der Spiegel

Cash in de Täsch
41. Jg. Nr. 50, 7. 12. 1987, S. 80-82

Der Spiegel

Rauschgift: In Ruhe Golf
42. Jg. Nr. 5, 1988, S. 33

Der Spiegel

SPIEGEL-Gespräch mit dem Kriminologen Paolo Bernasconi über internationale Wirtschaftskriminalität und organisiertes Verbrechen
42. Jg. Nr. 19, 9. 5. 1988, S. 117-126

Der Spiegel

Italiens Ganoven immer reicher
42. Jg. Nr. 29, 18. 7. 1988

Der Spiegel-Verlag
(Hrsg.)

Geißel Droge – Spiegel-Serie über die
Drogensucht
(SPIEGEL Spezial I/1989)
Spiegel-Verlag, Hamburg Januar 1989

Der Tagesspiegel

Drogenhändler konnten in der Schweiz
Gelder in Milliardenhöhe „waschen"
Nr. 13.108, 5. 11. 1988, S. 30

Der Tagesspiegel

Auch Züricher Goldhandelsfirma in
Geldwaschaffäre verwickelt
Nr. 13.112, 10. 11. 1988, S. 32

Der Tagesspiegel

CIA: Chemiefirmen beliefern unwissentlich Drogenproduzenten
Nr. 13.010, 14. 7. 1988, S. 22

Der Tagesspiegel

Polizei will Informanten besser gegen Bedrohung schützen
Nr. 13.132, 4. 12. 1988, S. 2

Der Tagesspiegel

Die Mafia blüht auch im Staatsapparat
Nr. 13.164, 12. 1. 1989, S. 24

GdP

Polizei personell am Ende – Geld für
Neueinstellungen ist da
Deutsche Polizei 37. Jg. Nr. 11/Nov.
1988, S. 3 - 4

Haefs, Hanswilhelm
(Hrsg.)

Der Fischer Weltalmanach 1989
Fischer TB Verlag, Frankfurt/M. 1988

International Narcotics
Control Board (Hrsg.)

Report of the International Narcotics
Control Board for 1983
United Nations, New York 1983

ders.

Report of the INCB for 1984
UN, N. Y. 1984

ders.

Report of the INCB for 1985
UN, N. Y. 1985

ders.

Report of the INCB for 1986
UN, N. Y. 1986

ders.	Report of the INCB for 1987 UN, N. Y. 1987
ders.	Report of the INCB for 1988 UN, N. Y. 1988
Jeschke, Jürgen	Organisierte Ausländerkriminalität und internationale Zusammenarbeit am Beispiel der Drogenkriminalität der kriminalist 12/1988, S. 462-469
Kadell, Franz	„Waffen sind eine Art Währung geworden" Die Welt Nr. 23, 28. 1. 1988, S. 8
LKA Baden-Württemberg (Hrsg.)	Informationen zur Problematik „Synthetische Drogen" Zusammengestellt von der Rauschgiftaufklärungsgruppe (RAG) und dem Dezernat synthetische Drogen (SyDro) Landeskriminalamt Baden-Württemberg, Stuttgart, Juni 1987
Leibacher, Werner	Vermögensverwaltung in der Schweiz Rheinischer Merkur/Christ und Welt 44. Jg. Nr. 5, 3. 2. 1989 (Merkur extra S. 29-38)
Metzner, Wolfgang u. Hegenbart, Thomas	Die Geschichte der Fixerin Anna: „Leben wie ein Stück Dreck" mit Anhang Drogenfreigabe Pro-Thesen (Thamm) und Contra-Thesen (Boge) Der Stern Heft Nr. 45, 3. 11. 1988, S. 20-35
Neue Züricher Zeitung (NZZ)	Kampfansage an die Hintermänner des Drogenhandels 7. 3. 1987
Neue Züricher Zeitung (NZZ)	Verhaftung eines Geldwäscherrings in den USA 14. 10. 1988
Neue Züricher Zeitung (NZZ)	Holländische Bank als Kanal für Drogengelder? 29. 10. 1988

Neue Züricher Zeitung (NZZ) Die Geldwäscherei über Schweizer Banken 8. 11. 1988

Neue Züricher Zeitung (NZZ) Tonnenweise vergoldete Drogengelder 10. 11. 1988

Neue Züricher Zeitung (NZZ) Der Kampf gegen die Geldwäscherei 12. 11. 1988, Fernausgabe Nr. 264

Rizzo, Sergio I picciotti sul mattone Capitale sud n. 38, 23. - 29.9.1988, S. 8 - 11

Stern Drogen: „Korrupt, faul und unfähig" Heft Nr. 1, 29. 12. 1988, S. 112 - 113

Thamm, Berndt Georg USA – „Wunderland" des Kokain und seiner Billigvarianten Crack und Basuco Deutsche Polizei 36. Jg. Nr. 3/März 1987, S. 22-27

ders. Drogenprobleme in der Europäischen Gemeinschaft – Untersuchungsausschuß des Europäischen Parlaments 1985 - 1986 Suchtgefahren 33. Jg. Heft /1987, S. 459-463

ders. Drogen und Kriminalität Verlag Deutsche Polizeiliteratur, Hilden 1988/89

UNFDAC (Hrsg.) United Nations Fund for Drug Abuse Control (UNFDAC) in action – selected programms UN, International Conference on Drug Abuse and Illicit Trafficking (ICDAIT), Vienna 17 - 26 June 1987

Vogt, Erich Viel Lärm um Luft-Sheriffs Rheinischer Merkur/Christ u. Welt Nr. 2 – 13. 1. 1989, S. 21

Wiedenhaus, Hanno Wie Luxemburger Banken die Drogengeld-Kanäle verschließen Die Welt Nr. 263, 9. 11. 1988, S. V

Wirth, Fritz   US-Soldaten sollen an die Rauschgiftfront
                        Die Welt, 14. - 15. 5. 1988, S. 1

Zänker, Alfred   Steueroasen – schon in zehn Jahren
                        trockengelegt
                        Die Welt Nr. 118, 22. 5. 1987, S. 10

ders.   Der große Coup der Libanon Connection
                        Die Welt Nr. 263, 9. 11. 1988, S. 9

Zimmermann, Friedrich Rauschgiftbilanz Bundesrepublik
                        Deutschland 1988
                        Der Bundesminister des Innern, Bonn 25.
                        1. 1989

6. Rauschgiftabwehr und EG-Binnenmarkt

6.1. Wirtschaftspolitischer Vorlauf zum Binnenmarkt

6.2. EG heute – Wirtschaftsmacht in der Welt

6.3. Drogen – Investitionen in Europa

6.3.1. Aufbau von Drogenmärkten in Europa
6.3.2. Verbrechen im europäischen Maßstab

6.4. Polizei in Europa – Europapolizei

6.5. Kein Schlagbaum stoppt die Drogenflut

6.6. Drogen – Probleme in West- und Osteuropa

6.7. Die Gemeinschaft, das Europäische Parlament und die Drogenfrage

Zusammen mit der Bildung der Europäischen Gemeinschaft wuchs über drei Jahrzehnte auch die Drogenproblematik in Europa:

Sechser-Gemeinschaft

Als sich in den 50er Jahren (1951 - 1958) die BRDeutschland, Italien, Frankreich, Belgien, Niederlande und Luxemburg zu Europäischen Gemeinschaften zusammenschlossen, gab es in Westeuropa noch kein ausgeprägtes Drogenproblem. Wohl aber operierte bereits im Mitgliedstaat Frankreich die „French Connection", die aus türkischem Opium Heroin herstellte und dieses vornehmlich in die USA einschmuggelte.

Neuner-Gemeinschaft

Mitte der 60er Jahre hatten die amerikanischen Jugendbewegungen der Hippies und Yippies, und damit auch die Verbreitung des Cannabis- und Halluzinogenkonsums die Länder Europas erreicht. Als 1973 Großbritannien, Irland und Dänemark der Europäischen Gemeinschaft beitraten, existierten bereits in den Metropolen Europas wie London, Amsterdam, Kopenhagen, Berlin, Rom und Paris seit Jahren drogenorientierte Subkulturen (sog. psychedelische Ära). Der Opiatkonsum hatte sich noch nicht bedrohlich ausgeweitet. Mit dem Austritt der USA 1973 aus dem Zweiten Indochinakrieg in Vietnam und der aggressiven Anbieterpolitik der den Heroinmarkt kontrollierenden chinesischen Triaden in Fernost sollte sich die Betäubungsmittelsituation Europas rasch ändern.

Zehner-Gemeinschaft

Von China-Town in Amsterdam aus baute ab Mitte der 70er Jahre das organisierte Verbrechen der Chinesen den Heroinmarkt Westeuropas auf. Die Heroinsituation Europas, insbesondere der BR-Deutschland, eskalierte zum Ende der 70er Jahre. So mußte 1979 die BRDeutschland 623 Drogentote beklagen, Italien 129, Frankreich 117 und Dänemark 125. Im selben Jahr trat in den USA ein rasch häufiger zu beobachtendes Krankheitsbild auf, das durch eine erworbene Immunschwäche, Aquired Immuno Defiency Syndrome (AIDS) entstand. Als 1981 Griechenland der EG beitrat, war Westeuropa bereits durch ein gravierendes Betäubungsmittelproblem gekennzeichnet.

Zwölfer-Gemeinschaft

1986 traten Spanien und Portugal der EG bei. Mitte dieser 80er Jahre hatte das Drogenproblem in Europa bereits Dimensionen erreicht, die ein Untersuchungsausschuß des Europäischen Parlaments (EP) „Drogenprobleme in den Mitgliedstaaten der Europäischen Gemeinschaft" von Oktober 1985 bis Oktober 1986 bilanzierte:

- Danach gab es in der EG zwischen 10 und 15 Millionen Cannabiskonsumenten,
- zwischen 1 und 1,5 Millionen Betäubungsmittel-(Heroin-)mißbraucher, und
- deutliche Anzeichen dafür, daß in Westeuropa ein Kokainmarkt aufgebaut wurde.

Klassische Haschisch-Schmuggel-Route nach Westeuropa

**Endabnehmer sind u. a. die EG-Mitgliedstaaten
Portugal, Spanien, Frankreich, Belgien und BRDeutschland**

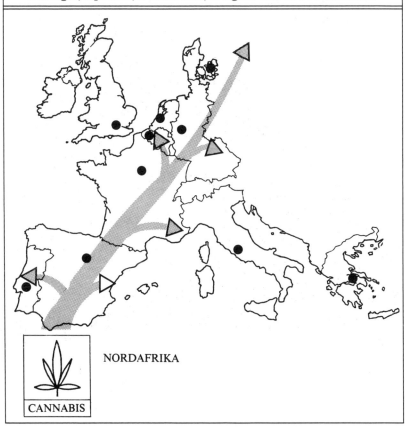

NORDAFRIKA

CANNABIS

Die Verbrechensorganisationen, die Europa von Südamerika aus mit Kokain, vom Nahen- und Mittleren Osten und Südostasien mit Heroin und von Nahen Osten und Nordafrika mit Cannabis (Haschisch) versorgten, sahen Europa zunehmend als **geschlossenen Verbrauchermarkt.**

Zum Ende der 80er Jahre hat das organisierte Verbrechen als Drogenanbieter ein industrielles Stadium erreicht. Es kommt damit der gewaltigen Drogennachfrage Europas nach. In der gegenwärtigen Situation der Europäischen Gemeinschaft hat es noch nie so viele Drogenkonsumenten, Drogenmißbraucher und -abhängige gegeben; es wurden noch nie so viele Drogen eingeschmuggelt und verbraucht oder von den Strafverfolgungsbehörden der EG-Mitgliedstaaten sichergestellt; es gab noch nie so viele Drogentote, AIDS-kranke Betäubungsmittelmißbraucher und HIV-Infizierte zu beklagen.

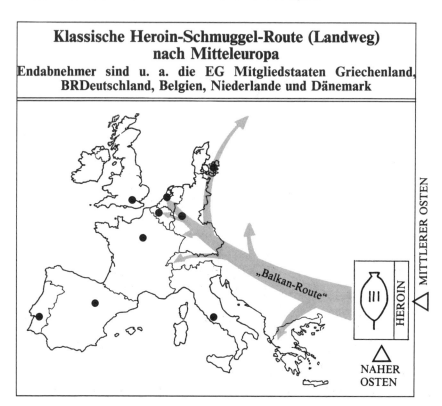

Klassische Heroin-Schmuggel-Route (Landweg) nach Mitteleuropa

Endabnehmer sind u. a. die EG Mitgliedstaaten Griechenland, BRDeutschland, Belgien, Niederlande und Dänemark

Für die Polizeien Europa wird diese bedrohliche Entwicklung durch das gemeinsame Ziel der EG-Mitgliedstaaten verschärft, ab 1992/93 die untereinander bestehenden Binnengrenzen zu öffnen.

Die Wurzeln des angestrebten Binnenmarktes reichen bis in die 50er Jahre. Schon damals hoffte man auf eine wirtschaftliche Verflechtung Europas, die über eine Zollunion, einen gemeinsamen Markt und Agrarmarkt und gemeinsame politische Organe erreicht werden sollte.

6.1. Wirtschaftspolitischer Vorlauf zum Binnenmarkt

Nach dem Ende des Zweiten Weltkrieges 1945 schien der wirtschaftliche Aufbau Europas kaum möglich ohne ein Zusammenfassen aller Kräfte. Ein weit verbreitetes Bewußtsein, kommende wirtschaftliche und politische Aufgaben nur noch gemeinsam lösen zu können, gab der Forderung nach einem **vereinten** Europa in der unmittelbaren Nachkriegszeit eine große Zustimmung. In dieser Zeit entstanden eine Reihe europäischer zwischenstaatlicher Organisationen:

● 1948 Gründung der OEEC (Organization for European Economic Cooperation). Ziel: Koordinierung der verschiedenen nationalen Pläne für den wirtschaftlichen Wiederaufbau nach dem Kriege in Zusammenarbeit mit den Hilfeleistungen der USA (Marshall-Plan). Nachfolgeorganisation ist seit 1961 die OECD (Organization for Economic Cooperation and Development) mit Sitz in Paris.

● 1949 Gründung der „Montanunion". Sechs Gründungsländer einigten sich darauf, ihre Kohle- und Stahlindustrie unter eine gemeinsame Kontrolle zu stellen und schufen zu diesem Zweck die EGKS (Europäische Gemeinschaft für Kohle und Stahl).

● 1957 Gründung der Europäischen Wirtschaftsgemeinschaft (EWG) und

● 1957 Gründung der Europäischen Atomgemeinschaft (EURATOM).

Ursprünglich unabhängig voneinander gegründet, wurden die drei Gemeinschaften EGKS, EWG und EURATOM 1965 zur Europäischen Gemeinschaft (EG) zusammengelegt und mit gemeinsamen Organen versehen.

Ziel des EWG-Vertrages war es, die wirtschaftliche Verflechtung der Mitgliedstaaten zu erreichen.

Die wichtigsten Elemente des Vertrages waren:

Zollunion:

In mehreren Etappen sollten nicht nur die Zollschranken zwischen den Mitgliedstaaten beseitigt, sondern auch ein gemeinsamer Außenzoll gegenüber Nichtmitgliedern (sog. Drittländern) geschaffen werden:

- Am 1.7.1968 waren die noch bestehenden Zölle zwischen den Mitgliedstaaten vollständig abgebaut. Gleichzeitig glichen die EWG-Staaten ihre Außenzölle gegeneinander an und schufen damit einen gemeinsamen Außenzoll gegenüber Drittländern.
- Am 1.1.1970 waren die noch bestehenden Zölle für landwirtschaftliche Erzeugnisse abgebaut.

So konnte die EG auf internationalen Konferenzen, zum Beispiel auf den weltweiten Zollsenkungsverhandlungen im Rahmen des GATT (General Agreement on Tarifs and Trade = Allgemeines Zoll- und Handelsabkommen, 1947 Genf), **geschlossen** eine liberale Handelspolitik verfolgen. Die Fortschritte bei der Erarbeitung einer gemeinsamen Handelspolitik führten dazu, daß seit 1973 für den Abschluß von Handelsverträgen mit Drittländern nur noch die EG-Organe zuständig sind.

Der 1973 erfolgte EG-Beitritt von Großbritannien, Irland und Dänemark führte zu einem schrittweisen Abbau der Zölle zwischen der EG der 6 (BRDeutschland, Frankreich, Italien, Belgien, Luxemburg und Niederlande) und den neuen Mitgliedstaaten, der am 1. 7. 1977 abgeschlossen wurde.

Zum gleichen Zeitpunkt wurde auch ein Freihandelsabkommen mit den EFTA-Staaten (European Free Trade Association = Europäische Freihandelszone, 1959) voll wirksam, so daß Westeuropa nunmehr aus einer „sehr großen Freihandelszone mit der EG als Kern" besteht.

1981 erfolgte der EG-Beitritt von Griechenland, 1986 der von Spanien und Portugal.

Gemeinsamer Markt:

Zur Errichtung eines einheitlichen Wirtschaftsraumes galt es, über die Beseitigung der Zollgrenzen hinaus einen freien Waren-, Dienstleistungs-, Personen- und Kapitalverkehr sowie die Niederlassungsfreiheit für Personen und Firmen innerhalb der EWG zu verwirklichen. Ein schwieriger Weg mit vielen Hemmnissen. Beispielsweise:

- wurde der freie Warenverkehr auch nach Abbau der Zölle durch sog. nichttarifäre Handelshemmnisse beeinträchtigt, z. B. durch unterschiedliche nationale Normen, wie Verpackungs-, Qualitäts- und Reinheitsbestimmungen;
- unterschiedliche staatliche Beihilfen für Produkte und unterschiedliche Steuersysteme. So haben sich die Mitgliedstaaten auf die Mehrwertsteuer als einheitliches Umsatzsteuersystem der EG geeinigt, was zur Angleichung der Steuersätze führen muß.
- Während im Bereich des freien Kapitalverkehrs und der Freizügigkeit für Arbeitnehmer (Gleichbehandlung und -stellung innerhalb der EG) weitgehende Fortschritte erzielt wurden, sind der Niederlassungsfreiheit von Selbständigen und Freiberuflern noch Grenzen gesetzt. Sie liegen wiederum in unterschiedlichen nationalen Gesetzgebungen und unterschiedlichen Ausbildungsgängen und Ausbildungsabschlüssen begründet.

Gemeinsamer Agrarmarkt:
In dem von Schrumpfung und Anpassungskrisen gekennzeichneten Bereich der Landwirtschaft sollte ein einheitlicher europäischer Markt geschaffen werden. Trotz äußerst unterschiedlicher Strukturen (Art der Produktion, Preisniveau, Umfang und Art der staatlichen Subventionen) wurden bis 1967 für viele landwirtschaftliche Produkte einheitliche Marktordnungen schrittweise verwirklicht. Der so entwickelte „grüne Markt" war gekennzeichnet durch gemeinsame Richtpreise, gemeinsame Finanzierung und Preisgarantie und eine Abschirmung des Agrarmarktes nach außen.

Gemeinsame politische Organe:
Die Europäische Gemeinschaft ist kein Staat, aber sie nimmt Funktionen wahr, die sonst nur Staaten zustehen. Ihre auf einzelnen Gebieten weitreichenden Entscheidungsbefugnisse sind unmittelbar geltendes Recht in allen Mitgliedstaaten und für alle Bürger. Die meisten Staaten der Welt unterhalten diplomatische Beziehungen zur EG und sind durch Botschafter bei ihr vertreten.

Mit der Entscheidung der Regierungen und Parlamente der Mitgliedstaaten, zur Verwirklichung der Vertragsziele auf Teile ihrer Hoheitsrechte (ihrer Souveränität) zu verzichten, sie zusammenzulegen, ergab sich die Notwendigkeit, diese Rechte auf gemeinschaftliche Organe zu übertragen. Für die Konstruktion dieser Organe (einer neuen, „supranationalen" politischen Entscheidungsebene und Rechtsordnung) gab es keine historischen Vorbilder.

Ein tragfähiges Organsystem mußte Bedingungen erfüllen:

- eine vom Druck einzelstaatlicher Interessen unabhängige Planung der Gemeinschaftspolitik;
- eine Beteiligung der die Gemeinschaft tragenden Mitgliedstaaten an der Gestaltung der Politik;
- eine demokratische Legitimation und Kontrolle;
- eine unabhängige rechtliche Kontrolle.

Die EG-Verträge sehen hierzu folgende Organe vor:

Kommission:
Das „Kabinett der EG"; die von den Mitgliedsregierungen für jeweils 4 Jahre ernannten 17 Mitglieder (je 2 aus D, E, F, GB und I, je 1 aus B, DK, EIR, L, NL, GR und P) bilden ein von den Einzelstaaten unabhängiges Gremium, das zunächst die notwendigen Maßnahmen für eine Gemeinschaftspolitik zu planen hat. Sodann obliegt der Kommission, die getroffenen Entscheidungen auszuführen oder ihre Ausführung zu kontrollieren. Falls erforderlich, muß sie Ausführungsbestimmungen erlassen und (allgemein) die Einhaltung der Verträge überwachen. Die Ausführung der Gemeinschaftsbestimmungen ist vorwiegend Sache der Mitgliedstaaten.

(Minister)Rat:
Die Zuständigkeit für alle wichtigen Entscheidungen der EG liegt beim Rat (12 Mitglieder, 1 pro EG-Land). Der Rat erläßt die „Gesetze" (Verordnungen) der Gemeinschaft. Zu den Ratssitzungen entsenden die nationalen Regierungen ihren für die anstehenden Fragen jeweils zuständigen Fachminister. Nach den EG-Verträgen ist der Rat als Gemeinschaftsorgan den Interessen der Gemeinschaft als Ganzes verpflichtet.

Europäischer Rat:
Die Entwicklung der Gemeinschaft zeigte, daß auch Fragen der Integrationspolitik von so grundsätzlicher und weitreichender Bedeutung beantwortet werden mußten, die außerhalb der Ministerkompeten-

zen lagen. Diesen Zweck, der EG neue politische Anstöße zu geben, versuchten ab 1969 eine Reihe von „Gipfelkonferenzen" der Staats- und Regierungschefs der EG zu erfüllen. 1975 wurden die bis dahin nur unregelmäßig stattfindenden „Gipfelkonferenzen" unter dem Namen „Europäischer Rat" institutionalisiert. Als höchstes (in den EG-Verträgen zunächst nicht vorgesehenes) Entscheidungsgremium tagt der Europäische Rat seitdem mindestens zweimal jährlich sowie zusätzlich nach Bedarf.

Europäisches Parlament:
Im Sinne demokratischer Verfassungsordnung sind die Funktionen und Befugnisse des Europäischen Parlaments (EP) im Organsystem der EG unzulänglich entwickelt.

Die 518 Abgeordneten, die in 8 Fraktionen zusammengeschlossen sind, haben echte Entscheidungsbefugnisse bisher lediglich für einen kleineren Teil der Haushaltsmittel der EG. Die Kontrollfunktion des Parlaments besteht hauptsächlich darin, daß es von Kommission und Rat die Beantwortung mündlicher und schriftlicher Anfragen verlangen kann. Doch mit den ersten Direktwahlen (seit 1979) ist die demokratische Legitimation des EP gestärkt worden und dementsprechend setzt sich das EP verstärkt für eine Erweiterung seiner Rechte ein.

Europäischer Gerichtshof:
Der EuGH hat seinen Sitz in Luxemburg. Er besteht aus 13 Richtern und 6 Generalanwälten, die von den Mitgliedregierungen einvernehmlich für 6 Jahre ernannt werden. Der Gerichtshof soll für die Einhaltung und Durchsetzung des Gemeinschaftsrechts sorgen. In Sachen Rauschgift machte der EuGH 1988 von sich reden:

Dem Gerichtshof lagen zwei Fälle vor. In einem Rechtsstreit ging es um ein Jugendzentrum in Amsterdam, das über einen zugelassenen Cannabis-Händler („Haus-Dealer") Haschisch an die Besucher verkaufte. Die Finanzbehörden verlangten vom Trägerverein des Jugendzentrums eine Umsatzsteuer von umgerechnet mehr als 100 000 DM. Doch dies ist nach dem Urteil des Gerichtshofs (Aktenzeichen: RS 289/86) nicht zulässig. Begründung: Der Handel von Betäubungsmitteln sei, außer zu medizinischen und wissenschaftlichen Zwecken, in allen EG-Staaten verboten und könne daher nur Anlaß zu Strafverfolgungsmaßnahmen geben. Die unerlaubte Ein-

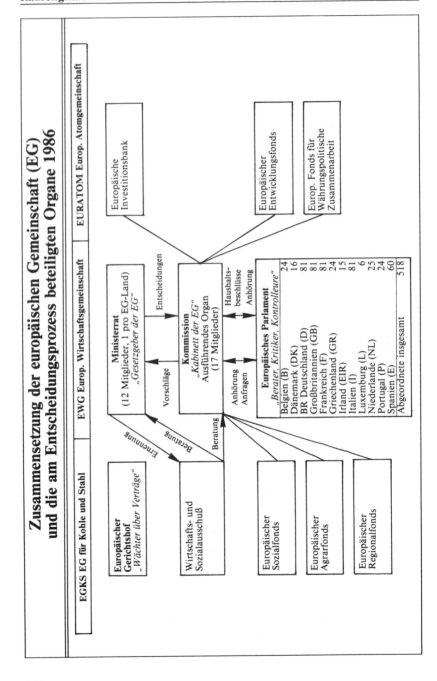

Zusammensetzung der europäischen Gemeinschaft (EG) und die am Entscheidungsprozess beteiligten Organe 1986

| EGKS EG für Kohle und Stahl | EWG Europ. Wirtschaftsgemeinschaft | EURATOM Europ. Atomgemeinschaft |

Europäischer Gerichtshof
„Wächter über Verträge"

Wirtschafts- und Sozialausschuß

Ministerrat
(12 Mitglieder, 1 pro EG-Land)
„Gesetzgeber der EG"

Kommission
„Kabinett der EG"
Ausführendes Organ
(17 Mitglieder)

Europäische Investitionsbank

Europäischer Entwicklungsfonds

Europ. Fonds für Währungspolitische Zusammenarbeit

Ernennung — Beratung — Entscheidungen — Vorschläge — Beratung

Europäischer Sozialfonds

Europäischer Agrarfonds

Europäischer Regionalfonds

Haushaltsbeschlüsse — Anhörung — Anhörung — Anfragen

Europäisches Parlament
„Berater, Kritiker, Kontrolleure"

Belgien (B)	24
Dänemark (DK)	16
BR Deutschland (D)	81
Großbritannien (GB)	81
Frankreich (F)	81
Griechenland (GR)	24
Irland (EIR)	15
Italien (I)	81
Luxemburg (L)	6
Niederlande (NL)	25
Portugal (P)	24
Spanien (E)	60
Abgeordnete insgesamt	518

und Ausfuhr sowie der Vertrieb von Drogen innerhalb eines Landes hätten mit den EG-Richtlinien über die **Mehrwertsteuer** nichts zu tun.

In einem zweiten Fall hatten niederländische Steuerbehörden einem Dealer, der große Mengen des synthetischen Aufputschmittels Amphetamin vertrieben hatte, nach der Festnahme einen Steuerbescheid über umgerechnet knapp 70 000 DM geschickt. Das Finanzamt, das den Drogenhändler als „steuerpflichtigen Unternehmer" behandelte, stockte den Betrag sogar noch um 100 Prozent auf, da der Händler „vorsätzlich und schuldhaft" keine Steuererklärung abgegeben hatte. Doch dies ist nach dem Urteil des EuGH (RS 269/86) ebenfalls nicht zulässig. Begründung: Amphetamin ist wie ein Betäubungsmittel zu behandeln. Für den illegalen Handel mit dieser Droge darf dementsprechend keine Mehrwertsteuer erhoben werden.

Gegen die Urteile des EuGH gibt es keine Berufung.

6.2. EG heute – Wirtschaftsmacht in der Welt

Wie die politische Zukunft eines geeinten Europas aussehen könnte, ist noch ungewiß. Denkbar ist sowohl ein

Staatenbund (Konföderation), also eine lose Verbindung von Staaten, die die Unabhängigkeit (Souveränität) der Mitgliedstaaten grundsätzlich unangetastet läßt und keine eigene Staatsgewalt besitzt, als auch ein

Bundesstaat (Föderation), also eine Verbindung mehrerer Staaten zu einem Gesamtstaat („Bund"), in dem jedoch die Staatlichkeit der Gliedstaaten („Länder") erhalten bleibt.

In der Geschichte war die Bildung eines Staatenbundes häufig ein Übergangsstadium zum Bundesstaat, bei den USA (1777/1787), der Schweiz (1815/1848) oder der Entwicklung vom Deutschen Bund (1815) zum Deutschen Reich (1871).

Neben der politischen Zukunft Europas steht die wirtschaftliche Gegenwart; und diese ist zum Ende der 80er Jahre beeindruckend, beispielsweise in der Frage der

Außenbeziehungen:

● Der heutigen Zwölfer-Gemeinschaft möchten weitere Staaten beitreten. Zu den beitrittswilligen Ländern gehören die Türkei, Marokko und Österreich.

● Mit diversen Drittländern (Nichtmitgliedern) bestehen Abkommen: Durch die EGKS mit den EFTA-Staaten Finnland, Island, Norwegen, Österreich, Schweden und Schweiz/Lichtenstein, durch die EURATOM (EAG) mit den USA und Australien. Australien und Indien haben mit der EG Handelsabkommen geschlossen. Mit der VR China besteht ein Kooperationsvertrag (von 1985 für fünf Jahre).

● Ferner bestehen Abkommen mit internationalen Organisationen, so das 1. Abkommen der EG mit einer anderen Staatengemeinschaft, das wirtschaftliche und handelspolitische Kooperationsabkommen von 1980 mit den ASEAN-Staaten (Association of Southeast Asian Nations = Verband südostasiatischer Nationen) Indonesien, Malaysia, Philippinen, Singapur, Thailand (Gründungsmitglieder) und Brunei.

● Eine gemeinsame Erklärung über die Aufnahme offizieller Beziehungen unterzeichneten am 25. 6. 1988 Vertreter der EG und der RGW-Staaten (Rat für gegenseitige Wirtschaftshilfe/engl.: COMECON) Bulgarien, CSSR, DDR, Ungarn, Mongolische VR, Polen, Rumänien, UdSSR u. a. Mit südamerikanischen Ländern verbindet die EG das Abkommen mit dem „Andenpakt".

● Mit Staatengruppen der Dritten Welt wurden Sonderabkommen geschlossen, dazu gehört das AKP-EWG-Abkommen von Lomé mit 78 Staaten Afrikas, der Karibik und des Pazifiks (AKP-Staaten; das als „Lomé-III-Abkommen" 1984/85 neu abgeschlossen wurde.

Die zwölf Mitgliedstaaten der EG bilden mit über 320 Millionen Einwohnern eine Wirtschaftsgemeinschaft, die in ihrer heutigen Potenz nur noch mit den westlichen Wirtschaftsmärkten USA (über 240 Millionen Einwohner) und Japan (über 120 Millionen Einwohner) vergleichbar ist. Beispielsweise hielten bei den Einfuhren (Importen) der westlichen Wirtschaftsriesen 1987 die EG 21,9 Prozent (= 951,1 Milliarden US $), die USA 17,1 Prozent (= 405,9 Milliarden US $) und Japan 9,7 Prozent(= 150,9 Milliarden US $) Anteile am Welt-Außenhandel.

Doch der Abbau der Binnengrenzen und die künftige Gewähr eines freien Waren-, Dienstleistungs-, Personen- und Kapitalverkehrs werfen auch eine ganze Reihe ungeklärter Fragen, aber auch bedrohlicher Entwicklungen auf;

● Seit Jahren schon werden grenzüberschreitende Zusammenschlüsse von Firmen registriert, die zu einer deutliche Zunahme der Unternehmenskonzentration in Europa geführt haben. Innerhalb der EG haben die Firmen-Fusionen zwischen 1984 und 1987 von 89 auf 146 jährlich zugenommen. Von Drittländern in die EG hinein stiegen sie von 96 auf 135. In Schlüsselbranchen (Chemiefasern, Unterhaltungselektronik, Tonträger, Elektrotechnik) bilden sich bereits erste europäische Oligopole. Um der Gefahr von EG-Kartellen vorzubeugen, wird von verschiedenen Seiten eine baldige europäische Fusionskontrolle gefordert.

● Es müßen Antworten auf die Frage gefunden werden, in welchem Ausmaß der EG-Binnenmarkt handelspolitisch für andere Märkte geöffnet werden soll, beispielsweise für die Finanzmärkte (Zulassung von Banken aus Nicht-EG-Ländern innerhalb der EG).

● Der Ruf nach einer Weiterentwicklung des Europäischen Währungssystems (EWS) wird immer lauter. Über die Möglichkeit einer Europäischen Zentralbank (EG-Zentralbanksystem) beraten die zwölf Zentralbankpräsidenten der Mitgliedstaten.

● Die Gewerkschaften Europas sorgen sich um die sozialen Dimensionen der Gemeinschaft. Über 16 Millionen EG-Bürger sind heute ohne Arbeit.

● Die Sicherheitsbehörden der Länder sehen im Abbau der Grenzkontrollen große Gefahren; insbesondere was die Bekämpfung des internationalen Terrorismus und Rauschgifthandel betrifft.

6.3. Drogen: Investitionen in Europa

Die administrativen Grenzen, welche die EG-Länder untereinander aufgebaut haben und die nun zur Verwirklichung des Binnenmarktes bis 1992 fallen sollen, stellen nach Berechnungen der Brüsseler Europa-Kommission einen jährlichen Kostenfaktor von rund 24 Milliarden DM dar. Doch auch die bestehenden Binnengrenzen vermochten es bis zum heutigen Tage nicht, einen jahrelangen gezielten Aufbau eines Drogenmarktes zu verhindern.

Die Mitgliedstaaten der Europäischen Gemeinschaft (EG) im Vergleich

E G Europäische Gemeinschaft	Beitritts-jahr	Staatsform	Gesamtbe-völkerung 1988 in Mio.	Erwerbs-tätige 1988 in Mio.	Arbeitslo-senquote in % d. Erwerbs-personen	Inflations-rate 1988 in Prozent	Brutto-In-landspro- 1985–1986 Mrd. US $	Pro-Kopf-Einkom-men 1985-1986 in US $	Einkom-men Ver-gleich des Brutto-So-zialprodukts pro Kopf (BRD=100)
B Belgien	1951/58	Königreich	9.9	4.2	11.6	1.6	111	12.150	89
DK Dänemark	1973	Königreich	5.1	2.9	5.9	4.1	80	13.422	100
F Frankreich	1951/58	Republik	55.4	24.0	10.7	3.2	706	12.634	97
D Bundesrepublik Deutschland	1951/58	Republik	61.4	28.0	6.6	0.6	890	13.265	100
GR Griechenland	1981	Republik	10.0	4.1	7.4	14.4	39	6.300	48
IRL Irland	1973	Republik	3.5	1.3	19.4	3.0	25	7.795	55
I Italien	1951/58	Republik	57.2	23.9	10.6	4.8	504	10.044	90
L Luxemburg	1951/58	Großherzogtum	0.4	0.16	3.1	0.6	5	14.385	111
NL Niederlande	1951/58	Königreich	14.6	5.8	10.0	0.0	171	11.710	93
P Portugal	1986	Republik	10.2	4.5	7.1	10.2	29	5.021	48
E Spanien (Espania)	1986	Königreich	38.7	14.1	21.2	5.3	227	8.279	64
UK Vereinigtes König-reich (United King-dom)	1973	Königreich	56.8	27.8	10.9	3.3	545	11.068	93

6.3.1. Aufbau von Drogenmärkten in der EG

Die sogenannten Drogen-Wellen (Cannabis, Heroin, Kokain) nach dem Zweiten Weltkrieg benötigten über mehrere Phasen im Schnitt zwei Jahrzehnte, um dann „auf hohem Niveau zu stagnieren".

Die Heroin-Welle in Europa entwickelte sich nach folgendem Muster:

● 1. Phase: 5jährige „warming up"-Phase (1965 - 1969/70) mit den Heroin-Vorläufern Opium, Morphin und sog. Tinktur, vereinzelt Heroin.
● 2. Phase: 5jährige „Aufbau"-Phase des Heroin-Marktes (1970 – 75);
● 3. Phase: 5jährige „Ausbau"-Phase des Heroin-Marktes (1975 – 80) und
● 4. Phase: 5jährige „Konsolidierungs"-Phase des Heroin-Marktes (1980 – 85).

Für eine regelrechte Strategie spricht der gezielte Aufbau eines Kokain-Marktes in Westeuropa.

In den 70er Jahren lag der größte geschlossene Kokain-Verbrauchermarkt der Welt in den USA. Für die südamerikanischen Kokainproduzenten war jedoch schon Anfang der 80er Jahre absehbar, daß auf diesem Markt in den nächsten Jahren die Grenzen des Wachstums erreicht werden. Diese Sättigung des Kokain-Marktes in Nordamerika (verstärkt durch den Kokain-Preisverfall in den USA in der zweiten Hälfte der 80er Jahre) führte zu einer gezielten Hinwendung nach Westeuropa. Die „Alte Welt" wurde von den Drogenanbietern der „Neuen Welt" von Anfang an als *geschlossener Verbrauchermarkt* betrachtet, der zunächst – in der zweiten Hälfte der 70er Jahre – auf Kokainverbrauch angetestet wurde. Lagen die Kokainsicherstellungsmengen der Polizeien Europas 1975 noch bei 45 Kilo, vervielfachten sie sich bis Ende der 70er Jahre und lagen 1980 schon bei 240 Kilo. Nach dieser „warming up"-Phase wurde der Kokain-Markt in Europa systematisch aufgebaut.

Diese Gefahr wurde schon relativ frühzeitig gesehen: „Auf Europa rollt eine ungeheure Kokain-Welle zu. *Sie ist nicht mehr zu stoppen,* kann allenfalls gestört werden, *denn in dieses Geschäft ist schon zuviel investiert . . .*", so Alfred Stümper, Landespolizeipräsident im Innen-

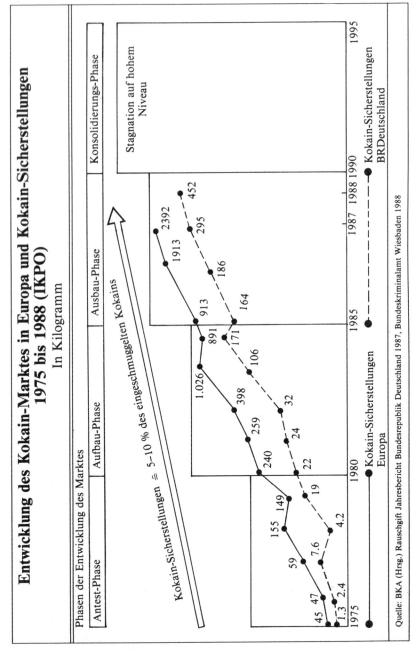

Entwicklung des Kokain-Marktes in Europa und Kokain-Sicherstellungen 1975 bis 1988 (IKPO)

In Kilogramm

Phasen der Entwicklung des Marktes

| Antest-Phase | Aufbau-Phase | Ausbau-Phase | Konsolidierungs-Phase |

Kokain-Sicherstellungen ≙ 5–10 % des eingeschmuggelten Kokains

Stagnation auf hohem Niveau

● Kokain-Sicherstellungen Europa

● Kokain-Sicherstellungen BRDeutschland

1975 1980 1985 1987 1988 1990 1995

45 47 59 155 149 240 259 398 891 913 1.026 1913 2392
1.3 2.4 7.6 19 22 24 106 171 186 295 452
4.2 32 164

Quelle: BKA (Hrsg.) Rauschgift Jahresbericht Bundesrepublik Deutschland 1987, Bundeskriminalamt Wiesbaden 1988

266

ministerium Baden-Württemberg Anfang der 80er Jahre. Die Gefahren sahen aber auch die Mitgliedstaaten der EG, auch die BRDeutschland. Ihr Innenminister stellte im Mai 1985 zur Kokainmarktentwicklung und zur Bekämpfung fest: „... daß im Dreijahresvergleich 1982 - 1984 die Sicherstellungsmengen von Heroin um ca. 30 Prozent, von Cannabis um ca. 77 Prozent und von Kokain um ca. 423 (!) Prozent gestiegen waren ...

Besonders bedrohlich ist die Entwicklung bei der Modedroge Kokain. Hohe Produktionssteigerungen in Südamerika in Verbindung mit einer relativen Sättigung des nordamerikanischen Marktes und dem Gewinnstreben finanzkräftiger Drogenhändler lassen eine Kokain-Großoffensive auf Westeuropa und damit auch auf die Bundesrepublik befürchten ...“

Die Befürchtungen trafen zu. 1983 wurde in Europa zum ersten Mal mehr als eine Tonne Kokain sichergestellt. Von Mitte der 80er bis Ende der 80er Jahre wurde der aufgebaute Kokain-Markt Europas ausgebaut. 1987 stellte man in Europa schon über 2,3 Tonnen sicher. Allein im EG-Mitgliedstaat BRDeutschland wurde 1988 mit 452 Kilo zehnmal soviel (!) Kokain sichergestellt, wie dreizehn Jahre zuvor in ganz Europa.

Die südamerikanischen Kokain-Kartelle sind mittlerweile in der Drogenherstellung in ein industrielles Stadium getreten. Dies machte eine Rauschgiftrazzia in Kolumbien bereits vor Jahren deutlich: Am 10. März 1984 brachten 40 Soldaten der kolumbianischen Armee und ein Team von Beobachtern der US-Rauschgiftabwehr DEA ein Kokain-Labor auf, das im dichten Regenwald mehrere hundert Kilometer südöstlich von Bogotá lag und zum Medellin-Kartell (Carlos Lehder) gehörte. Die Fahnder stießen jedoch nicht auf ein primitives improvisiertes Labor, wie sie es eigentlich erwartet hatten, sondern auf einen regelrechten *Industriekomplex für die Massenproduktion von Kokain.* Der Komplex, genannt „Tranquilandia" (Friedliches Land), umfaßte Unterkünfte für Arbeiter und Chemiker, eine Ambulanz, Kasinos und eine Bücherei. In Vorratsdepots lagerten Tausende Fässer Flugbenzin und Chemikalien für die Produktion. Die Labors hatten wöchentlich zwei Tonnen Kokain ausgestoßen – ein potentieller Jahresumsatz von 5 Milliarden US $. Über 15 Tonnen Kokain wurden sichergestellt.

Dieses Beispiel verdeutlicht, daß das industrielle Stadium, in diesem Fall der Kokain-Produktion, schon vor einem halben Jahrzehnt erreicht worden war. Die heutige Kokain- und Heroin-Produktion des international operierenden organisierten Verbrechens als Drogenanbieter wird nicht nachstehen.

6.3.2. Verbrechen im europäischen Maßstab

Seit geraumer Zeit warnen Strafverfolgungsbehörden vor einem Abbau der Grenzkontrollen in Europa, auch der Präsident des Bundeskriminalamtes (BKA), Boge. Die Entwicklung des organisierten Verbrechens wird mit großer Sorge betrachtet, denn mit der Aufhebung der Binnengrenzen muß dieses auch im europäischen Maßstab gesehen werden.

Die verheerende Wirkung der immer besser organisierten und international operierenden kriminellen Syndikate besteht heute in ihrer *Unsichtbarkeit bei gleichzeitigem Wachstum.* Die Arbeit der Syndikate stellt sich nach außen als „marktähnliche Geschäftstätigkeit" dar, professionell angelegt und extrem gewalttätig. Allein die Höhe der geschätzten Gewinne läßt das Entstehen einer regelrechten Marktmacht befürchten. BKA-Präsident Boge im Februar 1989: „Gelingt es dem organisierten Verbrechertum, in der Gesellschaft Fuß zu fassen, wird das soziale Gefüge der Bundesrepublik, der Staat und der industrielle Produktionsbereich nachhaltig erschüttert und geschädigt".

Doch schon seit Jahren operiert das organisierte Verbrechen in Europa, vornehmlich in den ärmeren Mitgliedstaaten der Europäischen Gemeinschaft.

● Seit Jahrhunderten haben im südlichen Italien die Mafia auf Sizilien, die 'Ndrangheta in Kalabrien und die Camorra im Raum Neapel ihren Sitz. Alle sind heute im internationalen Drogengeschäft involviert und verfügen über weitreichende Überseekontakte; die Mafia und die Camorra zur Cosa Nostra in den USA und die 'Ndrangheta nach Australien. Jahrelange „Geschäftsbeziehungen" unterhält das organisierte Verbrechen Süditaliens zum Nahen Osten (Lebanon Connection), indirekt zum Mittleren Osten (Bulgarian Connection & Turkish Connection).

● Seit Ende des 19. Jahrhunderts haben sich ausgewanderte Korsen in Südfrankreich niedergelassen. Schon in den 30er Jahren wurden sie im Heroingeschäft als „French Connection" bekannt. Korsen-Clans hatten sowohl Kontakte zur Cosa Nostra in den USA als auch zu Opium-Produzenten in Südostasien.

● Die Auswanderung von Chinesen hat in Europa zu sogenannten Chinesen-Kolonien geführt, insbesondere in den Niederlanden (China-Town in Amsterdam) und in Großbritannien (London). Um 1970 wurde die Anzahl der sogenannten Auslandschinesen in Europa auf rund 150 00 geschätzt. Schon in der ersten Hälfte der 70er Jahre übten Geheimbünde (Triaden) Macht und Einfluß in den europäischen Chinesen-Kolonien aus. Insbesondere von Amsterdam aus werden Triaden-Kontakte nach Fernost (Hongkong, Taiwan, aber auch Südostasien) unterhalten.

Neben diesem in Europa bereits etablierten organisierten Verbrechen haben insbesondere in den 80er Jahren nichteuropäische Verbrechergruppen in Westeuropa „Brückenköpfe" errichtet, von denen aus europaweite Drogengeschäfte getätigt werden, beispielsweise:

● Die Kolumbianer in Spanien (Madrid, Barcelona, Valencia, Alicante und Marbella), von wo aus der Kokain-Markt auf- und ausgebaut wird.

● Türkische Drogenchefs sind in halb Europa unterwegs. Sie sitzen in Amsterdam, unterhalten über die „Bulgarian Connection" Kontakte zum organisierten Verbrechen in Italien und haben, in Zusammenarbeit mit der „Lebanon Connection" einigen Einfluß in der Schweiz.

Für die Drogengeschäfte des organisierten Verbrechens haben sich die noch heute bestehenden Binnengrenzen nicht als wirksame Abwehr erwiesen. Trotz erheblicher Sicherstellungsmengen gerade an den Grenzen erreichten doch über 90 Prozent der eingeschmuggelten Drogen die Verbraucher in den EG-Ländern.

Während die nationalstaatlichen Polizeien heute noch an den jeweiligen Binnengrenzen ihrer Länder versuchen, die Rauschgiftzufuhren abzuwehren, müssen sie ab 1992/93 die gemeinsamen Außengrenzen der Europäischen Gemeinschaft gegen massenhafte Drogenzufuhr verteidigen. Doch allein die süditalienische Region Kalabrien hat über 600 Kilometer Küste, in Spanien gilt es 10 000 Kilometer Küste

269

Organisiertes (Drogen-)Verbrechen i
Kontakte des Organisierten Verbrechens in der EG nach Übersee

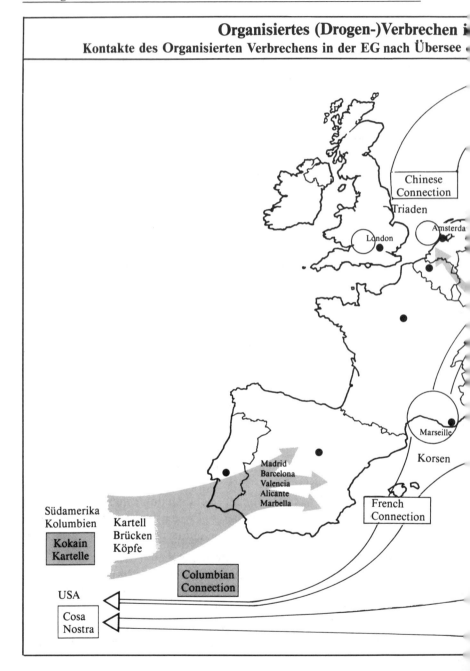

er Europäischen Gemeinschaft 1989
rückenköpfe des Organisierten Verbrechens in Übersee in die EG

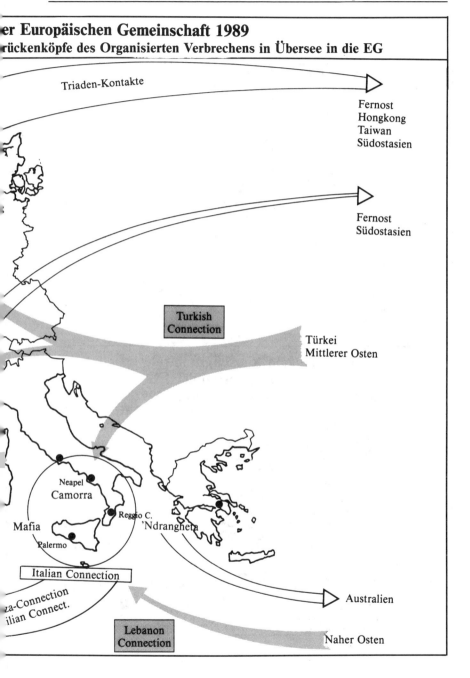

Triaden-Kontakte

Fernost
Hongkong
Taiwan
Südostasien

Fernost
Südostasien

Turkish
Connection

Türkei
Mittlerer Osten

Neapel
Camorra

Reggio C.

Mafia

'Ndrangheta

Palermo

Italian Connection

za-Connection
ilian Connect.

Lebanon
Connection

Australien

Naher Osten

271

Nationalstaatliche Rauschgiftabwehr
an den Binnengrenzen
eines EG-Mitgliedstaates (Bundesrepublik Deutschland) 1989

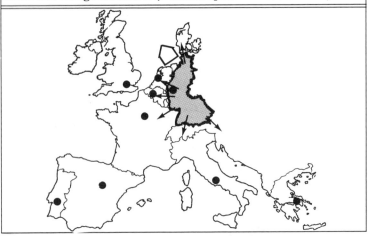

Gemeinsame Rauschgiftabwehr
an den Außengrenzen der EG
bei Bestehen des EG-Binnenmarktes 1992-93

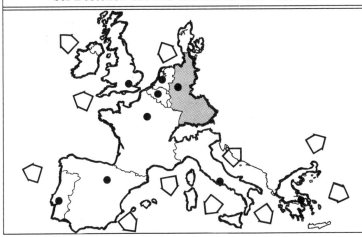

zu kontrollieren. Zig Zehntausende von Kilometern wird dann die gemeinsame EG-Außengrenze lang sein, eine Größenordnung, die deutlich macht, wie illusorisch eine Kontrolle wäre.

6.4. Polizeien in Europa – Europapolizei

Schon frühzeitig gab es in der Welt und insbesondere in Europa die Überlegung, die kriminalpolizeiliche Arbeit zu internationalisieren.

- 1914 fand der 1. Internationale Kongreß der Kriminalpolizei (International Criminal Police Congress) in Monaco mit dem Ergebnis statt, ein internationales „Criminal record's office" zu etablieren.
- Auf dem 2. Internationalen Kongreß der Kriminalpolizei in Wien wurde 1923 von den Polizeichefs aus Österreich, Dänemark, Ägypten, Frankreich, Deutschland, Griechenland und Ungarn beschlossen, eine „International Criminal Police Commission" (I. C. P. C.) mit Hauptsitz in Wien zu gründen.
- Nach dem Zweiten Weltkrieg wurde 1946 der Hauptsitz dieser „Interpol" von Wien nach Paris verlegt.
- 1956 wurde aus der I. C. P. C. die „International Criminal Police Organisation" (ICPO-Interpol).

Ihren Sitz hat diese internationale Polizeiorganisation immer noch in Frankreich, seit 1985 in Lyon. Die Anzahl der „Interpol"-Mitgliedsländer stieg von 50 im Jahre 1955 auf 100 im Jahre 1967. 1986 waren es bereits 142 Mitglieder.

Schon frühzeitig setzte sich die „International Criminal Police Commission" mit der Drogenfrage auseinander.

- 1926 rief sie ihre Mitglieder dazu auf, durch Bekämpfung den Drogenschmuggel zu beenden.
- 1928 lud sie die Mitglieder des „Völkerbundes" (League of Nations) ein, um über Aspekte der Kriminalität, insbesondere Rauschgiftprobleme zu sprechen.
- Als 1930 der 3. Internationale Polizei-Kongreß in Antwerpen stattfand, wurde eine Resolution zur Gründung eines „International Bureau for Matters of Narcotic Drugs" verabschiedet.
- 1936 trugen I. C. P. C. und „Völkerbund" gemeinsam eine „Convention for the Supression of the Illicit Traffic in Dangerous

273

Drugs" und institutionalisierten im nachhinein diese Vereinbarung durch ein Rauschgift-Büro.

– So kam „Interpol" schon 1938 in der internationalen Drogenbekämpfung eine universelle Rolle zu.

In der Zeit des Zweiten Weltkrieges und in der Nachkriegszeit spielten Drogenprobleme keine internationale Rolle. Das begann sich in den 50 Jahren in den USA und ab Mitte der 60er Jahre in Westeuropa zu ändern. Der zunehmenden Problematik angemessen bekam die ICPO-Interpol 1972 (in Frankreich wurde gerade in Zusammenarbeit mit den USA die „French Connection" der Korsen zerschlagen) wieder eine „Rauschgift-Brigade", die „Drugs Sub-Division of the ICPO-Interpol General Secretariat". Diese Brigade trat die Nachfolge des „Bureaus for Matters of Narcotic Drugs" der 30er Jahre an.

Die „Drugs Sub-Division" hatte und hat die Aufgabe, für den Austausch von Informationen über die Entwicklung der Rauschgiftkriminalität in Europa zu sorgen.

1972, im Gründungsjahr der Rauschgift-Brigade, schätzte der damalige ICPO-Generalsekretär Jean Nepote die Drogensituation wie folgt ein: „. . . Die Nachfrage nach Haschisch und ähnlichen Rauschgiften nimmt in Europa im allgemeinen immer noch zu. Dagegen wird ein leichter Rückgang des Verbrauchs von LSD festgestellt . . . Auch Heroin spielt in Europa keine große Rolle, im Gegensatz zu den USA, wo immer mehr Personen diesem Rauschgift verfallen. Während der Rauschgiftschmuggel in Schweden und Italien im vergangenen Jahr (1971) leicht zurückgegangen ist, haben Österreich und Belgien eine Zunahme der Delikte um rund 50 Prozent gegenüber dem Vorjahr zu verzeichnen . . ."

Gut zehn Jahre später mußte 1983 auf einer Interpol-Konferenz in Lima (Peru) festgestellt werden: „. . . Der Rauschgiftschmuggel hat in den letzten Jahren alarmierende Ausmaße angenommen . . . Ein verstärkter Austausch von Informationen ist erforderlich . . . Die knappen Mittel vieler Polizeibehörden setzen dem Kampf vor allem gegen den Kokain-Schmuggel aus Südamerika Grenzen . . ."

Die weltweite Internationalisierung der illegalen Drogengeschäfte durch das organisierte Verbrechen insbesondere in der zweiten Hälfte der 80er Jahre macht dringender denn je eine weitere Internationalisierung polizeilicher Abwehrarbeit erforderlich. Und deutlicher denn je weisen Polizeibeamte aus den EG-Mitgliedstaaten auf die Notwendigkeit europaweiter Koordination der Rauschgiftabwehr hin:

● November 1979: Auf eine europäische Zusammenarbeit bei der Bekämpfung des Rauschgifthandels hat sich die sogenannte Pompidou-Gruppe (nach dem früheren französischen Staatspräsidenten benannt) nach zweitägigen Beratungen im November 1979 in Stockholm geeinigt. Der Pompidou-Gruppe gehören die zuständigen Minister der EG-Mitgliedsländer und die schwedische Sozialministerin Söder an. Frau Söder wurde von der Gruppe beauftragt, mit dem Generalsekretär des Europarats über die Schaffung eines Sekretariats zu verhandeln, das sich ausschließlich mit Rauschgiftfragen befassen soll.

● August 1986: Die westeuropäischen Staaten haben ein „Europäisches Regionalsekretariat" gebildet, um den Kampf gegen die internationale Kriminalität zu verstärken. Das BKA teilt dazu mit, daß von den europäischen Mitgliedstaaten der ICPO-Interpol im August 1986 beschlossen wurde, das Regionalsekretariat „in Anlehnung an das ICPO-Generalsekretariat" in Saint Cloud bei Paris einzurichten. Dieses Sekretariat ist die erste Einrichtung dieser Art innerhalb von ICPO-Interpol.

● Zur Tätigkeit des Sekretariats gehören insbesondere die „konzeptionellen Aufgaben zur Intensivierung der Zusammenarbeit der Polizeien derjenigen europäischen Staaten, die der ICPO-Interpol angehören".
Die Schaffung einer europäischen Exekutiv-Polizei wurde in der BRDeutschland unter anderem auch vom Generalbundesanwalt Rebmann unterstützt.

● Anfang Mai 1987 fand die „Europäische Regionalkonferenz" der ICPO-Interpol zum ersten Mal in der BRDeutschland statt. Bundesinnenminister Zimmermann eröffnete die Konferenz vor Polizeidelegierten aus 21 Ländern und forderte: „Nur mit einem systematischen Nachrichtenaustausch sowie einer Kooperation, die den Austausch von Polizeibeamten, von V-Leuten und den Einsatz modernster Observationstechnik einschließt, kann international organisierte Kriminalität bekämpft werden".

● August 1988: Der irische Polizistenverband hat die Einrichtung einer europäischen Polizeieinheit nach dem Vorbild des amerikanischen FBI gefordert. Hauptaufgabe der neuen Truppe soll die Bekämpfung des Rauschgifthandels sein.

● Dezember 1988: Die Schweizer Landesregierung entsprach dem lang gehegten Wunsch der Bundesanwaltschaft, eine Drogenpolizei zu schaffen. Die Spezialpolizei könnte sich am Vorbild der US-Drogenfahndungsbehörde DEA orientieren. Zur Realisierung müßen Personalprobleme gelöst und rechtliche Grundlagen geschaffen werden. Der Kampf gegen den Drogenhandel ist in der Schweiz noch weitgehend Sache der Kantone. Zwar verfügt die Bundesanwaltschaft über eine „Zentralstelle für die Bekämpfung des illegalen Betäubungsmittelverkehrs", doch beschränkt sich deren Tätigkeit im wesentlichen auf Koordinierungsaufgaben und die internationale Zusammenarbeit.

● Dezember 1988: Zur Verbesserung der Drogenbekämpfung in der Europäischen Gemeinschaft hat in der BRDeutschland der CSU-Generalsekretär Huber die Gründung eines „Europa-FBI" gefordert.

So laufen parallel zur Realisierung des EG-Binnenmarktes Überlegungen, eine *europäische Exekutiv-Polizei* zu schaffen. Der Weg dahin dürfte lang und schwierig sein und wirft eine Anzahl von Fragen auf, beispielsweise:

– Fragen zum Zuständigkeitsbereich: sollten diese „Euro-Cops" nur in den Mitgliedstaaten der EG tätig werden oder darüber hinaus auch in den europäischen Drittländern (Nicht-EG-Mitgliedern) wie Skandinavien (Island, Norwegen, Schweden und Finnland) und den Alpenrepubliken Schweiz und Österreich, vielleicht sogar in den sozialistischen Ländern Osteuropas?

– Fragen zum Kompetenzbereich: dürfen die „Euro-Cops" im Zuge ihrer Operationen in den jeweiligen europäischen Ländern hoheitliche beziehungsweise quasi-hoheitliche Aufgaben wahrnehmen?

Unbestritten ist die Notwendigkeit der Internationalisierung polizeilicher Abwehrkräfte, insbesondere in der Bekämpfung des organisierten Verbrechens und des internationalen Terrorismus. Unbestritten ist aber auch die Schwierigkeit der Realisierung einer gemeinsamen Exekutiv-Polizei der Europäischen Gemeinschaft. Zu unterschiedlich sind die Polizeien in den EG-Ländern in ihrem strukturellen Aufbau.

In Italien beispielsweise gibt es allein auf nationaler Ebene fünf verschiedene Polizeien mit fünf verschiedenen Dienstherren: die Staatspolizei (Polizia di Stato) mit rund 77 000 Mann des Innenministers, die Finanzpolizei (Guardia di Finanzia) mit rund 60 000 Beamten des Finanzministers, die Karabinieri (L'Arma del Carabinieri) mit rund 45 000 Militär-Polizisten des Verteidigungsministers, die Gefängnispolizei des Justizministers und die Forstpolizei. Vor Ort, auf kommunaler Ebene, ist in den 8 089 Gemeinden Italiens die Gemeindepolizei (Polizia Municipale) tätig, die dem örtlichen Bürgermeister zugeordnet ist.

Im EG-Land Frankreich gibt es zwischen zwei großen polizeilichen Ordnungsgruppen Rivalitäten. Auf der einen Seite steht die „Police nationale". Diese als „flics" bekannten 110 000 Polizisten unterstehen der „Direction générale de la police nationale" des Innenministers. Auf der anderen Seite steht die „Gendarmerie nationale". Die 90 000 Gendarmen unterstehen als Teil der Streitkräfte dem Verteidigungsminister.

Sowohl die Kriminalpolizei (Police judiciaire) als auch die Bereitschaftspolizei CRS gehören der „Police nationale" an. Die Anti-Terror-Einheit GIGN wiederum gehört zum Verteidigungsministerium. Den Gendarmen reicht ihr traditioneller Ordnungsdienst vornehmlich auf dem Lande nicht mehr. Insbesondere durch die zunehmende Verstädterung wurden und werden sie auch mit Drogen- und Terrorismusproblemen konfrontiert, die sie auch bekämpfen wollen. Doch die Ermittlungsarbeit der Gendarmen in Zivil führte durch Kompetenzüberlappung zur Konfrontation mit der Kriminalpolizei des Innenministers.

Die Polizeien in den EG-Ländern arbeiten auch nach nationalstaatlich unterschiedlichen drogenpolitischen Strategien. Während die Polizei in den Niederlanden beispielsweise in der Rauschgiftbekämpfung im Sinne einer „antiprohibitiven Strategie" (liberal approach) weniger konsumdeliktorientiert arbeitet, kämpft die Polizei in der BRDeutschland im Sinne einer „kriminalpolitischen Strategie" (legal approach) im Inland auch stark gegen reine Konsumdelikte an. Völlig unabhängig von den drogenpolitischen Strategien der Länder hat der grenzüberschreitende Drogenschmuggel (bei Bestehen der Binnengrenzen!) ein noch nie gekanntes Ausmaß erreicht.

6.5. Kein Schlagbaum stoppt die Drogenflut

Eine Forderung, die das Europäische Parlament (EP) vor allem während seiner ersten Legislaturperiode als direkt gewähltes Parlament unter dem Stichwort „Verwirklichung des Binnenmarktes" für mehr Freizügigkeit erhoben hat ist, daß Personenkontrollen an die Außengrenzen der Gemeinschaft verlagert werden und die Zusammenarbeit der Polizeibehörden der Mitgliedstaaten zur Terroristen- und Drogenfahndung verstärkt wird.

Doch gerade die angesprochenen Polizeibehörden sehen mehrheitlich im Abbau der Kontrollen an den Binnengrenzen Gefahren für die Sicherheit ihrer Länder. Sie verweisen dabei auf die Grenzkriminalität (Schmuggel), die für das EG-Land BRDeutschland 1987 wie folgt aussah:

● Zollbeamte und Grenzschutzdienst deckten insgesamt 134 500 Schmuggelfälle an den Grenzen auf, 33 Prozent mehr als 1986.
● Rauschgift wurde in 7 130 Fällen (1986: 6 738) bei 8 014 Personen gefunden und sichergestellt.
● In 1 012 Fällen wurde Rauschgift – vor allem in Zügen – gefunden, ohne daß die dazugehörigen Personen festgestellt werden konnten.
● Bei den Sicherstellungen an den Grenzen erhöhte sich die Menge

   – Heroin von 127 Kilo (1986) auf 133,5 Kilo und
   – Kokain von 119 Kilo auf 266,2 Kilo.

Rückläufig waren die Sicherstellungen bei

   – Cannabisprodukten von 1,7 Tonnen (1986) auf 736 Kilo und
   – Halluzinogenen von 14 500 LSD-Tabletten auf 7 280 „Trips".

Schwerpunkte beim Rauschgiftschmuggel lagen an den Binnengrenzen zu den Niederlanden und zur Schweiz, sowie beim Flughafen Frankfurt/Main.

278

Im normalen Reiseverkehr wurden 1987 besonders wieder legale Drogen geschmuggelt. Sichergestellt wurden:

- 20 Millionen Zigaretten (in Relation zum Vorjahr ein Zuwachs von 63 Prozent);
- 90 000 Liter Spirituosen (plus 17 Prozent) und
- 17 Tonnen Kaffee und Tee (minus 63 Prozent).

Die stark gestiegene Zahl der entdeckten Schmuggelfälle stand 1987 einer deutlichen Verringerung des betroffenen Warenwertes (52 Millionen DM gegenüber 82 Millionen DM im Vorjahr) gegenüber. Darauf wurden 10,3 (10,1) Millionen DM Steuern und Zoll nacherhoben.

Im Juli 1988 veröffentlichte die Oberfinanzdirektion Düsseldorf eine Erklärung, in der die Zollfahnder vor „Rauschgiftspediteuren" warnten. Nach Einschätzung der Beamten gerät der Rauschgiftschmuggel an der mehr als 170 Kilometer langen Grenze zwischen dem Bundesland Nordrhein-Westfalen und den Niederlanden immer mehr in die Hände des organisierten Verbrechens. Die Anzahl der Rauschgiftfunde hatte sich im ersten Halbjahr 1988 gegenüber dem Vorjahreszeitraum um 13,6 Prozent auf 2 529 erhöht. Während die Menge des sichergestellten Haschisch und Marihuana mit rund 150 Kilo nahezu gleich blieb, verzeichneten die Drogen Heroin, Amphetamin und LSD Zuwachsraten zwischen 50 und 400 (!) Prozent. Angesichts des geplanten Abbaus der Personen-Kontrollen an den EG-Grenzen warnte die Düsseldorfer Direktion vor drohenden „chaotischen Verhältnissen auf dem Rauschgiftsektor"; denn schon heute drängen Rauschgiftorganisationen afrikanischer und südamerikanischer Länder mit Riesenmengen auf den westeuropäischen Markt, auf dem es inzwischen ein Überangebot gibt. Die Zollbeamten an der deutsch-niederländischen Binnengrenze sehen die Gefahr, daß die BRDeutschland nach dem Abbau der Zollschranken mit Drogen überschwemmt wird.

Anfang Dezember 1988 veröffentlichte die Bundesregierung ihre Antwort auf eine kleine Anfrage der SPD in Sachen Abbau von Grenzkontrollen:

„Durch das 1985 in Schengen (Luxemburg) abgeschlossene Abkommen über den stufenweisen Abbau der Kontrollen an den gemeinsamen Grenzen in der EG werden 1 700 Beamtenstellen wegfallen. Den Bediensteten soll die Möglichkeit eröffnet werden, in andere Bereiche im Zoll, beim Bundesgrenzschutz oder bei der Polizei überzuwechseln. Eine Garantie für eine heimatnahe Verwendung kann den Beamten aber nicht gegeben werden".

Diese Konsequenzen aus dem „Schengener Abkommen" treffen auch die Grenzbeamten der anderen EG-Länder. Was die illegale Rauschgiftzufuhr betrifft, stellt die „nationale Abschottung den letzten Damm" gegen die befürchtete Drogenüberflutung dar. Mit der Vollendung des Binnenmarktes, der keine Grenzbürokratie mehr kennt, wird der Einbruch dieses Dammes gesehen.

> Die Verwirklichung des EG-Binnenmarktes bedroht in Sachen Rauschgift die nationale Sicherheit der Mitgliedsländer.

Auf diesem Hintergrund stimmten im August 1988 führende europäische Polizeibeamte bei einem Treffen in London *gegen den Abbau der Grenzkontrollen* und verlangten mehr Konsultationen durch die Regierung. Die internationale Union der Polizeiorganisationen setzte sich gleichzeitig für eine *gemeinsame europäische Politik zur Bekämpfung des Drogenhandels* und Terrorismus sowie für verbesserte Zusammenarbeit bei der Auslieferung von Verdächtigen ein.

Die Polizeivertreter stimmten mit einer Stimme Mehrheit gegen das geplante Europa ohne Grenzen. Zu den ablehnenden Ländern gehörten Großbritannien und skandinavische Staaten. Die BRDeutschland und Frankreich stimmten dafür.

So berechtigt die polizeilichen Warnungen sind, daß bei offenen EG-Grenzen eine Drogenflut einsetzt, so berechtigt ist auch der Hinweis auf mehrere Entwicklungen, die trotz kontrollierter EG-Grenzen eingetreten sind:

● Von den eingeschmuggelten Rauschgiften können die Polizeien der Gemeinschaft (unter den Voraussetzungen der noch bestehenden nationalen Abschottungen) im Schnitt nur 5 bis 10 Prozent sicherstellen. Über Jahre schon ist die Versorgungslage der Drogenverbraucher in den EG-Ländern nicht durch polizeiliche Abwehrarbeit gefährdet.

● Trotz bestehender Binnengrenzen sehen die Drogenanbieter aus Übersee Westeuropa schon seit Jahren als geschlossenen Verbrauchermarkt, haben für sich gewissermaßen den von den EG-Ländern noch zu verwirklichenden Binnenmarkt schon realisiert.

● In der zweiten Hälfte der 80er Jahre ist die Anbieterpolitik der internationalen Drogensyndikate aggressiver (offensiver) geworden.

● Bei dem enormen Reiseverkehr der EG-Bürger innerhalb der Gemeinschaft und der Reisenden aus Drittländern kontrollieren die Grenzbeamten schon heute nur einen Bruchteil. In der BRDeutschland wird nicht einmal jeder tausendste Reisende kontrolliert.

● Der sogenannte Ameisenschmuggel an der deutsch-niederländischen Grenze hat sich über zehn Jahre etabliert und fließt heute mehr oder weniger ungehindert.

Die nationale Abschottung als letzter Damm gegen die Drogenflut ist über Jahre an vielen Stellen schon längst brüchig geworden. Es ist mehr als unwahrscheinlich, daß es für die wesentlich längeren Außengrenzen der Gemeinschaft eine effektive europäisch-internationale Abschottung geben wird.

Dennoch setzen die Polizeien der Gemeinschaft auf ein gemeinsames europäisches realisierbares Abwehrkonzept und sind darüber hinaus noch im zeitlichen Zugzwang. In Europa sind die Exekutivorgane des Staates ob dieser Entwicklung näher zusammengerückt, haben selbst Grenzen von Westeuropa nach Osteuropa überwunden. Denn mittlerweile sind nicht nur die Länder Westeuropas von langjähriger Drogenproblematik betroffen, sondern auch die Mehrheit der sozialistischen Länder Osteuropas, einschließlich der Sowjetunion.

6.6. Drogen – Probleme in West- und Osteuropa

Das Drogenproblem war über viele Jahre ein Problem des Westens. In den östlichen Staaten schien der Sozialismus ein Bollwerk gegen den Drogenmißbrauch, aber nicht gegen die Sucht als solche zu sein. Mehr oder weniger alle Staaten in Osteuropa hatten und haben mit dem Problem des Alkoholismus zu tun. Anfang der 80er Jahre sollte sich das ändern.

Im November 1981 wurde in den Medien des Westens (DER STERN 46/81) zum ersten Mal über Drogenprobleme im Osten berichtet, über die „roten Fixer" in Polen. Seitdem wurde in den 80er Jahren zunehmend über Betäubungsmittelmißbrauch in den Ländern Osteuropas berichtet, ab 1986 auch aus der Sowjetunion.

Die sowjetische Politik der Umgestaltung (Perestrojka) und der Offenheit (Glasnost) gibt zum Ende der 80er Jahre einen kleinen Einblick in die Drogenproblematik der Sowjetunion. Dort wurde das Rauschgiftproblem als so gefährlich erkannt, daß die Regierung nach über 70 Jahren, seit der Oktoberrevolution von 1917, erste Abkommen mit westlichen Staaten über die Zusammenarbeit in Polizeifragen schloß. Chronologie der Ereignisse:

- Im Februar 1986 sprachen sowjetische Delegierte auf einer UN-Drogentagung zum *ersten* Mal über Rauschgiftprobleme in der UdSSR.
- Im April 1986 erklärte Interpol-Generalsekretär Kendal auf einem Kongreß in Glasgow, daß mit dem Beitritt der Sowjetunion in die ICPO zu rechnen sei. (Bis zu diesem Zeitpunkt waren nur die Ostblockländer Rumänien und Ungarn ICPO-Mitglieder, Polen hatte sein Beitrittsinteresse bekundet).
- Im August 1986 wurde öffentlich der Anstieg der Drogensüchtigen diskutiert. Als *erste* Zahl nannten die Behörden *3 500* Abhängige. Ende des Monats gab die Zeitung „Sowjetskaja Rossija" *erstmals* die Information über jugendliche Rauschgifttote in der UdSSR.
- Im Juni 1987 erklärte auf der UN-Weltdrogenkonferenz (ICDAIT) in Wien der stellvertretende sowjetische Gesundheitsminister, daß es in seinem Land offiziell *46 000* Drogensüchtige gebe.
- Mitte Oktober 1987 vereinbarten die UdSSR und die USA ein „Memorandum zur Bekämpfung der Drogensucht und des Handels mit Rauschgiften".
- Das Memorandum sollte Rechtsgrundlage für eine künftige Zusammenarbeit der Behörden sein.
- Im April 1988 führte der Leiter der US-Rauschgiftabwehr DEA, Lawn, Gespräche über diese Zusammenarbeit in Moskau.
- Mitte Juli 1988 teilte das US-Außenministerium mit, daß derzeit künftige gemeinsame Maßnahmen der USA und der UdSSR bei der Bekämpfung des Rauschgifthandels erörtert werden. Nach US-Schätzungen soll die Zahl der sowjetischen Drogensüchtigen bei *200 000* liegen.

● Im Juli 1988 wurde *erstmals* über die Existenz des organisierten Verbrechens in der UdSSR öffentlich berichtet. Zum Thema hatte Polizei-Oberstleutnant Dr. Alexander Gurow der Zeitschrift „Literaturnaja Gaseta" ein Interview gegeben.

● Im September 1988 schloß die UdSSR mit Großbritannien ein Abkommen zur Bekämpfung des Drogenschmuggels, das *erste* Abkommen mit einem westlichen Staat (über Zusammenarbeit in Polizeifragen) seit 71 Jahren!

● Mitte Oktober 1988 wurde in Washington zwischen den USA und der UdSSR ein Abkommen unterzeichnet, das eine Zusammenarbeit bei der Bekämpfung von Alkohol- und Drogenmißbrauch (aber auch Kinderlähmung und AIDS) vorsieht. Es wurden Austauschprogramme für Mitglieder des US-Bundesgesundheitsamtes und der sowjetischen Akademie der Medizinischen Wissenschaften, gemeinsame Symposien und gemeinsame Forschungsvorhaben vereinbart.

● Im November 1988 vereinbarten bei einem Treffen in Moskau Bundesminister Zimmermann und sein sowjetischer Amtskollege Bakatin, künftig in der Bekämpfung des Rauschgiftschmuggels enger zusammenzuarbeiten.

● Ab Dezember 1988 bereitete die Bundesregierung ein Abkommen mit der UdSSR über die Zusammenarbeit bei der Bekämpfung der Rauschgiftkriminalität vor.

Über das organisierte Verbrechen in der Sowjetunion 1988-1989.

Auszüge aus dem Bericht von Polizei-Oberstleutnant Dr. Alexander Gurow in „Sowjetunion heute"

veröffentlicht im SPIEGEL (Hamburg) Nr.1/1989, S.106-107

● Erste Anzeichen für eine Mafia zeigten sich bei uns, als sich der Wirtschaftsmechanismus zu verbessern begann, das heißt unter Chruschtschow. In den 70er Jahren wurde sie zur sozialen Erscheinung.

● Mehr und mehr Geld wurde aus dem Staatshaushalt in Privathand gepumpt. Das Geld floß allmählich in die Unterwelt, und

---

zwar in solchen Mengen, wie sie die Berufsverbrecher zuvor nie besessen hatten.Kaum hatten sich bei ihnen diese immensen Summen angehäuft, als ihr Milieu schon eigene Bosse hervorbrachte, die sich ihr eigenes Personal hielten: Leibwächter, Kundschafter und Schlägertrupps.

● Eine „Unionsmafia" gibt es nicht, und kann es auch nicht geben. In den USA gibt es übrigens ebenfalls keine gesamtamerikanische Mafia. Jeder Clan kontrolliert sein Territorium. Die Leiter der verschiedenen Clans sind miteinander bekannt.

● An der Spitze der Mafia-Clans stehen nach unseren Erkenntnissen entweder ehemalige Sportler, rückfällige Verbrecher, unauffällige Wirtschaftsfunktionäre oder . . .

● Im Prinzip sind die Anführer der Verbrechergruppierungen nicht an unnötigem Aufsehen interessiert. Für die Beilegung von „Gebietsstreitigkeiten" existieren bei ihnen Schiedsgerichte.

● Das organisierte Verbrechertum entwickelt sich. Die Tendenz geht dahin, daß schwächere Gruppen von stärkeren einverleibt werden.

● Das organisierte Verbrechertum weist in unserem Lande drei Ebenen auf:

– zur untersten Ebene gehören organisierte Verbrechergruppen, die jedoch noch nicht in der Lage sind, Macht auszuüben.

– In der zweiten Ebene befinden sich gleichartige Gruppen, die jedoch bereits mit korrumpierten Angestellten in Kontakt stehen.

– In der dritten Ebene operieren die stärksten: Mehrere Gruppen vereinigen sich zu einer Gruppe, der stärkste Clan leitet die übrigen. Im Westen wird das als Netzstruktur der Mafia bezeichnet.

● Vor kurzem haben wir 109 Mitarbeiter von Untersuchungsorganen und Kriminalämtern darüber befragt, welche Veränderungen sie in den Verbrecherorganisationen beobachten, seit sich die neuen ‚Genossenschaften' zu entwickeln begannen.

- 81 Prozent der Befragten nannten Erpressung,
- 52 Prozent den „Schutz gegen Geld" für die Genossenschaftler und
- 22 Prozent (Mehrfachnennungen waren möglich) die „Geschäftspartnerschaft", bei der die Verbrecher ihr Geld in den Genossenschaften anlegen, um es zu „waschen", also zu legalisieren.

● Nach unseren Erkenntnissen zahlen heute nicht nur illegale Geschäftsleute, wie das früher der Fall war, sondern auch Taschendiebe und *Rauschgifthändler* an die Mafia-Bosse; widrigenfalls wird man sie einfach nicht „arbeiten" lassen.

● Einem Killer zahlt die Mafia, nach abgeschlossenen Strafsachen zu urteilen, 30 000 bis 100 000 Rubel (= etwa 90 000 bis 300 000 DM). Die größten Summen werden aber nicht für diese Zwecke ausgegeben. Einen Mörder anzuheuern ist weniger vorteilhaft als einen hochgestellten Beamten zu kaufen. Darum werden für die Bestechung von Amtspersonen zwei Drittel der Beute verwendet – nach Aussagen der Staatsanwaltschaft.

● Unsere Ermittlungsergebnisse zeigen, daß die Verbrecherorganisationen vor allem in den südlichen Regionen, darunter auch in der Ukraine und in Moldawien, verbreitet sind. Meiner Ansicht nach sind von den Städten der Ukraine am stärksten Kiew, Lwow, Odessa, Donezk und Dnepropetrowsk betroffen, andererseits aber auch Moskau und Leningrad.

Verbrecherorganisationen wurden auch in Tambow, Pensa und Jaroslawl ermittelt sowie in Perm. In der Verbrecherwelt betrachtet man es heute als erstrebenswert, kleine Städte unter Kontrolle zu nehmen. Im Gebiet Moskau sind das zum Beispiel Balaschicha, Luberzy, Puschkino und Orechowo-Sujewo. Der Süden ist sozusagen unser Klondike.

● Die Verbrecher bei uns stellen bereits Kontakte zu *ausländischen „Partnern"* her. In erster Linie geht es dabei um Antiquitäten und *Narkotika*. Diese Kontakte laufen auch über ehemalige Sowjetbürger.

Aber nicht nur die Sowjetunion, auch andere Staaten Osteuropas weisen seit Jahren auf den Betäubungsmittelmißbrauch in ihren Ländern hin. Damit angefangen hatte einer der größten legalen Morphium-Produzenten der Welt, Polen.

Polen

● Im Januar 1981 zeigte das polnische Fernsehen eine Dokumentation des Journalisten Mieczyslaw Siemienski über Rauschgiftsüchtige (= Narkomani) im eigenen Lande.

● Kurz darauf erhielt die Warschauer Tageszeitung „Zycie Warsza-

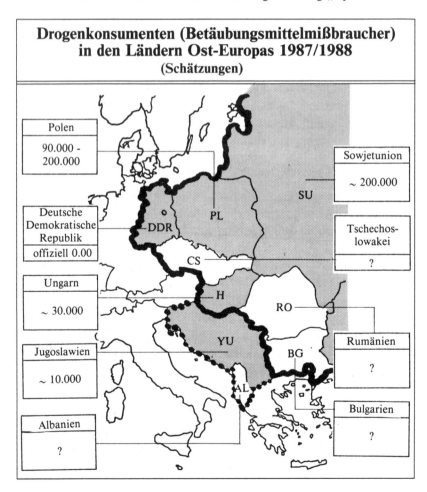

Drogenkonsumenten (Betäubungsmittelmißbraucher) in den Ländern Ost-Europas 1987/1988
(Schätzungen)

Polen	90.000 - 200.000
Deutsche Demokratische Republik	offiziell 0.00
Ungarn	~ 30.000
Jugoslawien	~ 10.000
Albanien	?
Sowjetunion	~ 200.000
Tschechoslowakei	?
Rumänien	?
Bulgarien	?

wy" den Brief einer Gruppe drogenmißbrauchender Jugendlicher, die von ihrer Sucht wegkommen wollten und über die Öffentlichkeit um Hilfe baten. Diesem Aufruf folgten weitere Presseberichte.

● So wurde 1981 das Drogenproblem in Polen der Gesellschaft bekannt. Zum ersten Mal hatte sich ein sozialistisches Land zu einer Problematik bekannt, die bis dahin mehr oder weniger nur als „Problem kapitalistischer Länder" bekannt war. Im selben Jahr wurde das Thema der „roten Fixer" auch von den westlichen Massenmedien aufgenommen.

● Die Zahl der Rauschgifttoten stieg zwischen 1979 und 1982 von 19 auf über 100.

● 1982 sollen von den insgesamt 36 Millionen Polen nach Angaben der polnischen Nachrichtenagentur PAP 100 000 bis 180 000 Erfahrung mit Rauschgift haben.
Von der Polizei wurden in diesem Jahr 12 000 Drogensüchtige registriert. An Drogen starben 1982 102 Personen.

● Anfang 1987 schätzten Fachleute des polnischen Monar-Rehabilitationszentrums, daß schon rund 200 000 Polen mit Drogen in Berührung gekommen sind. 90 000 bedürften einer sofortigen Behandlung.

Tschechoslowakei

● Anfang Dezember 1984 berichtete das Prager Parteiorgan „Rude Pravo", daß die Drogensucht in der CSSR offenbar Ausmaße angenommen hat, die es unmöglich machen, alle Drogensüchtigen medizinisch zu behandeln. Allein in Böhmen waren 1983 286 Drogensüchtige strafrechtlich verfolgt worden.

● Im Juni 1986 wurde schon über eine „Rauschgiftwelle" berichtet, von der „die Gesellschaft unvorbereitet getroffen worden war".

Ungarn

● Im Oktober 1985 berichtete die ungarische Nachrichtenagentur MTI über Drogenprobleme im Lande. Während 1970 höchstens 200 Drogenabhängige bekannt waren, wurden bis 1984/85 rund 30 000 registriert. Allein von 1980 bis 1985 hatte sich die Zahl der Drogenkonsumenten verdreifacht.

● Mitte Juli 1986 wurde berichtet, daß der Mißbrauch von Drogen unter den Jugendlichen die Behörden veranlaßte, eine landesweite

Aufklärungskampagne zu starten. Ein entsprechendes Programm wurde von der staatlichen Jugendkommission und drei Ministerien verabschiedet, um zu verhindern, daß der Drogenmißbrauch in Ungarn westliche Ausmaße annimmt.

Jugoslawien

● Im November 1979 machte ein Regierungsbericht darauf aufmerksam, daß Drogensucht und Rauschgifthandel in Jugoslawien immer bedrohlicher werden. Während 1970 im Land nur 250 Drogenfälle registriert wurden, waren es 1978 schon 5 678. Das Drogenproblem konzentrierte sich auf die Städte Belgrad, Zagreb und Laibach.

● Anfang Oktober 1980 unterzeichneten Bundesinnenminister Baum und sein jugoslawischer Amtskollege Herljevic in Bonn und Belgrad ein Protokoll, das die Intensivierung der Kontakte zwischen beiden Ländern bei der Verbrechensbekämpfung festhielt. Insbesondere in der Drogenbekämpfung wollte man enger zusammenarbeiten.

● 1987 waren nach amtlichen Angaben insgesamt 2 000 Drogenabhängige registriert. Eine erhebliche Dunkelziffer wurde angenommen. Die gängigen Schätzungen beliefen sich auf rund 10 000.

DDR

● In der Deutschen Demokratischen Republik hieß es Anfang 1989 noch in einer amtlichen Verlautbarung, daß es in der DDR keine Betäubungsmittelsüchtigen und damit auch kein Drogenproblem gäbe.

So selten und so ungenau viele Meldungen vieler Nachrichtenagenturen osteuropäischer Staaten über Drogenprobleme auch heute noch sind, so deutlich weisen sie doch insbesondere in der zweiten Hälfte der 80er Jahre auf den Trend hin, daß die Betäubungsmittelproblematik in Osteuropa insgesamt zugenommen hat.

6.7. Die Gemeinschaft, das Europäische Parlament und die Drogenfrage

Im Amtsblatt der Europäischen Gemeinschaft (8.4.80 – Nr. C 85/15) wurde am 10. März 1980 eine Entschließung veröffentlicht:

Entschließung

zur Bekämpfung des Drogenkonsums

Das Europäische Parlament,

– im Bewußtsein der Tatsache, daß der Gebrauch von Drogen – insbesondere von Heroin – eines der beunruhigenden Probleme der Gesellschaft in unserer Zeit, vor allem unter den Jugendlichen, ist,

– in der Erkenntnis, daß es, vor allem unter sozialen und kulturellen Gesichtspunkten, erforderlich ist, den Gebrauch von Drogen an verschiedenen Fronten zu bekämpfen, und es nicht vorstellbar ist, daß ein Problem von dieser Tragweite allein durch einzelstaatliche Maßnahmen gelöst werden kann,

1. ersucht den Rat und die Kommission

– vorzuschlagen, daß sich zwischen den einzelnen Mitgliedstaaten die umfassendste Zusammenarbeit bei der Bekämpfung des Drogenhandels, der sich auf alle Länder erstreckt, entwickelt;

– mit den Ländern, in denen die Droge erzeugt wird und mit denen die Gemeinschaft politische und wirtschaftliche Beziehungen unterhält, Pläne zur Anbauumstellung und eine Strategie abzusprechen, die den Drogenhandel in seinen Grundfesten erschüttert;

– bei der Verhütung, Therapie und Nachbehandlung die Ergebnisse der verschiedenen Experimente, die in den Mitgliedstaaten von staatlichen Stellen und privaten Vereinigungen durchgeführt wurden, miteinander zu vergleichen und dadurch die Erfahrungen hervorzuheben, deren Ergebnisse am besten geeignet sind, die Rauschgiftsüchtigen von der Drogenabhängigkeit zu befreien, sie in die Gesellschaft wiedereinzugliedern und die Verbreitung der Drogen unter den Jugendlichen zu verhindern;

– in enger Zusammenarbeit mit dem Europarat und aufgrund der von der Pompidou-Gruppe vorgelegten Ergebnisse dem Parlament konkrete Vorschläge zur Eindämmung dieses Problems zu unterbreiten;

– in enger Zusammenarbeit mit dem Europarat und aufgrund der von der Pompidou-Gruppe vorgelegten Ergebnisse dem Parlament konkrete Vorschläge zur Eindämmung dieses Problems zu unterbreiten;

– die wissenschaftliche Forschung in diesem Bereich zu fördern, um dieses schwerwiegende Phänomen, dem innerhalb der Gemeinschaft alljährlich Tausende zum Opfer fallen, grundlegend zu analysieren;

– dem Drogenkonsum von Jugendlichen durch gezielte Unterrichts- und Aufklärungsarbeit, die sinnvolle Freizeitangebote und Hilfe in Problemsituationen einschließt, entgegenzuwirken;

2. beauftragt seinen zuständigen Ausschuß, hierüber einen Bericht auszuarbeiten;

3. beauftragt seine Präsidentin, diese Entschließung dem Rat und der Kommission zu übermitteln.

Doch weder das Europäische Parlament noch seine Organe konnten in Westeuropa die erschreckende Verbreitung von illegalen Drogen in den 80er Jahren verhindern, von der alle EG-Mitgliedstaaten betroffen waren:

● Bis zum Ende der 80er Jahre konnte *keine* Strategie entwickelt werden, die den Drogenhandel in seinen Grundfesten erschüttert.

● Bis zum Ende der 80er Jahre *gelang es nicht,* die Verbreitung der Drogen unter den Jugendlichen zu verhindern.

● Bis zum Ende der 80er Jahre konnten *keine* Vorschläge entwickelt werden, die zu einer konkreten Eindämmung des Problems führten.

Während das Drogenproblem in einzelnen Mitgliedstaaten fast zwei Jahrzehnte schon bestand, wurde es als Problem der Gemeinschaft, als *gemeinsames* Problem erst Mitte der 80er Jahre gesehen.

Am 10. Juni 1985 hatte das Erweiterte Präsidium des Europäischen Parlaments (EP) über einen Antrag des Abgeordneten Gawronski abgestimmt, der gemäß Artikel 95 der Geschäftsordnung die Einsetzung eines „Untersuchungsausschusses zum Drogenproblem in den Ländern der Europäischen Gemeinschaft" gefordert hatte. Das EP billigte das Mandat des Untersuchungsausschusses und bestimmte am 11. 9. 1985 die Mitglieder dieses Ausschusses.

Aus einem der EG-Mitgliedsländer, aus Italien, besuchte im Herbst 1985 eine Delegation sizilianischer Frauen das Parlament. In ihrer Heimat hatte die Mafia ihre Söhne, Brüder und Ehemänner umgebracht. In Brüssel nun forderten sie die Mitglieder des EP auf, gegen das von der Mafia verbreitete Drogenproblem etwas zu tun.

Auf diesem Hintergrund bildete das EP *zum ersten Mal* in der Geschichte der EG einen Untersuchungsausschuß, der ein detailliertes Dokument zur Drogensituation *in der EG* erarbeiten sollte.
Am 8. Oktober 1985 hielt der Untersuchungssausschuß seine konstituierende Sitzung ab. Den Vorsitz übernahm die griechische Ärztin Marietta Giannakou-Koutsikou. Zum Berichterstatter wurde der britische Konservative Sir Jack Stewart-Clark benannt. Dem Ausschuß, dessen Arbeitszeit ein Jahr betrug, gehörten insgesamt 16 demokratische, liberale, grün-alternative, kommunistische und sozialistische Parlamentarier aus Griechenland, Italien, Irland, Großbritannien, BRDeutschland, Frankreich und den Niederlanden an. Unter ihnen die Deutschen Elmar Brok (CDU), Heinke Salisch (SPD) und Brigitte Heinrich (Grüne).
Um eine EG-Drogen-Bilanz ziehen zu können, hörten die Ausschuß-mitglieder allein in öffentlichen und nichtöffentlichen Sitzungen insgesamt 50 Drogenexperten aus den Mitgliedstaaten. Durch diese Anhörungen wurde den Politikern deutlich, daß es keine „Lösungstrategie" des Drogenproblems gibt. Verschiedene Wege werden nach verschiedenen drogenpolitischen Strategien von den Mitgliedstaaten beschritten. Unterschiedliche Standpunkte nahmen dementsprechend auch die Mitglieder des Untersuchungsausschusses ein. Während die Mitglieder des Grün-Alternativen Europäischen Bündnis und der sozialistischen Fraktion sich hinter eine „liberale" Strategie stellten, nahmen die Mitglieder der demokratischen und der liberalen Fraktion den harten Standpunkt der „legalen" Strategie ein. Von der kommunistischen Fraktion wurden zusätzlich „neue" Strategien zur Bekämpfung des Drogenmißbrauchs gefordert.

Nach über 300 (!) Änderungsanträgen konnte am 22. 9. 1986 endlich ein Bericht vorgelegt werden, den die Mehrheit der Ausschußmitglieder tragen konnte.

So kontrovers um die Schlußfassung des EG-Drogenberichtes gerungen wurde, so kontrovers verlief auch die Debatte des EP am 7. 10. 1986 in Straßburg. Die unterschiedlichen Standpunkte verdeutlichten die Ausschußmitglieder auf unterschiedlichen Pressekonferenzen der einzelnen Fraktionen. Das Grün-Alternative Europäische Bündnis unterstellte gar: der Drogenausschuß hätte das Drogenproblem nicht begriffen. Ein Kompromiß-Änderungsantrag führte schließlich am 8. 10. 1986 zur

Entschließung

vom 9. Oktober 1986 zum Drogenproblem

Das Europäische Parlament,

A. unter Hinweis auf den Bericht und die Empfehlungen seines Untersuchungsausschusses zum Drogenproblem (Dok. A2-114/86),

B. Unter Hinweis auf die auf dem Gipfeltreffen in Den Haag abgegebene Erklärung, in der die Bereitschaft der Mitgliedstaaten zum Ausdruck kam, konzentrierte Maßnahmen zur Bewältigung des Drogenproblems einzuleiten,

C. unbefriedigt darüber, daß man sich in allen Mitgliedstaaten nur sehr langsam des Ausmaßes dieses Problems bewußt wird,

D. in der Erwägung, daß die in den Mitgliedstaaten bisher durchgeführten Maßnahmen die weitere Zuspitzung des Problems, das mittlerweile alarmierende Ausmaße angenommen hat, nicht verhindern konnten,

E. bestürzt über die besorgniserregende Entwicklung des Drogenproblems,

F. in der Erwägung, daß der illegale Drogenhandel fest in der Hand von kriminellen Organisationen ist, die über erhebliche Mittel und ein enormes Kapital verfügen,

G. in der Erwägung, daß der Einfluß solcher Organisationen weit über den Drogenhandel hinausgeht und daß diese Organisationen in vielen Fällen sowie in zahlreichen Ländern das politische und wirtschaftliche System bestimmen,

H. ferner in der Erwägung, daß die bisher von den Mitgliedstaaten durchgeführten Maßnahmen klägliche Ergebnisse erbracht haben, was die folgenden Aspekte betrifft:

i) die Strafverfolgung (durchschnittlich werden nur 5 % der illegalen Rauschmittel beschlagnahmt)

ii) die Vorbeugung (die entsprechenden Initiativen waren unzureichend und oftmals dem Ausmaß des Problems völlig unangemessen),

iii) die Rehabilitation und die Wiedereingliederung in die Gesellschaft (wegen der geringen Mittel und des Unvermögens der Gesellschaft insgesamt, angemessene Lösungen vor allem für die Jugendlichen anzubieten),

I. unter Hinweis auf die im EWG-Vertrag verankerten Pflichten aller Institutionen der Gemeinschaft im Hinblick auf die Verbesserung der Lebens- und Arbeitsbedingungen,

1. unterbreitet dem Ministerrat den beigefügten Entwurf einer Entschließung;

2. ersucht den Rat formell, diese Entschließung unverzüglich zu verabschieden;

3. beauftragt seinen Präsidenten, diese Entschließung sowie den Bericht und die Empfehlungen des Untersuchungsausschusses zum Drogenproblem in den Ländern der Gemeinschaft dem Rat und der Kommission der Europäischen Gemeinschaften zu übermitteln.

In dem 76 Seiten starken, 266 Punkte umfassenden Schlußbericht des Untersuchungsausschusses wurde auf Aspekte hingewiesen, die bis heute an Aktualität nichts verloren haben, beispielsweise:

● *Gemeinsame* Ausarbeitung *gemeinschaftlicher Maßnahmen...* mit dem Ziel, der besorgniserregenden Ausweitung des Drogenproblems entgegenzuwirken,

● Eine europäische Konferenz einzuberufen... Ziel: Untersuchung des Drogenkonsums, sowohl in bezug auf die Aktivitäten krimineller Organisationen als auch hinsichtlich der gesundheitlichen und sozialen Konsequenzen für die Drogenabhängigen.

Drogenkonsumenten (Cannabis & Heroin)
und Drogentote in den Mitgliedstaaten
der Europäischen Gemeinschaft (EG)
Nach dem Bericht über die Ergebnisse der Untersuchung des „Untersuchungsausschuß zum Drogenproblem in den Ländern der Europäischen Gemeinschaft" September 1986 (1987/1988)

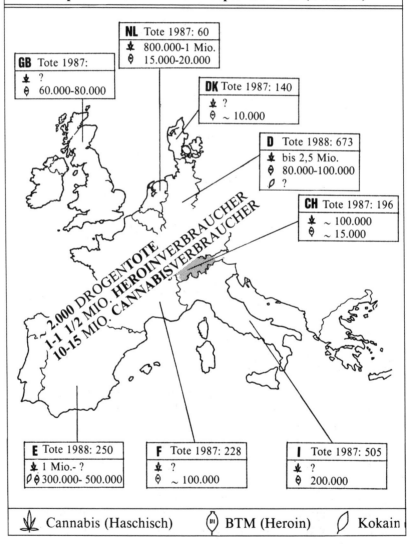

NL Tote 1987: 60
🌿 800.000-1 Mio.
☉ 15.000-20.000

GB Tote 1987:
🌿 ?
☉ 60.000-80.000

DK Tote 1987: 140
🌿 ?
☉ ~ 10.000

D Tote 1988: 673
🌿 bis 2,5 Mio.
☉ 80.000-100.000
Ø ?

CH Tote 1987: 196
🌿 ~ 100.000
☉ ~ 15.000

2.000 DROGENTOTE
1-1 1/2 MIO. HEROINVERBRAUCHER
10-15 MIO. CANNABISVERBRAUCHER

E Tote 1988: 250
🌿 1 Mio.- ?
Ø☉ 300.000- 500.000

F Tote 1987: 228
🌿 ?
☉ ~ 100.000

I Tote 1987: 505
🌿 ?
☉ 200.000

🌿 Cannabis (Haschisch)   ⓜ BTM (Heroin)   Ø Kokain

294

- Verstärkte Bereitstellung von Mitteln für Ersatzanbauprogramme, ...

- Einführung strenger Kontrollen, was die gemeinschaftlichen Aus- und Einfuhren bekannter Chemikalien und Zwischenstoffe betrifft, die zur Herstellung illegaler Drogen verwendet werden.

- Bemühungen zur Bekämpfung der kriminellen Organisationen, die in vielen Erzeugerländern das institutionelle Leben kontrollieren und zudem am Waffenhandel und an terroristischen Akten beteiligt sind.

- Änderungen der bestehenden Zollbestimmungen über die Beschlagnahme von Waren.

- Bemühungen, um sicherzustellen, daß jeder Mitgliedstaat der EG über eine nachrichtendienstliche Zentralstelle zur Bekämpfung des Drogenmißbrauchs verfügt ...

- Umgehende Verbesserung der einschlägigen Einrichtungen und Bereitstellung angemessener Mittel für 1. eine präventive Aufklärung und 2. die Rehabilitation und Behandlung von Drogensüchtigen.

- Ausarbeitung von Vorschlägen für die Einrichtung eines gemeinschaftlichen Forschungs- und Informationszentrums zum Drogenproblem im nächsten Vorentwurf des Haushaltsplanes.

Von den 16 Ausschußmitgliedern kritisierten fünf, daß „einige Empfehlungen im Bericht in Abstimmungsprozessen zustande kamen, die teilweise von Abgeordneten bestimmt waren, die an den Anhörungen des Ausschusses kaum oder gar nicht teilgenommen haben. Auf diese Weise und begünstigt durch einseitige Stimmorientierung des Berichterstatters, spiegelt das Ergebnis des Berichts die differenzierten Inhalte der Anhörung nicht ausreichend wieder".

Die Minderheitenmeinung der Ausschußmitglieder Heinrich (BRDeutschland), d'Ancona (Niederlande), Salisch (BRDeutschland), Scarcialupi (Italien) und Tongue (Großbritannien) fand nach Artikel 100 Absatz 4 der Geschäftsordnung Eingang in den Schlußbericht. Deutlich wiesen diese Mitglieder auch politisch hochsensible Aspekte hin:

- Das Problem des Drogenkonsums durch eine Anzahl von Drogensüchtigen in unseren Ländern ist nur der auffälligste Aspekt für die Öffentlichkeit in den Ländern der EG. Eine für alle demokratischen Länder noch *größere Gefahr* besteht in dem Auftreten zahlreicher *multinationaler krimineller Organisationen,* die die Droge herstellen und vermarkten.

● Die Aktivitäten dieser Organisationen – *mehr noch als das Problem der Droge an und für sich* – stellen einen nie dagewesenen Angriff auf die soziale, internationale, *gemeinschaftliche* und nationale Ordnung dar; sie richten sich gegen die Gesetze und sogar das wirtschaftliche und finanzielle System der demokratischen Welt, und zwar in einer Weise, daß diese Organisationen nunmehr in der Lage zu sein scheinen, das institutionelle Leben ganzer Staaten, insbesondere in Lateinamerika und im Fernen Osten, zu kontrollieren.

● Es liegt in diesem Zusammenhang auf der Hand, daß laut zahlreichen Informationen aus offiziellen Quellen der *kombinierte Waffen- und Drogenhandel* durch totalitäre Länder sowie einige andere Regime und große multinationale Organisationen beschützt und benutzt wird, um neben den Ländern der Dritten Welt die demokratischen Länder zu destabilisieren.

● Daraus ergibt sich, daß der Kampf gegen das Netz dieser kriminellen Organisationen nur *auf internationaler Ebene* geführt werden kann, und zwar mit einer *einheitlichen Strategie,* konvergenten und geeigneten Gesetzen und Maßnahmen sowie internationalen Rechtsvorschriften, deren Anwendung streng koordiniert werden muß.

● Daher sollte die europäische Drogenpolitik mehrgleisig sein.

Seit der Arbeit des ersten Drogen-Untersuchungsausschusses des Europäischen Parlaments sind über zwei Jahre vergangen. Die Gemeinschaft bereitet sich einerseits auf einen Binnenmarkt ohne Grenzen vor und zählt andererseits in ihren Mitgliedstaaten Millionen von Drogenkonsumenten, die 1987/88 schätzungsweise für rund 65 Tonnen „harter" Drogen 15 Milliarden DM und für gut 3 500 Tonnen Cannabis mindestens 35 Milliarden DM, also insgesamt 50 Milliarden DM ausgegeben haben. Die Gemeinschaft ist zum Ende der 80er Jahre zu einem der größten geschlossenen Drogenverbrauchermärkte der Welt geworden.

Schlußfolgerungen aus der Entwicklung eines europäischen Binnenmarktes ohne Grenzen (1992)

- Die zwölf Mitgliedstaaten der europäischen Gemeinschaft wollen zu 1992 einen einheitlichen Wirtschaftsraum, einen gemeinsamen Binnenmarkt ohne Grenzkontrollen verwirklichen, der durch freien Waren-, Dienstleistungs-, Personen- und Kapitalverkehr gekennzeichnet ist.

- Für die Polizeien der EG-Mitgliedstaaten, die bisher nationale Konzepte der Rauschgiftabwehr hatten und haben, bedeutet dies, daß es mit dem Wegfall der Binnengrenzen und der heute noch praktizierten Grenzkontrollen gilt, gemeinsam die Außengrenzen der Gemeinschaft gegen illegale Rauschgiftzufuhren zu verteidigen.

- Ein gemeinsames europäisches Rauschgift-Abwehrkonzept, das in den einzelnen Mitgliedstaaten angewendet wird, führt folgerichtig zur Forderung nach einer gemeinsamen europäischen Drogen-Polizei („Europa-FBI"), die effektiv jedoch nur als Exekutiv-Polizei tätig werden kann.

- Die Außengrenzen der EG, zig Zehntausende von Kilometern, müssen gegen das organisierte Verbrechen als Drogenanbieter kontrolliert werden. Doch das organisierte Verbrechen kommt nicht nur aus Übersee und wirkt von seinen Brückenköpfen in Westeuropa aus, es hat auch seit vielen Generationen seinen traditionellen Sitz in einigen Mitgliedstaaten der Gemeinschaft (Italien: Mafia, 'Ndrangheta, Camorra, Frankreich: French Connection der Korsen, Niederlande und Großbritannien: Chinesische Triaden), ist in Europa zu Hause und seit Jahren auch im innereuropäischen Drogenhandel tätig.

- In den 80er Jahren ist das illegale Drogengeschäft in ein industrielles Stadium getreten und Westeuropa zum geschlossenen Verbrauchermarkt mit 10 bis über 15 Millionen Cannabisverbrauchern und 1 bis 1,5 Millionen Heroinmißbrauchern geworden. Ein Markt, auf dem 1987 Tausende von Tonnen Cannabis und Dutzende von Tonnen Heroin und Kokain im Wert von 50 Milliarden DM abgesetzt wurden. Europa ist ein Drogenmarkt, der immer noch expandiert.

● Selbst bei den gegenwärtig noch bestehenden Binnengrenzen und der Praktizierung nationalstaatlicher polizeilicher Drogenabwehr, können die Polizeien der EG-Mitgliedstaaten nur 5 bis 10 Prozent der illegalen Rauschgiftzufuhren sicherstellen. Die Drogenversorgung der EG-Verbraucher ist seit Jahren durch diese Sicherstellungen nicht gefährdet.

● Von diesen 5 bis 10 Prozent ist ein nicht unerheblicher Teil an den Binnengrenzen beschlagnahmt worden, an den Grenzen, die im Binnenmarkt ab 1992 nicht mehr kontrolliert werden sollen. Der Verlust dieser Kontrolle bringt die Polizeien der Gemeinschaft, die auch für die jeweilige nationale Sicherheit zu sorgen haben, insbesondere in der Rauschgiftabwehr in höchste Nöte.

● Hinzu kommt, daß bis zum heutigen Tage in verschiedenen EG-Mitgliedstaaten unterschiedliche drogenpolitische Strategien verfolgt werden. Keine dieser Strategien hat bislang die Verbreitung der Drogen, die Zunahme der Drogenkonsumenten verhindern können.

● Das Drogenproblem ist zum gesamteuropäischen Problem geworden. Nach der epidemischen Verbreitung der Problematik in den 60er und 70er Jahren in Westeuropa, hat in den 80er Jahren auch Osteuropa (mit wenigen Ausnahmen) eine zunehmende Betäubungsmittelproblematik zu verzeichnen. Auch Formen des organisierten Verbrechens sind in Osteuropa, insbesondere in der Sowjetunion nicht unbekannt. Erste Anzeichen sprechen auch dafür, daß sich Clans der „Su-Mafia" dem Geschäft mit den „Narkotika" zuwenden und Kontakte zu ausländischen Partnern herstellen.

● Auf diesen genannten Hintergründen ist ab Mitte der 80er Jahre das Drogenproblem als gemeinsames Problem der Europäischen Gemeinschaft zu sehen und zum Thema des Europäischen Parlaments geworden.

● Parallel zur Verwirklichung des Binnenmarktes bedarf es der

> Verwirklichung eines gemeinsamen europäischen drogenpoliti-
> schen Konzepts.
> Strittig ist, ob dieses Konzept mehr repressiver oder mehr libera-
> ler Natur sein soll. Unstrittig ist, daß das Konzept ein **gemein-
> schaftliches** sein muß.
> Die Europäer müssen lernen, eine europäische Drogenpolitik zu
> entwickeln, die von **allen** Mitgliedstaaten getragen und national-
> staatlich praktiziert wird.

Vor dem Hintergrund, daß für die ersten EG-Mitgliedsländer nach
dem „Schengener Abkommen" die Öffnung der Grenzen schon zum
1. Januar 1990 Wirklichkeit wird, setzten sich Sicherheitsexperten
und Euro-Politiker im Januar 1989 zum Sicherheitscolloquium in
Brüssel zusammen. Es ging um die kriminalpraktischen und -takti-
schen Probleme nach Wegfall der Grenzkontrollen.

Einige Mitglieder des Europäischen Parlaments sehen aber auch noch
andere als sicherheitspolitische Möglichkeiten, mit dem Drogenproblem umzugehen: „Anstelle Drogen schlechthin zu bekämpfen, sollte
die Priorität darin bestehen, eine Normalisierung im gesellschaftlichen Umgang mit Drogen, Drogengebrauch und – leider auch – Drogenabhängigkeit anzustreben. Drogen und ihre diversen Gebrauchs-
möglichkeiten haben eine Jahrtausende alte Geschichte in der
menschlichen Kultur, und dies wird auch in Zukunft so sein".

Literatur- und Quellennachweise zu
6. Rauschgiftabwehr und EG-Binnenmarkt

Adams, Nathan M.
Der Kokain-König
Das Beste Nr. 2/Februar 1989,
S. 222-258

Bundesminister des Innern (Hrsg.)
Verstärkte Bekämpfung der
Rauschgiftkriminalität
Innere Sicherheit Nr. 2, 3.5.1985,
S. 23

*Bundeszentralf f. politische
Bildung (Hrsg.)*
Die Europäische Gemeinschaft
Informationen zur politischen
Bildung 213
Bundeszentrale für politische Bildung, Bonn 1986

Der Spiegel
Frankreich: Vollkommen krank
42. Jg. Nr. 29/1988, S. 126-127

Der Spiegel
„Die Hunde sind von der Kette"
42. Jg. Nr. 48, 28.11.1988, S. 22-25

Der Tagesspiegel
Rauschgift-Brigade für Interpol
Nr. 8.024, 4.2.1972, S. 22

Der Tagesspiegel
Europäisches Sekretariat zur
Rauschgift-Bekämpfung geplant
Nr. 10.382, 15.11.1979, S. 30

Der Tagesspiegel
Interpol will Kampf gegen
Rauschgiftschmuggel verstärken
Nr. 11.397, 22.3.1983, S. 22

Der Tagesspiegel
Mehr internationale Kooperation
gegen Kriminalität gefordert
Nr. 12.648, 5.5.1987, S. 26

Der Tagesspiegel
Neues Sekretariat zur Bekämpfung der internationalen Kriminalität
Nr. 12.434, 20.8.1986, S. 20

Der Tagesspiegel   Schmuggel an deutschen Grenzen blühte auch im vergangenen Jahr Nr. 12.939, 19.4.1988, S. 20

Der Tagesspiegel   Geduldete Rauschgifthändler müssen keine Mehrwertsteuer zahlen Nr. 13.003, 6.7.1988, S. 22

Der Tagesspiegel   Düsseldorfer Zollfahnder warnen vor organisierten Rauschgiftschmuggel Nr. 13.014, 19.7.1988, S. 18

Der Tagesspiegel   Polizeichefs gegen Abbau der Grenzkontrollen in Europa Nr. 13.046, 25.8.1988, S. 7

Der Tagesspiegel   CSU-Generalsekretär Huber fordert ein „Europa-FBI" Nr. 13.144, 18.12.1988, S. 30

Der Tagesspiegel   BKA-Chef sieht Gefahren beim Abbau von Grenzkontrollen Nr. 13.188, 9.2.1989, S. 26

Der Tagesspiegel   Triaden terrorisieren die Chinesen in Großbritannien Nr. 13.203, 26.2.1989, S. 32

Dörler, Bernd   Drogen in Polen: Die roten Fixer STERN Heft Nr. 46, 5.11.1981, S. 20–30

EP Sitzungsdokumente 1986–87: Bericht im Namen des Untersuchungsausschusses zum Drogenproblem in den Ländern der Europäischen Gemeinschaft – Über die Ergebnisse der Untersuchung. Dokument A 2-114/80, Serie A, 2. Oktober 1986

EP Sitzungsdokumente 1986-87: Entschließungsantrag im Namen der Liberalen und demokrati-

schen Fraktion zum Drogenmißbrauch in der EG
Dokument B 2-875/86, Serie B,
26. Sept. 1986

EP Sitzungsdokumente 1986-87: Entschließungsantrag im Namen
der Fraktion der Kommunisten
und Nahestehenden zum Drogenmißbrauch in der EG
Dokument B 2-884/86, Serie B,
2. Okt. 1986

EP Sitzungsdokumente 1986-87: Entschließungsantrag im Namen
der sozialistischen Fraktion zum
Drogenmißbrauch in der EG
Dokument B 2-887/86, Serie B,
2. Okt. 1986

EP GRAEL Presseerklärung: Enttäuschung beim Grün-Alternativen Europäischen Bündnis:
Drogenausschuß hat Drogenproblem nicht begriffen
Nr. 59/86 – 1986

EP: Resolution on Drug Abuse.
Minutes of proceedings of the sit-
ting of Thursday, 9 october 1986

EP (Hrsg.) Das Europäische Parlament und
die Grenzkontrollen
EP Generaldirektion Information
und Öffentlichkeitsarbeit
Abt. Veröffentlichungen und
Presseberichte, Luxemburg o. J.

EP (Hrsg.) Untersuchungsausschuß zum
Drogenproblem in den Ländern
der Europäischen Gemeinschaft
– Bericht über die Ergebnisse der
Untersuchung September 1986
(Berichterstatter: Sir Jack Ste-
wart-Clark)

	Amt für amtliche Veröffentlichungen der EG, Luxemburg 1987
GdP	Europa: GdP sensibilisiert Europapolitiker Deutsche Polizei 38. Jg. Nr. 2/Februar 1989, S. 4
Hennemann, Gerhard	Furcht vor Schwäche in einer Position der Stärke Süddeutsche Zeitung Nr. 253, 2.11.1988, S. 28
Hertzog, Rüdiger	Kampf gegen Spritze und Joint – Die Drogenmütter von Madrid Reportage des Hessischen Rundfunks, ARD, 16.1.1989
Hotze, Harald	Binnenmarkt 1992: Europa als Chance. Wirtschaftswoche Nr. 5, 29.1.1988, S. 30-41
ICPO (Hrsg.)	The International Criminal Police Organization ICPO-Interpol General Secretariat, Saint-Cloud 1986
ICPO (Hrsg.)	International Criminal Police Review No 404, January-February 1987
ICPO (Hrsg.)	Report on Drug Trafficking in Europe during 1986 ICPO-Interpol General Secretariat, Drugs Sub-Division, Saint-Cloud February 1987
Kommission der EG (Hrsg.)	Ein „europäischer FBI"? in: perspektive 1992, Nr. 7/1988 Monatl. Brief zum Europa ohne Binnengrenzen

Maas, Bert

Drogen in Europa
Sozialistische Fraktion
Europäisches Parlament, Brüssel
1988

Mikula, G.

Derzeitige Drogenproblematik in
der CSSR
Wiener Zeitschrift f. Suchtforschung
4. Jg. Nr. 1/1981, S. 13-16

Neue Züricher Zeitung (NZZ)

Die geplante Drogenpolizei
20.12.1988

Painton, Frederick

Europa: Drugs – Dosis of Death
Time Vol 132 No 5, August 1,
1988, p. 26-28

Salisch, Heinke (Hrsg.)

Die Drogenpolitik in der Euro-
päischen Gemeinschaft
Sozialdemokraten für Europa,
Stuttgart 1988

Sullivan, Scott

Who's Afraid of 1992?
Newsweek No 44, October 31,
1988, p. 8-15

Thamm, Berndt Georg

Fragen und Antworten zum Drogenproblem in den Ländern der
Europäischen Gemeinschaft –
Nach dem Fragebogen des Untersuchungsausschusses für das Drogenproblem in den EG-Staaten
vom 14. Nov. 1985
Der Sozialarbeiter Heft 3, Mai/
Juni 1986, S. 61-66

ders.

Andenschnee – Die lange Linie
des Kokain
Sphinx Verlag, Basel 1986

Thamm, Berndt Georg   Kokain- und Heroinprobleme in Süd- und Nordamerika, Europa und Asien – Eine Bestandsaufnahme 1985/86, in: Themenheft „12. Drogenseminar für junge Polizeibeschäftigte (Gmund)" Verlag Deutsche Polizeiliteratur, Hilden 1986, S. 25-38

ders.   Interview mit der Europapolitikerin Heinke Salisch über die Arbeit des Untersuchungsausschusses über das Drogenproblem in den Mitgliedstaaten der Europäischen Gemeinschaft Suchtreport 1. Jg. (Null-Nummer), Nov.-Dez. 1986, S. 39-44

ders.   Übersicht zur Weltdrogensituation 1986/87 Neue Trends – Insbesondere in Westeuropa, in: Themenheft „13. Drogenseminar für junge Polizeibeschäftigte (Rhumspringe)" Verlag Deutsche Polizeiliteratur, Hilden 1987, S. 16-20

ders.   Drogenprobleme in der Europäischen Gemeinschaft – Untersuchungsausschuß des Europäischen Parlaments 1985-1986 Suchtgefahren 33. Jg. Heft 6/1987, S. 459-463

ders.   Übersicht zur Weltdrogensituation 1987/88 Neue Trends – Insbesondere in Europa, in:

	Themenheft „14. Drogenseminar für junge Polizeibeschäftigte (Bosen)" Verlag Deutsche Polizeiliteratur, Hilden 1988, S. 13-23
Uterwedde, Henrik	Die Europäische Gemeinschaft (EG) Politik – kurz und aktuell 25 Landeszentrale für politische Bildungsarbeit, Berlin 1980[3]
Wahl, Jürgen	Kein Schlagbaum stoppt den Drogentod Rheinischer Merkur/Christ und Welt 43. Jg. Nr. 30, 22.7.1988, S. 1
ders.	Mit halben Herzen im großen Markt der Zwölf Rheinischer Merkur/Christ und Welt 43. Jg. Nr. 40, 30.9.1988, S. 9
Zimmermann, Horst	Die Drogen-Bosse überfluten den Euro-Markt Rheinischer Merkur/Christ und Welt 43. Jg. Nr. 32, 5.8.1988, S. 2

Eine objektive Darstellung des Rauschmittels Haschisch gibt es nicht. Es gibt eine gewaltige internationale Bürokratie von Medizinern und Juristen, deren Beruf es ist, Haschisch zu bekämpfen. Und es gibt einen bunt gemischten Haufen von Einzelgängern, Rebellen, Ausgeflippten, Individualisten und Liberalen, die – manchmal aus Neigung, manchmal einfach aus Trotz, manchmal wohl auch auf der Suche nach Wahrheit – die Gegenposition beziehen.
Rudolf Walter Leonhardt
DIE ZEIT, 31.7.1981

7. Drogenpolitik – Von der Liberalisierung zur Legalisierung

7.1. Legalize it – Bewegung der Cannabisverbraucher

7.2. Der Glaubenskrieg um die Ersatzdrogen

7.3. Der radikalste Schritt – die Drogenfreigabe

Die Frage, ob das Drogenproblem von staatlicher Seite nicht auch liberaler und weniger repressiv angegangen werden könnte, wird seit zwanzig Jahren gestellt. In diesen zwei Jahrzehnten sind drei große und voneinander unabhängige drogenpolitische Strömungen erkennbar, die jedoch trotz aller Unterschiedlichkeit ein gemeinsames Merkmal aufweisen:

Sie rücken von der Vorstellung der **absoluten Drogenfreiheit** (Totalabstinenz) ab.

Die erste Strömung war die der sogenannten Legalize-it-Bewegung der Cannabisverbraucher als *persönlich betroffene* Konsumenten;

die zweite Strömung war und ist, Betäubungsmittelabhängigen aus *sozial- und gesundheitspolitischen* Gründen nicht nur völlig drogenfreie Wege aus der Sucht, sondern auch den Weg der Ersatzdroge (Substitut) anzubieten. In einigen Ländern schon langjährig praktiziert, wird dieser Weg in der BRDeutschland auf dem Hintergrund der HIV-Infektion (AIDS-Erkrankung) in der zweiten Hälfte der 80er Jahre erneut diskutiert und mittlerweile auch in einigen Bundesländern modellhaft erprobt;

die dritte und jüngste Strömung ist die Überlegung, aus *wirtschafts- und innen-(kriminal-)politischen* Gründen das Verbot aller Drogen aufzuheben.

So strittig auch alle drei Strömungen diskutiert werden, so unstrittig ist die Feststellung, daß zum Ende der 80er Jahre die sogenannte Drogenpolitik dringend einer Änderung bedarf.

7.1. Legalize-it-Bewegung der Cannabisverbraucher

In den USA zählte man 1969 rund 4 Millionen regelmäßiger Marihuana-Raucher. Zwischen 10 und 20 Millionen sollten die Droge probiert haben, beziehungsweise gelegentlich konsumieren. Dementsprechend war ungezählten Verbrauchern an der „Freigabe ihres illegalen Genußmittels" gelegen. Aus diesem „Verbraucherwunsch" heraus entstanden sogenannte Legalize-it-Bewegungen, die sich von Nordamerika aus rasch in Westeuropa bis nach Japan hin verbreiteten.

In der zweiten Hälfte der 60er Jahre war in den USA aus der Jugend-
bewegung der friedlichen „Hippies" die aggressivere Bewegung der
„Yippies" hervorgegangen, deren Wortführer (Jerry Rubin und andere) nicht nur den Marihuanakonsum propagierten sondern auch für
die Beibehaltung der Illegalität plädierten; denn:

„... Grass (= Marihuana) zeigt uns, daß es nicht um unser Bewußtsein geht, sondern um unser Leben. Als Pot-(= Marihuana)Raucher
werden wir konfrontiert mit der wahren Welt der Bullen, der Gefäng-
nisse, der Gerichte, der Prozesse, der Polizeispitzel, der Paranoia und
des Kampfes mit den Eltern. Eine ganze Generation von Marihuana-
Rauchern ist zu Kriminellen gemacht worden ... Alle Pot-Raucher
sind im Gefängnis, solange nur einer von ihnen hinter Gittern
ist ..."

Die provozierenden Worte des Yippie-Führers Rubin 1970 hatten
einen realen Hintergrund. Ungezählte seiner Anhänger waren mit
dem US-Marihuana-Gesetz in Berührung gekommen. Aus dieser Situation der Betroffenheit heraus half man sich selbst. Diese Art
Selbsthilfe firmierte unter dem Namen „Coalition for the Abolition
of Marihuana Prohibition (CAMP)".

1970 schlossen sich in den USA etliche Vereine zur „National Organisation for Reform of the Marihuana Law (NORML)" zusammen. Politisches Ziel der NORML war und ist es auf nationaler Ebene, eine Änderung des Marihuana-Gesetzes zu bewirken und auf internationaler Ebene, die Cannabis-Ächtung durch die Single Convention on Narcotic Drugs (1961) aufzuheben. Zum Publikationsorgan der NORML wurde die Zeitschrift „High Times" (New York), die bis zum heutigen Tage für NORML-Mitglieder und „andere Marihuana-Interessierte" herausgegeben wird.

Im Laufe der 70er Jahre fand die organisierte Legalize-it-Bewegung in den USA ein großes Echo in Europa, Japan und Australien. Zum Ende der 70er Jahre waren es schon weit über 80 Legalisierungs-Vereine in fast 30 Ländern.

In der BRDeutschland konstituierte sich 1974 die „Deutsche Cannabis-Gesellschaft" in Berlin. Ende der 70er Jahre wurde die deutsche Legalisierungs-Bewegung auch in der Öffentlichkeit bekannt, so in Berlin als „Initiative Haschisch Legal (InHaLe)" oder in Hamburg als „Cannabis Legalisierung Initiative Coordination (CLIC)".

In dieser Zeit entstanden in Europa, beispielsweise in den Niederlanden (Amsterdam 1968), in Großbritannien (London), in Frankreich (Paris) und in der BRDeutschland (Berlin) eine ganze Reihe sogenannter Head Shops, die für die Cannabisverbraucher Rauch-Zubehör (Pfeifen etc.), einschlägige Literatur (Anleitungen zum Eigenanbau etc.), Poster und vieles andere mehr führten. Es entstand eine Art Cannabis-Subkultur, deren Spuren bis zum heutigen Tage vorhanden sind.

Die Befürworter der Haschisch/Marihuana-Legalisierung rückten 1978 näher zusammen. Die Bewegung schuf sich ein internationales Sprachrohr. So gründeten 14 Legalize-it-Bewegungen aus den USA (NORML), Australien (Australian Marijuana Party & Cannabis Research Foundation of Australia), Japan (Clear Light Society), Belgien (Comité pour la Réforme des lois sur le Cannabis), BRDeutschland (Deutsche Cannabis Reformgesellschaft/InHaLe), Italien (Italian Radical Party), Großbritannien (Legalise Cannabis Campaign), Kanada (NORML), Neuseeland (NORML), Island (Organisation for the Reform of Drug Laws/SELF), Niederlande (Stichting Drugs Anti Propaganda/SDAP & Stuf Vrij Partij/SVP) und Dänemark (Stot Fri Hash) die „International Cannabis Alliance for Reform (ICAR)", einen weltweiten Dachverband.

Diese „Hanf-UNO" lud wenige Jahre später zur ersten (und bisher einzigen) Weltkonferenz der Legalisierung von Cannabis ein. Die Schirmherrschaft der „First International Cannabis Legalisation Conference", die vom 8. bis 10. Februar 1980 in Amsterdam stattfand, übernahmen die anglo-amerikanischen Drogen-Magazine „Home Grown" (London) und „High Times" (New York).

Doch das weltweite Echo auf diese Weltkonferenz blieb aus. Einerseits waren die Cannabiskonsumenten zu sehr mit ihrem eigenen Drogenverbrauch beschäftigt, andererseits fand diese Konferenz zu einer Zeit statt, die durch eine europaweite Eskalation der Heroinproblematik gekennzeichnet war, so daß ob dieser bedrohlichen Entwicklung keinerlei Verständnis für eine Legalisierungs-Kampagne zu finden war.

In der BRDeutschland hatte die medienöffentliche Auseinandersetzung um die Droge Cannabis 1969 angefangen. Das Hamburger Nachrichtenmagazin „Der Spiegel" widmete ihr am 10. November

Head Shops in West-Europa 1979/80
Beispiele BRDeutschland (Berlin), Niederlande (Amsterdam),
Frankreich (Paris)

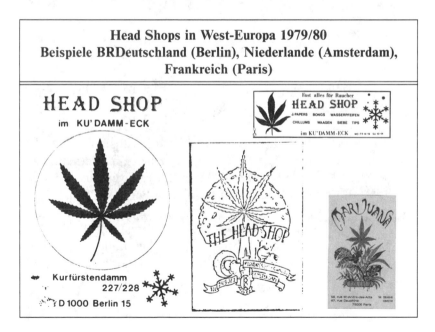

Amsterdam (NL), 1968 eröffnet

Cannabis-Legalisierungsgruppen der 70er Jahre
Beispiele

**FOR LEGALISATION
OF CANNABIS**

1-2-1980

- **USA**
  National Organisation for
  Reform of the Marihuana
  Law (NORML)
- **Kanada**
  NORML Canada
- **Großbritannien**
  Legalize Cannabis
  Campaign
- **Niederlande**
  Stuf Vrij Partij (SVP)
- **Belgien**
  Cannabis-reform-
  Commitee
- **Island**
  Organisation for the
  Reform of Drug Laws
- **Australien**
  Cannabis Research
  Foundation
- **Neuseeland**
  NORML New Zealand
- **Japan**
  Clear Light Society
- **BRDeutschland**
  Deutsche Cannabis
  Gesellschaft

Zum Ende der 70er Jahre gab es weit über 80 Legalisierungs-Vereine
in fast 30 Ländern.

313

Fernsehsendung: Pro und Contra Haschisch 1970

Ausriss aus der Fernsehzeitschrift HÖR ZU, September 1970, Seite 68

1969 die Titelgeschichte „Die Haschisch-Welle". Das Erste Deutsche Fernsehen (ARD) nahm ein Jahr später das Thema auf und strahlte am 10. September 1970 in seiner „Pro und Contra"-Sendung die strittige Diskussion „Soll das Haschisch-Verbot aufgehoben werden?" aus.

Doch durch die epidemische Verbreitung der Betäubungsmittelproblematik wurde die Cannabisfrage bis zum Ende der 70er Jahre völlig in den Hintergrund gedrängt.

Gestellt wurde sie wieder 1979. In diesem Jahr häuften sich spektakuläre Ereignisse, beispielsweise

- wurde dem Berliner Ex-Kabarettisten Wolfgang Neuss im April/August der Gerichtsprozeß wegen Haschischbesitzes und -konsums gemacht;
- wurde gegen die Opel-Erbin Christina von Opel im Juni/Oktober wegen Haschisch-Besitzes in nicht unerheblichen Mengen verhandelt;
- wurde der „Spiegel"-Herausgeber Rudolf Augstein wegen Haschisch-Besitzes im August in Italien kurzfristig festgesetzt.

Cannabis (Haschisch) Subkultur
Haschisch Befürwortung und „Bekenntnisse"
in der Illustrierten Stadtzeitung „Zitty" (Berlin) 1979

Zum Ende der 70er Jahre war die Droge Cannabis (Haschisch) über fast fünfzehn Jahre verbreitet worden; sie war in erheblichen Mengen auf dem Schwarzmarkt verfügbar und für die Verbraucher erreichbar. Die Droge hatte ihren Stellenwert als „Protestdroge der 68er Generation" verloren, war für den Konsumentennachwuchs zur „illegalen Alltagsdroge" geworden.

Für die Endverbraucher („Kiffer") setzten sich dementsprechend 1979 verschiedene Organisationen ein, angefangen von der „Deutschen Cannabis-Reformgesellschaft" über die Jugendorganisation der F.D.P. (Motto: Kein Knast für Hasch) bis zu diversen anderen Jugendorganisationen und Gruppen. Die „Deutsche Cannabis-Reformgesellschaft" gab, wie andere Legalisierungs-Vereine schon seit Jahren, eine Cannabis-Befürworter-Zeitung ab Februar 1980 heraus. Doch diese Zeitschrift „Inside" hielt sich gerade einmal drei Ausgaben lang.

Cannabis (Haschisch) Subkultur
Anzeigen / Werbung in der
Illustrierten Stadtzeitung „Zitty" (Berlin) 1980-85

Doch die Haschisch-Befürworter der späten 60er Jahre, die Macher der Legalize-it-Bewegung der 70er Jahre, sie waren älter und müde geworden. Ihr „Legalize-it-Kampf" war nicht mehr das Anliegen einer nachgewachsenen jüngeren Generation. So weichte die Befürworterfront auf. Man sprach nicht mehr von Legalisierung (=Freigabe), man sprach nun von der Liberalisierung, von der Entkriminalisierung der Cannabiskonsumenten.

In Nordamerika und in Westeuropa eskalierte in den 80er Jahren die Heroin-, Kokain- und Amphetaminsituation. Unter den Betäubungsmittelmißbrauchern verbreitete sich das HIV-Virus. In der zweiten Hälfte der 80er Jahre erweiterte sich der US-Drogenmarkt um gefährliche Kokain-Billigvarianten (Crack und Basuco) und Designer-Drogen, der westeuropäische Drogenmarkt um diverse synthetische Drogen wie beispielsweise das halluzinogene Amphetamin MDMA (Extasy). Die Verschärfung der Problematik sogenannter harter Drogen ließ die Diskussion um die Entkriminalisierung von Cannabis verstummen. Die Droge Cannabis jedoch verbreitete sich in den 80er Jahren wie alle anderen Drogen auch.

Die Cannabis-Subkultur durchzog ganz Westeuropa. In einzelnen Ländern stieg die geschätzte Verbraucherzahl auf eine Million und weit mehr, so in Italien, Spanien und der BRDeutschland. In der zweiten Hälfte der 80er Jahre wurde die Anzahl aller Cannabiskonsumenten in den Mitgliedsländern der Europäischen Gemeinschaft auf 10 bis über 15 Millionen geschätzt. Zum Ende der 80er Jahre ist Cannabis – ob als Marihuana in Nordamerika oder als Haschisch in Westeuropa – die mit Abstand am weitesten verbreitete illegale Droge. Nach 25 Jahren der Verbreitung ist die Droge heute für die nachgewachsene Verbrauchergeneration keine kulturfremde Droge mehr. In vielen Ländern bestehen seit zwei Jahrzehnten illegale und semilegale Cannabis-Subkulturen. In den Niederlanden wurde im Winter 1986 das erste Haschisch-Museum der Welt eröffnet. Im Amsterdamer Rotlichtbezirk gelegen, ist dieses Info-Museum öffentlicher Ausdruck einer mehr oder weniger etablierten Cannabiskultur, die sich als ehemalige Subkultur in weit über zehn Jahren mit der bürgerlichen Welt verzahnt hat. Neben der Kultur der typisch holländischen „coffie-huizen" hat sich in einem Dutzend Jahren die Subkultur der „coffie-shops" der Cannabiskonsumenten entwickelt, von denen es

Wist je dat

Cannabis al minstens 8000 jaar bij de mens bekend is.
De griekse historicus Herodotus bewees dat cannabis geestverruimende
eigenschappen heeft.
De Chinezen 5000 jaar geleden al op de hoogte waren van de geneeskundige
eigenschappen van marihuana.
De eerste spijkerbroeken van hennepvezel (cannabis) zeildoek werden gemaakt.
Cannabiszaad voedingswaarde heeft.

In dit museum vind je informatie over het kweken en het gebruik van cannabis over de
hele wereld door de eeuwen heen, tezamen met een boeiende verzameling strips,
labels, T-shirts en andere voorwerpen uit deze tijd die met cannabis te maken hebben.
Het museum heeft ook boeken ter inzage en videobanden beschikbaar.

Dit en nog veel meer wacht binnen op je.

Maak gebruik van de gelegenheid om deze unieke tentoonstelling te bezoeken.

Did you know that

Cannabis has been known to man for at least 8,000 years.
Cannabis' psychoactive qualities were documented by the greek historian
Herodotus.
The Chinese were already familiar with marijuana's medicinal qualities 5,000
years ago.
The first jeans were made from hemp (Cannabis) canvas sail material.
There is food value in the Cannabis seed.

Information on the worldwide cultivation and use of Cannabis over the centuries is
documented in this museum, together with a fascinating display of comics, labels,
T-shirts and other paraphernalia associated with Cannabis in more recent times. The
museum also provides a reference library of books and tapes for your perusal.

Aal this and much more awaits you inside.

Do not miss the opportunity to visit this unique exhibition.

Wuß ten Sie schon

Daß Cannabis der Menschheit schon seit mindestens 8.000 Jahren bekannt ist.
Daß bereits der griechische Historiker Herodot die psycho-aktiven Eigenschaften
von Cannabis beschrieben hat.
Daß die Chinesen schon vor 5.000 Jahren mit der Erprobung von Marihuana als
Heilmittel angefangen haben.
Daß die ersten Jeans aus Segeltuch hergestellt waren, das aus (Cannabis)
Hanffasern verfertigt wurde.
Daß die Samenkörner der Cannabispflanze Nährwert enthalten.

In diesem Museum finden Sie eine Dokumentation des jahrhundertelangen Anbaus
und Gebrauchs von Cannabis in der ganzen Welt. Außerdem bietet es Ihnen eine
faszinierende Sammlung von Comic-strips, Stickern, T-Shirts und verschiedenem
Zubehör bei der Gewinnung und dem Gebrauch von Cannabis aus neuerer Zeit. Zu Ihrer
weiteren Information stehen Ihnen die Bücher und Tonbänder unserer Handbibliothek
zur Verfügung.

Dies, und noch viel mehr, erwartet Sie hier.

Lassen Sie sich die Gelegenheit, diese einzigartige Ausstellung zu sehen, nicht
entgehen.

Saviez-vous que

Le cannabis est connu de l'homme depuis au moins 8000 ans.
L'historien grec Hérodote a rapporté les qualités psychotoniques du cannabis.
Il y a 5000 ans, les Chinois connaissaient déjà les propriétés medicinales de la
marihuana.
Les premiers jeans ont été confectionnés dans un tissu de chanvre indien
(cannabis) déjà utilisé pour les voitures.
La graine de cannabis a une valeur nutritive.

Ce musée vous renseigne sur la culture et les divers usages du cannabis, dans le monde
entier, tout au cours des siècles.
Vous y trouverez également une exposition de bandes dessinées, de vignettes, de
T-shirts et autres objets tous associés au cannabis au cours des dernières années.
Le musée vous offre en plus la possibilité de consulter sa bibliothèque et d'écouter
différentes bandes sonores.

Tout cela, et encore plus, vous attend à l'intérieur.

Ne manquez pas cette occasion de visiter une exposition unique en son genre.

Sapevate che

La canapa e' conosciuta dall'uomo da almeno 8.000 anni.
Le qualità psico-attive della canapa sono state descritte dallo storico greco
Erodoto.
Già 5.000 anni fa le qualità medicinali della marijuana erano note ai cenesi
I primi blue-jeans furono fatti di canapa, proveniente dal canovaccio usato nelle
barche a vela.
I semi di canapa hanno valore nutritivo.

Informazioni sulla coltivazione e l'uso della canapa in tutto il mondo durante i secoli
sono state raccolte in questo museo, accompagnate da una mostra affascinante di
fumetti, etichette, magliette e altri accessori della canapa dei tempi più recenti.
Inoltre il museo mette alla vostra disposizione una biblioteca di libri e di nastri.

Tutto ciò, e molto di più, vi attende qui dentro.

Non perdete l'opportunità di visitare questa mostra unica.

Hash-Info-Museum (Heute Info-Museum)
in Amsterdam (NL)
Im Winter 1986 eröffnet
O. Z. Achterburgwal 148 Amsterdam

allein in Amsterdam rund 300 gibt. Seit 1976 zählen die Niederländer Cannabis (= Hennep/Hanf) zu den Drogen mit „annehmbaren Risiko", in Abgrenzung zu den „hard drugs", den Drogen mit „unannehmbar hohem Gefährlichkeitsgrad".

In Relation zu den Niederlanden gibt es in der BRDeutschland zwar keine semilegale Cannabis-Subkultur, dafür aber eine weit verbreitete illegale, die von schätzungsweise zwei Millionen Konsumenten getragen wird. Deutlicher versteckt, aber dennoch erkennbar, tritt sie über Kleinanzeigen in illustrierten Stadtzeitungen oder über Verbrauchertips in linksorientierten Tageszeitungen an die Öffentlichkeit.

Signet
der 1st International Cannabis Conference im
Jugendzentrum „Kosmos" in Amsterdam NL vom 8. bis 10. 2. 1980
der International Cannabis Alliance for Reform (ICAR)

Durch die quantitative Veränderung (Millionen Verbraucher) und die qualitative Veränderung (Konsumverbreitung über ein Vierteljahrhundert) der Situation wird die Cannabisfrage, pro und contra Liberalisierung oder Legalisierung, zum Ende der 80er Jahre erneut gestellt und – wie gehabt – sehr kontrovers diskutiert.

Während in Italien im Spätherbst 1988 die Sozialisten und Christdemokraten als Hauptkoalitionspartner der Regierung die bis dahin bestehende Straffreiheit für Drogenkonsum abschaffen wollten, hat sich Anfang Oktober 1988 in der Schweiz die Regierung des Kantons Bern für die Legalisierung sogenannter „leichter" Drogen (= Haschisch und Marihuana) ausgesprochen und ihre Landesregierung und die parlamentarischen Instanzen zum selben Schritt aufgefordert. Die Kantonsregierung sprach sich in einem am 3.10.1988 veröffentlichten Schreiben für eine entsprechende Änderung des Betäubungsmittelgesetzes aus.

Auch in der BRDeutschland ist in den letzten drei Jahren Bewegung in die Antworten auf die Cannabisfrage gekommen, sowohl in Experten- als auch in Politikerkreisen.

● Im Oktober 1986 sprach sich der 20. Jugendgerichtstag für die Legalisierung des Erwerbs und Besitzes von Haschisch und Marihuana in geringen Mengen aus, da, so der Arbeitskreis „Drogenpolitik", die allein auf sogenannte illegale Drogen konzentrierte öffentliche Diskussion den Blick für weitaus größere gesellschaftliche Probleme durch Alkohol-, Medikamenten- und Nikotinmißbrauch versperre.

● Auf einem Kongreß im Februar 1988 in Bonn forderten Politiker der Grünen eine „humanere" Drogenpolitik. Die bisherigen Wege der offiziellen Drogenpolitik wurden abgelehnt, da sie zu „sozialer und gesundheitlicher Verelendung, Gefängnis und Drogentod" geführt haben. Die Fraktionssprecherin im Bundestag, Regula Schmidt-Bott, sprach sich dafür aus, daß der bloße Konsum von illegalen Drogen straffrei werden müßte.

● Nach über 18 Jahren strahlte das Erste Deutsche Fernsehen (ARD) wieder eine Pro und Contra-Sendung zum Thema „Straffreiheit und Freigabe weicher Drogen?" am 15. Dezember 1988 aus. Die erste Sendung zum Thema lief im September 1970.

● Äußerungen der damaligen Bundesgesundheitsministerin Rita Süssmuth (CDU) vom Anfang November 1988 führten zu leichten Irritationen. In einem Gespräch mit dem „Spiegel" (Hamburg), welches das Nachrichtenmagazin in der Nummer 45 vom 7. November 1988 veröffentlichte, sagte sie (Auszug):

Spiegel: Müßte man nicht wenigstens diskutieren, ob die sogenannten weichen Drogen, etwa Haschisch und Marihuana, toleriert werden sollten, wie zum Beispiel in den Niederlanden? Selbst der Caritasverband hat gefordert, Haschisch-Rauchen nur als Ordnungswidrigkeit zu ahnden.

Süssmuth: Für mich ist dabei die entscheidende Frage: Wie gehen wir mit Drogenkonsumenten um, die weiche Drogen genommen haben?

Spiegel: Bislang werden sie als Straftäter behandelt, stehen mit einem Bein im Gefängnis.

*Süssmuth: Nicht immer. In der Praxis gibt es ja schon **jetzt so etwas wie Duldung**. Nehmen Sie mal einen 16jährigen Jungen, der an der holländischen Grenze mit Haschisch erwischt wird. Da werden die Eltern angerufen, damit sie ihren Sohn abholen. Da schaltet sich nicht mal die Polizei ein. Es ist ja nicht immer so, daß derjenige, der sich Haschisch beschafft hat, dann morgen inhaftiert wird. Auch bei uns ist die Gefängnisstrafe für Haschisch-Konsumenten die Ausnahme.*

Spiegel: Aber die Strafbarkeit ist im Gesetz verankert.

*Süssmuth: Hier muß überlegt werden, ob das Betäubungsmittelgesetz nicht der **häufig praktizierten Duldung** angepaßt werden muß. Ärzte und Drogenberater haben verstärkt die Forderung an uns herangetragen, das Betäubungsmittelgesetz zu überprüfen. Diese Überprüfung wird erfolgen. **Das Gesetz muß so abgefaßt werden, daß Rechtsklarheit besteht.***

*Spiegel: Das heißt, Sie wollen den Haschisch-Konsumenten **straffrei** stellen?*

*Süssmuth: **Das muß geprüft werden.** Der gewerbsmäßige Handel muß jedoch selbstverständlich verboten bleiben. Gegen die Dealer können wir gar nicht hart genug vorgehen.*

Mit diesen Äußerungen löste die Gesundheitsministerin eine nun auch von Politikern geführte Diskussion um Cannabis, um die Ent-

Ausriß aus der Stadtillustrierten ZITTY (Berlin)
3. Jg. Nr. 22 / 19. 10. – 1. 11. 1979, Seite 26

In seinem kommunalpolitischen Beitrag „Don't Legalize It!" forderte der Drogenbeauftragte des Landes Berlin Dipl. Psych. Wolfgang Heckmann, daß über die Legalisierung von Cannabis nur sprechen solle, wer schon „Dauerkiffer" oder Jugendliche, die „verzweifelt" versuchen, wieder aufzuhören, gesehen habe. Berndt Georg Thamm arbeitet seit 1970 mit Drogenabhängigen. Seit 1975 ist er Referatsleiter in der Psychosozialen Beratungsstelle für Drogenabhängige des Caritasverbandes. In dürren Worten, dafür aber mit erfrischender Sachlichkeit, beschreibt der Fachmann die Situation und gibt drogenpolitische Ausblicke.

BERND GEORG THAMM
Für Dekriminalisierung

„Sozialer Konsum" von Haschisch? – eine Jugend- und gesundheitspolitische Herausforderung*)

Die Stoffgruppe Cannabis (Haschisch, Haschisch-Öl und Marihuana) spielt seit nunmehr fünfzehn Jahren in der Bundesrepublik eine unterschiedliche, aber immer wesentlichere Rolle. Dieses an nachstehenden Bereichen verdeutlicht:

1. Funktions- und Stellenwert der Droge
Für die „erste Drogengeneration der 60er Jahre" noch eine exotische Droge; für die nachfolgenden Generationen zum Auf der 70er Jahre eine „illegale Alltagsdroge".
Für die „ersten Drogenberater, -therapeuten und -bekämpfer"
— noch die „Einstiegsdroge"
— die Droge, die zum „Umsteigen auf andere Stoffgruppen verleitet"
— die Droge, die mit einem „ideologischen Background" (Bewußtseinsveränderung/erweiterung/psychedelische Bewegung) versehen wurde.

Für die Drogenarbeit zum Auslauf der 70er Jahre stellen der Konsumenten und Mißbraucher dieser Droge die quantitativ größte Zielgruppe dar, die im konkreten Hilfsangebot (Psychosoziale Beratung, Behandlung und Therapie) im letzten Jahrzehnt zunehmend zurückgegangen ist. In Relation zum „aggressiven Anstieg des Heroinmißbrauchs" nur noch wenig Auffälligkeiten.

2. Konsolidierte Cannabissituation
Über 15 Jahre hat sich anhand immer größer werdender Sicherstellungsmengen durch Strafverfolgungsbehörden und Zoll und daraus resultierten immer größer werdenden tatsächlichen Verbrauchermenge (BKA schätzt mindestens 400 bis 900 t/Jahr) eine enorme, kaum schätzbare Verbreitung ergeben.
Die Droge ist heute kontinuierlich verfügbar, leicht erhältlich.
Durch die Dezentralisierung der sog. Drogenszene Mitte der 70er Jahre ist die Stoffgruppe auch intensiver jüngeren Zielgruppen (z.B. Schüler) in ihren sozialen Nahfeldern (z.B. Jugendfreizeitbereich) zugänglich.

3. Differenzierung der Konsumenten — Zielgruppen
Die Cannabisverbraucher in der Bundesrepublik reichen heute von den „Angehörigen der sozial etablierten Langzeitkonsumenten" bis zu den jugendlichen Konsumenten, die die drogenfreie Zeit nur

noch aus den Erzählungen ihrer Eltern kennen. Beide Zielgruppen, die zur Konsolidierung beigetragen haben, lassen sich heute näher beschreiben.

Anhand dieser 15jährigen Entwicklung
— Veränderung des Stellenwertes der Droge
— Konsolidierte Cannabissituation (Erreichbarkeit, Verfügbarkeit, Verbreitung)
— Nachgewachsener Drogengeneration, die so „alt sind wie das Drogenproblem in der Bundesrepublik", mit veränderten Konsumeinstellungen und Verhaltensmustern
muß das „Cannabisproblem Heute" neu diskutiert werden. Eine Aufrechterhaltung der jetzigen Situation als ‚Status quo' ist aus jugend-, sozial- und gesundheitspolitischen Gründen n i c h t verantwortbar.
Durch die Internationalisierung des Drogen- (Cannabis)problems sollten Situationen anderer westeuropäischer Industriestaaten (einschließlich USA) mit berücksichtigt werden.

Nachtrag (statement)
Im Rahmen der aktuellen Diskussion zur Cannabissituation soll bei Berücksichtigung der dargestellten Entwicklung auch d r o g e n p o l i t i s c h Stellung bezogen werden.
● Eine Freigabe (= Legalisierung) von Cannabis ist derzeit i n d i s k u t a b e l. Derzeitige Auseinandersetzungen zu diesem Themenbereich dürften drogenpolitisch gesehen als utopisch bezeichnet werden.
● Drogenpolitisch hingegen könnte bzw. sollte in Erwägung gezogen werden, den Konsum (= Eigenbedarf) von Cannabis strafrechtlich aus dem Vergehensbereich herauszunehmen und in den Ordnungswidrigkeitenbereich aufzunehmen.
● Organisierter Handel und Schmuggel von Cannabis würde nach wie vor strafrechtlich als Vergehen gegen das BtMG geahndet werden, da sich der ‚Eigenbedarf des Konsumenten' festlegen läßt, derzeit auf 10 Gramm bis (internationaler Standart) 28 Gramm (1 Unze).
● Diese ‚Dekriminalisierung' wäre kein Zugeständnis oder Eingeständnis einer „drogenpolitischen Harmlosigkeit, geringen Schädlichkeit etc.", was oft von Befürwortern der totalen Freigabe von Cannabis dargestellt wird. Es würde vielmehr, leidenschaftslos und realistisch betrachtet, einem Tatbestand Rechnung tragen, der in 15jähriger Entwicklung entstanden ist. Dieser Tatbestand kann drogenpolitisch negiert werden, noch kann durch eine Verschärfung des Betäubungsmittelgesetzes und der Strafverfolgung diese Entwicklung rückgängig gemacht werden.
● Um aber potentiell gefährdete Kindern, Jugendlichen und jüngeren Erwachsenen eine mögliche Kriminalisierung zu ersparen, sollte eine „gestufte Dekriminalisierung" nicht als weltfremde Theorie, sondern als pragmatischer, der Staatsraison zugeordneter, Vorschlag verstanden werden.

*) Zusammenfassung (Juni 1979) eines Referats, gehalten auf der 1. Fachtagung der Deutschen Gesellschaft für Suchtforschung und Suchttherapie e.V. Thema: Cannabis Heute, Nürnberg 12./13. Oktober 1979. (Der Beitrag erscheint hier leicht gekürzt.)

Die definitiven deutschen Dope-Preise
taz-Schwarzmarkt, Herbst 1986

Ort	Marke / Qualität	DM
Aachen:	Maroc, grün	10 - 12
Augsburg:	Maroc, dunkel, frisch, Bröselknödel	13 - 16
Berlin:	Maroc, hellgrün, gepreßt, Standard	6 - 10
	Maroc, dunkelgrün, medium	8 - 12
	Maroc, grün-schwarz, best in the west	10 - 12
	Libaneserl, gelblich, auf Dauer ohne Power	7 - 11
	Schwarzer, Borderline, solide	9 - 13
	Thai-Gras, super, turnt besser als Shit	12 - 15
	Rauch-O, Tabatabai-Qualität	30 - 50
Bremerhaven:	Eier-Maroc, sehr gut	11
Coburg, Oberfranken:	Maroc, mittel bis schlecht	Horrorpreis: 14 - 16
Dinslaken:	Maroc, Zero, harzig, intensiv	12,50
	Maroc, grün, lockeres High	10 - 11
	Dreck, nicht zu beschreiben, gesundheitsschädlich	10 - 20
	LSD, selten	10 - 15
Düsseldorf:	Maroc, grün und gut	10
Frankfurt:	Maroc, Eierdope	13
Freiburg:	Afghan, schwarz, sehr gut	14
	Schweinepaki, nicht überwältigend	11
	Grüner, mäßig bis mittelmäßig	10 - 12
Hangover:	Maroc, knallt gut	10
	Schwarzer, mittelprächtig	12 - 14
Hamburg:	Grüner Türke, Plattendope	10
	Maroc, trocken	11
	Eierdope	12 - 15
	Libanon, nix auf Dauer	10 - 12
	Schwarzer, seit 1 Jahr nix gutes	14 - 17
	Gras, Columbian, Kongo, Trinidad	5 - 15
Highdelberg:	Maroc, Eierdope, cremig, geschmeidig	12 - 16
	Maroc, trocken, hart	11 - 14
	Libanon, kratzbürstig, hohl	11 - 14
	Border, Afgh./Paki, selten gut	12 - 16
	Thaigras, Sinsemilla	11 - 15, für GIs 30
	Badisches Gras, tierisch, von der Sonne verwöhnt	7
JVA Adelsheim:	Durchschnittsmaroc	23 - 50
JVA Geldern:	Mischmasch	50
Kassel:	Roter	10 - 12
	Grüner	13 - 16
	Schwarzer	15 - 18
Köln:	Manali, sehr selten, senr gut	17
	Maroc, Standard	10 - 12
	Panama-Gras, sämig und lecker	9
Leimen (BummBumm):	Maroc, gut	12 - 14
	MDMA	10-15
	2 - CB	10
	LSD, paper, gut	15
Mainz:	Maroc, Standard	17
	Nepal, weich, da fliegt das Blech weg	20
München:	Grüner, gut / mittel	17 / 13 - 14
Osnabrück:	Maroc, gut	10
	Schwarzer	12,50
Paderborn:	Maroc, dunkel, kommt gut	10 - 12
Regensburg:	Maroc, grün und gut	12
Stuttgart:	Maroc, guter Durchschnitt	10 - 12
	Almeria, geilstes spanisches Eierdope	5

Für die oben angegebenen Qualitäten und Kleinverbraucher-Preise (pro Gramm) übernehmen wir keine Gewähr, sie beruhen auf den bis Ende August eingegangenen Angaben und dienen nur zu Vergleichszwecken. Die nächste Dope-Preis-Liste erscheint am 7. Dezember, schreibt uns, was ihr für welche Qualität in Eurer Gegend bezahlt. Post an: taz-Schwarzmarkt, Wattstr. 11-12, 1000 Berlin 65. **Danke!**

Tageszeitung (taz) Berlin, August 1986

Pro und Contra Haschisch
Im deutschen Fernsehen

1970

Soll das Haschisch-Verbot aufgehoben werden?

ARD, SDR, Do., 10.9.1970, 21.55-22.45 h

Leitung der Sendung	Emil Obermann
PRO-Anwalt	Dr. Rudolf Walter Leonhardt
CONTRA-Anwalt	Dr. Rolf Meinecke
Experten	Käthe Strobel, Bundesminister für Jugend, Familie u. Gesundh.
	Prof. Dr. Helmut Ehrhardt, Präsident d. Dtsch. Gesellschaft f. Psychiatrie
	Rudolf Gelpke, Orientalist
	Hermann Messmer, Rechtsanwalt
Abstimmungs-ergebnis	Pro:
	Contra:

1988

Straffreiheit/Freigabe weicher Drogen?

ARD, Do., 15.12.1988, 20.15-21.00 h

Leitung der Sendung	Ernst Elitz
PRO-Anwalt	Daniel Cohn-Bendit
CONTRA-Anwalt	Rolf Bossi
Experten	Jürgen N. Jeschke, Abteilungspräsident im Bundeskriminalamt
	Peter Albrecht, Strafrechtler
	Else Meyer, Elternkreis drogenabhäng. Jugendl. Bonn
	Gerhard Eckstein, Drogenberatungsstelle Con-drobs München
Abstimmungs-ergebnis	Pro: 29,7 %
	Contra: 70,3 %

kriminalisierung der Verbraucher, um Straffreiheit und Freigabe aus. Frau Süssmuth stellte zwar im nachhinein deutlich dar, daß sie gegen eine Legalisierung weicher Drogen sei. Genauso deutlich erwähnte sie jedoch die derzeitige Strafpraxis. Von insgesamt rund 28 000 Strafverfahren jährlich gegen Drogentäter würden heute schon etwa 8 000 Verfahren, die **meisten wegen Haschischbesitzes,** gegen Zahlung einer Geldbuße oder Ableistung einer sozialen Arbeit eingestellt.

Bundesbildungsminister Möllemann warf seiner Ministerkollegin wegen ihrer Äußerungen vor, mit ihren Überlegungen zur Legalisierung des Haschischrauchens die **gesellschaftliche Akzeptanz „weicher Drogen"** zu fördern. Der F.D.P.-Politiker lehnte eine Legalisierung dieser Rauschmittel grundsätzlich ab. Diese Ablehnung teilte auch der Vorsitzende des Bundestagsausschusses für Jugend, Familie, Frauen und Gesundheit, der CDU-Politiker Hoffacker. Er erklärte, daß eine Haschisch-Freigabe für die CDU/CSU-Bundestagsfraktion indiskutabel sei. Der CSU-Generalsekretär Erwin Huber wandte sich Mitte Dezember 1988 vor der Jungen Union gar gegen „die unverantwortliche Diskussion einiger Politiker der CDU" über die Legalisierung von Haschisch.

Die Diskussion um Cannabis wird auch 1989 fortgeführt, nicht nur in der BRDeutschland, sondern in ganz Europa. Auf dem Hintergrund des EG-Binnenmarktes kann eine bloß nationalstaatliche Antwort auf die Cannabisfrage nicht ausreichen. Es bedarf einer gesamteuropäischen Antwort, es bedarf einer **gemeinsamen** drogenpolitischen Haltung zur Cannabisverbreitung in den EG-Mitgliedstaaten. Mitglieder des Untersuchungsausschusses „Drogenprobleme in der EG" des Europäischen Parlaments hatten sich schon im Herbst 1986 dafür ausgesprochen, daß zwischen sogenannten „harten" und „weichen" Drogen sowie zwischen dem Besitz illegaler Drogen für den Eigenbedarf und echten Drogenhändlern unterschieden werden soll.

Die Sozialistische Fraktion im Europäischen Parlament wurde in ihrer Broschüre „Drogen in Europa" 1988 noch deutlicher. Im Vorwort schrieb die drogenpolitische Sprecherin der sozialistischen Fraktion des EP und stellvertretende Vorsitzende der SPD-Abgeordneten im EP, Heinke Salisch:

„...Wir sollten Abschied nehmen von ideologisch begründeter Prohibition. Offenlegen und aufklären und nicht verbergen und drohen. Vielleicht ist das ein Weg, der uns weiterbringt. Wir haben als politisch Verantwortliche zu lernen vom mutigen Pragmatismus derjenigen, die tagtäglich konfrontiert sind mit den Leiden der Süchtigen und den Konsequenzen unserer bisherigen Politik."

In der Broschüre heißt es weiter:

*„...Bei den Versuchen, eine europäische Drogenpolitik zu entwickeln, wird häufig auf das amerikanische Modell verwiesen. Europäische Politikerinnen kritisieren jedoch vor allem, daß in dem Modell das Schwergewicht auf der Repression liegt...Neben dem vorwiegend repressiven Modell der USA zur Bekämpfung des Drogenmißbrauchs haben sich andere Strategien entwickelt. Zum Teil wird eine **Liberalisierung von Drogen** praktiziert oder in Erwägung gezogen...Das Liberalisierungsmodell wurde bei der Entwicklung einer **europäischen Drogenpolitik** zur wichtigsten Alternative zum amerikanischen Modell..."*

Abb. 27 Drogenmagazin
HIGH TIMES (USA)

Abb. 28 Drogenmagazin
INSIDE (BRDeutschland)

327

Doch gerade die USA haben mit ihrer schwerpunktmäßig repressiven Drogenpolitik gezeigt, daß dadurch das Drogenproblem im allgemeinen und das Marihuanaproblem im besonderen nicht zu minimieren, geschweige denn zu „lösen" ist. Über 20 Millionen regelmäßige Marihuana-Konsumenten werden heute in den USA geschätzt. Auch die Drogenpolitik der Vereinten Nationen – fast deckungsgleich mit der der USA – ist mit der Cannabisfrage überfordert. Noch 1984 warnte die UN-Drogenkontroll-Kommission in ihrem Jahresbericht vor einer „in Westeuropa entstandenen falschen Toleranz gegenüber vermeintlich weniger gefährlichen ‚sanften Drogen' wie Haschisch und Marihuana". Heute, ein halbes Jahrzehnt später, ist die Cannabissituation **weltweit unkontrollierbar.** Anwendungen nationaler Strafrechte können es nicht einmal mehr kanalisieren. Zumindest für Europa und damit auch für die BRDeutschland werden die nächsten Jahre zeigen, wie die Länder in den 90er Jahren mit dem gesamteuropäischen Cannabisproblem politisch umgehen wollen. Die Erfahrungen der letzten beiden Jahrzehnte sprechen nicht für eine Beibehaltung des repressiven Umgangs mit den Cannabiskonsumenten.

7.2. Der Glaubenskrieg um die Ersatzdrogen

Der massenhafte Einsatz des Betäubungsmittels Morphium in der zweiten Hälfte des 19. Jahrhunderts, insbesondere im Krim-Krieg (1853-56), im amerikanischen Bürgerkrieg (1861-65) und im Deutsch-Französischen Krieg (1870-71), hatte den „Morphinismus als Soldatenkrankheit (soldiers disease)" zur Folge.

Auf der Suche nach effektiven Behandlungsmethoden der Morphiumsucht wurde von einigen Ärzten und Wissenschaftlern in Nordamerika und Westeuropa auch die Behandlung mit „Ersatzdrogen" in Erwägung gezogen und praktiziert. In den USA beispielsweise hatte in der „Detroit Therapeutic Gazette" der Forscher W. H. Bentley 1878 und in den „Louisville Medical News" der Forscher Palmer 1880 über die Bekämpfung des Morphinismus durch Kokain berichtet.

In Nordamerika wurde die „wichtige Wahrnehmung gemacht, daß die Cocapräparate die Kraft besitzen, den Morphinhunger bei gewohnheitsmäßigen Morphinisten zu unterdrücken und die bei der Morphinentwöhnung auftretenden schweren Kollapserscheinungen auf ein geringes Maß zurückzuführen". Über zwei Jahre bildete das Thema „Erythroxylon coca in the opium habit" eine stehende Rubrik in den Berichten der „Therapeutic Gazette".

In Europa berichtete vor 105 Jahren der österreichische Arzt und spätere Begründer der Psychoanalyse, Sigmund Freud (1856-1939), in seinem Artikel „Über Coca" über den „Einsatz von Kokain in der Morphin- und Alkoholentwöhnung". Mehr als vier Jahre, von 1884 bis 1887, versuchte sich Freud selbst in der Ersatzdrogen-Therapie, indem er seinem morphiumsüchtigen Freund und Arztkollegen Ernst von Fleischl-Marxow das Substitut Kokain gegen dessen Morphinismus verschrieb.

Härteste Kritik an dieser Ersatzdrogenverschreibung kam aus dem Deutschen Kaiserreich (in welchem die Darmstädter Firma Merck das Kokain produzierte), wo 1886 der Psychiater Erlenmeyer Kokain als „dritte Geißel der Menschheit" (nach Alkohol und Morphium) verurteilte. Auch der Toxikologe Louis Lewin erhob gegen diese Behandlung Einspruch und sagte voraus, „es würde dadurch erreicht werden, daß ein solcher Mensch dann beide Stoffe gebrauche, daß er dann einer ‚gepaarten Leidenschaft' sich hingeben würde. So ist es gekommen. Und noch mehr" (1927).

Dieser kurze Ausflug in die Drogengeschichte soll verdeutlichen, daß der „Streit um Ersatzdrogen", das „Pro und Contra um Substitute", keineswegs neu, sondern schon über einhundert Jahre (!) alt ist. Die seit fast zwanzig Jahren geführte Pro-und-Contra-Diskussion um das synthetische Opiat „DL-Methadon" (USA) beziehungsweise „L-Methadon/Polamidon R" (BRDeutschland) als Ersatzdroge setzt diese Tradition gewissermaßen fort.

Während des zweiten Weltkrieges wurde 1942 in den Forschungsstätten der deutschen Firma Hoechst die Ersatzdroge erstmals als Versuchspräparat „Amidon" hergestellt.

Bei der Durchsuchung der Forschungsstätten nach Kriegsende 1945 fand die Siegermacht USA die neue Droge und stellte sie im Zuge der „Patent- und Vorschriften-Enteignung der deutschen Industrie" der übrigen Welt zur wirtschaftlichen Ausnutzung zur Verfügung. Noch

1945 kam „Amidon" im Ausland in den Handel: In den USA als „Methadon/Psychoptone/Dolophine", in England als „Miadone/Heptalgin", in Dänemark als „Butalgin", in Belgien als „Betalgin", in Österreich als „Heptadon" und so weiter. Die Verbreitung der Droge in der zweiten Hälfte der 40er Jahre führte von Ende der 40er bis Anfang der 50er Jahre in Europa, auch in der 1949 gegründeten BRDeutschland zum Drogenproblem des „Polamidonismus".

Gut zehn Jahre später führten es V. P. Dole und M. E. A. Nyswander in den USA als „neue Behandlungsform für Heroinabhängige" (A medical treatment for diacetylmorphine [heroine] addiction, 1965) ein.

In dem darauffolgenden Vierteljahrhundert fand diese Substitutions-Behandlung auch Eingang in vielen Ländern Westeuropas (beispielsweise Niederlande, Großbritannien, Italien und Schweiz) und Asiens (beispielsweise Thailand und Hongkong).

In der BRDeutschland waren sich von Anfang der 70er bis Mitte der 80er Jahre Gesundheitspolitiker, Mediziner, Wissenschaftler und Drogenfachleute mehrheitlich darin einig, die „Einführung von Methadon-Erhaltungsprogrammen in Deutschland" abzulehnen. Erfahrungen mit Methadon hatte in dieser Zeit lediglich eine Einrichtung, das Jugend- und Drogenberatungszentrum Hannover, das neben anderen Therapieformen vom Oktober 1971 bis Dezember 1975 mit dem Einsatz dieses Substituts arbeitete. Die ersten Erfahrungen führten dort Anfang 1973 zum Ausbau eines streng strukturierten Methadon-Programms, in welchem die Psycho- und Sozialtherapie eine zentrale Bedeutung hatte. Die Erfahrungen „2 Jahre danach" wurden im Niedersächsischen Ärzteblatt Heft 9/1978 veröffentlicht: „...Zusammenfassend läßt sich festhalten, daß unser Substitutionsprogramm mit dem Ziel der Drogenfreiheit nicht realisierbar war!..." Eine fast zehn Jahre später durchgeführte Nachuntersuchung kam zu wesentlich erfreulicheren Ergebnissen. Ein großer Teil der in der ersten Hälfte der 70er Jahre mit Polamidon ambulant behandelten Patienten war zum Zeitpunkt der Nachuntersuchung langjährig drogenfrei.

Zur Wiederbelebung der Diskussion um Ersatzdrogen trug insbesondere die Verbreitung der Infektion mit dem Erreger des erworbenen

Immundefekt-Syndroms HIV (= Human Immunodefiency Virus) unter den spritzenden Betäubungsmittelabhängigen in den 80er Jahren bei. In der zweiten Hälfte der 80er Jahre wurden die Drogenabhängigen schon zur „Hochrisikogruppe" erklärt. Weibliche und männliche drogenabhängige Prostituierte galten als eine Hauptansteckungsquelle der lebensbedrohlichen AIDS-Infektion beziehungsweise -Erkrankung. Diese Problemverschärfung führte zu einer erneuten Überlegung, ob medikamentös unterstützte Therapien bei Drogenabhängigen, insbesondere bei AIDS-Erkrankten, durchgeführt werden sollen.

Zum Ende der 80er Jahre praktizieren die meisten Länder Europas neben anderen (= drogenfreien) Therapieformen auch die Substitutionsabgabe. Die BRDeutschland gehört zur Minorität in Europa, die in der Frage des Ersatzdrogeneinsatzes bis heute keine nationalstaatlich einhellige Antwort gefunden hat.

Als im Juli/September 1987 die Landesregierung und der Landtag des Bundeslandes Nordrhein-Westfalen beschlossen, in drei Städten (Bochum, Düsseldorf und Essen) des Landes mit insgesamt 120 Patienten über einen Zeitraum von fünf Jahren eine wissenschaftliche Studie zur medikamentengestützten Rehabilitation bei bisher in der Therapie gescheiterten Opiatabhängigen durchzuführen, brach ein politisch-wissenschaftlicher Streit um den Methadon/Polamidon-Einsatz aus, der „glaubenskriegsähnliche Züge" annahm. Dieser dauerte noch an, als die nordrhein-westfälische Landesregierung Mitte Februar 1989 eine erste Bilanz nach einem Jahr Methadon-Programm zog. Sie fiel positiv aus, und man erwog, den Versuch auch auf die Städte Köln und Bielefeld auszudehnen.

Das Bundesland Nordrhein-Westfalen blieb mit seiner Entscheidung „für Methadon" nicht allein. In der Folge sprach sich auch der Stadtstaat Hamburg für den Einsatz des Substituts aus. Auf dem Kongreß „Drogen und AIDS" Anfang Juni 1988 in Saarbrücken gab die saarländische Sozialministerin Brunhilde Peter bekannt, daß das Saarland gegenwärtig die Einführung eines Methadonprogramms prüfe. Ende Dezember 1988 überlegte der bayerische Sozialminister Glück, im Kampf gegen den Suchtmittelmißbrauch „alle denkbaren Bekämpfungsstrategien kritisch und vorurteilsfrei zu prüfen". Dazu gehöre auch, erneut zu überdenken, inwieweit Methadon im Einzelfall einen Beitrag leisten könne, Drogenabhängige wirksam zu behandeln.

1989 fand am 24. Februar eine Sonderkonferenz der Gesundheitsminister und -senatoren der Länder (GMK) und des Bundes in Bonn statt. Doch auch diese Konferenz hatte zum Ergebnis, daß der Einsatz des Schmerzmittels Methadon zur Therapie heroinabhängiger Personen weiter umstritten blieb: Für den Methadoneinsatz sprachen sich die Bundesländer Nordrhein-Westfalen, Schleswig-Holstein, das Saarland, Hamburg, Bremen und Niedersachsen (als einziges CDU-regiertes Land) aus. Dagegen lehnten in einem Minderheitenvotum die Bundesländer Bayern, Baden-Württemberg, Berlin, Hessen und Rheinland-Pfalz Methadon-Programme ab. Der Minderheit schloß sich auch die Bundesgesundheitsministerin Ursula Lehr (CDU) an, die bei der Länderkonferenz jedoch nicht stimmberechtigt war. Dennoch hatte Ministerin Lehr die Bundesärztekammer gebeten, zu prüfen, ob die Anwendungsgebiete von Ersatzdrogen wie Methadon erweitert werden können.

Worum geht es im Streit um die Ersatzdrogen eigentlich? Warum wird in der BRDeutschland wie in keinem anderen europäischen Land über so viele Jahre so heftig gerade die Ersatzdroge Methadon abgelehnt?

Methadon (Polamidon)

● entfaltet wie die Opiate eine äußerst schmerzstillende Wirkung und stillt zugleich den sogenannten Opiathunger der Heroinabhängigen;

● in Relation zu den Opiaten wirkt es nicht euphorisierend und bewußtseinsverändernd;

● es verhindert beziehungsweise mindert die Entzugserscheinungen bei Opiatabhängigen.

● Methadon ist ein synthetisches Betäubungsmittel, das über Gewöhnung auch zur Abhängigkeit führen kann. Überdosierungen können zum Tod führen;

● verglichen mit Opiaten hält die Wirkung des starken Ersatzstoffes Methadon länger an. Während der Heroinabhängige alle 4 bis 8 Stunden seine Droge benötigt, braucht der Methadonabhängige seine Droge nur alle 12 bis 24 Stunden.

Diese Eigenschaften der Droge Methadon haben sie für die Befürworter einer medikamentös unterstützten Drogentherapie zur geeignet-

Pro Methadon
Anzeigenaktion in „Der Tagesspiegel" (Berlin) Nr. 13.201, Freitag, 24. Februar 1989, S. 5

sten Ersatzdroge (Stubstitut) werden lassen. Die Gegner der medikamentös unterstützten Drogentherapien verweisen auf dieselben Eigenschaften der Droge, insbesondere auf deren Suchtpotential und Giftigkeit.

PRO-Argumente der Befürworter:

● Eine Verminderung der Belastung der Gesellschaft von den Folgen der **Sekundärkriminalität** tritt (wenigstens vorübergehend) ein;

● eine teilweise oder (theoretisch) totale Entbindung vom Zwang der **Beschaffungskriminalität** kann erreicht werden;

● die Möglichkeit zur **sozialen Eingliederung** (beziehungsweise Wiedereingliederung) wird geboten;

● die Teilnahme an einem **psychosozialen Entwöhnungsprogramm** wird ermöglicht;

● die „Entfernung des abhängigen Fixers auf der Szene" kann die **Wegnahme einer Infektionsquelle der Sucht** für andere bedeuten;

● durch die orale Einnahme der Ersatzdroge werden die Gefahren unsteriler oder durch Streckmittel gefährlicher Injektionen von „Szene-Heroin" vermieden;

● Methadon blockiert, wenn auch nur teilweise, die euphorisierende Heroin-Wirkung und den Heroin-Hunger.

CONTRA-Argumente der Gegner:

● Heroin wird durch ein anderes Suchtmittel der Opiat-Gruppe (Methadon/Polamidon) ersetzt. Die **Abhängigkeit bleibt unverändert** bestehen;

● Entzugserscheinungen nach Methadon sind in der Regel schwerer und subjektiv unangenehmer als nach Heroin; die Entwöhnung ist dadurch erschwert;

● bei einmaliger Verabfolgung von Methadon pro Tag ist im allgemeinen die „24-Stunden-Deckung" nicht gewährleistet. Zur Überbrückung wird daher **erneut auf Heroin** oder ein Ersatzmittel zurückgegangen;

● die Teilblockierung der Rezeptoren durch Methadon verhindert zwar den Heroin-Hunger; wenn der Abhängige jedoch versucht, diese Blockierung zu überwinden, so werden **größere Dosen Hero-**

in zur Euphorisierung benötigt als zuvor. Dadurch steigt die Gefahr lebensgefährlicher Vergiftungen;
● die Toxizität (Giftigkeit) des Methadons ist beträchtlich;
● Methadon erzeugt eine **Beeinträchtigung der Fahrtüchtigkeit** und der Sicherheit am Arbeitsplatz;

Alle Argumente sind mit veröffentlichten Untersuchungen belegt. Es gibt in diesem Streit *keine wissenschaftliche Lösung, es kann nur eine gesundheitspolitische Entscheidung* geben. Gesundheitspolitisch hat sich in dieser Drogenfrage die BRDeutschland jedoch über fünfzehn Jahre auf das *Primat der absoluten Drogenfreiheit (Total-Abstinenz)* festgelegt. Medikamentös unterstützte Drogentherapien wichen und weichen von diesem im Prinzip richtigen *Grundsatz* ab.

Durch die Methadonvergabe sehen die Ersatzdrogen-Gegner die Gefahr, daß „die Attraktivität drogenfreier Entwöhnungsprogramme für alle Opiatabhängigen in der Szene unterhöhlt wird". Auch aus politischen Gründen halten die Gegner am Primat der Total-Abstinenz und der Ablehnung medikamentös unterstützter Therapien fest. Sie befürchten, daß

● die Vergabe der Ersatzdroge „von Staats wegen" in der Öffentlichkeit den Eindruck der Unheilbarkeit der Sucht erweckt. Daraus könnte eine **Dauerversorgung** bis hin zu einer spezifischen Form des Frührentnertums abgeleitet werden;
● in der Öffentlichkeit der Eindruck entstehen könnte, als würden mit Hilfe einer Droge soziale Probleme gelöst oder sogar Lebensbewältigung erleichtert werden.

Doch gerade die Erfahrungen der letzten Jahrzehnte haben gezeigt, daß die Abhängigkeits-Erkrankung nicht im Sinne einer Organerkrankung heilbar ist und das Suchtproblem als gesamtgesellschaftliches Problem, ob mit oder ohne Ersatzdrogen, nicht „gelöst" werden kann. Hinzu kommt, daß die bevorzugten drogenfreien Therapieprogramme nur einen Teil der Süchtigen erreichen und von denen nur einen Teil rehabilitieren können.

Deutlicher denn je zeigen die Erfahrungen, daß es *mehrere Wege* gibt, die *aus der Sucht* führen können:

1. Der Weg der (professionellen) drogenfreien Therapie.

2. Der Weg der drogenfreien Selbsthilfe, beispielsweise von der 1971 in Berlin gegründeten Gruppe „Synanon" mit Erfolg praktiziert.
3. Der Weg der sogenannten Selbstheilung. Drogenabhängige kommen ohne professionelle Helferunterstützung und ohne Verweilzeiten in Selbsthilfegruppen auf drogenfreien und drogenarmen (Medikamentenverschreibung durch Ärzte) Wegen zur Abstinenz.
4. Der Weg der medikamentös (Ersatzdrogen) unterstützten, in der Regel ambulanten Therapie.

> **Kein Weg kann für sich beanspruchen, alle Süchtigen zu erreichen und für alle Süchtige der einzig richtige Weg zu sein.**

Doch jeder der vier Wege hat Süchtigen in ein späteres drogenfreies Leben geholfen. Eigentlich sollten sich diese vier Wege gegenseitig **ergänzen**. Doch leider werden sie oft immer noch als **gegenseitige Konkurrenz** gesehen. Eine Haltung, die auf dem Hintergrund einer eskalierten Drogenproblematik – auch in der BRDeutschland – schwer verständlich ist. Hat doch auch hier die Erfahrung über viele Jahre gezeigt, daß der staatliche favorisierte „Königsweg", der Weg der totalen Drogenabstinenz, nicht der einzige begehbare Weg aus der Sucht ist.

So wertvoll das Prinzip der absoluten Drogenfreiheit auch sein mag, es darf nicht über den Süchtigen gestellt werden. Es ist unstrittig, daß nur der Süchtige selbst letztlich für sich persönlich und ganz freiwillig die Entscheidung trifft/treffen kann, den beschwerlichen Weg aus der Drogenabhängigkeit zu gehen. Ihm jedoch bestimmte Wege vorzuschreiben, die möglicherweise für ihn nicht die „richtigen" sind, diese *drogenpolitische Eingleisigkeit* ist nicht sachgerecht.

Die strittige Diskussion um Ersatzdrogen macht jedoch eines überdeutlich:

● Vor dem Hintergrund einer konsolidierten Cannabissituation,
● einer sich eskalierenden Kokain- und Amphetaminproblematik,
● einer bedrohlichen Entwicklung im Bereich der synthetischen Drogen,
● einer nahezu ungestörten Versorgungssituation aller Drogenkonsumenten,
● einer gesamtgesellschaftlichen Belastung durch Beschaffungs- und Sekundärkriminalität in jährlicher Milliardenhöhe

● und last not least einer epidemischen Drogenverbreitung über ein Vierteljahrhundert (!)

streiten Wissenschaftler und Politiker, Eltern und Mitglieder von Selbsthilfegruppen, Drogenhelfer und Mediziner um die Bewahrung des idealtypischen Prinzips der totalen Drogenfreiheit.

Ersatzdrogen, so die Gegner der medikamentös unterstützten Therapien, dürfen nur in Ausnahmefällen, beispielsweise bei heroinabhängigen Schwangeren und AIDS-Kranken im letzten Stadium, verabreicht werden und nicht zu einer Alternative zu den drogenfreien Therapien entwickelt werden, die dann vielen zugänglich wäre. In der BRDeutschland, wo der Einsatz des Betäubungsmittels Methadon bis zum heutigen Tage juristisch unklar ist und seit langem eindeutige Regeln, insbesondere für Mediziner, gefordert werden, steht die „Abstinence" (Drogenenthaltsamkeit) immer noch vor der „Maintenance" (Drogenerhaltung).

Auf dem sogenannten Berliner Methadon-Colloquium im Oktober 1984 verabschiedeten Drogenfachleute „Empfehlungen an die Politik" und begründeten ihre Ablehnung gegen Methadonprogramme. Der ehemalige Drogenbeauftragte des Landes Berlin, Wolfgang Heckmann, brachte die Ablehnung auf den Punkt: „ . . . Die ,staatlich lizensierte' Drogenvergabe schafft Irritationen in der Haltung der Öffentlichkeit zu Drogenabhängigen und in der rechtlichen Bewertung von Drogenstraftaten. **Der Trend zur Legalisierung weiterer Drogen wird unaufhaltsam . . . "**

Noch heute, ein halbes Jahrzehnt später, läuft ein Ersatzdrogen verschreibender Arzt Gefahr, zum „Dealer im weißen Kittel" zu werden. Noch heute müssen sich verantwortliche Drogenpolitiker, die den Einsatz von Substituten befürworten, mit dem Schuldvorwurf auseinandersetzen, daß durch ihre Haltung der „Staat zum Dealer" wird. Doch wenn, wie es nun Ende der 80er Jahre eingetreten ist, Heroinabhängige über eine „staatlich lizensierte Drogenvergabe" Ersatzdrogen erhalten, bei den Cannabiskonsumenten die Entkriminalisierung zumindest des Konsums überlegt wird und das im Hintergrund operierende übermächtige Organisierte Verbrechen durch Staatsgewalt nicht effektiv bekämpft werden kann, dann könnte man, und dies wäre ehrlicher und konsequenter, auch gleich die Drogen **freigeben.**

7.3. Der radikale Schritt – die Drogenfreigabe

Es sind nur wenige, die von einer heutigen Liberalisierung und morgigen Legalisierung der Drogen und ihrer Konsumenten sprechen. Es sind aber viele, die heute von einer **gescheiterten Drogenpolitik** sprechen, darunter international bekannte Mediziner und Wissenschaftler, beispielsweise aus der **Schweiz:**

„Die Drogenpolitik der westlichen Welt sitzt auf einem Scherbenhaufen. Damit meine ich den Umgang mit der Masse der Abhängigen. Alle Versuche, mit ihren Problemen fertig zu werden, scheinen gescheitert" (Dr. Karl Deissler, Luzern, 17. März 1987).

„Eine rationale Drogenpolitik sollte an mindestens zwei Punkten ansetzen. Nämlich zum einen an der in erster Linie von wirtschaftlichen Interessen diktierten Unterscheidung in legale und illegale Drogen (Stichworte: staatlich subventionierte Alkoholproduktion, Milliardengewinne von Untergrundgruppen durch illegale Drogen). Zum anderen hat eine rationale Drogenpolitik von der Einsicht auszugehen, daß es immer Drogenkonsum geben wird, legalen oder illegalen. Es kann daher nicht darum gehen, ihn zu verhindern, sondern das dadurch bewirkte Übel so klein wie möglich zu halten" (Prof. Kind, Zürich, 22. Jan. 1988).

„Also wenn man nach Perspektiven für eine neue Drogenpolitik fragt, dann muß man ehrlicherweise an den Anfang stellen, daß wir keine Rezepte finden werden. Auch keine Gesamtpolitik, die es uns in rascher Frist erlauben wird, sichtbar nicht nur das Drogenproblem sondern das Suchtproblem vom Tisch zu bringen. Ich denke, wir werden damit leben müssen" (Prof. Dr. Ambros Uchtenhagen, Zürich, 28. November 1988).

Auch in der **BRDeutschland** war das Jahr 1988 durch kritische Stimmen gekennzeichnet: Anfang Juni dieses Jahres zogen rund 400 Sozialarbeiter, Sozialpädagogen, Pädagogen, Psychologen und Ärzte auf dem Bundeskongreß „Drogen und AIDS" in Saarbrücken die Bilanz, daß die bisherige Politik zur Bekämpfung der Rauschgiftsucht in der BRDeutschland versagt hat.

Selbst im Zentrum der Richtlinienkompetenz bundesdeutscher Drogenpolitik, im Bundesministerium für Jugend, Familie, Frauen und

Gesundheit, fällt die Bilanz bisheriger Bemühungen nicht mehr so gut wie bisher aus: Ministerialdirigent Prof. Dr. Franke, langgedienter Drogenbeauftragter des Bundes, in einer Veröffentlichung vom 25. Juli 1988: *„Es wird immer wieder behauptet, daß die Drogenpolitik in der BRDeutschland versagt hat, so zuletzt im Zwischenbericht der Enquete-Kommission ‚AIDS‘ des Deutschen Bundestages. In der Tat ist es seit Mitte 1987 so, daß alle Indikatoren, mit denen indirekt Veränderungen und Umfang der Drogensituation gemessen werden, eine zu erwartende Verschlechterung andeuten...‟*

In einer vom Westdeutschen Fernsehen am 28. November 1988 ausgestrahlten Sendung ging auch Frau Prof. Rita Süssmuth, vormals Bundesgesundheitsministerin, auf das Thema ein: *„...daß wir in der Drogenpolitik eine Situation erreicht haben, wo wir nicht erfolgreich Bilanz ziehen können, sondern wo die Probleme gerade in den letzten Jahren wieder erheblich wachsen und die Frage gestellt wird: Ist es im Kampf gegen Drogen nicht sinnvoller, sie zu legalisieren?‟*

Das Deutsche Fernsehen hatte sich wohl schon in einigen Sendungen mit dem Thema der Cannabis-Liberalisierung beschäftigt, aber noch nie mit dem bis dahin mehr oder weniger tabuisierten Thema der Drogenfreigabe. Das Westdeutsche Fernsehen (WDF) durchbrach dieses drogenpolitische Tabu Ende November 1988. Am 28. November strahlte die WDF-Redaktion „Signale" den Film von Hans-Gerhard Roth „Heroin aus der Apotheke? – Die Kontroverse um die Drogenfreigabe" aus. Drogenberater und Therapeuten sprachen sich in der Sendung für eine veränderte Drogenpolitik aus.

Ausgesprochen skeptisch blieb und bleibt die Polizei in der Frage der Liberalisierung & Legalisierung. Der Präsident des Bundeskriminalamtes (BKA), Dr. Heinrich Boge, dazu: *„Angesichts der bedrohlichen Entwicklung im Rauschgiftbereich auf nationaler und internationaler Ebene stehe ich auch* **unkonventionellen Denkmodellen** *offen gegenüber"* (3. November 1988). Doch in der Drogenfreigabe sieht der BKA-Präsident eher eine „Kapitulation vor dem organisierten Verbrechen". Auch der Leiter der Abteilung Rauschgift im BKA, Abteilungspräsident Jürgen N. Jeschke, ist zwar der Meinung: *„Wenn dies ein erfolgversprechender Weg wäre, dann müßten wir ihn gehen"* (28. November 1988), befürchtet jedoch durch die Drogenfreigabe eine erhebliche Zunahme der Drogenkonsumenten.

DER STERN (Hamburg) 41. Jahr Heft Nr. 45, 3. November 1988, S. 32–33

Der Sozialpädagoge Berndt Georg Thamm war »streetworker«, schult Rauschgiftfahnder und war Sachverständiger für das Europa-Parlament. Im Frühjahr erscheint sein Buch »Drogenfreigabe – Resignation oder Lösung?«

1. Die Politik der Repression, die seit einem Dreivierteljahrhundert in der westlichen und mittlerweile auch östlichen Welt praktiziert wird, hat die weltweite Eskalation der Drogenverbreitung nicht verhindert. Das Problem ist heute so groß wie nie zuvor.

2. Drogen sind zu einer Weltmacht geworden. Der Anbau und der Verkauf von Drogenpflanzen (Cannabis und Coca) und Rohprodukten (Opium) ernährt Millionen von asiatischen und lateinamerikanischen Bauern und deren Familien. Unzählige Menschen sind weltweit mit Schmuggel und Vertrieb befaßt. Das organisierte Verbrechen von der sizilianischen Mafia über die chinesischen Triaden bis zu den kolumbianischen Kartellen verdient daran jährlich zwischen 300 und 500 Milliarden US-Dollar. Zum Vergleich: Die Gesamtverschuldung der Dritten Welt liegt bei 1200 Milliarden US-Dollar. Drogen sind in nicht wenigen Krisengebieten für Guerilleros, Freiheits- und Unabhängigkeitskämpfer zur harten Währung für Waffenkäufe geworden. Auch Terroristen schätzen Drogendollars (Narkoterrorismus). Einzig und allein die Illegalität sichert das Maximum der Profite.

3. Die Grenzen des Abwehrkampfes sind längst erreicht. Man kann noch mehr Polizisten und Soldaten einsetzen. Aber man schickt sie in einen schon verlorenen Krieg. Weltweit können die Strafverfolgungsbehörden nur drei bis maximal zehn Prozent des umlaufenden Rauschgifts beschlagnahmen.

4. Ungezählte Zollfahnder, Polizisten, Staatsanwälte und Richter sind bei uns mit Drogendelikten befaßt. Gefangen werden fast nur Konsumenten und Kleindealer. Jeder Haftplatz für sie kostet mehr als 100 Mark täglich, und sie tragen seit Jahren noch das Drogenproblem in den Knast.

5. Wenn Rauschgiftkonsum nicht mehr bestraft würde und Drogen etwa in Apotheken frei erhältlich wären, würde die Beschaffungskriminalität auf einen Bruchteil sinken. Heute brechen Süchtige noch Wohnungen auf, stehlen Autoradios und rauben Handtaschen, weil die Illegalität die Drogen so teuer macht. Der kleine Süchtige bezahlt teuer das (minimale) Risiko der großen Gangster. Wer wei-

ter das Verbot von Rauschmitteln befürwortet, sichert damit – ob er will oder nicht – die Gewinne des internationalen organisierten Verbrechens.

6. Durch Drogenfreigabe und Staatskontrolle würde das organisierte Verbrechen eine seiner größten Einnahmequellen verlieren. Es gäbe keinen Drogenschwarzmarkt mehr. Die Geschichte dieses Jahrhunderts hat deutlich gezeigt, daß das organisierte Verbrechen gerade in Verbotszeiten (Prohibition) wächst, blüht und gedeiht. Die Gesellschaft könnte Milliarden sparen, wenn es keine Dealerringe mehr gäbe und die gesamte Drogenkriminalität verschwunden wäre.

7. Durch Steuern auf Rauschgift kämen jährlich weitere Milliarden zusammen. Die Besteuerung der legalen Droge Tabak etwa erbrachte im vergangenen Jahr 14,5 Milliarden Mark. Nur zehn Prozent einer neuen Steuer auf Rauschgifte würden ebenfalls Milliarden ausmachen, sie könnten gezielt für breite Aufklärung, für Vorbeugungsprogramme und für Hilfseinrichtungen eingesetzt werden. Mittelfristig würden sie wohl mehr bewirken als die Abschreckung durch Repression. Die »Helferszene« der freien Gruppen und auch öffentliche Einrichtungen stöhnen heute unter akutem Geldmangel. Sie könnten unterstützt, die medizinische Betreuung erweitert werden. Für Suchtforschung und Selbsthilfe wären mehr Mittel da.

8. Drogen im Staatsmonopol oder in Lizenz von der pharmazeutischen Industrie würden als reine, chemisch überprüfte und staatlich kontrollierte Ware an den Käufer kommen. Heute ist jeder Süchtige sein eigenes Versuchskaninchen. Viele Drogentote gehen auf das Konto von Stoffverunreinigungen, unbekannten Streckungsmitteln, unsauberen und infizierten Spritznadeln. Eine Rauschgiftfreigabe würde zu einer Abnahme der Drogentoten führen. Sie sollte allerdings erst erfolgen, wenn mehrere Länder sich dazu gleichzeitig entschließen, da sonst ein Drogentourismus einsetzen könnte. Auch wenn das politisch nicht schnell durchsetzbar sein wird, muß die Diskussion darüber heute beginnen.

9. Fehlen die kriminellen Umstände, bleibt »nur noch« der Suchtkranke. Einen Rest von Süchtigen wird es immer geben. Eine Konsumgesellschaft muß auch mit Problemkonsumenten leben. Doch die sind besser behandelbar, wenn sie sich nicht in der Szene verkriechen müssen. ∎

DER STERN (Hamburg) 41. Jahr Heft Nr. 45, 3. November 1988, S. 33, 35

Dr. Heinrich Boge ist Präsident des Bundeskriminalamts. Er warnt, vor dem organisierten Verbrechen zu kapitulieren, und setzt auf bessere Fahndungsmethoden

1. Angesichts der bedrohlichen Entwicklung im Rauschgiftbereich auf nationaler und internationaler Ebene stehe ich auch unkonventionellen Denkmodellen offen gegenüber. Aber durch eine Freigabe von Rauschgiften würde der Staat nur vor dem organisierten Verbrechen kapitulieren, das gesellschaftliche Suchtproblem würde nicht gelöst. Der Staat hat den Verfassungsauftrag, die Gesundheit seiner Bürger zu schützen. Dies geschieht durch ein umfassendes Programm zur Bekämpfung der Drogenabhängigkeit. Neben aufklärerischen und therapeutischen Maßnahmen zur Eindämmung der Drogennachfrage ist die Repression unabdingbar, um das Angebot so gering wie möglich zu halten.

2. Die Grenzen des Abwehrkampfes sind längst nicht erreicht, weil den klassischen Bekämpfungsmaßnahmen neue Konzepte hinzugefügt werden:

• vorgelagerte Abwehrlinien, etwa der Einsatz von Rauschgiftverbindungsbeamten in den Hersteller- und Transitländern;

• Abschöpfung der illegal erworbenen Vermögenswerte (Geld, Grundstücke, Firmen) und Aufdeckung von Geldwaschanlagen;

• verfeinerte verdeckte Ermittlungsmethoden und

• Herausbrechen von Organisationsmitgliedern aufgrund einer bereits existierenden »Kronzeugenregelung«, die noch verbessert werden kann.

3. Mafia, kolumbianische Kokain-Kartelle und andere internationale Händlerorganisationen haben noch nie soviel an dem Elend von etwa 40 Millionen Rauschgiftsüchtigen in der Welt verdient wie heute. Es ist aber ein folgenschwerer Irrtum, anzunehmen, derartigen Organisationen wäre durch Drogenfreigabe unter staatlicher Kontrolle der Boden für weitere illegale Machenschaften entzogen. Neue profitable Gebiete werden erschlossen und ausgebaut, wie gerade die Erfahrungen nach Aufhebung der Prohibition in den USA gezeigt haben.

4. Wenn Suchtstoffe etwa in Apotheken frei verkauft würden, könnte die Beschaffungskriminalität zurückgehen. Dieses Minus würde aber durch ein Plus bei den Delikten der Begleitkriminalität (Gewaltdelikte) bei weitem aufgefangen. Es wäre etwa im Straßenverkehr mit einer erheblichen Gefährdung von Leib und Leben unbeteiligter Dritter verbunden, wie die rund 200 000 Straftäter zeigen, die 1987 bei Tatausführung unter Alkoholeinfluß standen.

5. Das Weiterbestehen eines Drogenschwarzmarktes ist nicht auszuschließen. Er könnte sich verstärkt auf »ausgegrenzte« Gruppen (zum Beispiel Kinder!) wie auch auf die Produktion neuer, noch gefährlicherer synthetischer Drogen konzentrieren und den Staat in ständigen Zugzwang bringen, auch diese Rauschgifte freizugeben. Wer Heroin, Kokain oder Amphetamin frei verfügbar macht, muß konsequenterweise auch alle Medikamente und die große Zahl der Medikamentenabhängigen mit einbeziehen. Unvorstellbar, welche Problemlawine auf die Gesellschaft zukäme.

6. Eine Legalisierung und Abgabe unter staatlicher Kontrolle würde die Ungefährlichkeit der Droge indizieren, was aber im völligen Widerspruch zur anerkannten Gefährlichkeit von Heroin oder Kokain steht. Der Rückblick in die Geschichte verdeutlicht, daß das internationale Opiumabkommen von 1925 eine dringend gebotene Abwehrmaßnahme gegen eine verheerende Heroinwelle war, die nicht nur Deutschland betraf. Aufgrund der festgestellten Gefährlichkeit von Heroin und seinen suchterregenden Eigenschaften wurde die bis dahin praktizierte Freiverkäuflichkeit durch Handels- und Abgabeverbot pönalisiert. Die Indizierung der Ungefährlichkeit würde zu einer Verringerung der Schwellenangst, Akzeptanzsteigerung und explosionsartiger Ausweitung des Drogenkonsums führen. Wenn unter dem Druck der Illegalität bereits rund 100 000 Menschen hierzulande harte Drogen konsumieren, wird eine Legalisierung die Konsumentenzahl erheblich vergrößern.

7. Die freie Drogenverfügbarkeit hätte zunehmend größere Rauschgiftmengen der Einzeldosis sowie die Erhöhung der Einnahmefrequenzen zur Folge, da der Süchtige nicht mehr vernunftmäßig handelt. Das würde zu mehr Drogentoten führen wie auch die zunehmende Polytoxikomanie, das heißt der Konsum unterschiedlichster harter Drogen nebeneinander. Die Suizidrate wird sich unter dem Eindruck der erlebten Sucht drastisch erhöhen.

8. Durch die Möglichkeit, jederzeit Rauschgifte zu erhalten, wird die Bereitschaft, Therapieangebote anzunehmen, noch mehr nachlassen. Das gesamte gesundheitliche Konzept der Rauschgiftbekämpfung wäre in Frage gestellt.

Fazit: Bei einer Freigabe von Rauschgiften würde der Staat vor dem organisierten Verbrechen kapitulieren, die Sucht nicht bekämpfen, sondern sie fördernd ausweiten und damit seinen Verfassungsauftrag nicht erfüllen. Es widerspricht jeder historischen Erfahrung, anzunehmen, daß eine staatlich kontrollierte freie Abgabe die Konsumentenzahl reduzieren würde. Dies muß aber im Mittelpunkt aller Bemühungen stehen.

Das Thema Drogenfreigabe spielte im Jahr 1988 auch in anderen europäischen Ländern eine Rolle.

In **Großbritannien** sprachen sich für die Legalisierung *„als Ausweg aus einem sonst unlösbaren Weltproblem"* das Medizinerorgan „Lancet" und die Wirtschaftszeitschrift „Economist" aus.

In den **Niederlanden** fand Anfang Juni 1988 anläßlich des 60jährigen Bestehens der katholischen Universität Brabant ein internationaler Kongreß in Tilburg statt. Organisiert wurde er von Juristen der Fakultät der Rechtswissenschaften (Universität Brabant) in Zusammenarbeit mit dem Max-Planck-Institut für ausländisches und internationales Strafrecht (Freiburg). Am Kongreß nahmen 18 Drogenexperten aus 14 Ländern teil, darunter auch Prof. S. Wisotzky (Nova Law Center, Florida). Nach Ansicht der Fachleute hat *„der Kampf gegen das Rauschgift versagt"*. Dementsprechend empfahlen sie: Weiche und harte Drogen sollten frei verkauft werden können; Konsum und Besitz sollten nicht strafbar sein. Dadurch würden die großen Gewinne der kriminellen Organisationen verschwinden, die sich mit dem illegalen Rauschgifthandel beschäftigen. Nur Drogenhändler, die direkt die persönliche Freiheit von Menschen beschränken, müßten strafrechtlich verfolgt werden.

Zum Thema der Mitorganisator dieses Kongresses, Dr. Hans-Jörg Albrecht (MPI für internationales Recht, Freiburg) am 28. November 1988: *„Es gibt einige gute Anhaltspunkte dafür, daß die heutige Drogenpolitik in Form einer totalen strafrechtlichen Prohibition, eines totalen strafrechtlichen Verbots des Umgangs mit allen heute illegalen Drogen gescheitert ist...Wir gehen auf einen Alkoholkranken anders zu, als wir heute auf jemanden zugehen, der ein Heroinproblem hat. Und es wäre zumindest zu überlegen, ob man nicht hier diese Form von Drogenproblem genauso behandelt, wie die Drogenprobleme, die aus legalen Drogen entstehen. Das würde nicht die Freigabe in endgültiger Form bedeuten, aber die Entkriminalisierung"*.

In Europa ist die Diskussion um die bisher praktizierten nationalstaatlichen Drogenpolitiken in Bewegung gekommen. Das spiegelt sich auch im Europäischen Parlament wider. Dazu die drogenpolitische Sprecherin der sozialistischen Fraktion des EP, Heinke Salisch (SPD), am 28. November 1988: *„Man darf eigentlich gar nicht von* *einer europäischen Drogenpolitik sprechen. Sondern heute ist es die Anzahl von Einzelpolitikern in den Mitgliedstaaten; und erst ganz vorsichtig gibt es grenzüberschreitende Kooperationen und Abstimmungen. Insofern scheint mir wichtig zu sein, sich auf europäischer Ebene darüber klar zu werden, in welchem Maße jetzt Liberalisierung zugelassen wird. Das scheint mir ein erster Schritt zu sein. Und ich denke, hier bietet sich der Cannabisbereich für eine gemeinsame europäische Drogenpolitik an. Es ist schon erfreulich, daß es zunehmend Experten gibt, die die Legalisierung der Drogen fordern. Das wird auch die Politik in Zugzwang bringen..."*

Doch nicht nur in Europa, auch in anderen Kontinenten wird die Frage des politischen Umgangs mit dem Drogenproblem neu gestellt. In **Australien** wurde Anfang November 1988 von der Gesundheitsbehörde erwogen, im Rahmen eines Experiments an ausgewählte Drogenabhängige **kostenlos Heroin** zur Verfügung zu stellen, um so der Ausbreitung des HIV-Virus entgegenzuwirken. Die Abgabe von Heroin in Einwegspritzen soll im Rahmen einer Studie erfolgen, mit deren Hilfe darüber entschieden werden soll, ob ein solches Programm die Verbreitung der Immunschwächekrankheit stoppen kann.

Und schließlich wurde 1988 auch in den **USA,** dem Land, das den „Drogen den Krieg" (war on drugs) erklärt hat, erstmalig in der Öffentlichkeit laut darüber nachgedacht, ob dieser Krieg nicht schon längst verloren sei und aus wirtschaftspolitischen Gründen die Drogen freigegeben werden sollten. In der TIME-Titelgeschichte „Should Drugs be made legal?" vom 30. Mai 1988 ging der Autor George J. Church mit Reportern aus Los Angeles, Washington und New York dieser Frage nach, indem er über das „Undenkbare nachdachte" (Thinking the Unthinkable).

Sein Kollege Pete Hamill griff das Thema im Magazin „New York" am 15. August 1988 (Facing up to Drugs) erneut auf. In seinem Artikel machte er deutlich, daß sich der Drogenhandel längst *„zu einem der erfolgreichsten aller multinationalen kapitalistischen Unternehmen"* entwickelt hat. Diesem könne man nur mit einer Legalisierung der Drogen, wie bei Alkohol und Tabak schon geschehen, entgegentreten. Die Zahl der Abhängigen würde zwar wahrscheinlich nicht geringer, eher anfangs noch anwachsen, doch den weltweiten Verbrecher-Multis wäre das Handwerk gelegt; und die Beschaffungskriminalität, die in den Industriestaaten schon mehr als die Hälfte aller Delikte ausmache, würde drastisch eingedämmt werden.

Doch nicht nur Journalisten, auch US-Juristen und vor allem auch US-Politiker nahmen 1988 zur Frage der Drogenliberalisierung/Legalisierung deutlich Stellung. Der konservative Politiker Milton Friedman, vormals Ökonom in der Reagan-Administration: *„Drogen richten vor allem deshalb Schaden an, weil sie illegal sind"*.

Noch deutlicher wurden einige Politiker auf der Tagung der Bürgermeister (National Town Meeeting), auf der im April 1988 der Bürgermeister von Baltimore, Kurt Schmoke, Absolvent der „Harvard Law School" und vormals Staatsanwalt, fragte: *„Haben wir denn die Lehren aus der Zeit der Prohibition vergessen?"* und forderte, den Drogenmißbrauch als Gesundheitsproblem und nicht als Strafrechtsproblem anzusehen. Nach seiner Meinung ist jetzt die Zeit gekommen, mit der einzigen Waffe zu kämpfen, welche die Drogenhändler verstehen: Geld. Schmoke forderte seine Bürgermeisterkollegen auf, „den Gewinn aus dem Drogengeschäft zu nehmen." Diesen Überlegungen standen auch die Bürgermeister von Washington und Minneapolis nahe.

Bekannte Wissenschaftler unterstützten diese Forderungen. Prof. Ethan A. Nadelmann (Princeton University) setzte sich in einem Artikel im Magazin „Foreign Policy" für die Legalisierung der Drogen ein: *„Wie bei der Legalisierung des Alkohols in den 30er Jahren würde der Drogenhandel von der Straße in staatlich lizensierte und Steuern zahlende Läden verlegt"*. Prof. Philip Heymann (Harvard Law School) urteilte kategorisch: *„Der Krieg gegen das Rauschgift ist verloren"*. Prof. S. Wisotzky (Nova Law Center) berichtete im Juni 1988, daß in dem Maße, wie die US-Behörden mehr Waffengewalt einsetzen, sich auch die Verbrechersyndikate verstärkten. Auf diesem Hintergrund hätten sich in jüngster Zeit in den USA die Auffassungen vielfach verändert und sogar konservative Politiker setzten in zunehmendem Maße Fragezeichen hinter die rigorose Drogenpolitik der USA.

Noch radikaler äußerte sich der Harvard-Jurist Alan Dershowitz: *„Wir haben bereits zwei Rauschgifte legalisiert – Alkohol und Tabak. Jetzt ist die Zeit gekommen, ein drittes freizugeben: Heroin"*.

Nach jahrzehntelanger Rauschgiftabwehr mehren sich zum Ende der
80er Jahre die Stimmen, insbesondere in Nordamerika und Westeuropa, die bisher praktizierte Drogenpolitik mit dem Schwerpunkt der
strafrechtlichen Prohibition zu Gunsten einer liberaleren, einer anti-
prohibitiven Politik aufzugeben.

Schlußfolgerungen aus drogenpolitischen Liberalisierungstendenzen in der zweiten Hälfte der 80er Jahre

- Grundsätzlich ist nach einer drogenfreien Gesellschaft zu stre-
ben. Doch praktisch haben wir zumindest seit Beginn der Industrialisierung nicht einmal eine drogenarme Gesellschaft.

- Tribut jeder leistungsorientierten Konsumgesellschaft ist der
Problemkonsum eines Teiles der Gesellschaft.

- Das Ideal der absoluten Drogenfreiheit (Totalabstinenz) ist in
Konsumgesellschaften gesamtgesellschaftlich nicht zu realisieren.

- So gesehen kann als „Weg aus der Sucht" nicht nur ein sogenannter Königsweg (Primat der Abstinenz) staatlich favorisiert
werden.

- Der epidemisch verbreiteten Drogenproblematik angemessen
müssen alle Wege, die „aus der Sucht führen können", für Drogenabhängige ohne Repression begehbar sein.

- Zu diesen Wegen gehört auch die medikamenten-unterstützte
Behandlung. Auch dieser nicht drogenfreie Weg ist für einige
Süchtige der „richtige" Weg.

- Der Streit um die Abgabe von Ersatzdrogen an Drogenabhängige ist so alt wie die Hilfe für Drogenkranke – vor über einhundert Jahren versuchten sich Mediziner und Wissenschaftler in
der Ersatzdrogen-(=Kokain-)Behandlung von Morphiumsüchtigen. Seit einem Vierteljahrhundert wird auf der Welt mehr
oder weniger die Ersatzdrogen-(=Methadon-)Behandlung bei

Opiat-(Heroin-)Süchtigen praktiziert. Eine künftige Suche nach einer Ersatzdroge (Substitut) für Kokainkranke kann nicht ausgeschlossen werden. Die Geschichte dieser Suchtkrankenhilfe zeigt, daß es in der Frage der Ersatzdrogenbehandlung keine medizinisch-wissenschaftliche Allgemeinlösung geben kann. Gefordert sind gesundheitspolitische Entscheidungen. Und die sollten in jedem Fall für die Süchtigen getroffen werden.

● Die „Protestdroge" Cannabis (Marihuana & Haschisch) der 60er Jahre ist über ein Vierteljahrhundert zur „illegalen Alltagsdroge" geworden.

● In über zwei Jahrzehnten hat sich Cannabis insbesondere in Nordamerika und Westeuropa epidemisch verbreitet und stellt heute eine unübersehbare quantitative Größe dar.

In den Jahrzehnten der Verbreitung hat sich nicht nur eine regelrechte Cannabissubkultur (mit eigenen Publikationsorganen, Geschäften, Vertriebsorganisationen, Preislisten und „Haschisch-Museum") gebildet; diese hat mittlerweile durch diverse Verzahnungen auch Eingang in die „bürgerliche" Welt gefunden.

● Selbst in der polizeilichen und richterlichen Praxis ist vielerorts bereits eine Duldung zu beobachten, die der langjährigen Entwicklung der Verbreitung Rechnung trägt.

● Seit über zwei Jahrzehnten wird immer wieder einmal in der Cannabisfrage die „Entkriminalisierung", „Dekriminalisierung", „Entpoenalisierung", die „Straffreiheit für den Konsum", selbst die „Freigabe" diskutiert.

● Selbst in der BRDeutschland, wo Jungdemokraten schon vor zehn Jahren „kein Knast für Hasch" forderten, wurde Mitte Dezember 1988 die „Freigabe weicher Drogen?" im Deutschen Fernsehen und damit öffentlich diskutiert.

● Doch auf dem Hintergrund eines nicht gewonnenen Krieges gegen die Drogen stehen heute nicht nur die „weichen", sondern auch die „harten" Drogen zur drogenpolitischen Disposition. Auch in der BRDeutschland.

- So nahm sich hier nach zwei Jahrzehnten der Betäubungsmittelproblematik Ende November 1988 das Medium Fernsehen zum ersten Mal der Frage „um die Kontroverse der Drogenfreigabe" an und strahlte den Film von Hans-Gerhard Roth „Heroin aus der Apotheke?" aus.

- Viele Drogenfachleute, Wissenschaftler und Politiker halten die bisher praktizierte Drogenpolitik für gescheitert. Was vor zehn Jahren noch undenkbar war, heute wird es sogar öffentlich diskutiert: Das Pro und Contra um die Drogenlegalisierung.

Im weltweit geführten „War on Drugs" gibt es heute zwei grundsätzliche Haltungen. Die eine plädiert für die Fortsetzung dieses kostspieligen Waffenganges, sogar für eine „Aufrüstung"; die andere plädiert für die „Abrüstung" im Krieg gegen die Drogen. Doch diese Diskussion um Pro und Contra ist nicht nur eine Diskussion, die repressive Abwehrorgane führen. Es ist die Diskussion eines **gesamtgesellschaftlichen Problems,** an der auch die gesamte Gesellschaft beteiligt werden sollte.

Literatur- und Quellennachweise zu
7. Drogenpolitik –
Von der Liberalisierung zur Legalisierung

ABC News   The Koppel Report – A National Town Meeting – The Legalization of Drugs Reports By ABC Correspondents: Jeff Greenfield, Dr. Timothy Johnson, Judd Rose American Broadcasting Companies, Inc. New York, Sept. 13, 1988

Benos, J. et al   Berliner Methadon-Colloquium: Empfehlungen an die Politik Bewährungshilfe 34. Jg. Nr. 3/1987, S. 320-322

Bieler, Kay   Weltmacht unter Drogen
                        Quick Heft Nr. 36, 31.8.1988, S. 48-52

Bornemann, R., Kalinna, AIDS- und HIV-Progression 1982-1987
V. u. Bschor, F.   bei i. v. Drogengebrauchern und -abhängi-
                        gen in Europa (Literaturstudie)
                        Berlin, März 1988

Bossong, H., Marzahn, Sucht und Ordnung – Drogenpolitik für
Ch. u. Scheerer, S. (Hrsg.) Helfer und Betroffene
                        Extrabuch-Verlag, Frankfurt/M. 1983

Church, Georg J.   Should Drugs be made legal? – Thinking
                        the Unthinkable
                        TIME, May 30, 1988, p.12-19

Daytop (Hrsg.)   drogen-report 1. Jg. November 1980
                        Sonderausgabe „Methadon"
                        Daytop Gesellschaft für soziale Planung
                        und Alternativen, München 1988

Deissler, Karl J.   Drogenpolitik
                        unveröffentlichtes Manuskript, Luzern o.J.

ders.   AIDS und das neue Züricher Modell der
                        Methadonabgabe an Opiatsüchtige
                        unveröffentlichtes Manuskript, Luzern
                        Nov.-Dez. 1987

ders.   Das Methadonrätsel
                        unveröffentlichtes Manuskript, Luzern u.J.

Der Spiegel   „Helft uns wenigstens beim Abtreten"
                        41. Jg. Nr. 44, 26.10.1987, S. 44-75

Der Spiegel   SPIEGEL Streitgespräch mit Gesund-
                        heitsminister Heinemann und Sozialsena-
                        tor Scherf über Aids, Prostitution und die
                        Staatsdroge Methadon
                        42. Jg. , Nr. 5, 1.2.1988, S. 82-92

Der Spiegel   SPIEGEL-Gespräch mit Bundesgesund-
                        heitsministerin Rita Süssmuth über neue
                        Wege in der Drogenpolitik
                        42. Jg. Nr. 45, 7.11.1988, S. 22ff

Der Spiegel-Verlag (Hrsg.)	Geißel Droge – Spiegel-Serie über die Drogensucht (Spiegel Spezial I/89) Spiegel Verlag, Hamburg Januar 1989
Der Tagesspiegel	Methadon für Italiens Süchtige Nr. 10.658, 14.10.1980, S. 22
Der Tagesspiegel	Methadon als Hilfe für Drogensüchtige umstritten Nr. 12.925, 31.3.1988, S. 12
Der Tagesspiegel	„Dritter Weg" der Sucht- und AIDS-Verhütung Nr. 12.954, 6.5.1988, S. 26
Der Tagesspiegel	Kanton Bern für Legalisierung des Haschischkonsums Nr. 13.080, 4.10.1988, S. 24
Der Tagesspiegel	Italien will Liberalisierung des Drogenkonsums wieder einschränken Nr. 13.107, 4.11.1988, S. 46
Der Tagesspiegel	Kostenloses Heroin in Australien Nr. 13.107, 4.11.1988, S. 46
Der Tagesspiegel	Bayerischer Sozialminister will Einsatz von Methadon prüfen Nr. 13.152, 29.12.1988, S. 22
Der Tagesspiegel	Nordrhein-Westfalen erweitert sein Methadon-Versuchsprogramm Nr. 13.195, 17.2.1989, S. 22
Der Tagesspiegel	Uneinigkeit über Methadonprogramme unter den Bundesländern Nr. 13.202, 25.2.1989, S. 28
Deutscher Bundestag	Antwort der Bundesregierung: auf die kleine Anfrage der Abgeordneten Schlottmann, Kroll-Schlüter, Frau Augustin, Götzer, Sauer (Stuttgart), Dolata, Werner (Ulm), Link (Diepholz), Segall,

Frau Dr. Adam-Schwaetzer, Kohn, Frau Seiler-Albring, Cronenberg (Arnsberg) und der Fraktion der FDP
– Drucksache 10/5246 –
Methadon-Behandlung Drogenabhängiger
10. Wahlperiode Drucksache 10/5307, 11.4.1986

Der Stern
STERN-Gespräch mit dem New Yorker Methadon-Experten Dr. Robert Newmann
Heft Nr. 52, 16.12.1987, S. 168-169

Feuerlein, Wilhelm (Hrsg.)
Cannabis heute – Bestandsaufnahme zum Haschischproblem, Akademische Verlagsgesellschaft, Wiesbaden 1980

Franke, Manfred
Freier Rauch für freie Bürger?
Jugendwohl 61. Jg. Heft 7/8 1980, S. 276-281

ders.
Verstärker-(Booster) Programme zur Drogenpolitik, unveröffentlichtes Manuskript, Bonn, 25.7.1988

Frankfurter Rundschau
Drogenexperten schlagen freien Verkauf von Rauschgift vor
Nr. 130 – 7.6.1988, S. 16

Hamburgische Landesstelle gegen die Suchtgefahren (Fachausschuß Drogen):
Vorschlag einer Rahmenkonzeption zur medikamentengestützten Therapie für Drogenabhängige
Ergebnis-Protokoll der FAD-Sondersitzungen Juli-Aug.1988

Haller, Michael
Opium fürs Volk – Politiker und Ärzte feiern die Kunstdroge Methadon als Wundermittel gegen die Rauschgiftsucht
Die Zeit Nr. 35 – 26.8.1988, S. 9

Heckmann, Wolfgang
Nicht legalisieren – Berlins Drogenbeauftragter zur Diskussion über Haschisch-Legalisierung
Blickpunkt Nr. 279 – 18.10.1979, S. 18-20

Heckmann, Wolfgang	Don't legalize it! Kommunalpolitische Beiträge (Berlin) XIV/5 – 17.9.1979
ders.	Abstinence oder Maitenence? Warum es in Deutschland kein Methadon-Programm geben wird Soziale Arbeit 33. Jg. Heft 7/Juli 1984, S. 336-343
ders. (Hrsg.)	Berliner Methadon-Colloquium Beltz Verlag, Weinheim und Basel 1985
Hüsgen, H.A.	Medikamentenersatz mit Methadon – Pro-Standpunkt Öff. Gesundh.-WeS. 50 (1988), S. 530-532
InHaLe (Hrsg.)	Betrifft: Cannabis-Legalisierung InHaLe Deutsche Cannabis-Reformgesellschaft Info Sept./Okt. 1979
ICAR (Hrsg.)	Programm der First International Cannabis Legalisation Conference: 8-10 February 1980, The Kosmos, Amsterdam International Cannabis Alliance for Reform (ICAR)
Janz, Hans-Werner	Zur Frage der „ärztlichen Begründetheit" ambulanter Verschreibungen von L-Polamidon zum kontrollierten Heroin-Entzug Suchtgefahren 27. Jg. 1981, S. 116-124
Keup, Wolfram	Methadon-(Polamidon) Verschreibung bei Heroin-Abhängigkeit Suchtgefahren 26. Jg. Heft 2/1980, S. 78-80
Knischewski, Ernst	Stellungnahme zur Methadon-Diskussion DHS presse-dienst 5/1988
Krach, Christa et al	Ambulantes Therapieprogramm mit Methadon – Aus dem Jugend- und Drogen-

beratungszentrum Hannover – 2 Jahre danach
Niedersächsisches Ärzteblatt 51. Jg. Heft Nr. 9/1978, S. 289ff

Krauthan, Günter
Einführung von Methadon-Erhaltungsprogrammen in der Bundesrepublik Deutschland – Eine kritische Literaturübersicht
DHS Informationsdienst 33. Jg. Nr. 3/4 Dez.1980, S. 1-20

Leonhardt, Rudolf Walter Rausch und Realität – Meine zwanzig manchmal schlimmen Jahre mit Haschisch
Die Zeit Nr. 32 – 31.7.1981

Lux, Franz
Medikamentenersatz mit Methadon – Kontra-Standpunkt
Öff. Gesundh.-Wes. 50 (1988), S. 533-538

MAGS (Hrsg.)
Medikamentengestützte Rehabilitation bei Drogenabhängigen – Möglichkeiten und Grenzen
Ministerium für Arbeit, Gesundheit und Soziales NRW, Mai 1987

Ministerium für Arbeit, Gesundheit, Familie und Sozialordnung Baden-Württemberg (Hrsg.)
Das Methadonprogramm im Schweizer Kanton Zürich – Ein Modell?
Dokumentation einer Informationsreise in den Schweizer Kanton Zürich vom 25. bis 27. April 1988
Stuttgart, November 1988

Neue Zürcher Zeitung (NZZ)
„Grundsätze für eine rationale Drogenpolitik", 22.1.1988

Neue Zürcher Zeitung (NZZ)
Nur eine Minderheit für die Freigabe von weichen Drogen, 18.10.1988

Nischk, Michael
Legalisierung – ein Damm gegen die Drogenflut?
Die Welt Nr. 130 – 6.6.1988, S. 3

Popp, M. und Oeben, H.   Drogen in Nürnberg: „Für einen angemessenen und ehrlichen Umgang mit die-
sem Problem"
Positionspapier von Mitarbeitern des
KOMM, Nürnberg Okt.1979

Quensel, Stephan   Drogenelend – Cannabis, Heroin, Methadon
Für eine neue Drogenpolitik
Campus Verlag, Frankfurt/M.-New York
1982

ders.   Mit Drogen leben – Erlaubtes und Verbo-
tenes
Campus Verlag, Frankfurt/M.-New York
1985

Rohm, Franz-Michael   Methadon marschiert: Ersatzdrogen als
ordnungspolitische Maßnahme
Zitty 12. Jg. Nr. 19 (8.-21.9.)1988, S. 8-11

Roth, Hans-Gerhard   Sendemanuskript „Heroin aus der Apotheke? – Die Kontroverse um die Dro-
genfreigabe"
Film von H.-G. Roth, Buch: B.G.Thamm,
Redaktion: Anka Rach
ausgestrahlt vom Westdeutschen Fernsehen (WDF) West 3, Reihe: Signale,
28.11.1988, 21.45-22.30 h

Rubin, Jerry   Do it! Scenarios für die Revolution
Rowohlt Verlag, Reinbek b. Hamburg 1971

Rutherford, Andrew   Illegal Drugs and British Criminal Justice
Policy
Referat auf der International Conference
on Drug Policy at the Catholic University, 30 May – 3 June 1988

Renn, Heinz u. Feser,   Das Konzept der staatlichen Drogenpolitik
Herbert   Prävention
3. Jg. Nr. 4/1980, S. 109-113

Schlingmann, Martina	Bei der Behandlung von Drogensüchtigen muß weitaus stärker differenziert werden Die Welt Nr. 64 – 17.3.1987, S. 9
Schlitter, Horst	Italien: Drogenkonsum kann Straftatsbestand sein Frankfurter Rundschau, 12.12.1988, S. 7
Schwelien, Michael	Legalisieren, resignieren oder was? Die Zeit Nr. 35 – 26.8.1988, S. 9
Spielhagen, Wolfgang	Cannabis – Der lange Marsch zur Legalisierung Zitty 3. Jg. Nr. 21 (5.-8.10.)1979, S. 16-18
ders.	Der letzte Tango – Anmerkungen zur 1. Weltkonferenz für die Legalisierung von Cannabis in Amsterdam Zitty 4. Jg. Nr. 6/1980, S. 20-21
Stöver, Heino	Legalize Heroin!? vor-sicht, Nov.1988, S. 6
Suchtgefahren	Gemeinsame Stellungnahme des wissenschaftlichen Kuratoriums der Deutschen Hauptstelle gegen die Suchtgefahren und der Deutschen Gesellschaft für Suchtforschung und Suchttherapie e. V. zur Substitution Drogenabhängiger 34. Jg. Heft 4/1988, S. 351-353
Täschner, Karl-Ludwig	Methadon für Opiatsüchtige – Zum Stand der Diskussion Ärzteblatt Baden-Württemberg, Heft 6 – Juni 1988 (Sonderdruck)
Thamm, Berndt Georg	„Sozialer Konsum" von Haschisch? – Eine jugend- und gesundheitspolitische Herausforderung, in: Feuerlein, W. (Hrsg.): Cannabis heute, Akad. Verlagsgesellschaft, Wiesbaden 1980, S. 157-169
ders.	Drogenreport – Und nun auch noch Crack? Lübbe Verlag, Bergisch Gladbach 1988

Thamm, Berndt Georg   Drogen und Kriminalität
Verlag Deutsche Polizeiliteratur, Hilden
1988-89

Uchtenhagen, Ambros   Zur Behandlung Drogenabhängiger mit
Methadon:
Zürcherische Richtlinien und Auswertung
der Therapieresultate
Schweiz.Rundschau-Med. (PRAXIS) 77,
Nr. 13/1988, S. 351-353

Vernooy, R.G.M. u. van   Methadonverabreichung und die Lage der
de Wijngaarts, G.F.   Heroinsüchtigen in den Niederlanden
Kriminolog. Journal 1/1984, S. 64-79

Wiesbadener Drogenta-   Zur Standortbestimmung des Suchtmittel-
gung 1984   ersatzes (Methadon) in der Behandlung
Heroinabhängiger
Suchtgefahren 31. Jg. Heft 1a, Mai 1985,
S. 93-132 (Sonderheft)

Wisotzky, Steven   Recent Developments in the U.S. war on
drugs
Referat auf der International Conference
on Drug Policy at the Catholic University
of Brabant at Tilburg, Netherlands, 30
May – 3 June 1988

> *Wann immer wir uns ein Ideal formen, soll es*
> *ganz unserm Wunschbild entsprechen, doch hüten*
> *wir uns vor dem Unerfüllbaren.*
>
> Aristoteles

8. Drogenfreigabe – Pro und Contra

8.1. Hilft die Legalisierung weiter?
Aktuelle Diskussionen 1989

8.2. Drogenfreigabe –
was könnte bewirkt werden?

8.3. Drogenfreigabe und die Welt von morgen

Die im Jahre 1988 begonnene Diskussion um eine veränderte Drogenpolitik, insbesondere um die Liberalisierung und Legalisierung verbotener Drogen, hält unvermindert an. Dabei kommt dem Jahr 1989 ein ganz besonderer Stellenwert zu. In diesem Jahr wurde, zum ersten Mal in der Drogengeschichte des 20. Jahrhunderts, eine internationale Liga **für** die Drogen-**Freigabe** gegründet, ein drogenpolitisch historisches Ereignis.

Zum Vorlauf:

In den USA wurde 1987 die „Drug Policy Foundation" auf den Hintergründen

- nicht greifender Drogengesetze
- der Expansion des Drogenschwarzmarktes
- der Verbreitung von AIDS
- dem Verlust bürgerlicher Freiheiten und
- der Korruption in Teilen der Polizei

gegründet. Sitz dieser US-Drogenpolitik-Organisation ist Washington (D. C.). Jährlich richtete die „Drug Policy Foundation" eine „International Conference on Drug Policy Reform" aus. Die nächste Konferenz findet unter dem Thema „New Frontiers of Effective and Human Drug Control" Anfang November 1989 in Washington statt.

Über ihre Arbeit berichtet die Organisation in einem seit März/April 1989 erscheinenden „Drug Policy Letter" (Herausgeber: Arnold Trebach).

Auf europäischer Ebene wurde in Fragen der Änderung der Drogenpolitik insbesondere Italien initiativ. Hier wurde die „Coordinamento Radicale Antiproibizionista (Co. R. A.) gegründet. Dieses „Radical Committee Against Prohibition" richtete zusammen mit der italienischen Partito Radicale vom 28. September bis 1. Oktober 1988 in Brüssel ein „International Anti-Prohibitionist Forum" aus. Auf diesem Forum verstärkten die teilnehmenden Mediziner, Ökonomen, Juristen, Polizisten und Politiker aus den USA, Kanada, Australien, Großbritannien, Frankreich, Belgien, Spanien, Niederlanden und Italien das „European Movement for the Normalization of Drug Policy (EMNDP)".

Sowohl die „Drug Policy Foundation" der USA als auch das „Euro-

pean Movement for the Normalization of Drug Policy" waren be-
müht, für ihre drogenpolitischen Aktivitäten ein gemeinsames und
damit weltweites Dach zu finden.

So fand auf Initiative der Partito Radicale*) (Italien), der Radical
Anti-Prohibitionist Coordination, The European Federalist Parlia-
mentary Group House, The European Federalist Ecologist und der
Parliamentary Group (Senate), in Rom vom 30. März bis zum 1.
April 1989 der Gründungskongress der Internationalen Liga für die
Drogen-Freigabe (International Anti-Prohibitionist League on
Drugs) statt. Auf diesem Gründungskongreß votierten 43 Teilnehmer
aus 15 Ländern Nord- und Südamerikas und Europas. Die Liga-Be-
gründet kamen aus: USA, Kanada, Venezuela, Kolumbien, Bolivien,
Brasilien, Spanien, Frankreich, Italien, Schweiz, BRDeutschland,
Niederlande, Belgien, Großbritannien und Dänemark.

Zu den Gründungsmitgliedern gehören
- Mitglieder des Europäischen Parlaments (Italien und Belgien),
- Regierungsvertreter aus Kolumbien, Spanien und den Niederlanden,
- Hochschullehrer der Universitäten in Burnaby und Montreal (Kanada), Harvard Medical School, Princeton und Syracus (USA),
  Malaga und Barcelona (Spanien), Neapel, Palermo und Rom (Italien), Kopenhagen (Dänemark), Amsterdam (Niederlande), Liver-
  pool (Großbritannien), Caracas und Valencia (Venezuela),
- Vertreter der Polizei aus den USA, Spanien und Italien. Hier sind
  insbesondere

Ralph Salerno, Leiter der Anti-Drogenabteilung der Bundespolizei
in New York i. R.

Wesley Pomeroy, Police Official, Head of the Center for Drug
Studies in Miami (Florida)

José Manuel Sanchez Garcia, Police Official, Lecturer of the Madrid Academy und

Ambrogio Viviani, General, Former Head of Italian Counter –
Espionage,

zu erwähnen.

---

*) Auf deutsche Verhältnisse übertragen, ist die Partito Radicale im weitesten Sinne mit der Partei „Die Grünen/Al-
ternative Liste" (BRDeutschland) zu vergleichen.

Zu den Gründungsmitgliedern gehören international bekannte Wissenschaftler, Juristen, Kriminologen und Polizisten, Mediziner und Soziologen, Journalisten und Schriftsteller, unter ihnen Prof. Thomas

---

Die Organe der Internationalen Liga für die Drogen-Freigabe, die am 1. April 1989 gewählt wurden, sind:

Der Präsident

Marie-Andree Bertrand (Kanada), criminology department, University of Montreal

Die Vize-Präsidenten

Rosa del Olmo (Venezuela), Lecturer of criminology, University of Caracas

Remo di Natale (Bolivien), Lecturer at the University of Valencia, Venezuela

Lester Grinspoon (USA), psychiatry department, Harvard University, Boston

Marco Panella (Italien), Member of the European Parliament

Jose Luis Diaz Ripolles (Spanien), Lecturer penal law, University of Malaga

Ralph Salerno (USA), Former Head of the Antidrug police in New York

Das Exekutiv-Sekretariat

Coordinator:
Peter Cohen (Niederlande), Director of the Research Programme on Drug Addiction of the City of Amsterdam

Schatzmeister
Berndt Georg Thamm (BRDeutschland), Fachjournalist

Marco Taradash (Italien), Journalist, Mitbegründer der Co. R. A.

Anthony Henmen (Brasilien/Großbritannien), Member of the Federal Council of Brasil, responsible for Drug problems

Kevin Zeese (USA), Jurist, Vize-Präsident der Drug Policy Foundation, Washington, D. C.

Szasz (USA), Begründer der Anti-Psychiatrie, Nick Harman (Großbritannien), Chefherausgeber der angesehenen Wirtschaftszeitschrift
„The Economist" und Marco Panella (Italien), Mitglied des Europäischen Parlaments, der über fünf Jahre politisch für die Anti-Prohibition arbeitete.

Auf dem Gründungskongreß der Liga wurde eine politische Resolution diskutiert, formuliert und gemeinsam verabschiedet. Diese „Po-
litical Resolution of the Founding Conference of the International
League against Prohibition" stellt quasi das „Gegenstück" zur Präambel der „Single Convention on Narcotic Drugs" der Vereinten Nationen dar:

Politische Resolution der Internationalen Liga
für die Drogen-Freigabe
(Rom, 1. April 1989)

1. Illegale Drogen verbreiten sich immer weiter, in einem immer
   größer werdenden Umfeld von Kriminalität.

2. Die Prohibition hat versagt. Dieses Versagen wird von den in
   der Drogenpolitik tonangebenden nationalen Gesetzgebern
   und internationalen Körperschaften – besonders von den Vereinten Nationen – nicht zur Kenntnis genommen.

3. Die Prohibition hat den illegalen Drogenhandel und die davon profitierenden Gruppen geschaffen.

4. Der kriminelle Drogenhandel ist multinational, er reicht von
   Nordamerika nach Europa, in den Nahen Osten, nach Asien,
   Nordafrika und speziell nach Lateinamerika.

5. Die beherrschenden Organisationen – Kartelle Triaden, Ma-
   fias und Familien genannt – bedrohen den zivilen Frieden und
   die politische Stabilität in der ganzen Welt. Repressive Aktionen der staatlichen Bekämpfungsbehörden verstärken die Gefahr.

6. Das Versagen der Prohibition hat aus einer Frage der persönlichen Wahl und der persönlichen Gesundheit ein weltweites
   Drama gemacht. Die daraus resultierende Kriminalität bedroht alle Bürger, ihre Sicherheit und ihre private Freiheit.

7. Noch nie haben untaugliche Gesetze, wenn auch mit gutem Willen erlassen, einen derartigen Schaden angerichtet, seitdem die USA im Jahre 1919 mit ihrer Alkohol-Prohibitions-Politik begann.

8. Die moderne Version der Prohibition hat Großstädte in Schlachtfelder verwandelt, ohne die zu berücksichtigen, die dadurch geschützt werden sollten. Wer mit harten Drogen zu tun hat, wird in die Kriminalität und in die Krankheit getrieben, ein besonders schlimmes Beispiel ist AIDS. Gelegentliche Drogenkonsumenten riskieren ihre Inhaftierung; wer regelmäßig Drogen nimmt, muß seine Gewohnheit durch Kriminalität finanzieren; der „normale" Bürger wird gefährdet.

9. Die Kosten des vergeblichen Versuchs, einige Drogen zu prohibieren, sind unvorstellbar hoch, während andere Drogen – wie Alkohol und Tabak – frei verkauft werden dürfen, sogar Werbung dafür gemacht werden darf.

10. Die Freiheit selbst wird durch die Verschärfung der Drogengesetze immer schneller unterminiert, ein Fortschritt für den Einzelnen oder die Gesellschaft wird nicht erreicht.

11. Wir, die Unterzeichner, auf dem Gründungskongreß der Internationalen Liga für die Drogen-Freigabe, verpflichten uns hiermit den folgenden Zielen:

a) Menschen und Organisation im sozialen, wissenschaftlichen und politischen Bereich zu koordinieren, die die Forderungen der Liga für die Drogen-Freigabe unterstützen;

b) Informationen und Verständnis zu verbreiten für eine neue Drogenpolitik und den Schaden, der durch das derzeitige System der Prohibition und seine Konsequenzen für die Kriminalität verursacht wird;

c) Widerspruch gegen die Argumente und die Politik zu üben, die den Standpunkt zur Prohibition beibehalten wollen, wie er derzeit von den Vereinten Nationen und ihren Organen unter den bestehenden Abkommen praktiziert wird;

> d) Aktionen zum Abbau des bestehenden Prohibitions-Systems auf internationaler und nationaler Ebene einzuleiten und zu unterstützen.

Der Autor dieses Buches, der als einziger Vertreter der BRDeutschland diese Liga mitbegründete, hat noch die warnenden Worte des altgedienten Drogenpolizeileiters von New York, Ralph Salerno, im Ohr: *„Im Vietnamkrieg starben die Soldaten auf den Schlachtfeldern. Und im Drogenkrieg sterben die Polizisten in den Straßen der Städte".* Erfahrungen nach 40jähriger polizeilicher Drogenabwehr in der Heroinweltmetropole New York.

Nach der Darstellung dieser internationalen Geschehnisse nun zurück zu dem, was sich national, in der BRDeutschland getan hat. Auch hier wird 1989 die Frage der „Normalisierung der Drogenpolitik" weiter gestellt. An der Diskussion um die Liberalisierung und Legalisierung nehmen – auch öffentlich – Politiker, Drogenfachleute, Polizeibeamte und Wirtschaftswissenschaftler teil, beziehen klare Standorte und -punkte.

8.1. Hilft die Legalisierung weiter? Aktuelle Diskussionen 1989

In der Wochenschrift „Die Zeit" (Hamburg) nahmen in der Ausgabe vom 3. März 1989 in Sachen Drogenliberalisierung zum ersten Mal Wirtschaftswissenschaftler Stellung. Karl-Hans Hartwig und Ingo Pies, beide von der Universität Münster, plädierten für eine „ökonomisch fundierte Politik". Ihr provozierender Vorschlag (aus rein ökonomischer Perspektive):

> *„Aus ökonomischer Sicht sind Drogen knappe Güter. Wie andere Güter auch, werden sie auf einem Markt gehandelt, der Angebot und Nachfrage über Preise koordiniert. Allerdings weist der Drogenmarkt eine Besonderheit auf: Ein Großteil der Nachfrage, nämlich die der bereits Süchtigen, reagiert äußerst preisunelastisch, das*

heißt, selbst bei starken Preiserhöhungen konsumieren sie nur geringfügig weniger. Zudem ist der Drogenmarkt illegal.

Die Ziele einer vernünftigen Drogenpolitik dürften sein:

- *Schutz potentieller Erstkonsumenten,*
- *Schaffung menschenwürdiger Bedingungen für bereits Süchtige*
- *Förderung des Entzuges für Ausstiegswillige,*
- *Schutz der Gesellschaft vor den Folgen des Drogenkonsums.*

Ganz offensichtlich wird keines dieser Ziele erreicht.

Der Grund: Das Konzept, Drogen zu verbieten, ist schlicht verfehlt, weil es die Besonderheiten des Drogenmarktes, seine Logik, außer acht läßt. Im Verbot stecken, ökonomisch betrachtet, drei Kardinalfehler:

1. Handel und Konsum eines Gutes können nie völlig unterbunden werden – die Kosten wären exorbitant. Allerdings kann die Angebotsmenge verknappt werden. Auf dem Drogenmarkt trifft dann das reduzierte Angebot auf eine preisunelastische Nachfrage. Folglich steigen die Preise enorm, und den weitaus größten Teil des Marktumsatzes kassiert die Händlermafia – als Knappheitsprämie. Diese – vom Staat nicht gewollte, aber doch bewirkte – enorme Verdienstspanne bringt international agierende Verbrecherorganisationen ins Spiel. . . . gegen ein solches Kosten-Ertrags-Kalkül **ist mit den üblichen Repressionen nicht anzukommen.**

2. Wer süchtig ist, braucht den Stoff um fast jeden Preis und gerät dadurch in wirtschaftliche Not. Neben der Prostitution bleiben ihm meist nur zwei Möglichkeiten, die Sucht zu finanzieren: die Beschaffungskriminalität oder der Drogenhandel. Die so verursachten gesellschaftlichen Kosten sind hoch, . . .

3. **Die staatliche Drogenbekämpfung wird ungewollt zum eigentlichen Motor des Marktes,** *denn je strenger das Drogenverbot durchgesetzt wird, desto stärker steigt der Preis. Je höher der Drogenpreis, desto höher der Gewinn, desto größer das Interesse der organisierten Verbrecher an einer dynamischen Geschäftsentwicklung. Mit steigenden Preisen wächst aber auch der Druck auf die drogenabhängigen Dealer, neue Kunden zu gewinnen.*

Insofern sind diese noch als Täter die Opfer einer verfehlten Politik. *Ein Verbot könnte einzig dadurch gerechtfertigt sein, daß hohe Preise noch nicht Süchtige fernhalten. Doch gerade die mögliche Abschreckungswirkung wird in der Praxis von den Anreizen zum Dealen konterkariert.* **Deshalb ist das Verbot nicht nur weitgehend unnütz, es schadet sogar.**

Fazit: **Da die Gesetze des Drogenmarktes so völlig mißachtet werden, verkehren sich die beabsichtigten Wirkungen des Verbots in ihr Gegenteil.**

Was aber derzeit so systematisch falsch gemacht wird, könnte man ebenso systematisch richtig machen – und zwar durch eine **kontrollierte Teilliberalisierung des Drogenmarktes:**

- *Abhängige könnten ihre Drogen gegen Kostenerstattung auf Rezept vom Staat beziehen;*
- *der nichtstaatliche Handel bleibt weiterhin verboten.*
- *Generell könnten dann also alle Drogenkonsumenten ganz legal harte Drogen bekommen, wenn sie ein ärztliches Rezept haben.*
- *Wer zum erstenmal Drogen in einer Apotheke haben will, muß vorher an einer intensiven Beratung teilgenommen haben.*
- *Um jugendlichen Leichtsinn im Umgang mit harten Drogen möglichst auszuschließen, kann man für den Erstkonsum ein Mindestalter festlegen.*
- *Für eine Übergangszeit sollte der Staat allerdings auch Minderjährige, die schon abhängig sind, mit Drogen versorgen.*
- *Die Drogenkonsumenten müssen sich an den Kosten beteiligen, die allerdings weit unter dem Niveau der Schwarzmarktpreise liegen.*
- *Dabei hat der Staat die Qualität der Drogen zu garantieren*
- *und dafür zu sorgen, daß kein illegaler Handel mit Rezeptdrogen oder sonstigen Suchtmitteln getrieben wird.*

Das erfordert:

- *Handels- und Konsumverbot für illegale Drogen,*
- *Kontrolle von Produktion und Vertrieb auf der staatlichen Anbieterseite,*
- *die Auflage für Konsumenten, ihre Drogen beim Empfang unter Aufsicht einzunehmen.*

365

> *Die derzeit verfolgte Verbotspolitik und das skizzierte Rezeptsystem unterscheiden sich im Prinzip nur graduell, obwohl sie sich fast gegenteilig auswirken. Beide arbeiten mit Preiswirkungen! Im System des Verbots sind die Preiswirkungen allerdings so undifferenziert, daß sie fast immer die Falschen treffen.* **Erst die Teilliberalisierung schafft jenen institutionellen Rahmen, in dem der Preismechanismus die erwünschten Wirkungen entfalten kann: . . ."**

So strittig die Überlegungen der Wirtschaftswissenschaftler Hartwig und Pies möglicherweise sind, so zeigen sie doch andere drogenpolitische Wege auf.

Umstritten ist die Verbotspolitik des Staates aber auch unter Vertretern des Exekutivorgans des Staates – der Polizei.

Pro Liberalisierung sprach sich die Bundesarbeitsgemeinschaft kritischer Polizistinnen und Polizisten auf ihrer dritten Arbeitstagung im November 1988 in Berlin (Seminar „Neue Wege der Polizei") aus. In dem Positionspapier der Fachgruppe Drogenpolitik „Drogenhandel, Drogenmißbrauch und die Rolle der Polizei – neuere Konzepte bei der Lösung des Drogenproblems" heißt es dazu unter anderem:

> III. Aus diesen Gründen (= die Drogenpolitik hat versagt) fordern wir:
>
> a) Aufhebung des Betäubungsmittelgesetzes (. . .). Die notwendig bleibenden Regelbedürfnisse – insbesondere aus den Anlagen I bis III des bestehenden BtmG'es – gehören in die Arzneimittelgesetze und deren Verordnungen.
>
> b) Es soll ein umfangreiches Angebot für Drogenabhängige bereitgestellt werden:
>
> ● anonyme, niedrigschwellige Beratungsangebote, angstfreie Begegnungsstätten und schnelle, unbürokratische soziale Hilfen für alle Menschen in Problemsituationen.
>
> ● Hilfsangebote und Therapien müssen allen von Sucht und Abhängigkeit Betroffenen in gleicher Weise zugänglich sein.

- Sie müssen die Wahl zwischen drogenfreien Therapieformen, drogenersetzenden Möglichkeiten und Heroinabhängigkeit akzeptierenden Beratungen, sozialen Unterstützungen und psychosozialen Hilfen haben.
- Es müssen Ärzte ausgebildet werden, die suchttherapeutische Kompetenz vermittelt bekommen.
- Im Rahmen der Fortbildung, und natürlich bereits im Rahmen ihrer Ausbildung, sollten Ärzte auf das Suchtpotential der von ihnen verschriebenen Pharmazeutika geschult werden (. . .).

c) Ein Verbot von Werbung für Drogen jeglicher Art, die Abhängigkeitspotentiale in sich bergen, also auch Alkohol, Tabletten, etc.

d) Gesetzestechnische Entwicklungen eines Zeugnisverweigerungsrechtes für Drogenberater.

e) Anstrengungen der Bundesregierung auf internationaler Ebene zur entsprechenden Änderung der internationalen Übereinkommen über die Bekämpfung des Rauschgiftproblemes, nämlich:

1. Einheits-Übereinkommen über die Rauschgiftkontrolle von 1961,

2. entsprechendes Übereinkommen über psychotrope Stoffe von 1971.

Solange dies nicht geschehen ist, kann nunmehr frühestmöglich die Kündigung für die Bundesrepublik Deutschland ausgesprochen werden und bis zu diesem Zeitpunkt die verbleibenden Möglichkeiten, ähnlich wie in den Niederlanden, ausgeschöpft werden. Zum Beispiel darf zur Kontrolle des Besitzes oder des Konsums selbst, das Mittel des Strafrechtes nicht zum Ziel und Zweck der Verträge eingesetzt werden.

f) Neuüberlegungen auf UN-Basis

g) Anerkennung der Süchtigen als Kranke im Sinne des Sozialhilfegesetzes (Sozialversicherungsbezug).

h) **Staatlich kontrollierte Abgabe der Drogen!**

Die Bundesarbeitsgemeinschaft kritischer Polizistinnen und Polizisten zieht aus der Gesamtsituation der Drogenproblematik unter anderem das Resümee:

„Wenn nicht schnell, pragmatisch, undogmatisch und befreit von ideologischen Vorurteilen notwendige neue, völlig andere als die bisher gestalteten Wege beschritten werden, dann werden wir auch in diesem Problembereich unserer Gesellschaft – wie in vielen anderen – mit mittelfristiger, zeitlicher Verzögerung die gleichen Erscheinungsformen in der Bundesrepublik Deutschland erleben, wie wir sie aus den Vereinigten Staaten von Amerika kennen".

Gegen die Liberalisierung sprach sich die JUNGE GRUPPE der Gewerkschaft der Polizei (GdP) aus, deren geschäftsführender Bundesjugendvorstand dieses Thema im Vorfeld der GdP-Fachtagung „Drogenkriminalität" in München Anfang März 1989 diskutierte.

Diese Diskussion veröffentlichte die JUNGE GRUPPE in ihrem Magazin „Contact", 1/1989, unter dem Titel: „Hilft Legalisierung weiter?" Dort hieß es unter anderem:

● Von vornherein ging der JUNGE GRUPPE-Vorstand davon aus, daß eine Diskussion um die Freigabe anderer Drogen (z. B. Heroin und Kokain) nicht sinnvoll erscheint. Zu dramatisch sind die Auswirkungen des Konsums harter Drogen, als daß man ernsthaft über deren Freigabe diskutieren könnte.

● Eine ernsthafte Debatte erschien dem geschäftsführenden Bundesjugendvorstand (gBJV) nur in der Frage der Cannabisfreigabe angebracht.

● Einstimmig sprach sich der gBJV **gegen eine Teil-Legalisierung von Drogen** aus und schloß dabei eine mögliche Freigabe von Haschisch und Marihuana mit ein.

Zu den wesentlichsten Punkten dieser Entscheidung gehörten folgende Einschätzungen:

● Selbst wenn durch den staatlich kontrollierten Verkauf von Drogen das Preisniveau deutlich absinken würde, so dürfte dies kaum Auswirkungen auf die Beschaffungskriminalität haben.

● Selbst wenn in einem gewissen Umfang die Beschaffungskriminalität sinken würde, so dürften die gesamtwirtschaftlichen

Schäden, hervorgerufen durch eine Zunahme „legaler" Drogenkonsumenten eher steigen.

● Eine wirklich durchgreifende Auswirkung auf die internationale Drogenmafia ist ernsthaft nicht zu erwarten. Mit ihrem schier unerschöpflichen Finanzierungspotential würde es den internationalen Drogensyndikaten relativ rasch gelingen, sich neue Märkte zu erschließen. Dazu gehört vor allem die Ausdehnung des Geschäfts auf Erstkonsumenten im Kindesalter.

● Im Bereich des Abwehrkampfes gegen die Drogenkriminalität sind noch längst nicht die Möglichkeiten ausgeschöpft . . . Abschöpfung illegaler Gewinne . . . Entdeckung von sog. Geldwaschanlagen . . . „vorgelagerte Abwehrlinien" . . . verbesserte internationale Zusammenarbeit . . .

● Der Hinweis auf legale Drogen wie Tabak und Alkohol erscheint völlig unbefriedigend, da die bekannten Auswirkungen des Alkohol- bzw. Tabakkonsums keinen Anlaß zur Zufriedenheit bieten.

● Der legale Verkauf von Drogen würde den Anschein der Ungefährlichkeit fördern und bestehende Hemmschwellen weiter herabsetzen.

● Bei einer Teil-Legalisierung würde die Zahl der Drogenkonsumenten unweigerlich steigen.

● Eine Teil-Legalisierung könnte nicht auf nationaler Ebene erfolgen, da sich ein derartiger Staat zwangsläufig zum Mekka der Drogenszene entwickeln würde. Wenn überhaupt, müßte also eine breite internationale Übereinstimmung zur Teil-Legalisierung erreicht werden. Der zu erwartende Anstieg der legalen Drogenkonsumenten würde folglich internationale Dimensionen erreichen.

. . . Das von Befürwortern der Legalisierung verwandte Argument, mit den Steuereinnahmen des legalen Drogengeschäfts ließen sich zielgerichtete staatliche Programme und Aufklärungsaktionen bezahlen, erscheint dem gBJV als **Kapitulation vor der demokratischen Auseinandersetzung um Umverteilungsprozesse** . . . So ist aus Sicht des JUNGE GRUPPE-Vorstandes der aufsteigenden Drogenkriminalität nicht mit einer Entkriminalisierung beizukommen . . .

Dennoch, auch die jungen Polizeibeamten, die diese klare Gegenposition vertreten, hoffen, „daß der Ruf nach Drogenfreigabe diejenigen aufgeschreckt hat, die glaubten, man könne das Thema sich selbst überlassen".

Aber auch unter Juristen ist die bisherige Praxis nicht unumstritten. So spricht sich Dr. Harald Hans Körner, Staatsanwalt bei dem Landgericht Frankfurt und bekannter Kommentator des Betäubungsmittelgesetzes (Beck'sche Kurz-Kommentare Band 37) und Experte für deutsches und internationales Betäubungsmittelrecht in der „Zeit" vom 10.3.1989 für die **Straflosigkeit des Erwerbs und Besitzes geringer Heroinmengen** aus. Der Jurist begründet seine Meinung:

- Die Justiz pflegt nach strafrechtlichen Gesichtspunkten und nicht nach therapeutischen zu entscheiden. Mit den Möglichkeiten des Strafrechts ist die Krankheit Drogensucht weder einzudämmen noch zu heilen. Hier sollten Ärzte, Psychologen und Pädagogen die Verantwortung übernehmen.
- Die Bundesrepublik hat durch ein dichtes Netz von Gesetzen Vorsorge getroffen, um die Bürger vor gesundheitsschädlichen Nahrungs- und Genußmitteln, Reinigungs- und Körperpflegemitteln zu schützen.
  Die Hersteller werden nicht nur zu einer langen Erprobung ihrer Produkte verpflichtet, sie werden auch ständig überwacht.
  Diese Gesundheitsfürsorge des Staates, der zu diesem Zweck zahlreichen internationalen Suchtstoffabkommen beigetreten ist, erlaubt es nicht, ohne Änderung des Sozialsystems Stoffe, deren Suchtcharakter und lebensbedrohliche Auswirkungen unumstritten sind, seinen Bürgern zur freien Verfügung zu überlassen. Auch eine **Freigabe harter Drogen kommt** deshalb meines Erachtens **nicht in Betracht**.
- Andererseits ist das deutsche Strafrecht von dem Prinzip der Straflosigkeit bei Selbstschädigungen beherrscht. Wer sich mit Pflanzengiften, Arzneimitteln oder Chemikalien zu vergiften versucht, bleibt ebenso straflos wie derjenige, der gegen seine heilbare Erkrankung nichts unternimmt. Die Straflosigkeit be-

deutet keine Billigung der Stoffe, keine Aufwertung der Selbstschädigung, sondern **Respekt des Staates vor der Entscheidung des einzelnen Bürgers.**
So hat denn auch der Gesetzgeber im Betäubungsmittelgesetz den Konsum von Drogen absichtlich straflos gelassen, lediglich den Erwerb und Besitz unter Strafe gestellt.

● Er hat diese Tatbestände im Paragraphen 29 Absatz 5 des Betäubungsmittelgesetzes nochmals eingeschränkt um bei kleinen Mengen von Strafe abgesehen.

● **Diese Vorschrift,** deren Anwendbarkeit von der Rechtsprechung in den letzten Jahren zunehmend erweitert wurde, **wird in der Praxis leider wenig angewandt.**

● Hier sollte meines Erachtens der Gesetzgeber ansetzen, diese Vorschrift ausbauen und dafür sorgen, **daß der Erwerb und Besitz von Betäubungsmitteln bis zu einem bestimmten Eigenvorratsgrenzwert straflos bleibt.**

● Dieser Wert müßte für jede Drogen-Art im Gesetz festgeschrieben oder von der Rechtsprechung festgesetzt werden ...

● Verurteilungen wegen ... Bagatelldelikten (= „im Besitz eines Haschischbröckchens von 2,7 Gramm angetroffen ...") schaffen nicht nur ein Heer von Vorbestraften und drängen sozial unauffällige Menschen in Fehlentwicklungen; sie binden auch die Polizei mit der Verfolgung von Konsumenten zugunsten von Rauschgifthändlern, und sie verursachen bei der ohnehin überbelasteten Justiz immense Personalprobleme und Kosten. Sie untergraben das Ansehen der Justiz und den sittenbildenden Charakter des Gesetzes.

● Dem Bürger will mit Recht nicht einleuchten, daß der Konsum von Haschisch straffrei, der Erwerb und Besitz aber verboten und strafbar sein soll. Umgekehrt darf der Bürger Cannabissamen zwar kaufen, aber nicht aussäen und pflegen, weil er sich sonst wegen Anbau von Betäubungsmitteln strafbar macht.

● Angesichts der von der Bundesrepublik eingegangenen Verpflichtungen bei internationalen Suchtstoffabkommen kommt eine Freigabe von Cannabis nicht in Frage ... Statt dessen ist es notwendig, ohne jede Überreaktion eine angemessene justizielle Antwort zu suchen ...

Staatsanwalt Körner spricht sich einerseits klar gegen die Freigabe von Cannabis und Heroin aus, zeichnet andererseits aber justizielle Möglichkeiten eines liberaleren Umgangs mit den Drogenverbrauchern auf.

In ihrem Essay „Menschenrecht auf Drogen?" im Nachrichtenmagazin „Der Spiegel" vom 26. Dezember 1988 stellte Ariane Barth den sensiblen Aspekt dar, der sowohl Befürworter als auch Gegner der Legalisierung bewegt:

„Ob ein freier Verkehr dieser Droge eine breitere Todesspur nach sich ziehen würde, als es die verbotenen Stoffe heutzutage tun, oder ob sich ganz im Gegenteil in der Legalität sehr schnell durch Kommunikation eine bessere Kennerschaft samt Qualitätskontrolle herausbilden würde, man wüßte es gern, aber wir können es nicht ausprobieren. Experimente nicht bloß mit der Erwachsenengesellschaft, sondern auch mit Kindern verbieten sich von selbst".

Es gibt – zumindest auf absehbare Zeit – keine „Lösung" der Drogenproblematik. Auf dem Hintergrund der weltweiten Eskalation sind hingegen heute **politische Entscheidungen** erforderlich, die andere Möglichkeiten des Umgangs mit dieser Problematik aufzeigen und realisieren.

8.2. Drogenfreigabe: Was könnte bewirkt werden?

Die Drogenfreigabe stellt ebensowenig wie das Drogenverbot eine „Lösung" des Drogenproblems dar. Sie eröffnet jedoch Perspektiven, die in verschiedenen Bereichen zu Entlastungen von belasteten Gesellschaften beitragen.

So beispielsweise in der

A. Bekämpfung der organisierten Kriminalität

Freigabe-Contra:

Durch eine Freigabe würde der Staat vor dem organisierten Verbrechen kapitulieren. Eine Freigabe unter staatlicher Kontrolle würde den einschlägigen kriminelle Organisationen nicht den Boden für illegale Machenschaften entziehen. Bei Verlust des Drogenmarktes könnte das organisierte Verbrechen – quasi als Ersatz – neue Märkte erschließen. Das gilt insbesondere für solche, bei denen eine hohe kriminelle Energie nicht mit direkter Gewaltanwendung gekoppelt wird (sogenannte innovative Täter).

Freigabe-Pro:

● Die Drogenfreigabe (Staatsmonopol, Steuererhebung), zur „wirtschaftspolitischen Waffe" instrumentalisiert, könnte den Nerv des organisierten Verbrechens (Einnahmen) empfindlich treffen;

● zwar würde dem organisierten Verbrechen dadurch nicht völlig der Boden für illegale Machenschaften entzogen werden, wohl aber würde die derzeit wichtigste illegale Einnahmequelle drastisch minimiert werden.

● Die drastische Ertragsminderung dieser Einkommensquelle würde auch Teile des internationalen Terrorismus und diverse Guerrilla-Bewegungen in Regionen mit Bürgerkriegssituationen treffen.

● Es gilt den mächtigen Kapitalstrom zu treffen, der in Drogengeschäften einen nicht versteuerten Jahresweltumsatz von 300 bis 500 Milliarden Dollar ausmacht. Die Illegalität der Ware Droge ist Garant für die enorme Profitmaximierung in diesem Geschäft.

● Bei dem schon seit zumindest zwei Jahrzehnten fließenden Kapitalstrom ist nicht auszuschließen, daß über gewaltige Investitionen auch schon demokratische Staaten durch Umverteilungsprozesse unterminiert werden.

● Es ist weiterhin nicht auszuschließen, daß in den dem organisierten Verbrechen sehr nahestehenden Industrie-, Wirtschafts- und Finanzunternehmen schon heute „innovative Täter" wirken.

● Die Verbotspolitik des Staates ist zum günstigsten Nährboden für das Wachstum dieser Parallelwirtschaft geworden.

● Auf dieser Ebene ist der Krieg gegen die Drogen schon längst verloren. Auch nationalstaatliche polizeiliche Abwehrstrategien können hier nicht mehr greifen, so sehr sie auch (mit gewaltigem Aufwand) verstärkt werden.

B. Drogenbekämpfung und Rechtsbewußtsein

Freigabe-Contra:

Die Grenzen des Abwehrkampfes sind noch längst nicht erreicht. Den klassischen Bekämpfungsmaßnahmen werden „neue Konzepte" hinzugefügt: vorgelagerte Abwehrlinien, Abschöpfung illegaler Vermögenswerte, verfeinerte verdeckte Ermittlungsmethoden, Kronzeugenregelung.

Freigabe-Pro:

Der Preis ist zu hoch, den ein demokratischer Rechtsstaat zu zahlen hat, um ein Rechtsstaat bleiben zu dürfen. Doch gerade in der Rauschgiftbekämpfung zeichnen sich zwei ernstzunehmende Trends ab:

● Rein finanziell ist der Preis, den die Gesellschaft in der Rauschgiftabwehr bisher bezahlt hat, in eine Größenordnung gekommen, die auf Dauer den „Krieg gegen die Drogen" nicht finanzierbar macht.

● Der immaterielle Preis, den die Gesellschaft in einer „Aufrüstung im Krieg gegen die Drogen" zahlen würde, berührt nicht nur staatsbürgerliche Rechte, sondern würde auch die Verfassungsgerichte auf den Plan rufen. Beispielsweise würde

– der Datenschutz erheblich leiden, wenn es bei der Bekämpfung der organisierten Drogenkriminalität zu einem Informations- und Datenaustausch (Verbund) von Polizei-, Zoll-, Ausländer- und Sozialbehörden, Versicherungen, Autoherstellern und -vermietern, Geldinstituten und dem Hotelgewerbe kommen sollte;

– im Finanzbereich die sogenannte Beweisumkehr, die für die Abschöpfung illegaler Vermögenswerte erforderlich wäre, zu Irritationen führen;

– der Grundsatz des Legalitätsprinzips in Frage gestellt werden, wenn bestimmte verfeinerte „verdeckte Ermittlungsmethoden" rechtlich zugelassen werden würden;

– der Schutz der Privatsphäre berührt werden, wenn in der polizeilichen Drogenabwehr-Praxis der sogenannte Lauschangriff rechtlich zulässig wäre.

Rechts- und Unrechtsbewußtsein gerade jüngerer Bürger könnte sich graduell ändern. Schon heute wird, insbesondere durch die Kriminalisierung von Haschisch und Marihuana, der Vertrauenskredit einer nachwachsenden Generation aufs Spiel gesetzt.

C. Beschaffungs- & Begleit- & Folgekriminalität

Freigabe-Contra:

Ein Plus bei den Delikten der Begleitkriminalität (Gewaltdelikte) ist wahrscheinlich. Es wäre etwa im Straßenverkehr mit einer erheblichen Gefährdung von Leib und Leben unbeteiligter Dritter zu rechnen.

Freigabe-Pro:

● Selbst ein einziges Land wie die BRDeutschland mit 80 000 bis 100 000 BTM-Abhängigen, wird durch die Beschaffungskriminalität der illegalen Süchtigen, beispielsweise durch

- Tageswohnungseinbrüche,
- Diebstahl, Hehlerei,
- Scheckbetrügereien,
- Ladeneinbrüche,
- Autoeinbrüche,
- Überfälle auf Straßen (Raub)

jedes Jahr mit Milliardenschäden belastet. Diese Beschaffungskriminalität, einschließlich der besonders den Bürger verängstigenden Straßenkriminalität, könnte drastisch reduziert werden.

● Ebenfalls wäre bei der Prostitution, heute Erwerbstätigkeit vieler Drogenabhängiger, ein merkbarer Rückgang zu erwarten.

● Mit dem Fortfall bzw. dem drastischen Rückgang der Beschaffungsdelinquenz würde es zu einer gesamtgesellschaftlichen Kriminalitätsentlastung kommen. Die Drogenlegalisierung könnte dementsprechend einen Beitrag zur Kriminalitätsprophylaxe leisten.

● Durch den Wegfall bzw. die drastische Reduktion der BTM-Kriminalität würden die Kosten der polizeilichen Verfolgung, aber auch die Kosten, die durch Gerichte und Justizverwaltungen entstehen, deutlich reduziert werden.

● Der Justizvollzug würde deutlich entlastet werden, da große Teile der heutigen Drogenstraftäter nicht mehr ins Gefängnis müßten, denn Aburteilungen wegen Drogenbesitzes und Drogenerwerbs würden mehr oder weniger entfallen.

375

D. Drogenverbreitung und Drogenkonsum

Freigabe-Contra:

Die freie Drogenverfügbarkeit hätte zunehmend größere Rauschgiftmengen als Einzeldosis sowie die Erhöhung der Einnahmefrequenz
zur Folge, da der Süchtige nicht mehr vernunftmäßig handelt. Das
würde zu mehr Drogentoten führen. Die Suizidrate würde sich unter
dem Eindruck der erlaubten Sucht drastisch erhöhen.

Wenn unter dem Druck der Illegalität bereits rund 100 000 Menschen
in der BRDeutschland harte Drogen konsumieren, wird eine Legalisierung die Konsumentenzahl erheblich vergrößern. Es widerspricht
jeder historischen Erfahrung, anzunehmen, daß eine staatlich kontrollierte freie Abgabe die Konsumentenzahl reduzieren würde.

Eine Legalisierung und Abgabe unter staatlicher Kontrolle würde die
Ungefährlichkeit der Droge indizieren, was aber im völligen Widerspruch zur anerkannten Gefährlichkeit der heute verbotenen Drogen
steht.

Freigabe-Pro:

● Nach 25jähriger Drogenverbreitung dürfte die Kenntnis über
   Wirkungen, Nebenwirkungen und Nachwirkungen von Drogen in
   der Öffentlichkeit, insbesondere in der jüngeren Generation, ver-
   breiteter sein als schlechthin angenommen wird.

● Die Gefährlichkeit einer Droge wird heute schon oft von der
   Gefährlichkeit des sozialschädlichen Milieus übertroffen. Und
   dieses Milieu – das zur sozialen Verelendung des Abhängigen
   illegaler Drogen vornehmlich beiträgt – ist nicht Folge der Droge,
   sondern Folge des Drogenverbots, der dementsprechenden polizeilichen Bekämpfung, der gesellschaftlichen Ächtung und der
   daraus resultierenden gesellschaftlichen Ausgrenzung.

● Erlaubte Werbung für legale Drogen (Tabak, Alkohol, Pharmaka)
   und staatliche Unterstützung der diese Drogen produzierenden
   Industrien unterstellen viel deutlicher die „Ungefährlichkeit" der
   anerkannten gefährlicheren legalen Drogen. Diese staatliche Doppelmoral macht das Argument der Fürsorgepflicht des Staates
   gegenüber seinen Bürgern unglaubwürdig.
   Der Staat kann nicht einerseits aus gesundheitsfürsorgenden
   Gründen eine Drogenverbotspolitik praktizieren, die Bürger

durch die Illegalität ihrer Sucht zunehmend gesellschaftlich aus-
grenzt und sozial verelenden läßt, andererseits aber ebenso unge-
sunde, doch legale Drogen quasi „unterstützen". Diese Art Drogenpolitik führt zu einer „Zwei-Klassen-Sucht-Gesellschaft", in
welcher die Mißbraucher und Abhängigen verbotener Drogen per
se schlechter gestellt sind.

● Nach heutigem Erfahrungs- und Kenntnisstand ist bei einer Aufhebung der Drogen-Totalprohibition mit einem vorübergehenden
Konsumentenanstieg zu rechnen, der jedoch nicht grenzenlos an-
hält, sondern sich auf höherem Niveau einpegeln wird. **Auf welchem Niveau, kann kein Mensch sagen.**
Ein drastischer Anstieg, von einigen wenigen bereits für die
BRDeutschland auf mehrere Hunderttausend geschätzt, wird von
den Gegnern der Freigabe vermutet. Wie eine Drogenverbreitung
tatsächlich unter den Bedingungen der Freigabe aussehen würde,
ist unbekannt. Zwei Beispiele der Drogengeschichte des 20. Jahrhunderts sprechen wohl für einen erhöhten, aber nicht drastischen
Anstieg der Konsumenten:

– Beispiel 1: Nach der Aufhebung der Alkohol-Totalprohibition
  in den USA (1919-1933) stieg die Anzahl der Alkoholmißbrau-
  cher und Alkoholabhängigen nicht drastisch an.
– Beispiel 2: Nach der Einführung der Cannabis-Semiprohibition
  in den Niederlanden (seit 1976) stieg die Anzahl der Cannabiskonsumenten nicht drastisch an.

● Dem Druck der Illegalität wird von polizeilicher Seite zugerech-
net, daß weniger Menschen (als beim freien Zugang) mit Drogen
und dem dazugehörigen Milieu in Berührung kamen.
Bei dieser Rechnung müßte jedoch auch berücksichtigt werden,
daß gerade das Verbot der Drogen als Reiz eine nicht bekannte
Anzahl von zumeist jungen Menschen bewogen hat, durch Drogenkonsum das Verbot zu übertreten. Durch die Drogenfreigabe
würde der Verbotsanreiz entfallen.

● Alle Drogen, die unter den heutigen Bedingungen auf den
Schwarzmärkten den Verbrauchern angeboten werden, entziehen
sich mehr oder weniger jeder Qualitätskontrolle des Endabneh-
mers. Der Drogenkonsum ist dementsprechend in der gefährlichen Dauersituation des „Versuchskaninchens". Heute können

die Drogen unkontrolliert mit schädlichen Füllstoffen und gefährlichen Streckmitteln versetzt werden, die zur Gesundheitsabträglichkeit, im Einzelfall zum Tode führen. Ebenso lebensgefährlich ist es, wenn ein Konsument, der an stark gestreckte Drogen gewöhnt ist, durch Zufall plötzlich eine mehr oder weniger reine – und damit viel zu hohe – Dosis erhält.

Unter den Bedingungen der Freigabe würden die Drogen, halb- oder -vollsynthetisch industriell hergestellt, in reiner Qualität mit unbedenklichen und gekennzeichneten Streckmitteln vom Verbraucher erworben werden.

Die Ware könnte mit einer Steuerbanderole, einer Angabe über die Inhaltsstoffe (Prüfsiegel des Bundesgesundheitsamtes) und dem Reinheitsgrad sowie mit einer Warnung über die Toxizität (Bundeszentrale für gesundheitliche Aufklärung) versehen sein.

Die Ware könnte exakt dosiert in verschiedenen Einnahmeformen hergestellt und verkauft werden, Heroin beispielsweise in Tablettenform.

Diese Voraussetzungen könnten möglicherweise eine Reduktion der Anzahl der Drogentoten zur Folge haben.

E. Entlastung der Drogenhilfe

Freigabe-Contra:

Durch die Möglichkeit, jederzeit Rauschgifte zu erhalten, wird die individuelle Bereitschaft, Therapieangebote anzunehmen, noch mehr nachlassen.

Freigabe-Pro:

● Die Möglichkeit, jederzeit legale Drogen zu erhalten, beispielsweise Alkohol, hat nicht dazu geführt, daß die individuelle Bereitschaft der Alkoholkranken, Therapieangebote anzunehmen, beschränkt wurde.

Das ganze Netz der Hilfen für die Mißbraucher und Abhängigen legaler Drogen (= Alkohol, Tabak, Pharmaka) funktioniert vielmehr im wesentlichen auf der Basis der Drogenfreigabe.

● Unter den Bedingungen der Freigabe kann die Drogenhilfe vielmehr – analog zur heutigen Hilfe für Alkoholkranke – unbelasteter und dementsprechend gezielter mit Abhängigkeitskranken arbeiten. Die Entkriminalisierung der Patienten stellt eine Arbeitserleichterung für die Sucht-(Drogen-)krankenhelfer dar.

● Eine Drogenfreigabe würde keine Bedrohung im Sinne eines Abbaus von Arbeitsplätzen in der Drogenhilfe bedeuten. Eher ist das Gegenteil – der personelle Ausbau der Hilfen – zu erwarten.

● Heute haben die Drogenhilfen – was die Finanzierung ihrer Arbeit betrifft – zum Teil erhebliche Probleme.
Unter den Bedingungen der Freigabe könnte ein Teil der erhobenen Drogensteuer ausschließlich für die Drogenhilfen (von der Prävention über die Behandlung bis zur Nachsorge), die Suchtforschung und eine obligate allgemeine Konsumerziehung eingesetzt werden.

● In der Folge könnten im Personal- und Sachmittelbereich sowohl „drogenfreie Hilfen" (= Therapie und Selbsthilfe) als auch „medikamentös unterstützte Hilfen" (= Selbstheilung und Ersatzdrogenprogramme) ausgebaut werden.

● Eine Drogenfreigabe hätte eine Reduktion der Kriminalitätsbelastung der Klientel zur Folge und würde die heutige zunehmende soziale Verelendung der Abhängigen harter Drogen verlangsamen bzw. reduzieren. Beide Folgeerscheinungen würden für die Drogenhilfe eine Arbeitserleichterung darstellen.
Die sozialethisch kaum noch zu vertretende „Leidensdrucktheorie" würde durch die Bedingungen der Legalität an Boden verlieren.

● Mit der Freigabe aller Drogen hätte der Staat die Möglichkeit, gesundheitspolitisch glaubwürdiger zu werden, da es unter diesen Bedingungen keine „Zwei-Klassen-Suchtkrankheit" und keine „Zwei-Klassen-Suchtkrankenhilfe" geben würde, sondern nur **ein** drogenpolitisches Konzept für Hilfen bei Abhängigkeitserkrankungen.

F. Fürsorge als Verfassungsauftrag

Freigabe-Contra:

Wenn der Staat die Drogen freigibt, bekämpft er die Sucht nicht mehr mit allen notwendigen Mitteln, sondern fördert sie in Kenntnis aller damit einhergehenden katastrophalen gesundheitlichen, wirschaftlichen, ethischen und politischen Konsequenzen für die Gesellschaft.

Damit droht der Verfassungsstaat zum Unrechtsstaat zu werden, wenn er seinen Verfassungsauftrag nicht erfüllt, alles zu tun, die Gesundheit seiner Bürger sowie die Familien zu schützen.

Mit einer Freigabe wäre das gesamte Konzept der Rauschgiftbekämpfung in Frage gestellt.

Freigabe-Pro:

- In demokratischen Staaten muß es auch ein „Menschenrecht auf Drogen" geben. Dementsprechend muß bis zu einem gewissen Grad jede einigermaßen freiheitliche Gesellschaft Selbstzerstörung durch Drogen tolerieren.

- In der BRDeutschland ist das Strafrecht von dem Prinzip der Straflosigkeit bei Selbstschädigungen beherrscht.
  Das trifft sowohl auf die Bürger zu, die gegen ihre behandelbare Suchterkrankung nichts unternehmen,
  als auch auf die Bürger, die versuchen, sich mit Giften (Pflanzengiften, Arzneimitteln, Chemikalien) umzubringen.

- Die Straflosigkeit bedeutet keine Billigung dieser giftigen Stoffe, auch keine Aufwertung der Selbstschädigung, sondern Respekt des Staates vor der Entscheidung des einzelnen Bürgers (H. H. Körner 1989).

- Zum Ende der 80er Jahre ist überdeutlich geworden, daß es gegen das Weltproblem Drogen keine „Lösungsstrategie" gibt. Keinen „bremsenden Einfluß" hatten bisher:

  - die Religion, denn betroffen sind heute christliche, islamische, hinduistische und buddhistische Länder;
  - die Staatsform, denn betroffen sind heute demokratische, sozialistische und kommunistische Länder;
  - die wirtschaftliche Situation, denn betroffen sind heute hochindustrialisierte reiche Länder und arme Länder der Dritten Welt;
  - die Zustände in den Ländern, denn betroffen sind heute Staaten in Friedenszeiten ebenso wie Staaten, die sich im Krieg (insbesondere im Bürgerkrieg) befinden.

- Auf diesem Hintergrund muß heute die Frage gestellt werden, ob man am bisherigen Gesamtkonzept der Rauschgiftbekämpfung

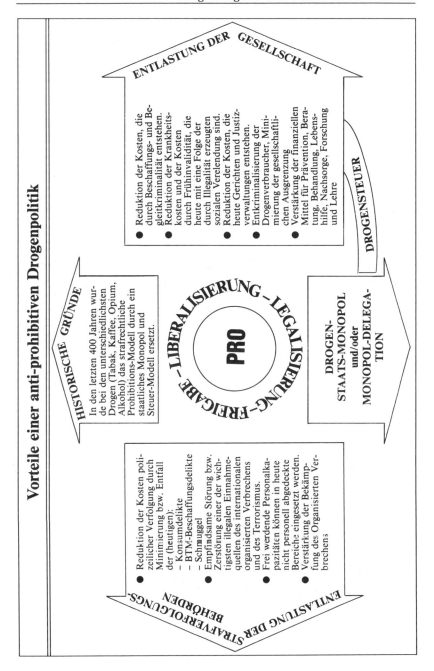

Vorteile einer anti-prohibitiven Drogenpolitik

PRO

LIBERALISIERUNG – LEGALISIERUNG – FREIGABE

ENTLASTUNG DER GESELLSCHAFT

- Reduktion der Kosten, die durch Beschaffungs- und Begleitkriminalität entstehen.
- Reduktion der Krankheitskosten und der Kosten durch Frühinvalidität, die heute mit eine Folge der durch Illegalität erzeugten sozialen Verelendung sind.
- Reduktion der Kosten, die heute Gerichten und Justizverwaltungen entstehen.
- Entkriminalisierung der Drogenverbraucher, Minimierung der gesellschaftlichen Ausgrenzung
- Verstärkung der finanziellen Mittel für Prävention, Beratung, Behandlung, Lebenshilfe, Nachsorge, Forschung und Lehre

DROGENSTEUER

HISTORISCHE GRÜNDE

In den letzten 400 Jahren wurde bei den unterschiedlichsten Drogen (Tabak, Kaffee, Opium, Alkohol) das strafrechtliche Prohibitions-Modell durch ein staatliches Monopol und Steuer-Modell ersetzt.

DROGEN-STAATS-MONOPOL und/oder MONOPOL-DELEGATION

ENTLASTUNG DER STRAFVERFOLGUNGS-BEHÖRDEN.

- Reduktion der Kosten polizeilicher Verfolgung durch Minimierung bzw. Entfall der (heutigen):
  – Konsumdelikte
  – BTM-Beschaffungsdelikte
  – Schmuggel
- Empfindsame Störung bzw. Zerstörung einer der wichtigsten illegalen Einnahmequellen des internationalen organisierten Verbrechens und des Terrorismus.
- Frei werdende Personalkapazitäten können in heute nicht personell abgedeckte Bereiche eingesetzt werden.
- Verstärkung der Bekämpfung des Organisierten Verbrechens

381

(Verbotspolitik) festhalten will, oder ob man grundsätzlich eine andere, vom Verbot abweichende Drogenpolitik praktizieren will.

Schon heute sprechen viele Argumente für eine Änderung der internationalen Drogenpolitik, die sich in Richtung Legalisierung bewegt.

Doch der Weg der realpolitischen Umsetzung ist lang. So haben heute die meisten Länder der Welt die beiden internationalen Übereinkommen, das

● Einheits-Übereinkommen von 1961 über Suchtstoffe (Single Convention on Narcotic Drugs) und das

● Übereinkommen von 1971 über psychotrope Stoffe (Convention on Psychotropic Substances)

mitgezeichnet. Diese Übereinkommen haben die Drogen zu nicht verkehrsfähigen Stoffen erklärt, die in den Unterzeichner-Ländern durch dementsprechende Drogengesetze verboten und nicht freizustellen sind.

Eine Änderung der internationalen Drogenpolitik ist demnach vornehmlich nur auf dem Hintergrund einer Änderung bzw. Auflösung dieser Übereinkommen möglich.

In der Präambel des heute noch gültigen, bald dreißig Jahre alten Einheits-Übereinkommens über Suchtstoffe heißt es:

Die Vertragsparteien –

besorgt um die Gesundheit und das Wohl der Menschheit,

in der Erkenntnis, daß die medizinische Verwendung von Suchtstoffen zur Linderung von Schmerzen und Leiden weiterhin unerläßlich ist und daß hinreichend Vorsorge getroffen werden muß, damit Suchtstoffe für diesen Zweck zur Verfügung stehen,

in der Erkenntnis, daß die Rauschgiftsucht für den einzelnen voller Übel und für die Menschheit sozial und wirtschaftlich gefährlich ist,

eingedenk ihrer Pflicht, dieses Übel zu verhüten und zu bekämpfen,

---

in der Erwägung, daß Maßnahmen gegen den Mißbrauch von Suchtstoffen nur wirksam sein können, wenn sie koordiniert werden und weltweit sind,

überzeugt, daß für weltweite Maßnahmen eine internationale Zusammenarbeit erforderlich ist, die auf gleichen Grundsätzen beruht und gemeinsame Ziele anstrebt,

in Anerkennung der Zuständigkeit der Vereinten Nationen auf dem Gebiet der Suchtstoffkontrolle und von dem Wunsch geleitet, die in Betracht kommenden internationalen Organe in diese Organisation einzugliedern,

gewillt, ein allgemein annehmbares internationales Übereinkommen zu schließen, das bestehende Suchtstoffverträge ablöst, die Suchtstoffe auf die Verwendung in der Medizin und Wissenschaft beschränkt sowie eine dauernde internationale Zusammenarbeit und Kontrolle zur Verwirklichung dieser Grundsätze und Ziele sicherstellt –

kommen hiermit wie folgt überein: Artikel 1. . . .

Nach über einem Vierteljahrhundert weltweiter Eskalation der Drogenproblematik sind „Grundsätze und Ziele", wie in der Präambel beschrieben, von ihrer Verwirklichung weiter denn je entfernt. Beispiele:

● In der Schmerztherapie wird die Opiatabgabe an Schmerzpatienten sehr unterschiedlich gehandhabt, da die Gefahr des Suchtpotentials in der Praxis in den verschiedenen Ländern sehr unterschiedlich gesehen wird. In der BRDeutschland beispielsweise scheuen viele Mediziner, vor allem niedergelassene Ärzte, den bürokratischen Aufwand bei der Verschreibung von Opiaten. Dazu müßten sie nach der Verordnung zur Betäubungsmittel-Verschreibung bei der Bundesopiumstelle besondere Rezepte beantragen. Sie dürfen maximal den Bedarf für eine Woche verschreiben. Dementsprechend verschreiben nur 16 Prozent der niedergelassenen Ärzte in der BRDeutschland diese Mittel.

Eine Verschreibunglockerung könnte diese bisher in der BRDeutschland vernachlässigten Schmerztherapie verbessern.

383

Zur Größenordnung dieses Problems: Nach Angaben des Direktors der Krebsabteilung der Weltgesundheitsorganisation (WHO) Jan Stjernwärd im März 1989 leiden weltweit 3,5 Millionen Krebskranke täglich an ihren Schmerzen.

● Für rauschgiftsüchtige Menschen ist mittlerweile ihre durch Illegalität bedingte soziale Verelendung das größere Übel geworden, die sozial und wirtschaftlich nicht nur für sie, sondern für die gesamte Gesellschaft gefährlich geworden ist.

● Das Übel der Rauschgiftsucht konnte bis zum heutigen Tage in seiner epidemischen Ausweitung nicht verhütet werden. Die Folgen der Bekämpfung des Übels bergen sozialschädliche Potentiale in sich, deren Gefährlichkeit die der originären Drogenwirkung übertrifft.

● Eine weltweite Koordination der Maßnahmen gegen den Mißbrauch von Suchtstoffen konnte bisher nicht realisiert werden. Eine Koordination dieser Maßnahmen wird für die Europäische Gemeinschaft angestrebt.

● Die Vereinten Nationen konnten bis heute nicht auf dem Gebiet der Suchtstoffe kontrollierend einwirken. Die Vereinten Nationen konnten und können das Problem nicht kontrollieren, sondern nur zuständigkeitshalber verwalten. Die Vereinten Nationen sind zum Chronisten einer jahrelangen Schreckensbilanz geworden.

● Die Voraussetzungen, unter denen die internationalen Übereinkommen geschlossen wurden, stimmen nicht mehr.

Auf der einen Seite gibt es Stimmen, die für den Einsatz von UN-Truppen im Kampf gegen den internationalen Drogenhandel plädieren, auf der anderen Seite sind die Vereinten Nationen von einer Finanzkrise gekennzeichnet, die insbesondere eine Folge ausstehender Mitgliedsbeiträge ist. Im August 1988 fehlten der UNO 690 Millionen US $. Größter Schuldner zu dieser Zeit waren die USA mit rund 467 Millionen US $. Ein Betrag, der mehr als die Hälfte des Jahresbudgets der Weltorganisation ausmacht.

Das Organisierte Verbrechen hingegen kennt „Dank weltweiter Drogenverbotspolitik" keine Finanzkrise. Im Gegenteil. Der weltweite Jahresumsatz der illegalen Drogengeschäfte entspricht dem drei- bis sechshundertfachen Jahresbudget der Weltorganisation der Vereinten Nationen.

8.3. Drogenfreigabe und die Welt von morgen

Wie könnte in einer künftigen Gesellschaft eine Drogenfreigabe aussehen? Zur Beantwortung dieser Frage ist letztlich die Völkergemeinschaft, sind die Gesellschaften der Staaten, vom Bürger über den Fachmann bis hin zum Politiker aufgerufen.

Realistisch gesehen, was die Aufhebung internationaler Suchtstoff-Übereinkommen und nationaler Drogengesetze betrifft, wird die Aufhebung der Total-Prohibition in den verbleibenden elf Jahren des 20. Jahrhunderts nicht mehr stattfinden.

Die Drogenfreigabe wird wohl nach dem Jahrtausendwechsel dem 21. Jahrhundert vorbehalten sein. Doch heute muß mit den Überlegungen dazu angefangen werden, um eine Drogenpolitik für und nicht gegen die drogenkonsumierenden Menschen zu entwerfen, die realpolitisch auch umsetzbar und damit praktikabel ist.

Doch unter welchen Bedingungen würde die Politik der Drogenfreigabe praktiziert werden?

Veränderungen der Machtverhältnisse

Zum Ende dieses Jahrhunderts scheint das Blockdenken aufzuweichen. Die begonnene Entspannung beruht auf dem weltweiten Verständigungsprozeß beider Supermächte, die vor der Gefahr stehen, im 21. Jahrhundert wirtschaftlich zu Weltmächten zweiter Ordnung zu werden.

Während die Welt des 20. Jahrhunderts in einem „kalten Krieg" durch politische Blöcke gekennzeichnet war, ist die Welt des 21. Jahrhunderts vielleicht durch große Wirtschaftskreise gekennzeichnet. Entwicklungen in Asien gehen möglicherweise in diese Richtung:

Die sich abzeichnende Entspannung in Asien, wo derzeit überall bilaterale Beziehungen neu geordnet werden und die Suche nach dem Anschluß an die dynamische wirtschaftliche und technologische Entwicklung der Region von allen Staaten – besonders den sozialistischen – eine außenpolitisch pragmatische Beweglichkeit verlangt, öffnen auch Überlegungen zu neuen wirtschaftlichen Strategien. Über die Intensivierung der Wirtschaftbeziehungen könnten sich künftig große Wirtschaftskreise bilden, beispielsweise:

- ein „großchinesischer Wirtschaftskreis" mit China, Hongkong und Taiwan oder
- eine Kooperation sozialistischer Staaten mit Südkorea oder im Sinne einer Zukunftsstrategie
- ein Verbund Japans, Chinas und der Sowjetunion zur Erschließung Sibiriens.

Neben einem oder mehreren großen Wirtschaftskreisen in Asien würde es einen in Europa (ausgehend von der heutigen Europäischen Gemeinschaft über die Realisierung des Binnenmarktes bis zur Erweiterung durch europäische Drittländer) und einen in Nordamerika geben.

Wachstum der Bevölkerung
Innerhalb von nur fünfzig Jahren wird sich wahrscheinlich die Weltbevölkerung verdoppeln, von rund 4 Milliarden im Jahre 1975 auf über 8 Milliarden im Jahr 2025.

Die 8,2 Milliarden Menschen auf die Kontinente verteilt:
- Sowjetunion 0,355 Milliarden
- Europa 0,522 Milliarden
- Amerika 1,2 Milliarden
- Afrika 1,5 Milliarden
- Asien und Ozeanien 4,5 Milliarden.

Zu bemerken ist, daß gerade in den asiatischen Ländern (mit Ausnahme der Volksrepublik China) in den 80er Jahren das Betäubungsmittelproblem gravierend zugenommen hat und scheinbar immer noch zunimmt. So werden beispielsweise Ende der 80er Jahre in Pakistan 1 Million BTM-Mißbraucher geschätzt, im Iran 1 Million, in Indien weit über 0,5 Millionen, in Thailand bis über 0,7 Millionen und in Malaysia über 0,3 Millionen. Trotz abschreckender Strafe (Todesstrafe im Iran, in Indien, in Malaysia) sind die asiatischen Staaten mit ihrer drastischen Verbotspolitik – wie die Länder der westlichen Hemisphäre – gescheitert.

1980 hatten die Vereinten Nationen das Jahr 1985 zum „Jahr der Jugend (Weltjugendjahr)" erklärt. Die UNO-Vollversammlung ging seinerzeit von der Idee aus, daß es möglich und erforderlich sei, die Jugend der Welt aktiver an sozialen und gesellschaftlichen Entwicklungsprozessen zu beteiligen.

Gegenwärtige und prognostizierte Wachstumsraten der Weltbevölkerung
in Milliarden

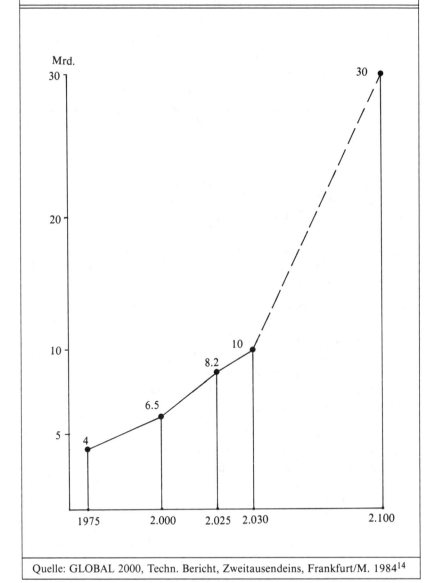

Quelle: GLOBAL 2000, Techn. Bericht, Zweitausendeins, Frankfurt/M. 1984[14]

Doch die Welt junger Menschen ist in den nun auslaufenden 80er Jahren von Begriffen wie „Mängel, Arbeitslosigkeit, Unterbeschäftigung, Ängste, Abwehr, Nützlichkeitsdenken und Überleben" geprägt.

Während 1975 auf der Welt 0,738 Milliarden junge Menschen im Alter zwischen 15 und 24 Jahren lebten, schätzt man deren Anzahl im Jahre 2000 auf 1,18 Milliarden. Diese zu erwartende Zunahme der Jungbevölkerung der Welt um 60 Prozent in den nächsten elf Jahren ist in erster Linie ein Problem der Dritten Welt. Während in den Industrieländern die Jugend nur um fünf Prozent wachsen wird, ist in vielen Entwicklungsländern in der Altersgruppe der 15- bis 24jährigen ein Bevölkerungsanstieg von 80 Prozent zu erwarten. Besonders ist in Südasien und Lateinamerika mit beträchtlichen Zuwachsraten zu rechnen.

Zu bemerken ist, daß gerade in diesen Regionen in den 80er Jahren der Drogenmißbrauch unter den Jugendlichen gravierend und mehr oder weniger unkontrollierbar zugenommen hat, ob in Kolumbien und Bolivien oder in Thailand und Indien. Und wie nirgends sonst auf der Welt wird gerade in den armen Ländern der Dritten Welt die soziale Verelendung junger Menschen deutlich, die durch eine Drogen-Verbotspolitik nur noch verschärft wird.

Die Zunahme der Bevölkerung und die möglichen Änderungen der wirtschaftlichen Verhältnisse sind nur zwei Beispiele für eine Vielzahl von Problemen, die letztlich die künftige Zeit erahnen, aber nicht voraussehen oder gar berechnen lassen. Mögliche Handels- und Religionskriege, Naturkatastrophen und schwere Störfälle (KKW-Bereich), Änderungen im Arbeits-Freizeitverhältnis und vieles andere mehr beeinflussen die Zukunft.

Wir wissen nicht, wie die Welt in zehn, zwanzig oder gar fünfzig Jahren aussehen wird. Wir wissen jedoch schon heute, daß eine weltweit praktizierte Verbotspolitik über ein ganzes Jahrhundert nicht dazu geführt hat, Drogenkonsum und seine weltweite Verbreitung zu verhindern. Wohl auch künftig wird sich mit Verboten kein Prozeß des wirklichen Umdenkens einleiten lassen.

Terrence Burke, Vizechef der US-Drogenbehörde DEA, setzte Ende 1988 auf einen nicht-polizeilichen Weg, was die Änderung im Verhalten des Drogengebrauchs betrifft: „Wir brauchen eine soziale Intoleranz gegenüber solchen Drogen, die muß Teil unserer Erziehung werden".

Doch eine soziale Intoleranz gegenüber den Drogen läßt sich in der Bevölkerung nicht durch eine Verbotspolitik verankern; sie kann nur freiwillig erfolgen und als selbständige Entscheidung des Bürgers in der Erziehung der Kinder einfließen.

Wie könnte nun, vorbehaltlich der Entwicklungen in den nächsten zwei Jahrzehnten, eine Drogenfreigabe nach der Aufhebung einer Total-Prohibition praktisch aussehen?

● Bis auf wenige Ausnahmen würden Drogen im Staatsmonopol oder in Lizenz von der pharmazeutischen Industrie als reine, chemisch überprüfte und staatlich kontrollierte Ware hergestellt und in den Verkauf gebracht werden.

● Zu den Ausnahmen würden Drogen im Naturzustand, also Cannabis (Haschisch und Marihuana), halluzinogene Pflanzen (Psilocybin-Pilz, Mescalin-Kaktus), Cocablätter und – mit Einschränkungen – zu Rauchopium (Chandu) bearbeitetes Rohopium gehören.
  In den freien Handel würde insbesondere Cannabis kommen. Ein nicht unerheblicher Teil der Konsumenten würde wahrscheinlich Cannabis für den Eigenbedarf selbst anbauen. Auf diesem Hintergrund würde wohl keine Monopolisierung durch die Industrie (beispielsweise die Tabakindustrie) zu erwarten sein.

● In den kontrollierten Handel würden die Wirkstoffaufbereitungen der Naturdrogen, also Kokain, Morphin und Heroin kommen, die beispielsweise über ein Netz von Apotheken (in der BRDeutschland über 18 100) oder/und Fachdrogerien (in der BRDeutschland rund 6 200) vertrieben werden würden.
  So ganz neu ist diese Überlegung nicht. Schon vor über sechzig Jahren ging in der deutschen Weimarer Republik 1928 P. Wolff der Frage nach: „Ist die Abgabe von Morphin, Cocain usw. ohne Rezept nach dem Opiumgesetz strafbar?". In der Deutschen medizinischen Wochenschrift wurde seine Ansicht veröffentlicht:
  „Die Frage, ob die Abgabe von Stoffen des Opiumgesetzes durch den Apotheker ohne Rezept nach dem Opiumgesetz oder nach den Vorschriften über die Abgabe stark wirkender Arzneimittel bestraft werden muß, wird verschieden beantwortet. Wolff

389

kommt nach Diskussion der differenten Auffassungen zu dem Ergebnis, daß die Abgabe von Opiaten und Cocain in Apotheken ohne Rezept auf Grund des Opiumgesetzes zu bestrafen ist, eine Auffassung, welche auch von dem zuständigen Vertreter des Reichsgesundheitsamtes geäußert wird."

Bei einer entsprechenden Veränderung bzw. Aufhebung der Drogengesetze und der daraus resultierenden Straflosigkeit, was Erwerb, Besitz und Konsum betrifft, wäre die Abgabe ohne Rezept auch heute vorstellbar.

- Die dann verkehrsfähigen Substanzen würden – analog zu den Medikamenten heute – für die Verbraucher mit einem „Beipackzettel" versehen sein, der nicht nur über die Zusammensetzung Auskunft geben würde, sondern auf die Giftigkeit (Gefahren bei Überdosierungen) und das Suchtpotential aufmerksam machen würde.

- Über das gleiche Vertriebsnetz würde eine bestimmte Anzahl von halb- und vollsynthetischen Drogen, beispielsweise Amphetamin und Halluzinogene unterschiedlicher Potenz (MDMA bis LSD) in reinster und vordosierter Form abgegeben werden.

- Eine Reihe von höchstgefährlichen Drogen würde nicht mehr produziert werden, beispielsweise „Phencyclidine" (wie PCP), kurzwirkende „Tryptamine" (wie DMT, DPT) und Kokainbilligvarianten (wie Crack und Basuco).

Ein möglicherweise für diese von der Industrie nicht produzierten Drogen entstehender Grau- oder Schwarzmarkt dürfte auf Grund des „reichhaltigen" legalen Angebots keine bemerkenswerte Größenordnung erreichen.

- Drogen wie Heroin, Morphin und Kokain würden verstärkt auch in oral zu konsumierender Form (als Tabletten) verkauft werden.

Wie dieses künftige Modell aussehen könnte, darüber muß heute mit der Diskussion begonnen werden. Da auch die Freigabe der Drogen keine Lösung des Drogenproblems an sich ist, werden die Gesellschaften, wenn sie sich für dieses Modell entscheiden, mit den Schwachstellen des legalen Vergabesystems leben müssen. Dazu gehören:

- Eine Zunahme (wahrscheinlich keine drastische) der Drogenkonsumenten, die sich auf ein höheres Niveau – verglichen mit dem heutigen – einpegeln wird.

● Es wird weiterhin Drogentodesfälle geben. Ob mehr oder weniger, das kann heute keiner beantworten.

● Weiterhin gehören Kinder und junge Jugendliche zu den gefährdeten Gruppen, die es über Kinder- und Jugendschutz zu schützen gilt. Junge Menschen kommen, wenn sie wollen, an Drogen in Verbotszeiten genauso heran wie in Zeiten der Drogenfreigabe. Bislang gibt es keine Strategie, die eine bestimmte Zielgruppe vor Drogengefahren völlig abschirmen könnte.

● Die Bildung von kleineren Grau- und Schwarzmärkten ist nicht auszuschließen. Da jedoch die heute verbreitetsten Drogen legal auf dem Markt wären, ist die Größenordnung etwaiger Parallelmärkte (für besondere Zielgruppen bzw. für besondere Drogen) als gering einzuschätzen.

Die politischen Entscheidungsträger sind aufgerufen, **die Risiken einer Drogenverbots-Politik und einer Drogenfreigabe-Politik einander abzuwägen.**

Wer sich für eine morgige Freigabe einsetzt, muß sich heute für eine Liberalisierung der Drogenpolitik bekennen und mit seinen Mitteln darauf hinwirken.

Wie keine andere Region der Welt hat Westeuropa, genauer die Europäische Gemeinschaft, die Möglichkeit, auf den Binnenmarkt ihrer Mitgliedstaaten und damit auf die 90er Jahre abstellend, eine andere, liberalere Drogenpolitik zu entwickeln – eine Chance, die in Anbetracht der heutigen Weltdrogensituation genutzt werden sollte.

Literatur- und Quellennachweise zu
8. Drogenfreigabe – Pro und Contra

Adams, Manfred u. a.   Drogenpolitik – Meinungen und Vorschläge von Experten
Lambertus Verlag, Freiburg i. Br. 1989

Barth, Ariane   Menschenrecht auf Drogen?
SPIEGEL Essay
Der Spiegel 42. Jg. , Nr. 52, 26.12.1988,
S. 106-107

Berlinger Morgenpost   Kampf gegen Drogen bisher ohne Erfolg
Nr. 59, 3.3.1989, S. 1

Bundesarbeitsgemein-   Drogenhandel, Drogenmißbrauch und die
schaft kritischer Polizi-   Rolle der Polizei – Neuere Konzepte bei
stinnen und Polizisten   der Lösung des Drogenproblems
(Hrsg.)   Arbeitsergebnis der 3. Arbeitstagung im
Rahmen des Seminars „Neue Wege der
Polizei" vom 11.11. bis 13.11.1988 in
Berlin
und weitere Tagungen der Fachgruppe
Drogenpolitik (Manuskript)

„Contact"   Hilft Legalisierung weiter?
Standpunkt des geschäftsführenden Bun-
desjugendvorstandes (JUNGE GRUPPE
der GdP)
1/1989, S. 9-11

Der Spiegel   SPIEGEL-Interview mit Terrence Burke,
Vizechef der Drogenbehörde DEA)
42. Jg. Nr. 48, 28.11.1988, S. 150-152

Der Tagesspiegel   Die UNO steht vor dem Bankrott
Nr. 13.036, 13.8.1988, S. 3

Der Tagesspiegel   US-Regierung sieht sich im Kampf gegen
Rauschgift zurückgeworfen
Nr. 13.207, 3.3.1989, S. 16

Der Tagesspiegel   Krebsschmerzen meist zu vermeiden
                            Nr. 13.214, 11.3.1989, S. 11

Frankfurter Allgemeine   Rebmann fordert europäisches Kriminal-
Zeitung   amt
                            Nr. 57, 8.3.1989, S. 5

Hartwig, Karl-Hans und   Drogen vom Staat – Plädoyer für eine
Pies, Ingo   ökonomisch fundierte Politik
                            Die Zeit Nr. 10 – 3.3.1989, S. 95

Kaiser, Reinhard   Global 2000 – Der Bericht an den Präsi-
(Hrsg. der deutsch.   denten
Übersetzung)   Zweitausendeins, Frankfurt/M. 1981
                            (14. Auflage)

Körner, Harald Hans   Unsinnig und unwürdig – Erwerb und
                            Besitz geringer Heroinmengen sollte straf-
                            los bleiben
                            Die Zeit Nr. 11 – 10.3.1989, S. 95

Körner, H.H.   Einheitsabkommen von 1961 über Sucht-
                            stoffe (Single Convention on Narcotic
                            Drugs), in: Betäubungsmittelgesetz
                            Verlag C.H.Beck, München 1985, S. 708-
                            709

Menning, Gerhard   „Jahr der Jugend" als Denkanstoß
                            Volksblatt Berlin, 8.1.1985, S. 3

Partito Radicale (Italien) Kongreßunterlagen zur Gründungskonfe-
                            renz der „International Anti-
                            Prohibitionist League on drugs"
                            Rom, 30. März bis 1. April 1989

Radical Party members   The Cost of Prohibition of Drugs, Papers
of the European Parlia-   of the International Anti-Prohibitionism
ment (Hrsg.)   Forum
                            Brüssel, 28. September bis 1. Oktober
                            1988, Brüssel/Rom 1989

Thamm, Berndt Georg   Drogenfreigabe – Pro Argumente
                            Der Stern 41. Jg. Nr. 45, 3.11.1988, S.
                            32-33

Thamm, Berndt Georg   Pro und Contra Drogenfreigabe – Pro:
Wirksame Waffe
Stuttgarter Nachrichten 44. Jg. Nr. 39,
16.2.1989, S. 4

ders.   Drogenpolitik darf kein Tabuthema sein:
Drogenliberalisierung heute und Drogen-
legalisierung morgen, in:
Adams, M. u. a.: Drogenpolitik
Lambertus, Freiburg i. Br. 1989, S. 89-95

Wolff, P.   Ist die Abgabe von Morphin, Cocain usw.
ohne Rezept nach dem Opiumgesetz
strafbar?
Dtsch.med.Wschr. Jg.54 Nr. 29,
S. 1213-1214, 1928

Abbildungsnachweis

1. Kapitel

Abb. 1 (S 31): Frank (1969), S. 248

Abb. 2 (S. 33): Frank (1969), S. 28

Abb. 3 (S. 34): Lüddecke (1988), S. 23

Abb. 4 (S. 35): Lüddecke (1988), S. 29

Abb. 5 (S. 38): Xenos (1987), S. 9

Abb. 6 (S. 40): Schultz (1986), S. 173

Abb. 7 (S. 44): Brau (1969), S. 27

Abb. 8 (S. 47): Thamm (SR 1/1988), S. 32–33

Abb. 9 (S. 50): Schivelbusch (1983), S. 230

2. Kapitel

Abb. 10 (S. 66): Silver (1979), S. 209

Abb. 11 (S. 71): Silver (1979), S. 216

Abb. 12 (S. 72): Modell/Lansing (1969), S. 165

Abb. 13 (S. 75): High Times (1978), S. 307

Abb. 14 (S. 79): High Times (1978), S. 300

Abb. 15 (S. 79): High Times (1978), S. 310

3. Kapitel

Abb. 16 (S. 89): High Times (1978), S. 16

Abb. 17 (S. 92): Spiegel (32/1981), S. 143

Abb. 18 (S. 93): Spiegel (46/1988), S. 148

Abb. 19 (S. 93): Spiegel (46/1988), S. 148

Abb. 20 (S. 93): Stadt-Revue (8/1988), S. 23

Abb. 21 (S. 101): Gomez (1984), Cover

Abb. 22 (S. 101): Gomez (1984), Cover

Abb. 23 (S. 101): Martinetz & Lohs (1986), S. 34

Abb. 24 (S. 102): Martinetz & Lohs (1986), S. 37

4. Kapitel

Abb. 25 (S. 138): Manz (1983), S.-

5. Kapitel

Abb. 26 (S. 210): Rizzo (1988), S. 8

7. Kapitel

Abb. 27 (S. 327): High Times (3/1977), Cover

Abb. 28 (327): Inside (1/1980), Cover

Danksagungen

Sich mit dem hochsensiblen drogenpolitischen Thema „Legalisierung" zu beschäftigen heißt „sich weit aus dem Fenster zu lehnen". Dieses Buch wäre ohne die Unterstützung meiner Frau, diverser Anregungen von journalistischen und polizeilichen Kollegen und strittigen Diskussionen mit Politikern und Sicherheitsfachleuten nicht in dieser Form zustande gekommen. Es ist nicht möglich, allen für ihre direkten und indirekten Hilfen zu danken.

Meinen besonderen Dank möchte ich jedoch Bernd Böwing (Hilden), Alois Brands (Hamburg), Karl Bruhn (Dordrecht), Andrea Chiti-Batelli (Rom), Wolfgang Metzner (Hamburg), Hans-Gerhard Roth (Berlin) und Heinke Salisch (Brüssel/Karlsruhe),

den Teilnehmerinnen und Teilnehmern des 14. Seminars für junge Polizeibeschäftigte der JUNGEN GRUPPE der Gewerkschaft der Polizei (Drogenseminar in Bosen am Bostalsee) und

dem Lektorat, der Herstellung und der Vertriebsleitung des Verlages Deutscher Polizeiliteratur (Hilden) aussprechen. Sie alle hatten mich mit Rat und Tat bestärkt, dieses Buch zu schreiben, das nun das Erste zu diesem Thema in Europa ist.

Berndt Georg Thamm   Berlin, im März 1989

„Rettungs- oder Todesschuß?"

Der Rechtsstaat muß sich dem Problem des
gezielt tödlichen Schußwaffeneinsatzes durch
die Polizei stellen und praktisch unsetzbare
öffentlich-rechtliche Grundlagen für diesen
schwersten (und nicht revidierbaren) Rechts-
eingriff zur Verfügung stellen.

Nach einer Bestandsaufnahme der bestehenden Rechtslage zum polizeilichen Schußwaf-
fengebrauch gegen Personen und der Untersuchung von Schwierigkeiten im Zusammenhang
mit der Anwendung von Schußwaffen (z. B.
„tödlichen Fehlschüssen") werden Wege zu einer gesetzlichen Lösung aufgezeigt.

POLIZEI
&
POLITIK

**Wilfried Thewes:
Rettungs-
oder Todesschuß?**

Pro und Kontra
zum polizeilichen
Schußwaffeneinsatz
mit der Absicht
oder dem Risiko
der Tötung.

*„Dies ist ein Fachbuch der Extraklasse; unver-
zichtbar für jeden, der sich mit 'Pro und Contra
des polizeilichen Schußwaffeneinsatzes mit der
Absicht oder dem Risiko der Tötung' auseinandersetzen will oder muß.
. . . gehört das Buch in die Hand eines jeden Polizeibeamten. – Politischen Entscheidungsträgern
sei es ganz dringend zu eingehender Lektüre
empfohlen."*

(Kriminalstatistik, Ausgabe 3/89)

**von Dr. Wilfried Thewes
1. Auflage 1988, 148 Seiten,
Broschur, DM 28,50
ISBN 3-8011-0181-9**

VERLAG DEUTSCHE POLIZEILITERATUR
GMBH
Postfach 309 · 4010 Hilden · Telefon 02 11/71 04-2 12

Organisierte Kriminalität

Von
Hans-Werner Hamacher,
Direktor des Landes-
kriminalamts NW a. D.
1. Auflage 1986, 240 S.,
DIN A5, Broschur, 28,- DM.

Organisierte Kriminalität –
vor wenigen Jahren noch ein
heftig umstrittenes Reizwort.
Es gibt sie überall, nur
bleibt sie meist unerkannt,
weil kriminelle Organisationen strukturell gegen Aufklärung abgeschottet sind,
weil der Täterkreis die heutige Mobilität geschickt aus-
nutzt und Zuständigkeitsab-
grenzungen bei den Straf-
verfolgungsbehörden einen
flächendeckenden Informa-
tionsaustausch häufig un-
möglich machen usw.
**Organisierte Kriminalität
verursacht einen immensen**
Schaden (allein für **1985**
wird er auf **über 160 Milliarden DM** geschätzt), Polizei und Justiz haben dem nur
wenig entgegenzusetzen.
Hamacher zeigt die ganze
Bandbreite der Organisierten Kriminalität auf, um so
das Ausmaß der Bedrohung
für die innere Sicherheit
darzustellen. Seine Forderungen (z. B. für den Bereich
der polizeilichen Datenver-
arbeitung) mögen auf den
ersten Blick provozierend
erscheinen – aber man wird
sich damit auseinandersetzen müssen!

VERLAG DEUTSCHE POLIZEILITERATUR
GMBH
Postfach 309 · 4010 Hilden · Telefon 02 11/71 04-2 12